增訂第十版

信託法
Trust Law

王志誠 著

五南圖書出版公司 印行

十版序

　　我國於1996年1月26日制定公布信託法，奠定信託法制發展之基石。其後於2000年7月19日制定公布信託業法，不僅建置信託業之經營監督規範，亦為資產管理制度之成長茁壯，帶來新契機。又為配合信託法制之建立，另於2001年6月13日及6月20日修正公布所得稅法、遺產及贈與稅法、土地稅法、平均地權條例、契稅條例、房屋稅條例及加值型與非加值型營業稅法，以完備我國信託稅制之基本架構。此外，為求我國資產證券化法制之完備，引進資產金融、不動產信託投資基金之新觀念，並提升證券投資信託基金之管理位階，尚分別於2002年7月24日、2003年7月23日及2004年6月30日制定公布金融資產證券化條例、不動產證券化條例及證券投資信託及顧問法，其後並進行多次修正。其中，信託法為民事信託及公益信託之基本法，信託業法、金融資產證券化條例、不動產證券化條例及證券投資信託及顧問法則提供營業信託及商事信託蓬勃發展之基礎，而信託相關稅法則與信託業務及商品之創新環環相扣。

　　近年來信託制度亦逐漸融入其他法律領域，擴大信託之運用層面，益發凸顯其重要性。例如電子支付機構管理條例及殯葬管理條例之制定或修正，則將信託制度運用於保障消費者或特約機構之權益。又為推動保險金信託之發展，保險法分別於2007年7月18日、2018年4月25日及2021年5月26日進行三次修正。再例如都市更新條例之修正，除明定都市更新事業得以信託方式實施外，並規定都市更新事業計畫以重建方式處理者，並將不動產開發信託及資金信託納入實施風險控管方案中。

　　我國基於促進信託業務之發展、強化信託業之監督及管理、因應集團信託之特性需求及落實受益人權益之保障等政策考量，亦陸續修訂各種信託法制。例如信託業法已歷經七次修正，其中於2008年1月16日修正之重點，包括放寬信託業之經營資格、依營業信託特性排除或調整信託法及公司法相關規定之適用、調整信託業務之規範、明定資本市場型基金之設立準據及適度調整主管機關之監督權限；2018年1月31日之修正，則為促進普

惠金融及金融科技發展，不限於信託業，得依金融科技發展與創新實驗條例申請辦理信託業務創新實驗。

　　本書主要以我國信託法之立法架構為藍圖，附帶論及信託業法、金融資產證券化條例、不動產證券化條例、證券投資信託及顧問法、電子票證發行管理條例、電子支付機構管理條例、殯葬管理條例、都市更新條例及保險法等法律中涉及信託之規範內容，從解釋論及立法論之觀點探討信託法制之基本原理，並參酌日本、英國及美國信託法制之最新發展及立法動向，輔以具代表性之實務見解相互佐證，期能兼從理論及實務之角度，完整介紹信託之基本概念。

　　我國自信託法及信託業法施行後，不僅司法實務上累積為數可觀之裁判，相關主管機關亦對於信託法及信託業法之疑義作成諸多解釋函令，逐漸完善我國信託法制。本次改版，除配合法令修正予以增刪外，尚蒐集增補最新出爐之法院裁判及行政解釋函令，以掌握實務見解之發展趨勢。至於本書中標示為最高法院之判例或決議者，雖因尊重法制發展過程及行文之便而未刪除，但於最高法院大法庭制度實施後，該判例或決議之見解已不具通案拘束力，併予敘明。

　　本次改版，尚應感謝五南圖書公司所提供之專業服務，筆者永銘於心。青雲有路志為梯，學海無涯勤是岸，筆者雖力圖以勤補拙，但立論容有不周，尚祈各界先進海涵，並惠賜卓見。

王志誠

序於中國文化大學法學院

2023 年 2 月 28 日

目錄

第一章　信託制度的發展史

第一節　信託的起源及發展

壹、信託的起源論

　　論及信託制度的起源，大體上可分為大陸法說與英美法說。更精確地說，得區分為羅馬法起源說、日耳曼共同起源說及英國固有法說等三種。

　　以Spence、Story等學者為代表的早期學說，即認為從羅馬法的信託遺贈（*fideicommissum*），可以窺探信託的脈絡。所謂信託遺贈，源自於西元前169年，用以規避當時Lex Voconia（沃柯尼亞法）而成立的法律架構。所謂信託遺贈，是指被繼承人要求受託人（亦即繼承人），在被繼承人死亡後，將所取得的遺產移轉或給付給特定的第三人。由此觀之，信託遺贈與信託的法理極為類似。但信託遺贈在解釋上，應僅是具有專屬於遺囑法或繼承法性質的法理，信託遺贈的受託人，只不過居於幻象或導管的地位，全部的遺產實際上仍由信託遺贈的受贈人亦即第三人繼承。因此，信託遺贈實質上只是一種書立遺囑的技術，尚難據此斷定羅馬法業已確立信託制度[1]。當然，就以被繼承人死亡為原因而取得遺產的信託遺贈而言，信託遺贈的受贈人（*fideicommissary*）固然通常為繼承人（heir），但亦得為第三人[2]。

　　另外，學者Holmes則從古日耳曼法中*Salmann*（亦即受託人）的法律概念，尋找信託的起源。時至今日，仍有不少大陸法學者支持此種說法[3]。所謂*Salmann*，是指從佛朗哥時代到中世紀時期，受所有人的委託，在受讓所有人的財產後，再依所有人的指示處分該財產的受託人而言。但

---

[1] 參閱砂田卓士、新井正男編，英米法講義，青林書院新社，1976年，頁277。

[2] 參閱海原文雄，英米信託法概論，有信堂，1998年，頁15。

[3] 參閱水島廣雄，信託法史論，學陽書房，1964年，頁57。

是，*Salmann*原本是為死因贈與而發展出來的制度，其法律結構乃一種附條件的所有權移轉，受益人在實體法上並未受保護，受託人只負有道義上的義務，尚難認為已經形成信託法理。因此，與其將*Salmann*解釋為信託制度的起源，毋寧認為其乃遺囑執行人制度的濫觴[4]。

此外，Wigmore教授認為可以從伊斯蘭法中的Wakf（Waqf），找出信託的起源。所謂Wakf，是指委託人以慈善為目的，而將其財產的所有權（bare legal title）移轉給神祇，而指定受託人將其收益或用益權為公益或特定人的利益，以管理財產的法律行為。Wakf法律行為的特徵，在於其是由讓與人、受託人及受益人，再加上以神祇為中心的四位當事人所構成，而且受益人僅享有收益權，同時受託人亦只不過是單純的管理人。因此，從發展史來看Wakf純粹是一種教義上的創造物，如非以慈善為目的則應解為無效。因此，其性質上為信仰上的捐贈行為，如認為是信託的起源，恐言之過早[5]。

依目前學界通說的看法，信託應是始於英國的Use（用益權）制度[6]。主張此說者，乃以Maitland教授的代理說為其嚆矢。依據Maitland的說法，所謂Use，亦即西元7、8世紀時拉丁語的*ad opus*，其意義相當於在英語上所使用on behalf of、to the use of或for the benefit of（亦即代理）等字眼[7]。例如B為C的利益，而自A受領金錢時，即為所謂的ad opus[8]。當時所常見者，乃是國王的部屬為國王向人民收取稅金。由於其法律關係並不明確，不久以*ad opus*所表現的法律關係，即由普通法上逐漸發展的寄託（bailment）及代理（agency）法理所取代。另外，在不動產方面，當時

4　參閱砂田卓士、新井正男編，英米法講義，青林書院新社，1976年，頁227-228；水島廣雄，信託法史論，學陽書房，1964年，頁68。
5　參閱海原文雄，英米信託法概論，有信堂，1998年，頁6-7。
6　採此見解的代表性學者主要有：森泉章編，イギリス信託法原理の研究，學陽書房，1992年，頁29以下；水島廣雄，信託法史論，學陽書房，1964年，頁44以下。
7　*See* Gilbert Paul Verbit, The Origins of the Trust 24-38 (Xlibris Corporation, 2002).
8　就Use的外觀實體而言，乃委託人A對受託人，在附有為受益人C管理標的財產的條件下，而將該財產讓與給B的型態。

土地的買賣，有由領主占有土地的習慣，其法律關係亦是所謂的*ad opus*。其後，在13世紀初期，法蘭西斯哥僧團的僧侶到英國布教，其信徒即將土地讓與城市，以供該僧團管理使用。其法律關係亦是所謂的*ad opus*。由此觀之，信託制度的濫觴，應是英國的用益權制度，無庸置疑[9]。

貳、英美信託法制的發展

　　英國信託制度的前身是用益權（Use）制度，惟當時英國的普通法院，並不承認用益權制度。因此，如土地受讓人違背讓與人的指示，而逕自坐享土地的所有權及收益時，讓與人及受益人並無從尋求救濟。亦即，在當時普通法的判例體系下（forms of action），受讓人對於讓與人僅負有道義上的責任，並無法以訴訟方式強制受讓人履行其義務，而即使受讓人違反用益權的約定，受益人亦無法主張任何的法律救濟手段。但經過相當時期的演進，於15世紀中葉開始，衡平法院（Court of Chancery）乃基於良心、公平、正義、衡平的原則，對於受讓人違背忠實誠信的行為，判決受讓人必須履行讓與人對其所為的指示，以保護受益人的權益[10]。自此用益權制度乃在英國衡平法院的救濟途徑下獲得承認。

　　惟英國在1535年，當時的國王亨利八世不顧國會的反對，強行頒布著名的「用益權條例」（Statute of Uses），其原因為用益權制度的發達，嚴重侵害到封建貴族與國王的利益，故基於財稅收入及防杜逃稅的理由，乃頒布該條例，用以取締用益權的使用，企圖全面廢止用益權制度[11]。但觀

9　參閱砂田卓士、新井正男編，英米法講義，青林書院新社，1976年，頁278-279；史尚寬編，信託法論，臺灣商務印書館，1972年，頁1；海原文雄，英米信託法概論，有信堂，1998年，頁7。*See also* Jill E. Martin, Modern Equity 8-9 (Sweet & Maxwell, 16th edition, 2001).

10　參閱信託協會編集，信託實務講座第1卷－總說，有斐閣，1962年，頁3-4。

11　*See* J. E. Penner, The Law of Trust 10 (Butterworths, 1998)；許耀東，信託制度之研究——兼論我國信託事業之回顧與前瞻，中國文化大學法律研究所碩士論文，1984年6月，頁20-21。

諸「用益權條例」的內容，並非直接禁止用益權的存在，而係規定普通法上的所有權（legal title），在用益權設定時，即應由受益人享有，亦即將受益人衡平法上的權利，轉變為普通法上的權利，而受普通法院管轄。

理論上，由於「用益權條例」的公布實施，英國傳統上的用益權制度，勢必會全面瓦解。事實上，由於當時普通法院採取嚴格的文義解釋，遂使用益權制度重燃生機。依當時法院一般的見解，下列四種情形可例外不適用「用益權條例」：一、土地謄本保有權（copyhold of land）或土地租借權（leasehold of land）；二、課予土地的名義所有人（受託人）負有出租土地或其他管理處分財產的積極義務，此即所謂的積極信託（active trust）；三、動產的用益權；四、雙重用益權（a use upon a use）的設定。亦即設定一次用益權後，再設定第二次的用益權時，第二次用益權即不受「用益權條例」的規範[12]。

其中，所謂雙重用益權，遂成為最常用以規避「用益權條例」的通用手段。直到1557年，英國普通法院在Tyrrel Case乙案[13]，判決雙重用益權違法，認為其在普通法上無效，又使用益權制度的發展再度受到挫敗。其後，英國衡平法院則以探求當事人真意的解釋方法，承認雙重用益權的合法性，再度確認用益權制度的存在[14]。後來，該雙重用益權制度逐漸被稱為信託（Trust），而英國衡平法院亦在1634年*Sambach v. Dalston*乙案[15]，於判決中正式使用Trust乙詞[16]。嗣後，英國更相繼頒訂信託的相關法典，例如1893的「受託人法」（Trustee Act）、1896年的「官設受託人法」（Judicial Trustee Act）、1906年的「公設受託人法」（Public Trustee Act）、1925年的「受託人法」（Trustee Act）、1957年的「公設受託人費

---

[12] 參閱信託協會編集，信託實務講座第1卷－總說，有斐閣，1962年，頁4；*See also* George T. Bogert, Trusts 12-13 (West Group, 6th edition, 1987).

[13] 73 Eng. Rep. 336 (1557).

[14] *See* George T. Bogert, Trusts 13 (West Group, 6th edition, 1987).

[15] 21 Eng. Rep. 164 (1634).

[16] 參閱許耀東，信託制度之研究——兼論我國信託事業之回顧與前瞻，中國文化大學法律研究所碩士論文，1984年6月，頁21。

用法」（Public Trustee Fees Act）、1958年的「信託變更法」（Variation of Trusts Act）、1960年的「公益信託法」（Charities Act）、1961年的「受託人投資法」（Trustee Investment Act）、1972年的「公益受託人登錄法」（Charitable Trustees Incorporation Act）及1995年的「退休基金法」（Pensions Act）等，從而確立近代英國信託制度的體系。

　　至於美國，早期亦繼受英國的信託法理。例如觀諸美國法律協會（The American Law Institute）所編纂的「信託法整編」（Restatement of the Law, Trusts），其第67條至第73條即明文規定「用益權條例」的法律效果，顯見美國早期的信託法理，仍深受英國的影響。應注意者，美國其後在信託法制的發展，則別具特色。例如除先後制定或修正1922年的「統一受託人法」（Uniform Trustees Act）、1937年的「統一信託法」（Uniform Trusts Act）、1938年的「統一共同基金法」（Uniform Common Trust Fund Act）、1962年的「統一資本及收益修正法」（Revised Uniform Principle and Income Act）及1964年的「統一受託人權限法」（Uniform Trustees' Powers Act）等法律外，各州雖未普遍制定所謂的信託法典，但隨著其財產法、遺囑法、遺囑認定法等法律的制定，亦設有諸多有關信託的規定，而形成其別幟一格的信託法制。此外，由美國「統一州法委員全國會議」（National Conference of Commissioners on Uniform States Laws, NCCUSL）於2000年所通過之「統一信託法典」（Uniform Trust Code, 2000）及「美國法律協會」（The American Law Institute）所主導編纂之「信託法第三次整編」（Restatement (Third) of Trusts, May 16, 2001），皆為值得注意的最新發展。

第二節　信託制度的發展動向

　　信託制度在英國奠基後，自19世紀初葉，信託事業即在歐美各國相繼興起，從而更擴大信託制度的利用範圍。直至今日，不論英美法系或大陸法系的國家，信託制度均已成為一項重要的財產管理制度。由於資本主義

經濟的發展，商品的生產與流通，亦隨之大量化、多樣化及迅速化。其交易行為，則帶有濃厚的商業色彩，而以追求利潤為目的。因此，財產管理的方法，亦逐漸複雜化，特別強調管理者必須具有專門的知識及經驗，而對受託人課以嚴格管制。早期以地方名流士紳為受託人，無償管理信託財產的情形，已不復多見，代之而起者，乃以專家為受託人，並支付必要的費用與報酬，而由其管理受託財產。由此觀之，基本上，向來的信託制度已從中世紀無償的傳統性信託，轉變成有償的現代性信託（modern trust）[17]。

　　以有償性、商業性的觀念，來利用信託制度，達成追求利潤的目的者，首推英國的投資信託。而美國在引進信託制度後，更將之進一步發揚光大，發展出所謂的營業信託或商業信託，愈加凸顯信託的商業色彩。尤其在美國東部，甚至有以信託方式來經營企業，而不以設立公司組織的方式來經營者，其商業化的程度，可見一斑[18]。現代信託制度除從民事信託朝營業信託的方向發展外，其他諸如人壽保險信託（life insurance trust）、浪費信託或禁止揮霍信託（spendthrift trusts）、公益信託、國民信託、特殊目的信託（special purpose trust）及商事信託等領域的利用，亦逐漸擴大，其動向亦值重視[19]。

　　就英國以商業目的而成立的信託而言，例如有擔保信託（trust as a security device）、劣後化信託（subordination trust）、資產隔離信託（Quistclose trust）、事業信託（trading trust）、抵銷基金準備信託（sinking fund trust）、單位信託（unit trust）、年金信託（pension trust）及員工持股信託等[20]。

　　反觀美國在18世紀末，即有銀行開始經營信託業務，而在19世紀初，保險公司亦紛紛投入信託業務的經營。到了1853年，全世界首家以經營信

---

[17] 參閱田中實、山田昭，信託法，學陽書房，1989年，頁18。

[18] 參閱田中實、山田昭，信託法，學陽書房，1989年，頁19。

[19] 參閱田中實、山田昭，信託法，學陽書房，1989年，頁20。

[20] 參閱新井誠，信託法（第3版），有斐閣，2008年3月，頁446-449。

託為專業的美國信託公司（the United States Trust Company）於焉設立。而且，南北戰爭結束後，其營業信託更蓬勃發展，信託業務更成為銀行、保險公司一項重要的金融業務。就美國以商業目的而成立的信託而論，例如年金信託（pension trust）[21]、投資信託、證券化信託、公司債發行信託、地方政府債券發行信託、遵循法令與履行確保信託及提存信託等[22]。

第三節　我國信託法制的建立

壹、早期的信託觀念

　　我國固有法制中是否有類似信託的制度，尚待考證。近代我國的信託事業，一般謂肇始於民國10年的「信交風潮」，惟有關土地信託制度，早於清末民初在上海租界行之已久。當時上海租界內的土地，因係以條約永租與外國人，而由當時的上海道發給一永租契，俗稱道契。國人的房地產，則仍以舊式的方單或田單為憑。因道契詳載土地坐落的地點及面積，甚為正確，國人欲求之而不得，於是洋商乃利用信託制度，以坐收利益。此種洋商，通稱為掛號商。國人如欲以田單轉換為道契者，即將田單委託掛號商，以掛號商的名義請領道契，再由掛號商出具一種受託憑證，稱為權柄單，載明該地實為華人的產業，與道契一併交業主收執，以後業主出售土地，只須持權柄單向掛號商辦理過戶即可[23]。由此分析，可知在法律關係上，掛號商乃名義上的所有人，而業主即為實質上的所有人，乃名符其實的信託制度。

　　我國自民國10年，信託事業始漸興起，信託公司紛紛設立，計有中

---

[21] 美國為規範年金制度，特別於1974年制定勞工退休所得保障法（Employee Retirement Income Security Act of 1974），原則上退休基金應以信託形式成立，例外可採取保險方式。

[22] 參閱新井誠，信託法（第3版），有斐閣，2008年3月，頁450-453。

[23] 參閱史尚寬編，信託法論，臺灣商務印書館，1972年，頁5。

易、中國、商業、通易、大中華、中央、上海、通商、神州、中外、華盛、上海運駛等，皆集中於辦理交易所股票的買賣與質押，惟陸續隨著交易所的倒閉而破產，僅存中央、通易兩家。其後，雖有多家信託公司設立，而各銀行亦多增設信託部，但其業務不過為代理買賣有價證券與房地產、代收房地租、代理保險、代客保管物品及保管箱出租等[24]。由此觀之，我國早期信託業務的實務，與英美信託制度的實質內容及運用方式，相去甚遠。

又早在民國20年國民政府制定公布銀行法時，於第29條至第32條即設有銀行兼營信託業務及相關之經營規範。但只規定關於銀行辦理信託業務的核准、資本的獨立、收受信託資金的分別保存及信託報酬的收取等一般性規定。遲至民國36年9月1日國民政府第一次修正銀行法時，始於第六章特設信託公司章（銀行法（舊法）第83條至第92條），相關規定共十條。此次修法明定：「凡以信託方式收受運用或經理款項及財產者，為信託公司」，並得兼營商業銀行或儲蓄銀行業務（銀行法（舊法）第83條）。其中亦規定信託公司的業務範圍及經營規範，更於第90條第1項規定：「信託公司除有契約特定者外，得為信託人投資於任何事業。」至於民國39年就銀行法所為之第二次修正，則修正第87條及第90條，只是將有關信託公司的罰鍰金額由1萬元減為1,000元。

應注意者，其實此類銀行法上的信託公司並未真正在臺灣出現，至於中央信託局則是依中央信託局條例而設立。相對的，早在日據時期，臺灣即設有信託業，係屬具民族色彩的地方金融，於1920年達到高峰，共存在二十四家信託公司。後因當局之壓制，加上本身資本與經營上的弱點，大多倒閉、解散或改業，雖然新設者依舊不斷，家數漸少。二次大戰末期的1944年，日本在臺灣施行其「信託業法」，同時強制將大東信託株式會社、屏東信託株式會社及台灣興業信託株式會社等三家信託公司合併，改名為台灣信託株式會社。臺灣光復後，經政府接收改組為臺灣信託股份有

---

[24] 參閱史尚寬編，信託法論，臺灣商務印書館，1972年，頁5-6。

限公司，復於1947年5月15日併入華南銀行，設信託部承接此項業務。此後，獨立的信託業機構即未建置，雖臺灣光復初期銀行大多有信託部的設立，惟自1950年起，均先後裁撤。

其後，隨著臺灣經濟之發展，企業對中長期資金需求殷切，政府為發展信託投資業務，最早曾在民國47年9月，「總統府臨時行政改革委員會總報告」中，建議倡導信託投資業務，以肩負起中長期資金供應任務。民國48年5月14日中華開發信託公司開業、民國50年10月臺灣銀行恢復設置信託部，辦理各類信託存款、保稅、倉儲、生產事業投資及放款等。民國57年5月中央信託局開辦信託資金業務。又民國57年3月政府核定華僑投資設立信託投資公司審核原則，以鼓勵海外僑胞回國投資。隨後於民國58年12月22日之「促進銀行業務現代化方案」，及民國59年1月15日的「加強推動儲蓄方案」中，為建立中長期信用體系，供應經濟建設長期資金，乃有具體鼓勵民間成立信託投資公司的措施。為加速資本形成以促進經濟發展，民國58年5月14日行政院核定民間設立信託投資公司審核原則、民國59年3月6日核定信託投資公司設立申請審核原則、同年11月30日核定信託投資公司管理辦法後，陸續核准數家民營公司的設立及開業。其後，民國60年起臺灣第一、中國、中聯、國泰、華僑、亞洲等六家信託投資公司先後正式開業，也開始對臺灣經濟發展貢獻其力，而臺灣土地開發公司則於民國61年7月改制為臺灣土地開發信託投資公司。

依民國59年12月10日由財政部發布信託投資公司管理辦法，該辦法全文共二十四個條文，其中第12條規定：「信託投資公司經營之業務，應以行政院核定『信託投資公司設立申請審核原則』所規定之業務範圍為限不得逾越。」而該審核原則於同年的3月6日經行政院核定，其所規定的業務主要有兩項，其一為收受信託資金業務：包括委託人指定用途業務及公司代為確定用途業務。其二為辦理證券業務：包括證券承銷及證券投資信託業務。

又民國62年財政部為進一步促進信託投資事業的發展，經參酌專家學者意見後，合併信託投資公司設立申請審核原則及信託投資公司管理辦

法，重新訂定信託投資公司管理規則，報經行政院於同年4月核定。信託投資公司管理規則在民國64年新銀行法公布施行前，為規範信託投資公司設立與管理的主要依據。民國64年新銀行法公布施行後，因銀行法對信託投資公司規定條文有限，故信託投資公司管理規則的重要性仍不亞於銀行法。又因其仍具規範的重要性，故先後歷經十六次修正，最後一次修正為民國90年11月21日。觀諸其後之修正動向，在金融政策上，不僅使信託投資公司所經營之業務愈來愈狹窄，甚至取消某些既有業務，終於迫使信託投資公司發生結構性變化，而朝向改制為商業銀行或工業銀行發展。

貳、信託法制定前的信託觀念

我國在尚未制定信託法以前，有關信託制度的基本內容，主要是由司法判例、判決及零星的法令所構成。早於民國59年，政府為配合經濟發展，乃開放信託投資公司的設立，各界呼籲制定信託法的呼聲即甚囂塵上。直至民國62年，財政部始頒訂信託投資公司管理規則，以規範信託投資公司。同時為配合信託投資公司的日益發展，財政部乃於民國64年修正銀行法，在新銀行法中增列「信託投資公司」章，以符實際需要。其後，為因應我國證券市場的發展，行政院又於民國72年頒訂證券投資信託事業管理規則，同年財政部亦頒布證券投資信託基金管理辦法，針對證券投資信託公司加以規範。

惟上開法令均非規範信託基本法律關係的信託法，因此諸多有關信託的法律概念，則倚重於司法判例、判決的形成。我國最高法院在信託法制定以前曾陸續作出有關信託的判決，以法官造法的方式，創設「信託行為」、「信託關係」、「信託契約」及「消極信託」等法律概念，為我國的信託制度奠定基石[25]。

---

[25] 有關信託法制定前我國最高法院就信託所為相關判決的分析，參閱曾隆興，現代非典型契約論，自版，1987年，頁61-83；呂榮海、楊盤江，從社會變遷的角度來探討——契約類型、信託行為，蔚理法律出版社，1989年，頁148以下。

一、信託行為的概念

　　最高法院首先說明信託行為並非通謀虛偽意思表示，而是出於真正的效果意思而為的表示，不能以當事人通謀而阻止其法律行為效果的發生[26]。其後，更闡明信託行為的涵義，認為通常所謂信託行為，係指信託人將財產所有權移轉與受託人，使其成為權利人，以達到當事人間一定目的之法律行為而言，受託人在法律上為所有權人，其就受託財產所為一切處分行為，完全有效，縱令其處分違反信託之內部約定，信託人亦不過得請求賠償因違反約定所受之損害，在受託人未將受託財產移還信託人以前，不能謂該財產仍為信託人之所有[27]。

---

[26] 參閱最高法院59年度台上字第3870號民事判決：「信託行為與通謀虛偽表示，似同而實異，前者係出於真正之效果意思而為之表示，後者則為當事人通謀而阻止其法律行為效果之發生。本件兩造所訂房屋買賣與租賃契約，係為擔保被上訴人負欠上訴人五十萬借款本息，而被上訴人房屋未保存登記，無從設定抵押權，撤以欠債數額作房屋賣價，又以利息充租金等語，則該被上訴人所為，顯為典型之信託行為，兩造無阻止法律行為效果發生之事證尤明。」另參閱最高法院89年度台上字第2939號民事判決：「信託者，謂委託人將財產權移轉或為其他處分，使受託人依信託本旨，為受益人之利益或為特定之目的，管理或處分信託財產之關係，信託法第1條固有明定。惟信託法於85年1月26日公布前，民法雖無關於信託行為之規定，然因私法上法律行為而成立之法律關係，非以民法有明文規定者為限，苟法律行為之內容不違反強行規定或公序良俗，即應賦予法律上之效力。斯時實務上認為信託行為，係指委託人授與受託人超過經濟目的之權利，而僅許可其於經濟目的之範圍內行使權利之法律行為而言。其受託人取得信託財產之方式，由委託人就自己所有之財產為移轉者有之；由委託人使第三人將財產移轉與受託人者有之；由受託人原始取得受託財產者亦有之。」其他類似之司法實務見解，參閱最高法院88年度台上字第247號民事判決、最高法院87年度台上字第907號民事判決。

[27] 參閱最高法院62年台上字第2996號判例：「我民法並無關於信託行為之規定，亦無信託法之頒行，通常所謂信託行為，係指信託人將財產所有權移轉與受託人，使其成為權利人，以達到當事人間一定目的之法律行為而言，受託人在法律上為所有權人，其就受託財產所為一切處分行為，完全有效。縱令其處分違反信託之內約定，信託人亦不過得請求賠償因違反約定所受之損害，在受託人未將受託財產移還信託人以前，不能謂該財產仍為信託人之所有。」應注意者，本則判例已於民國91年10月15日經最高法院91年度第十三次民事庭會議決議不再援用。

二、信託關係的發生及終止

　　就信託關係的發生而論，最高法院曾認為信託關係須基於信託人與受託人間訂立信託契約而後可成立[28]。其次，就信託關係的終止而言，則認為信託關係之受託人，其權利義務專屬於其本身，除契約另有訂定，應因受託事務之性質不能終止者外，信託關係，應認為於受託人死亡時終止[29]，且委託人亦得隨時終止信託[30]。此外，最高法院更曾認為，信託關係存續中，信託人並非不得執信託關係對抗受託人本於所有權之請求[31]。由

---

[28] 參閱最高法院73年度台上字第2388號民事判決：「所謂信託行為，係指信託人授與受託人超過經濟目的之權利，而僅許可其於經濟目的範圍內行使權利之法律行為而言。是信託關係之發生，須基於信託人與受託人間訂立信託契約而後可。本件原審既認系爭房地係上訴人與其妻黃婦於婚姻關係存續中所買受，為其聯合財產，既非黃婦之原有財產，則依民法第1016條及第1017條第2項之規定，屬於上訴人所有。不能因系爭房地，係以黃婦名義辦理所有權登記，即遽認上訴人與黃婦之間已發生信託關係。」

[29] 參閱最高法院79年度台上字第2031號民事判決：「信託關係中所定受託人之權利義務，應專屬於其本身，受託人之任務因其死亡而終結時，其繼承人或繼承人之法定代理人，縱續保管信託財產，以俟委託人之請求返還，然苟無另訂信託契約，尚難認該繼承人為新受託人，得逕行行使受託人之權利，而謂該繼承人與委託人間當然成立新的信託關係。」

[30] 參閱最高法院66年台再字第42號判例：「按因私法上法律行為而成立之法律關係，非以民法（實質民法）有明文規定者為限，苟法律行為之內容，並不違反公序良俗或強行規定，即應賦予法律上之效力，如當事人本此法律行為成立之法律關係起訴請求保護其權利，法院不得以法無明文規定而拒絕裁判。所謂信託行為，係指委託人授與受託人超過經濟目的之權利，而僅許可其於經濟目的之範圍內行使權利之法律行為而言，就外部關係言，受託人固有行使超過委託人所授與之權利，就委託人與受託人之內部關係言，受託人仍應受委託人所授與權利範圍之限制。信託關係係因委託人信賴受託人代其行使權利而成立。應認委託人有隨時終止信託契約之權利。」應注意者，本則判例已於民國91年10月1日經最高法院91年度第十二次民事庭會議決議不再援用。

[31] 參閱最高法院71年度台上字第4497號民事判決：「信託關係存續中，信託人並非不得執信託關係對抗受託人本於所有權之請求。」另參閱最高法院72年度台上字第3524號民事判決：「查汽車運輸業所稱之『靠行』，係指汽車所有人為達營業之目

此可知，信託關係因是建立在高度的信賴關係上，故其權利義務應專屬於受託人，除信託契約另有約定外，於受託人死亡時應類推適用民法第550條之規定而當然終止，且亦應類推適用民法第549條之規定，委託人得隨時終止信託契約。又於信託關係存續中，委託人並得以信託關係對抗受託人本於所有權的請求。應注意者，由於必須信託關係消滅後，始得請求返還信託財產，故信託財產之返還請求權消滅時效，應自信託關係消滅時起算[32]。

三、信託契約的成立及性質

關於信託契約的成立，最高法院認為，信託契約，以信託人與受託人有此信託契約之合意為其成立要件[33]。至於信託契約的性質，最高法院則認為，信託契約之性質與委任契約雖不盡相同，惟頗為近似，自可類推適用民法第549條第1項規定，認為當事人之任何一方，得隨時終止信託契約

的，將汽車所有權移轉於車行，使成為權利人而為管理行為之謂，應屬信託行為一種，車行即為其受託人。依信託行為之本質，在信託人關係終止並信託財產（即汽車）經受託人移還前，應認受託人為信託財產法律上之所有權人，不得仍謂信託財產為信託人所有。以故，受託人在信託關係存續中，苟有違反信託契約之本旨處分信託財產，或為其他侵害行為時，信託人雖得本於信託關係請賠償損害（回復信託財產原狀或以金錢賠償），但無從本於所有權有所請求。」

[32] 參閱最高法院67年台上字第507號判例：「信託契約成立後，得終止時而不終止，並非其信託關係當然消滅。上訴人亦必待信託關係消滅後，始得請求返還信託財產。故信託財產之返還請求權消滅時效，應自信託關係消滅時起算。」

[33] 參閱最高法院72年度台上字第1036號民事判決：「買受人（信託人）買受不動產以他人（受託人）名義辦理登記之信託契約，以信託人與受託人有此信託契約之合意為其成立要件，至買受不動產究由何人出資，買受後究由何人使用收益、繳納稅捐，均與信託契約之成立與否無涉。」另參閱最高法院84年度台上字第2342號民事判決：「查所謂信託行為，係指委託人授與受託人超過經濟目的之權利，而僅許可其於經濟目的之範圍內行使權利之法律行為而言，故信託關係須委託人與受託人間合意訂立信託契約，方能發生。」

34。另外，最高法院更認為，信託契約，重在對人的信用關係，故信託人非經受託人同意，不得將信託契約所生權利義務概括的讓與他人[35]。

---

[34] 參閱最高法院70年度台上字第1984號民事判決：「所謂信託行為係指信託人將財產所有權移轉與受託人，使其成為權利人，以達到當事人間一定目的之法律行為，信託契約之性質與委任契約雖不盡相同，惟頗為近似，自可類推適用民法第549條第1項規定，認為當事人之任何一方得隨時終止信託契約。」另參閱臺灣高等法院90年度上易字第113號民事判決：「按請求權因十五年間不行使而消滅，民法第125條定有明文。信託關係終止後，始得請求返還信託財產，故信託財產返還請求消滅時效，應自信託關係終止時起算。是以縱令上訴人與詹○銘就系爭房屋曾成立信託契約，然在85年1月26日信託法經總統明令公布施行前，信託關係類推適用委任關係。委任關係，因當事人一方死亡，破產或喪失行為能力而消滅，但契約另有訂定，因委任事務之性質，不能消滅者，不在此限。本件並無另行約定且亦非因委任事務之性質，不能消滅者。則於66年4月17日詹○銘死亡時，信託關係即消滅，自不因數年後有信託法之立法，而使已消滅之信託關係復活。次按因繼承、強制執行、公用徵收或法院判決，於登記前已取得不動產物權者，非經登記不得處分其物權。本件系爭房屋之所有權登記名義人為詹○銘，詹○銘於66年4月17日死亡時，由被上訴人為當然繼承人，因繼承而取得系爭房屋所有權，揆諸前揭規定，縱然上訴人能證明其為系爭房屋之所有權人，而於被上訴人未就系爭房屋為繼承登記前，被上訴人自無法處分系爭房屋，自當無從為所有權更名登記。」
[35] 參閱最高法院71年度台上字第2669號民事判決：「信託契約，乃信託人為達成一定經濟上之目的，將超過該目的之財產權移轉與受託人，使其成為權利人，而約束受託人僅在該目的範圍內，行使權利之契約。此種契約，重在對人的信用關係，故信託人非經受託人同意，不得將信託契約所生權利義務概括的讓與他人。」

四、消極信託的效力

最高法院曾認為，信託之受託人，不特僅就信託財產承受權利人之名義，且須就信託財產依信託契約所定內容為積極之管理或處分。如委託人僅以其財產在名義上移轉於受託人，受託人自始不負管理或處分之義務，凡財產之管理、使用、或處分悉由委託人自行辦理時，是為消極信託，除有確實之正當原因外，通常多屬通謀而為之虛偽意思表示，極易助長脫法行為之形成，難認其行為之合法性[36]。

參、信託法制的立法

我國最高法院在信託法制定公布以前，雖已承認信託行為有效，並試圖於判決中，闡釋信託法律關係的內涵，惟仍難謂已建立我國完整的信託法制。因此，財政部乃於民國74年成立信託法研究小組，歷經二十四次會議的審慎研商，於民國75年完成信託法草案。惟由於信託法在性質上乃民法的特別法，而於民國75年7月14日移請法務部辦理。法務部於接掌信託法的研擬工作後，更於民國77年2月20日成立信託法研究制定委員會，邀請學者專家共同參與，歷經七十七次會議的研討後定案，並於民國82年2月報請行政院核定。而行政院則於民國83年2月26日函請立法院審議，立法院並於民國84年12月29日三讀通過，民國85年1月26日公布施行。

---

[36] 參閱最高法院71年度台上字第2052號民事判決：「所謂信託，乃委託人為自己或第三人之利益，以一定財產為信託財產將之移轉於受託人，由受託人管理或處分，以達成一定經濟上或社會上之目的之行為。受託人不特僅就信託財產承受權利人之名義，且須就信託財產依信託契約所定內容為積極之管理或處分。如委託人僅以其財產在名義上移轉於受託人，受託人自始不負管理或處分之義務，凡財產之管理、使用、或處分悉由委託人自行辦理時，是為消極信託，除有確實之正當原因外，通常多屬通謀而為之虛偽意思表示，極易助長脫法行為之形成，法院殊難認其行為之合法性。」其他類似之司法實務見解，參閱最高法院79年度台上字第2757號民事判決、最高法院80年度台上字第2700號民事判決。

　　此外，為促進我國信託業務的發展，我國亦於民國89年7月19日制定信託業法，就信託業的設立與變更、業務範圍、經營規範、監督、自律組織及罰則設有諸多規定，期能有效監控信託業的經營。其後信託業法歷經多次修正，以因應社會經濟的變化及發展。

　　另外，為因應信託法及信託業法的施行，建立合理的信託稅制，更於民國90年5月29日由立法院三讀通過信託相關稅法的修正，主要包括所得稅法、遺產及贈與稅法、土地稅法、契稅條例、房屋稅條例、平均地權條例及加值型及非加值型營業稅法等，應值注意。

　　再者，我國為推動資產證券化，除於民國91年7月24日制定公布金融資產證券化條例，同時導入特殊目的信託及特殊目的公司等二種架構，作為金融資產證券化之管道外，並於民國92年7月23日制定公布不動產證券化條例，引進不動產投資信託及不動產資產信託二種架構，作為不動產證券化之管道。

　　最後，我國亦於民國93年6月30日制定公布證券投資信託及顧問法，而將證券投資信託事業管理規則及證券投資信託基金管理辦法的主要規範內容，提升其位階至法律層次。

　　有鑑於信託制度乃英美法系國家的固有法制，因此類屬大陸法系的我國，如何妥當繼受信託制度，俾使在引進後得以發揮信託應有的功能，實值深思。綜觀我國現行的信託法，主要是以日本與韓國的信託法為本，並參酌英美的信託法原則而制定，未來在實際運用上如何除弊興利，將是我國財產管理制度發展史上的新契機。

肆、早期信託法制與實務判解的重新定位

　　在信託法及信託業法尚未制定前，為配合商業及金融環境的需求，政府早於民國59年已開放信託投資公司的設立，並先後訂頒信託投資公司管理規則、在銀行法中增列信託投資公司章。其後，為因應我國金融市場的發展，又於民國72年訂定證券投資信託事業管理規則、證券投資信託基金

管理辦法，針對證券投資信託公司加以規範。此外，公司法第248條規定，公司募集公司債，應將公司債債權人的受託人名稱及其約定事項，報予管理機關審核，而公司債債權人的受託人，僅以金融或信託事業為限，即屬有關信託的規定。又公司法第256條規定，公司為發行公司債所設定之抵押權或質權，得由受託人為債權人取得，並得於公司債發行前先行設定；受託人對於該抵押權或質權或其擔保品，則應負責實行或保管之，性質上為有關擔保權信託（security trust）的規定。再者，動產擔保交易法中亦設有信託占有的規定。

　　應注意者，上述法令並非規範信託基本法律關係的信託法，因此諸多有關信託的法律概念，早期則倚重於司法判例、判決之形成。我國最高法院即曾陸續作出判決，以法官造法的方式，創設「信託行為」、「信託關係」、「信託契約」及「消極信託」等法律概念。

　　惟在信託法及信託業法制定後，上述早期既有的信託法制與實務判解如與信託法或信託業法的規定有不符者，即應隨而調整或修正。茲分別說明如下：

一、信託投資公司制度

　　現行銀行法第六章設有信託投資公司專章，而將信託投資公司定位為銀行的一種（銀行法第20條）。銀行法上的信託投資公司，其雖為以受託人的地位，按照特定目的，收受、經理及運用信託資金與經營信託財產，或以投資中間人之地位，從事與資本市場有關特定目的投資之金融機構而辦理者，為銀行法第101條所規定之相關業務，但鑒於信託業法第60條規定：「本法施行前依銀行法設立之信託投資公司應於八十九年七月二十一日起五年內依銀行法及其相關規定申請改制為其他銀行，或依本法申請改制為信託業。主管機關得於必要時，限制於一定期間內停止辦理原依銀行法經營之部分業務。」故其性質上並非信託業法上所規定之信託業。例如原為信託投資公司之臺灣土地開發投資信託公司，已於民國94年1月27日公告出售信託部門，並於民國94年8月6日順利將信託部門讓售交割予日盛

銀行，依信託業法第60條之規定完成改制，而金融監督管理委員會亦於民國94年9月13日以金管銀（四）字第094025223號函廢止其執照，並改名為臺灣土地開發股份有限公司，成為專業投資開發公司，而不再屬於金融機構。其中，涉及信託法律關係的規定，當時主要為銀行法第104條、第105條、第107條、第108條、第109條、第111條等。既然規範信託基本法律關係的信託法與規範信託業經營及監督的信託業法業已先後制定，故如銀行法有關信託投資公司章的規定與信託法或信託業法不一致時，即生法律適用的疑義，茲論述如下：

(一) 信託投資公司的責任

依銀行法第104條第4款的規定，信託契約應載明信託投資公司的責任，若信託契約上所載明的責任較信託法對受託人所課予的責任為輕時，應屬無效的約定，而應回歸信託法的規定。相反地，如信託契約所載明的責任較信託法的規定為重時，則應從其所定，並無不可。

(二) 受託人的義務

銀行法中雖就信託投資公司設有若干義務性規定（銀行法第105條），但較諸信託法的規定，仍未周延，故有關信託投資公司的義務，除依銀行法的既有規定外，並應同時適用信託法的規定。例如就受託人的忠實義務而言，在適用銀行法第108條時，必須配合信託法第34條、第35條等規定而為適用。

二、證券投資信託制度

證券投資信託制度乃目前國內頗為常見的信託制度，在民國93年6月30日證券投資信託及顧問法制定公布以前，其主要的法令依據為當時證券交易法第18條、第18條之1、第18條之2、證券投資信託事業管理規則、證券投資信託基金管理辦法等。其中，涉及信託法律關係的規定，主要包括基金保管機構應負的分別管理義務與信託基金資產的禁止扣押（證券交易

法（舊法）第18條之2、證券投資信託基金管理辦法（舊法）第16條）、證券投資信託事業的忠實義務（證券投資信託事業管理規則（舊法）第26條、證券投資信託基金管理辦法（舊法）第12條）、證券投資信託契約的應記載事項（證券投資信託基金管理辦法（舊法）第5條）、受益人的受益權及受益憑證（證券投資信託基金管理辦法（舊法）第26條至第29條）、基金保管機構的分別設帳義務（證券投資信託基金管理辦法（舊法）第16條）、證券投資信託的存續期間及終止（證券投資信託基金管理辦法（舊法）第3條、第32條）等。

　　惟於信託法及證券投資信託及顧問法制定公布後，除有關基金保管機構的責任與義務須依信託法及證券投資信託及顧問法的規定加以補充，以保障受益人的權益外，其他相關法律問題，亦應可獲得較明確的解決。茲分別說明如下：

(一) 證券投資信託契約的法律性質

　　在證券投資信託及顧問法制定前，依早期證券投資信託基金管理辦法（舊法）第2條第4項的規定，所謂證券投資信託契約係指規範證券投資信託事業、基金保管機構及受益人間權利義務的契約。國內學者有認為其性質為雙重信託契約、雙重委任關係、類似雙重信託契約及信託契約等，莫衷一是。

　　民國93年6月30日證券投資信託及顧問法制定公布後，所謂證券投資信託契約，指由證券投資信託事業為委託人，基金保管機構為受託人所簽訂，用以規範證券投資信託事業、基金保管機構及受益人間權利義務的信託契約（證券投資信託及顧問法第5條第1款）。至於基金保管機構，則指本於信託關係，擔任證券投資信託契約受託人，依證券投資信託事業之運用指示從事保管、處分、收付證券投資信託基金，並依證券投資信託及顧問法及證券投資信託契約辦理相關基金保管業務的信託公司或兼營信託業務的銀行（證券投資信託及顧問法第5條第2款）。因此，信託業擔任基金保管機構之信託關係，性質上係屬依證券投資信託及顧問法而成立之一種

特殊目的信託關係。又證券投資信託及顧問法第5條第2款明定基金保管機構依證券投資信託事業之運用指示從事保管、處分、收付證券投資信託基金，此不僅與信託業法施行細則所稱受託人對信託財產不具運用決定權之金錢信託（即特定金錢信託）之特性及定義相同，且證券投資信託及顧問法第23條亦明定基金保管機構負有監督證券投資信託事業操作之責任，故尚難謂基金保管機構（受託人）對信託財產無管理或處分之權。信託業擔任基金保管機構就信託法、信託業法與證券投資信託及顧問法之適用應為普通法與特別法之關係，上述規範若有所扞格，應優先適用證券投資信託及顧問法[37]。

此外，證券投資信託在性質上乃一種集團信託或商業信託，未必能完全適用信託法就個別信託或民事信託所建構的信託法理，故在立法論上，證券投資信託及顧問法提升有關證券投資信託管理法令的法律位階，一方面可健全證券投資信託事業的管理，另一方面可調整相關的信託法理，實可避免在解釋論上勉強套用個別信託或民事信託的法理或原則，而生邏輯矛盾或法理不一致的情事。具體而言，諸如信託的成立、信託財產的特性、受託人的權利義務、委託人的權利義務、受益權移轉之方式及效力，乃至於受益權之內容及行使方式等，證券投資信託及顧問法皆對其設有相當程度之具體規範。

有疑義者，依主管機關之解釋，固然認為若依證券投資信託及顧問法規定，證券投資信託事業運用證券投資信託基金，得指示基金保管機構以信託資產提供擔保借入款項，不適用信託業法第26條第2項之規定[38]，但由

---

[37] 參閱金融監督管理委員會民國96年8月21日金管銀（四）字第09600183610號函。

[38] 參閱金融監督管理委員會銀行局民國97年5月2日銀局（四）字第09700093400號函：「二、貴會來函說明二、（一）、4提及旨揭事項得否排除信託業法第26條第2項『信託業不得以信託財產借入款項』之規定，及究應由證券投資信託事業或由基金保管機構與借款銀行間簽訂借款契約之疑義，查本局95年12月6日銀局（一）字第09500485190號函復貴會所詢，已釋示前述借款應由基金保管機構依證券投資信託事業與借款銀行議定之條件及金額指示，與借款銀行簽訂相關契約文件，並註記為受託保管之證券投資信託基金信託財產；另按本會96年8月21日金管銀（四）字

於證券投資信託基金之資產係由證券投資信託事業管理及運用，基金保管機構係依證券投資信託事業之指示為管理及處分，若以基金保管機構為借款人，並以該基金資產為擔保品向金融機構辦理借款，姑且不論是否得勉強解釋證券投資信託及顧問法第5條第2款與信託業法第26條第2項是否具有特別法與普通法之適用關係，因借款人負有返還借款本金及利息之義務，其對貸款人之清償責任除消費借貸契約另有明定外，並不以該基金資產為限，一旦該基金資產不足以清償借款本金及利息時，除非貸款人明示拋棄權利，否則即得向基金保管機構之自有財產求償。為解決此問題，證券投資信託基金管理辦法特別明定，證券投資信託事業運用基金為給付買回價金或辦理有價證券交割，得依規定指示基金保管機構以基金專戶名義向金融機構辦理短期借款，並應揭露於證券投資信託契約及公開說明書（證券投資信託基金管理辦法第10條之1第1項）。又基金及基金保管機構之清償責任以基金資產為限，受益人應負擔責任以其投資於該基金受益憑證之金額為限（證券投資信託基金管理辦法第10條之1第4項）。

(二) 證券投資信託基金的法律地位

按證券投資信託契約既為一信託契約，則證券投資信託基金即為信託財產，其法律地位的解釋即應回歸信託法的規定。故向來國內有關證券投資信託基金究否應解為非法人團體、有無當事人能力等爭論，應不復再現[39]。申言之，證券投資信託基金投資公司股票之名義，係以「○○銀行受託保管○○證券投資信託基金專戶」名義登記。又證券投資信託基金既

第09600183610號函已釋示，信託業擔任基金保管機構就『信託法』、『信託業法』與『證券投資信託及顧問法』之適用應為普通法與特別法之關係，上述規範若有所扞格，應優先適用『證券投資信託及顧問法』。故若依證券投資信託及顧問法規定，證券投資信託事業運用證券投資信託基金，得指示基金保管機構以信託資產提供擔保借入款項，不適用信託業法第26條第2項之規定。」

[39] 參閱王志誠，論證券投資信託之重新定位，集保月刊，第44期，1997年7月，頁22。

非自然人亦非法人[40]，自無法被選為董事或監察人。且證券投資信託基金之成立宗旨，係集合多數投資人資金，由專業經理人進行投資，其投資目的係為獲取最大之資本利得，而非以介入被投資公司之經營為目的，自不宜被選任為董事或監察人。又縱使證券投資信託基金亦受信託法規範，亦僅得以受託人名義（形式所有權人）當選為董事、監察人，而非以證券投資信託基金之身分當選[41]。事實上，證券投資信託事業行使證券投資信託基金持有股票之投票表決權，應基於受益憑證持有人之最大利益，且不得直接或間接參與該股票發行公司經營或有不當之安排情事（證券投資信託事業管理規則第23條第2項）。

(三) 證券投資信託基金專戶名義下的股票，其股東權應由何人行使

按基金保管機構乃證券投資信託契約的受託人，其對信託基金具有管理處分權，故理論上應由其行使股東權始為正確。至於身為委託人的證券投資信託事業，則可基於其地位指示基金保管機構為適當的行使。亦即，由於證券投資信託基金名下股票表決權的行使，是屬於運用信託財產的重要一環，因此居於委託人地位的證券投資信託事業，則應基於原所保留的信託財產運用指示權，以書面的方式，明確指示基金保管機構應如何行使表決權[42]。應注意者，觀諸目前證券投資信託之實務，則仍由證券投資信託事業行使證券投資信託基金持有股票之表決權。亦即，證券投資信託事業行使證券投資信託基金持有股票之投票表決權，除法令另有規定外，應由證券投資信託事業指派該事業人員代表為之（證券投資信託事業管理規則第23條第1項）；且於出席基金所持有股票之發行公司股東會前，應將

---

[40] 參閱臺灣臺北地方法院75年度全字第2858號民事裁定、臺灣高等法院75年度抗字第2681號民事裁定。

[41] 參閱財政部證券暨期貨管理委員會民國86年4月19日（86）台財證（四）字第26482號函。

[42] 參閱王志誠，論證券投資信託之重新定位，集保月刊，第44期，1997年7月，頁30。

行使表決權之評估分析作業，作成說明（證券投資信託事業管理規則第23條第3項）。

三、公司債受託人制度

　　觀諸公司法第248條第1項第12款以及第6項的規定，除公司債之私募外，設有受託人制度，其目的乃在確保公司債債權人的權益，而由公司債受託人來監督發行人的財務及業務，並代理債權人向發行人追索債權。蓋依現行公司法的制度設計，公司債受託人乃為其公司債債權人的利益，就公司債發行事項，對發行公司行使查核及監督其有無履行公司債發行事項的權限者（公司法第255條第2項），且如發行有擔保公司債時，不僅公司為發行公司債所設定之抵押權或質權，得由受託人為債權人取得，並得於公司債發行前先行設定（公司法第256條第1項），且受託人對其抵押權、質權或其他擔保品，應負實行或保管的責任（公司法第256條第2項）。惟如從公司債的發行程序來觀察發行公司、公司債債權人與其受託人間的三角關係，形式上或可認為公司債受託人乃基於其與發行公司間的委任契約，受託人應為同次公司債債權人全體的利益，而履行義務及執行職務，性質上屬於以公司債債權人為受益人的利他契約。問題在於，如屬有擔保公司債的發行，除非是由金融機構擔任保證人（證券交易法第29條），否則公司債受託人對其抵押權、質權或其他擔保品尚負有實行或保管的責任，其性質上並非屬於以公司債債權人為受益人的利他契約，而係由發行公司與受託人所簽訂的信託契約（日本「擔保付社債信託法」第2條），故宜解為公司法所特別規定之擔保權信託。問題在於，依我國民法上債權與擔保物權不可分的原則，擔保物權具有從屬性，擔保物權不得由債權分離而為讓與，或為其他債權的擔保（民法第870條），因此除法律另有規定者外（例如民法第881條之6），並無法將債權與擔保物權分離。現行金融實務上，依公司法第256條規定，公司債受託人得為擔保債權人未來將取得公司債券所表彰的債權，而取得發行公司所提供擔保物而設定的抵押權或質權，其性質屬發行公司與受託人為公司債債權人的利益而成立的擔保權信託。

由於公司法並未明確規範公司債債權人與受託人間的法律關係，且亦未明確列舉公司債受託人之權限及義務，故向來均多賴當事人間的受託契約加以規範。既然信託法業已制定，有關有擔保公司債當事人間的法律關係自應適用信託法，至於無擔保公司債當事人間的法律關係，亦宜類推適用信託法的規定，而責令公司債受託人應本於善管義務及忠實義務，為債權人之利益，善盡監督公司的職責。

四、信託占有制度

信託占有乃我國於制定動產擔保交易法時，仿照英美的制度所設。依動產擔保交易法第32條的規定，信託占有乃指信託人（委託人）供給受託人資金或信用，並以原供信託的動產標的物所有權為債權的擔保，而受託人依信託收據占有處分標的物的交易。信託占有的擔保效力，當係源於信託標的物的所有權而發生，該標的物如有加工、附合或混合的情形，其擔保效力依動產擔保交易法第4條之1規定，既及於加工物、附合物或混合物，該等動產的所有權即仍為信託人所有[43]。

由於以往信託觀念未廣為接受，信託占有的實際案例並不多見，未來如信託能在我國人民之社會生活中生根茁壯，或許信託占有制度始能發揮其功能。

五、信託實務判解

我國最高法院過去對於信託所作成之判決或判例，於信託法制定後，是否仍有適用之餘地，實有疑問。基本上，對於在信託法制定後所成立的信託關係，如最高法院的判決或判例與信託法規定有所歧異，自應以信託法為準。至於在信託法制定前所成立的信託關係，如最高法院之判決或判例與信託法規定有所歧異，鑑於過去數十年司法實務已形成相當的法確

---

[43] 參閱最高法院76年度台上字第1230號民事判決。

信，基於法律安定性的考量，似應認為仍得繼續援用過去與現行信託法規定歧異的司法判決或判例，以維護人民對於法律制度的信賴；相對地，如從法律的妥當性出發，最高法院的判決或判例如與現行信託法規定歧異者，解釋上即不符現行信託法理，司法機關自應為判例的變更，而予以摒棄。觀諸信託法制定公布前所發生的爭議案件，最高法院大都以為應繼續適用過去司法實務所建立的信託法理[44]，但亦有認為得適用信託法的規定者[45]。

　　另外，在信託法制定公布前，我國司法實務雖試圖本於傳統民法體系所建立的原理原則，以解決信託行為的爭議，但所見判決或判例皆為委託人與受託人間的自益信託案例，而無論及他益信託者[46]。因此，我國最高法院於信託法制定以前，所做成有關信託的判決或判例，在信託法制定後

---

[44] 參閱最高法院103年度台上字第2721號民事判決：「按信託關係不因委託人或受託人死亡、破產或喪失行為能力而消滅。但信託行為另有訂定者，不在此限。信託法第8條第1項定有明文。而對於在該法施行前成立之信託行為，仍應以之為法理而予以適用。是兩造於信託法施行前就土地所有權之移轉行為具有信託契約關係，而此信託關係，當事人倘未主張並舉證系爭信託行為另有訂定，自不因受託人、委託人相繼死亡而消滅。」其他類似之司法實務見解，參閱最高法院88年度台上字第631號民事判決、最高法院86年度台上字第3814號民事判決、最高法院86年度台上字第3306號民事判決。

[45] 參閱最高法院91年度台上字第358號民事判決：「信託行為有效成立後，即以信託財產為中心，而有其獨立性，除當事人另有訂定外，不宜因自然人之委託人或受託人死亡、破產或喪失行為能力等情事而消滅，故信託法第8條第1項規定：『信託關係不因委託人或受託人死亡、破產或喪失行為能力而消滅。但信託行為另有訂定者，不在此限。』該法雖係於民國85年1月26日始經公布施行，但上開規定，對於在該法施行前成立之信託行為，仍應以之為法理而予以適用。」其他類似之司法實務見解，參閱最高法院86年度台上字第100號民事判決、最高法院96年度台上字第1025號民事判決、最高法院100年度台上字第1454號民事判決、最高法院103年度台上字第2721號民事判決。

[46] 參閱曾隆興，現代非典型契約論，自版，1987年1月修訂版，頁64；詹森林，信託之基本問題──最高法院判決與信託法規定之分析比較，律師通訊，第204期，1996年9月，頁57。

如要適用於他益信託，尚應特別注意信託法有關受益人權利及義務之規定。在信託法未制定前，我國法院曾作諸多的判例及判決，其對信託制度的發展，實有正面的意義。惟在信託法制定後，其與信託法的規定有歧異的部分，自應不再適用，而應以信託法為準。茲分別說明如下：

(一) 信託的定義

最高法院過去皆認為信託行為乃信託人授與受託人超過經濟目的之權利，而僅許可其於經濟目的範圍內行使權利之法律行為[47]。反觀信託法第1條則規定：「稱信託者，謂委託人將財產權移轉或為其他處分，使受託人依信託本旨，為受益人之利益或為特定之目的，管理或處分信託財產的關係。」具體言之，依信託法的規定，委託人設定信託的目的，乃為授權由受託人管理或處分信託財產，而過去司法實務上則認為信託乃為達一定的經濟目的，不論其是否為管理或處分信託財產，即使為設定擔保亦得成立信託。此外，信託法所規定的信託乃是為受益人的利益或特定目的而設，受託人不許為自己或第三人的利益而管理或處分信託財產，然而實務見解對此要件並未明示，從而認為即使為受託人利益而設的讓與擔保，仍構成信託。應注意者，晚近司法實務之見解，對於信託法制定公布前所發生之案件，仍與過去司法實務之見解無異[48]。

---

[47] 參閱最高法院73年度台上字第2388號民事判決。

[48] 參閱最高法院93年度台上字第975號民事判決：「信託法於85年1月26日公布施行前，所謂信託行為，係指信託人授與受託人超過經濟目的之權利，將財產所有權移轉與受託人，使其成為權利人，僅許可其於經濟目的範圍內行使權利之法律行為而言。故非將自己之財產，以他人名義登記時，雙方之間當然有信託契約存在，信託關係，須基於信託人與受託人之合意，訂立信託契約，方能發生。」其他類似之司法實務見解，參閱最高法院92年度台上字第2411號民事判決、最高法院92年度台上字第1594號民事判決、最高法院91年度台上字第1049號民事判決、最高法院86年度台上字第1086號民事判決、最高法院85年度台上字第558號民事判決、最高行政法院90年度訴字第1781號判決。

(二) 信託的效力

依最高法院在信託法制定公布前的見解，認為縱令受託人違反信託之內部約定，委託人僅得請求賠償因違反約定所受之損害，其不得於受託財產返還於信託人之前，仍稱該財產為委託人所有[49]。亦即認為信託關係不得對抗第三人，即使受託人違反信託的本旨，而將信託財產移轉給第三人，委託人亦不得以信託關係對抗該第三人。此外，早期司法實務之見解，就第三人是否善意或惡意，應否影響其效力，見解亦相當分歧。例如有認為第三人的惡意或知悉有信託行為的設定，並不影響第三人取得信託財產，是受託人違反信託的內部約定，而處分受託財產，僅對委託人負契約責任而發生債務不履行問題[50]。相反地，有認為第三人如為惡意時，委託人得依民法第244條聲請法院予以撤銷[51]。但觀諸信託法第4條的規定，如信託財產符合信託公示的要件者，自得對抗第三人。同時信託法第18條並規定，受託人違反信託本旨處分信託財產時，信託財產得為信託公示者，如已符公示的要件時，受益人即得聲請法院撤銷其處分，而不問第三人為善意或惡意；又如信託財產無法為信託公示者，在相對人及轉得人明知或因重大過失不知受託人的處分違反信託本旨時，受益人亦得行使其撤銷權。因此，向來實務上有關信託效力的見解，於信託法制定後，均應一併加以修正方為妥適。

---

[49] 參閱最高法院62年台上字第2996號判例。應注意者，本則判例已於民國91年10月15日經最高法院91年度第十三次民事庭會議決議不再援用。

[50] 參閱最高法院73年度台上字第2699號民事判決。

[51] 參閱最高法院69年度台上字第385號民事判決：「被上訴人就以上訴人名義登記之應有部分二分之一，應享有其中二分之一之權利，此項權利不因信託登記之土地嗣後分割而受影響。雖上訴人未得被上訴人之同意，擅將其原來應有部分二分之一內之二分之一（即四分之一）以贈與為其子楊○策所有，其信託關係之效力，仍應及於上訴人及其子楊○策取得共有權之全部，非謂原信託關係僅存於上訴人未移轉所有權應有部分之一部。否則，上訴人如將其登記名義應有部分之全部，悉數移轉與他人，則被上訴人豈非毫無所得。」

(三) 信託關係的終止

　　最高法院對於信託法制定公布前所發生的案件，咸認為應類推適用民法委任的規定，即當事人得隨意終止契約[52]，如當事人一方死亡時，除契約另有規定外，其信託關係亦為之消滅[53]。惟查信託法第45條及第76條的規定，受託人的任務因受託人死亡、受破產或受監護或輔助宣告而終了。其為法人者，經解散、破產宣告或撤銷設立登記時，其任務終了。但信託關係並不因此而當然消滅（信託法第8條），原則上仍應依信託法第45條及第36條第3項的規定，重新指定或選任新受託人。此外，依信託法第36條第1項的規定，受託人除有不得已的事由得經法院許可其辭任外，原則上應經受託人及受益人同意後，始可辭任。至於如為公益信託，則依信託法第74條的規定，受託人非有正當理由並經目的事業主管機關許可，亦不得任意辭任。綜上所言，向來實務上有關信託關係終止的見解，應不再適用，而應改以信託法的規定為斷。

(四) 消極信託的效力

　　最高法院向來認為，如委託人僅以其財產在名義上移轉於受託人，受託人自始不負管理或處分之義務，凡財產之管理、使用、或處分悉由委託人自行辦理時，是為消極信託，除有確實之正當原因外，通常多屬通謀而為之虛偽意思表示，極易助長脫法行為之形成，難認其行為之合法性[54]。惟消極信託，如有確實之正當原因，即非通謀而為之虛偽意思表示，並不因信託法是否公布施行而有不同，而非信託法未公布即無其適用，故如有

---

[52] 參閱最高法院70年度台上字第1984號民事判決。

[53] 參閱最高法院72年度台上字第4501號民事判決：「信託關係受託人之權利義務，專屬於其本身，故受託人任務因死亡而告終結。此時受託人之繼承人或繼承之法定代理人應保管信託財產，於委託人請求返還時，予以返還。」

[54] 參閱最高法院71年度台上字第2052號民事判決。其他類似之司法實務見解，參閱最高法院79年度台上字第2757號民事判決、最高法院80年度台上字第2700號民事判決。

合法認定之事實，自與消極信託不相同，仍難以係消極信託而指為無效[55]。質言之，消極信託雖非我國信託法所規定之信託類型，但如有正當原因，即非脫法行為，而仍可能成立借名登記之法律關係[56]。亦即，消極信託雖未能成立我國信託法上所規定之信託[57]，但是否因此即構成脫法行為，則應依個案分別判定，而不得徒以消極信託而認為契約無效[58]。

　　所謂借名登記與信託法公布施行前之信託行為，二者之要件並不相同。前者係約定一方所有應經登記之財產以他方為登記名義人，當事人之真意，係買受人將其出資買受之土地，以買賣為原因移轉登記與第三人名下，而管理、使用、處分權仍屬於買受人之無名契約，其契約重在買受人與第三人間之信任關係，並無不法，應屬合法有效之契約，其性質與委任契約類同，應類推適用民法委任關係終止、消滅之規定，不因買受人將契

---

[55] 參閱最高法院88年度台上字第3041號民事判決：「消極信託，除有確實之正當原因外，通常多屬通謀而為之虛偽意思表示，極易助長脫法行為之形成，難認其行為之合法性，此固不因信託法未公布施行而有不同，原審謂信託法未公布即無其適用，固屬可議。惟所謂消極信託，係指委託人僅以其財產在名義上移轉於受託人，受託人自始不負管理或處分之義務，凡財產之管理、使用、或處分悉由委託人自行辦理時，是為消極信託。本件兩造之被繼承人王○傳所信託之系爭土地，係交由上訴人等使用、居住，為原審合法認定之事實，自與消極信託不相同，仍難以係消極信託而指為無效。」

[56] 參閱最高法院88年度台上字第1725號民事判決：「當事人約定，一方以他方名義存款於金融機關，名義人僅單純出借名義，對存款無管理、處分之權，存單、印章、存摺均由借用人持有，借用人並得自由提、存款之消極信託契約，借用人之提款行為，乃權利之行使，無侵害名義人權利可言。於名義人死亡後之提款行為，亦難謂侵害名義人之繼承人之權利。至於遺產及贈與稅法第40條規定：繼承人或利害關係人提取被繼承人在金融機之存款時，應先通知主管稽徵機關會同點驗、登記，其目的在確保遺產稅之稽徵，尚難據此規定即指借用人之權利行使為侵權行為。」

[57] 參閱最高法院89年度台上字第2727號民事判決、最高法院88年度台上字第247號民事判決。

[58] 參閱最高法院89年度台上字第572號民事判決。

約名為信託契約，而影響該借名登記契約終止或消滅與否之判斷。當事人之任何一方，均得隨時終止該委任契約[59]。

---

[59] 參閱最高法院91年度台上字第1871號民事判決：「按信託契約之受託人不僅就信託財產承受權利人之名義，且須就信託財產，依信託契約所定內容為積極的管理或處分。並非將自己之財產，以他人名義登記時，雙方之間當然即有信託關係存在。本件被上訴人僅以其購買之系爭土地，名義上登記於上訴人之被繼承人鍾○胤名下，鍾○胤自始未負管理、處分之義務，該不動產之管理、使用、處分悉由被上訴人自行辦理，自與信託契約之要件不符。本件純粹係借名登記，依訂約當時具體之情形觀察，並非信託契約，當事人之真意，係被上訴人將其出資買受之系爭土地，以買賣為原因移轉登記與鍾○胤名下，而管理、使用、處分權仍屬於被上訴人之無名契約，其契約重在當事人間之信任關係，並無不法，理由正當，應屬合法有效之契約，性質與委任契約類同，應類推適用委任關係終止、消滅之規定，不因被上訴人將契約名之為信託契約，而影響該借名登記契約終止或消滅與否之判斷。按當事人之任何一方，得隨時終止委任契約。委任關係，因當事人一方死亡……而消滅，民法第549條第1項、第550條前段分別定有明文。」另參閱最高法院92年度台上字第1263號民事判決：「借名登記與信託法公布施行前之信託行為，二者之要件並不相同，前者約定一方所有應經登記之財產以他方為登記名義人，而後者則指委託人授與受託人超過經濟目的之權利，但僅許可其於經濟目的範圍內行使權利之法律行為而言，故原審既確定系爭土地為被上訴人之被繼承人即第一審原告劉○堂所購買，自無本於借名登記契約登記在上訴人名下，同時又認此登記係屬信託行為之可能。乃原審對於系爭土地何以登記在上訴人之名下，究係出於借名登記契約抑為信託行為，非但未予認定，甚而謂劉○堂得依該二者無法併存之法律關係，請求上訴人移轉系爭土地所有權登記，即有未當。」

第二章　信託的意義、功能與種類

第一節　信託的意義

壹、立法解釋

我國信託法第1條規定：「稱信託者，謂委託人將財產權移轉或為其他處分，使受託人依信託本旨，為受益人之利益或為特定之目的，管理或處分信託財產之關係。」此等立法解釋信託的意義，雖是結合我國民法原理與外國信託制度而制定，但就其文義來看，實不明確。因此，在解釋上，如何正確掌握信託法的立法目的與信託的功能，以求理論一貫，即為重要課題[1]。

綜觀信託的立法定義，其重點大致有二項成立要素，其一為信託財產的移轉，其二為信託財產的管理，茲分別說明如下。

一、信託財產的移轉或其他處分

信託的第一項要素，乃是委託人將財產權移轉或為其他處分給受託人。因此，委託人不僅是將財產權移轉占有給受託人，而必須是有移轉權利的外觀，始符合規定。就委任契約與信託契約之差別而言，依民法第528條規定：「稱委任者，謂當事人約定，一方委託他方處理事務，他方允為處理之契約。」委任處理事物如係以財產之管理或處分為其契約內容時，委任人無須移轉財產權於受任人，受任人管理之財產仍屬委任人所有，委任關係存續中，委任人未必喪失對其財產之管理處分權限。是以，

---

[1] 由於大陸法系與英美法系對物權與債權的概念，並不盡相同，因此將來究係應自民法的觀點來解釋信託的法律關係，抑係應自英美信託制度的觀點來解釋，勢必會有所爭論。在日本，自信託法制定以來，通說認為應自民法的觀點來理解信託的法律關係，惟邇來認為應從英美信託制度的觀點來理解者，則與日俱增。參閱田中實、山田昭，信託法，學陽書房，1989年，頁27。

受任人管理或處分該財產之效果，直接歸屬委任人[2]。

　　至於信託的標的或客體，在條文上係規定為財產權，因此必須是可依金錢計算價值的權利始可。舉凡民法所規定的各種物權、債權，以及專利權、著作權或其他無體財產權，乃至於礦業權、漁業權等，或因徵收可獲配之其他期待權及由期待權所取得的財產[3]，均可成為信託的標的物。又即使為未經保存登記或違章建築物，既得為交易標的並取得其處分權，自亦得為信託財產[4]。至於商標權因必須與商品結合始能存在，故理論上如僅將商標權信託，而與商品分離，則不可行。另外，公司股東的股東權，亦可成為信託的標的物[5]。相反地，如不具財產價值的身分權及名譽權、姓名權等人格權，則不可成為信託的標的。又依司法實務之見解，即認為

[2]　參閱法務部民國95年5月9日法律決字第0950014685號函。

[3]　參閱法務部民國93年1月15日法律決字第0920051798號函：「按『稱信託者，謂委託人將財產權移轉或為其他處分，使受託人依信託本旨，為受益人之利益或為特定之目的，管理或處分信託財產之關係。』信託法第1條定有明文。準此，受託人因受信託土地被徵收，所得補償費仍為受託財產外，其因徵收可獲配之其他期待權及由期待權所取得的財產，均為信託財產。」

[4]　參閱最高法院92年度台上字第1594號民事判決：「信託乃委託人為自己或第三人之利益，將信託財產移轉於受託人，由受託人管理或處分，以達成一定經濟上或社會上之目的之行為，於信託關係消滅後，受託人始負返還信託財產與信託人之義務。此項信託之財產，不以經登記之不動產為限，未經保存登記之不動產或違章建築物既均得為交易之標的並取得其處分權，自亦得為信託財產，由原取得人或取得處分權之人與受託人成立信託關係。」

[5]　參閱田中實、山田昭，信託法，學陽書房，1989年，頁28。應注意者，從屬公司持有控制公司之股份交付信託，委託人所持有之股份係屬「無表決權」股份，則其移轉給受託人之股份，當亦屬「無表決權」股份。參閱經濟部民國95年8月25日經商字第09502110340號函：「依公司法第179條第2項第2款規定，被持有已發行有表決權之股份總數或資本總額超過半數之從屬公司，所持有控制公司之股份，無表決權。又信託法第1條規定：『稱信託者，謂委託人將財產權移轉或為其他處分，使受託人依信託本旨，為受益人之利益或為特定之目的，管理或處分信託財產之關係。』及第9條第1項規定：『受託人因信託行為取得之財產權為信託財產。』準此，如委託人所持有之股份係屬『無表決權』股份，則其移轉給受託人之股份，當亦屬『無表決權』股份。所詢請依上開規定辦理。」

當事人間移轉房地之信託目的，若僅係為維護個人清廉形象，避免他人起疑其有不當所得而為之者，即難認其係符合信託法而成立信託關係[6]。

應注意者，乃在營業信託上，通常對信託的標的物會加以限制，以利管理及監督。例如日本平成16年（2004年）12月3日修正前的「信託業法」第4條即限定金錢、有價證券、金錢債權、動產、土地及其定著物、地上權及土地的租賃權等六種列舉的財產權，始可成為營業信託的標的。惟日本於平成16年12月3日修正「信託業法」時，考量產業界活用智慧財產權及資金調度的需求，一則調整信託業的適格性審查基準及修正相關行為準則，以強化受益人保護，二則刪除舊「信託業法」第4條的規定，以解除信託財產範圍的管制。因此，舉凡符合日本「信託法」第1條所稱的財產權者，皆可設定信託而交由信託業管理或處分[7]。又日本舊「擔保付社債信託法」第4條則明文限定動產質權、附有證書的債權質權、股份質權、不動產抵押權、船舶抵押、汽車抵押、航空器抵押、建設機械抵押、鐵路抵押、工廠抵押、礦業抵押、軌道抵押、運河抵押、漁業財團抵押、汽車交通事業抵押、道路交通事業抵押、港灣運送事業抵押、觀光設施財團抵押、企業擔保及其他無損害公司債債權人利益之虞而由內閣府令、法務省令所定的物上擔保等二十種擔保物權，始得成為發行擔保公司債的物上擔保[8]。此外，日本「貸付信託法」第2條第1項並明文規定只有金錢始

---

[6]　參閱最高法院91年度台上字第1512號民事判決：「吳○和與吳○全間系爭房地之信託目的，僅係為維護吳○和個人清廉形象，避免他人起疑其有不當所得而為之，此究與信託法律關係成立之要件，係為特定之經濟上或社會上目者有別，即難認上訴人間有基於信託關係而既存之債權債務關係存在。」

[7]　參閱中山裕人、細川昭子，新しい信託業法，時の法令，第1740號，2005年6月，頁8。

[8]　日本舊「擔保付社債信託法」第4條規定：「社債ニ付スルコト得ヘキ物上擔保ハ次ニ揭クルモノニ限ル：一、動產質。二、証書アル債權質。二ノ二、株式質。三、不動產抵當。四、船舶抵當。四ノ二、自動車抵當。四ノ三、航空機抵當。四ノ四、建設機械抵當。五、鐵道抵當。六、工場抵當。七、礦業抵當。八、軌道抵當。九、運河抵當。十、漁業財團抵當。十一、自動車交通事業抵當。十一ノ二、道路交通事業抵當。十二、港灣運送事業抵當。十三、觀光施設財團抵當。十四、

得為放款信託的信託財產。

　　反觀我國銀行法第六章、證券投資信託及顧問法等規定，其得為信託財產者，僅有金錢一種，其他種類的財產權，皆不可成為該種信託的標的。

　　應注意者，乃依信託業法第16條規定：「信託業經營之業務項目如下：一、金錢之信託。二、金錢債權及其擔保物權之信託。三、有價證券之信託。四、動產之信託。五、不動產之信託。六、租賃權之信託。七、地上權之信託。八、專利權之信託。九、著作權之信託。十、其他財產權之信託。」可知其得為營業信託的信託財產者，除一般最常見的金錢外，尚包括金錢債權及其擔保物權、有價證券、動產、不動產、租賃權、地上權、專利權、著作權或其他財產權等。再者，依法務部解釋函令認為，最高限額抵押權因不得與其所擔保之債權分離，故亦不得單獨成為信託之標的物[9]。

企業擔保。十五、前各號ニ揭グルモノノ外社債權者ノ利益ヲ害スル虞ナキモノトシテ內閣府令‧法務省令ニ定ムル物上擔保。」應注意者，日本於平成18年（2006年）12月15日修正「信託法」時，為提高公司債發行的彈性，而同時修正「擔保付社債信託法」，並刪除舊法第4條規定，不再限定物上擔保的財產種類。參閱江頭憲治郎、門口正人（編輯代表），會社法大系2，青林書院，2008年6月，頁346。

[9]　參閱法務部民國91年4月30日法律字第0910012136號函：「一、按『稱信託者，謂委託人將財產權移轉或為其他處分，使受託人依信託本旨，為受益人之利益或為特定之目的，管理或處分信託財產之關係。』信託法第1條定有明文，故委託人將財產權移轉或其為他處分，為信託關係成立之要件。次按最高限額抵押權，目前實務及通說認其性質屬抵押權，仍受抵押權處分從屬性之規範，有民法第870條規定：『抵押權不得由債權分離而為讓與，或為其他債務之擔保。』之適用。故最高限額抵押權不得與其所擔保之債權分離，單獨成為信託之標的物。依來函所附『信託契約書』，本件信託為『抵押權』信託，其目的在『使受託人清理委託人所欠債務』，而非為『使受託人執行債權之催收、保全、管理、處分之金錢債權及其擔保物權之信託』，是否適法，宜再斟酌。二、至最高限額抵押權併同所擔保之債權設立信託者，倘最高限額抵押權所擔保之債權業經確定，則該最高限額抵押權已回復為普通抵押權，其所擔保債權即為確定時存在且不逾最高限額之擔保範圍內特定債

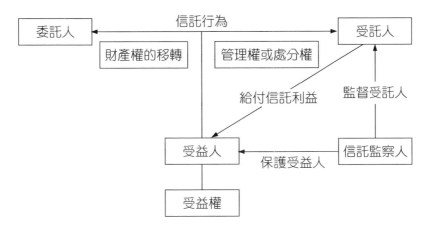

圖 2.1　信託行為的法律構造圖

此外，我國信託法上的信託行為，性質上屬於要物行為，非有信託財產之移轉不能成立。委託人如僅與受託人簽訂信託契約，而未將財產權移轉於受託人，信託仍未成立[10]。因此，信託物權之移轉為信託契約的特別成立要件[11]。就契約信託的成立而言，除須具備當事人意思表示合致

權，故讓與此項抵押權，得依普通抵押權讓與方式為之，無須抵押物所有人之同意或會同辦理。」

[10] 參閱法務部民國92年10月8日法律字第0920038195號函：「二、按信託法第1條規定：『稱信託者，謂委託人將財產權移轉或為其他處分，使受託人依信託本旨，為受益人之利益或為特定之目的，管理或處分信託財產之關係。』準此，信託關係之成立，除受託人須依信託本旨，為受益人之利益或為特定之目的，積極管理或處分信託財產外，尚須有委託人將財產權移轉或為其他處分為前提。申言之，委託人如僅與受託人簽訂信託契約，而未將財產權移轉於受託人，信託仍未成立。是以，本件委託人於死亡前雖已向稽徵機關辦理土地、房屋信託贈與申請，惟至死亡時尚未辦竣移轉登記，依上開說明，該信託關係仍未成立，自無從對委託人之繼承人產生履行移轉登記之義務。」

[11] 參閱最高法院95年度台上字第500號民事判決：「契約信託行為須委託人以設立信託之意思，與受託人訂定契約，並將財產權移轉或為其他處分予受託人，使受託人依信託本旨，為受益人之利益或為特定目的，管理或處分信託財產之要物行為。易言之，契約信託行為除須具備意思表示等法律行為為一般成立要件外，尚須有標的

等法律行為之一般成立要件外，尚須兼具信託物財產權移轉及現實交付等處分行為之特別成立要件[12]。

　　所謂移轉，係指發生財產權直接的變動而言，其不僅得以一般的讓與行為為之，其以遺囑為之者亦無不可。至於所謂其他處分，是指在財產權上設定用益物權或擔保物權而言[13]。依此種財產權的移轉或處分行為，受託人在形式上雖可成為信託的權利主體，但為對抗第三人，仍須依公示的規定辦理信託登記，以具備對抗要件（信託法第4條）。又就受託人取得信託財產的方式而言，其由委託人就自己所有的財產為移轉者有之；其由委託人使第三人將財產移轉與受託人者有之；其由受託人原始取得信託財產者有之，均無礙於信託的成立[14]。

物之財產權移轉及現實交付等處分行為，信託契約始能成立。是信託物權之移轉為信託契約之特別成立要件。」

[12] 參閱最高法院95年度台上字第500號民事判決：「契約信託行為須委託人以設立信託之意思，與受託人訂定契約，並將財產權移轉或為其他處分予受託人，使受託人依信託本旨，為受益人之利益或為特定目的，管理或處分信託財產之要物行為。易言之，契約信託行為除須具備意思表示等法律行為為一般成立要件外，尚須有標的物之財產權移轉及現實交付等處分行為，信託契約始能成立。是信託物權之移轉為信託契約之特別成立要件。」其他類似之司法實務見解，參閱最高法院97年度台上字第2199號民事判決、最高法院108年度台上字第1353號民事判決。

[13] 參閱何孝元，信託法之研究，中興法學，第10期，1976年5月，頁2；徐國香，信託法研究，五南圖書出版公司，1986年，頁37。

[14] 參閱最高法院88年度台上字第247號民事判決：「稱信託者，謂委託人將財產權移轉或為其他處分，使受託人依信託本旨，為受益人之利益或為特定之目的，管理或處分信託財產之關係，信託法第1條固有明定。惟信託法於85年1月26日公布前，民法雖無關於信託行為之規定，然因私法上法律行為而成立之法律關係，非以民法有明文規定者為限，苟法律行為之內容不違反強行規定或公序良俗，即應賦予法律上之效力。斯時實務上認為信託行為，係指委託人授與受託人超過經濟目的之權利，而僅許可其於經濟目的範圍內行使權利之法律行為而言。其受託人取得信託財產之方式，由委託人就自己所有之財產為移轉者有之；由委託人使第三人將財產移轉與受託人者有之；由受託人原始取得受託財產者亦有之。」其他類似之司法實務見解，參閱最高法院87年度台上字第907號民事判決、最高法院89年度台上字第467號民事判決。

二、信託財產的管理或處分

　　信託的第二項要素，乃是受託人依信託本旨管理或處分信託財產。所謂管理，雖應依信託行為或契約的內容而定，惟如信託行為或契約未明定管理的內容及範圍時，即應依民法上管理行為的概念來解釋。狹義而言，乃指保存、改良、利用行為。具體言之，可包括時效中斷的保存行為、不動產租賃、金錢或有價證券的利用、收益行為，以及為增加信託財產標的物價值所為的改良行為等。廣義而言，所謂管理亦可解為包括處分行為在內，例如不動產的出售、設定抵押權等[15]，但因信託法第1條已將管理與處分並列，故宜認為二者並無上、下位概念的關係。信託如係為擔保受託人之出資及為避免契稅而設，而非為使受託人管理或處分信託財產，甚至尚無信託財產之存在，自無從成立信託[16]。

---

[15] 參閱方國輝，公益信託與現代福利社會之發展，中國文化大學三民主義研究所博士論文，1992年6月，頁90。

[16] 參閱法務部民國92年9月25日法律字第0920037183號函：「二、信託係以使他人管理或處分財產為目的，其成立必要一定財產權之存在為前提；所稱財產權，包括金錢及其他可依金錢計算價值之權利在內。委託人以金錢為信託財產設立信託者，須將該金錢交付受託人，由受託人依信託本旨為管理或運用；其因管理或運用取得之財產，仍屬信託財產（信託法第9條第2項規定參照），而該取得之財產權為不動產者須依法為信託之登記，始得以其信託對抗第三人，合先敘明。三、本件緣起於全○停車場股份有限公司（以下簡稱『全○公司』）申請投資興建系爭市場暨停車場，由家○股份有限公司（以下簡稱『家○公司』）協助出資。由於家○公司恐建造完成辦理保存登記之際，『公告期間可能全○公司債權人要求查封』，故『要先登記在家○公司，再移轉於全○公司同時辦理抵押權登記』（詳來函附件－臺北市政府92年6月16日會議紀錄陳律師發言要旨），如此因『會有契稅問題，以信託即可避免契稅』（詳上揭會議紀錄全○公司代表發言要旨），故決議「市府土地使用同意書係同意全○公司興建，但加註以信託方式申請建造執照時同意信託關係以家○公司為受託人，……並第一次所有權登記於家○公司名下，……」（詳上揭會議紀錄結論）。查所謂『信託』，依信託法第1條，係指委託人為受益人之利益或為特定目的，將其財產權移轉或為其他處分予受託人，使受託人依信託本旨管理或處分信託財產之法律關係。本件信託如係為擔保受託人（家○公司）之出資及為避免契稅而設，而非為使受託人管理或處分信託財產，甚至尚無信託財產之存在（依貴

　　所謂處分，在學理上，有事實上處分與法律上處分兩種分類。前者是就標的物為物質的變形、改造或毀損等物理上的事實行為，例如拆除房屋、撕毀書籍等。後者乃就標的物的所有權為移轉、限制或消滅等，使所有權發生變動的法律行為，例如所有權的移轉、土地的設定地上權、動產的出質或物的拋棄等[17]。又例如受託人依信託契約之約定，為受益人之利益而將信託財產設定抵押權或質權，亦為法律上處分行為。信託法第1條所規定的處分，仍應依信託行為或契約的內容而定，惟如信託行為或契約未明定處分的內容及範圍時，應兼指事實上處分與法律上處分。

　　由此觀之，受託人如對於信託財產不負積極管理或處分的義務，而屬於消極信託（passive trust）者，因消極信託的受託人，僅為信託財產的形式上所有人（bare trustee），即不符合我國信託法第1條所規定「受託人依信託本旨管理或處分信託財產」的基本要件，故應非我國信託法上所規定的信託類型。又如係單純的拋棄或捐贈而未能取得任何對價，殊難解為係為受益人之利益管理或處分信託財產[18]。惟受託人將部分信託財產贈與部分（他益）受益人之行為，如係受託人依信託本旨為受益人利益所為而受益人因而享有利益者，則該處分應解為積極處分信託財產之行為[19]。

　　質言之，消極信託在我國信託法上，應認為信託尚未成立[20]。應注意

部來函說明二所述，欲信託者為『將投資尚未興建之建物』），自無從成立信託。四、另貴部來函所附臺北市政府地政處92年8月4日北市地一字第09232104800號函所引據最高法院85年度台上字第2690號判決，其案例係信託法立法前發生之民事訴訟，於信託法立法後，信託之法律關係自應依信託法之規定認定之，併此敘明供參。又本件約定信託關係消滅時，共同出資興建之信託財產歸於其中一人所有，如此是否衍生其他稅務問題，建議另函財政部表示意見。」

17 參閱謝在全，民法物權論上冊，自版，1989年，頁142。
18 參閱法務部民國92年8月20日法律字第0920031754號函。
19 參閱法務部民國94年6月27日法律字第0940018877號函。
20 參閱最高法院88年度台上字第3041號民事判決：「消極信託，除有確實之正當原因外，通常多屬通謀而為之虛偽意思表示，極易助長脫法行為之形成，難認其行為之合法性，此固不因信託法未公布施行而有不同，原審謂信託法未公布即無其適用，固屬可議。惟所謂消極信託，係指委託人僅以其財產在名義上移轉於受託人，受託

者，乃就營業信託或集團信託而言，受託人沒有完全依委託人或受益人指示而管理或處分信託財產者，雖其受託人在外觀上並無管理或處分的裁量權限，而無信託財產的運用決定權，但仍應解為有效的信託，始符信託業務的發展實情。申言之，受託人如未被賦予裁量權，無須為判斷，僅須依信託條款的訂定，或依他人之指示管理或處分信託財產的信託，學理上稱為事務信託或指示信託。事務信託或指示信託的受託人對信託財產仍具有管理權，與委託人未將信託財產的管理或處分權授予受託人或受託人對於信託財產完全不負管理或處分義務的消極信託，並不相同[21]。因此，如信

人自始不負管理或處分之義務，凡財產之管理、使用、或處分悉由委託人自行辦理時，是為消極信託。本件兩造之被繼承人王萬傳所信託之系爭土地，係交由上訴人等使用、居住，為原審合法認定之事實，自與消極信託不相同，仍難以係消極信託而指為無效。」其他類似之司法實務見解，參閱最高法院88年度台上字第247號民事判決、最高法院87年度台上字第2697號民事判決。另參閱司法院民國86年10月20日第七期公證實務研究會：「法律問題：甲非自耕農，向乙購買農地，逕登記自耕農丙之名義。惟為維護甲之權益，甲與丙訂立一『委任契約』，約定甲為委任人，委任丙為受任人以自己之名義取得權利，嗣後再移轉於甲。此委任契約得否公證或認證？討論意見：甲說：肯定說。依民法第541條第2項所訂立之委任契約，應予受理公、認證。乙說：否定說。該委任契約顯係脫法行為，不應受理。丙說：折衷說。參酌最高法院83年度台上字第3172號民事判決裁判要旨『按所謂信託，係指信託人為自己或第三人之利益，以特定財產為信託財產，移轉與受託人管理或處分，以達成一定之經濟上或社會上目的之行為。受託人不特就信託財產承受權利人之名義，且須就信託財產依信託契約之內容為積極之管理或處分。倘信託人僅將其財產在名義上移轉與受託人，而有關信託財產之管理、使用或處分悉仍由信託人自行為之，是為消極信託，除有確實之正當原因外，其助長脫法行為者，應難認為合法。』本題應視有無將農地交付受任人丙使用而決定是否受理。」公證法律問題研究（三），頁32-34。

21　參閱法務部民國92年10月6日法律字第0920038921號函：「二、按信託法第1條規定：『稱信託者，謂委託人將財產權移轉或為其他處分，使受託人依信託本旨，為受益人之利益或為特定之目的，管理或處分信託財產之關係。』準此，信託關係之成立，除須有信託財產之移轉或其他處分外，尚須受託人因此取得信託財產之管理或處分權限；倘受託人對於信託財產並無管理或處分之權限而屬於消極信託者，因消極信託之受託人僅為信託財產之形式所有人，似不符合信託法第1條所規定『受

託契約條款已約定受託人於經受益人或委託人之同意後，得對於信託財產為出租、出售或設定負擔，即屬於事務委託或指示委託的類型，仍得成立信託法所規定的信託關係。總結而言，所謂「事務（指示）信託」，係指受託人未被賦予裁量權，僅須依信託條款之訂定，或依他人之指示管理或處分信託財產，因其受託人對信託財產仍具有管理權，故屬本法之信託；至於「消極（被動）信託」，係指受託人不負管理或處分義務，財產之管理或處分由委託人或受益人自行辦理，受託人僅為信託財產之名義人，此時因受託人對於信託財產已無管理或處分之權限，故非屬本法所稱之信託[22]。

貳、信託的本質

信託是由信託財產的移轉或其他處分，以及信託財產的管理所結合而成。如從信託財產的移轉或其他處分來看，可以說信託具有物權的效力；但如從管理義務的發生來看，則可以認為信託具有債權的效力。惟從大陸法系民法的原理來觀察，信託乃委託人移轉信託財產的權利給受託人，受託人則負有以其本身的名義，依信託本旨及信託目的管理信託財產的債務，蓋信託雖是物權的效果與債權的效果兩者有機性的結合，但在本質上，該信託財產完全權限的移轉，仍受到內部債權性的約束。此即日本學

託人依信託本旨管理或處分信託財產』之要件，從而應非屬我國信託法上所稱之信託，合先敘明。三、次按受託人未被賦予裁量權，無須為判斷，僅須依信託條款訂定，或依他人之指非管理或處分信託財產之信託，稱為事務信託，或稱指示信託。事務信託或指示信託之受託人對信託財產仍具有管理權，與前開所述委託人未將信託財產之管理或處分權授予受託人，或受託人對於信託財產完全不負管理或處分義務之消極信託，並不相同。四、綜上所述，本件信託契約條款既已約定受託人於經受益人或委託人之同意後，得對於信該財產為出租、出售或設定負擔，參酌上開說明，似屬事務委託（指示委託）類型，仍得成立信託關係。」另參閱法務部民國96年1月23日法律決字第0960000204號函。

[22] 參閱法務部民國101年11月21日法律字第10100592490號函。

界通說所稱的「債權說」。依據債權說的看法，由於信託財產完全移轉給受託人，為將信託財產與受託人本身的固有財產區分，因此必須於信託法中加以特別規定。又因為受託人所負的管理義務是一種債務，如受託人違反信託本旨而為不當的管理或處分時，理論上受託人僅負債務不履行的責任，所以信託法乃特別規定加重受託人的責任，以保護委託人及受益人，明定受益人得主張追及效力[23]。

反對債權說者如日本學者四宮和夫，其所主張的「物權說」係認為信託制度乃英美法的傳統制度，英美法並未嚴格區分物權與債權，信託實與「contract」（契約）不同，而近於「property」（物權），有其獨立的領域，因此不應固守大陸法物權與債權區分的觀念。具體而言，其認為信託財產具有非常強的獨立性，而有其特殊的法律主體性，亦即信託財產具有如同財團法人與破產財團的法律主體性。此外，信託受益權具有物權的性質。按受益人享有撤銷權，且信託財產有其獨立性與物上代位性等物權的特質，因此受益權不僅是受益人對受託人的給付請求權，亦是對信託財產具有物權性的權利。受託人係享有財產管理權，並非負債務，而應認為受託人的財產管理權僅係附隨強大的義務性而已。此外，基於契約自由原則，受益權與財產管理權的內容，係由當事人任意決定，因此實際上所為的信託，雖可能不符民法所建立的基本原則或傳統概念，但仍然應承認信託的效力[24]。

另外，有學者則認為，應分別從金錢信託與不動產信託來探討信託的本質。在金錢信託的情形，因信託財產與受託人的財產不易區分，因此信託財產的獨立性極弱，信託並不具物權性。相反地，如在不動產信託的情形，因信託財產有極強的獨立性，則應認為信託具有物權性[25]。

---

[23] 參閱田中實、山田昭，信託法，學陽書房，1989年，頁30-31；新井誠，財產管理制度と民法・信託法，有斐閣，1990年，頁42-44。

[24] 參閱四宮和夫，信託法（新版），有斐閣，1994年，頁58以下；新井誠，財產管理制度と民法・信託法，有斐閣，1990年，頁44。

[25] 參閱新井誠，財產管理制度と民法・信託法，有斐閣，1990年，頁44-45。

　　觀諸我國現行信託法制,依信託法第18條第1項前段規定:「受託人違反信託本旨處分信託財產時,受益人得聲請法院撤銷其處分。」並配合信託法第4條所規定之信託公示制度,可知信託成立後,受益人不僅對受託人享有債權性質之給付請求權,尚享有物權追及效力性質之撤銷權(信託法第18條第2項)。又依我國信託法9條第2項規定:「受託人因信託財產之管理、處分、滅失、毀損或其他事由取得之財產權,仍屬信託財產。」確立信託財產之同一性法理或物上代位性法理,一旦受託人不當或違法將信託財產納入自有財產,受益人即得向受託人主張追及效力。此外,依信託法第10條至第14條之規定,信託財產在名義上雖屬受託人所有,但實質上仍與受託人之自有財產及不同信託之其他信託財產各自獨立,且依信託法第24條第1項之規定,受託人應將信託財產與其自有財產及其他信託財產分別管理,又信託財產為金錢者,得以分別記帳方式為之。由此可知,信託財產具有與物權性質相同之特定性及獨立性。職是之故,似可認為我國信託法所規定之信託,其本質並非只具債權性,也具有物權性[26]。

　　依管蠡之見,在體例上,大陸法系的信託法乃民法的特別法,因此在探究信託的本質時,原則上仍應從民法的原理出發。但由於信託制度乃英美的固有法制,故在探討信託的本質時,亦不能忽視英美法上信託的特質。因此,本文基本上支持債權說的論點,但為兼顧英美信託的特質,擬分別從他益信託與自益信託加以立論。

　　所謂他益信託,乃受託人並非為委託人的利益而管理或處分信託財產,而是為第三人的利益來管理或處分信託財產。換言之,此時信託財產不僅自受託人的財產獨立出來,亦與委託人及受益人的財產各自獨立。從而信託財產依信託所創設的信託財產,即如同具有實質法律主體性的管理機構。又觀諸英美傳統上常見的信託,事實上,係指他益信託而言,如為

---

[26] 參閱王志誠,信託:私法體系之水上浮油?(上),台灣本土法學,第46期,2003年5月,頁6。

自益信託的受託人，其實只不過是實現委託人指示的代理人（agent）[27]。由此觀之，物權說的立論，某程度上似較符合英美信託的特質。

　　相反地，所謂自益信託，是指受託人為委託人與受益人同為一人的利益，而管理或處分信託財產而言。此時信託財產純屬委託人個人的財產管理機構，信託財產實質上並未獨立。因此自益信託的法律關係，是以委託人與受託人兩人間的關係為中心，而非常類似於代理及委任。由此觀之，如為自益信託，則債權說的論點，應值肯定。

　　我國信託法中，似亦意識到他益信託與自益信託在本質上的差異，而就終止信託、受益人的變更及受益人權利的處分等情形，分別規定其內容。例如信託法第63條係規範自益信託的終止，而第64條即是規範他益信託的終止。又例如信託法第3條並規定，他益信託的信託人除信託行為另有保留外，在信託成立後，非經受益人同意，不得變更受益人，亦不得處分受益人的權利。故依信託法第3條的反面解釋，自益信託的委託人則不受上開限制。

　　綜上所言，未來在我國信託法的解釋論上，自應分就不同的信託類型來掌握其本質，以為解釋的依據，特別是在討論信託稅制時，更應注意自益信託與他益信託之本質性差異；又在立法論上，似有必要分就他益信託與自益信託，來構築信託法制，始為允當。

第二節　信託的功能

　　雖然信託在英美等國，其已運用在各式各樣的財產管理制度，但就我國在信託法尚未制定公布前的發展狀況而言，實際上僅使用於信託投資公司或證券投資公司上，尚未真正在社會生活中全面性生根茁壯。基本上，先進國家的信託制度，不論在社會方面或經濟方面，向來都有其一定的功

---

[27] *See* George W. Keeton & L. A. Sheridan, The Law of Trusts 323 (Professional Books Ltd; 10th edition, 1974)；新井誠，財產管理制度と民法・信託法，有斐閣，1990年，頁46。

能，在財產管理上更扮演重要的角色。惟觀諸現代信託的利用，信託在金融實務上不僅已逐漸商品化，而且在功能上亦呈現多樣化[28]，故今後如何活用信託制度，以發揮其現代功能，乃是今後研究我國信託法制的重要課題。

壹、基本功能

就信託的本質而言，無異是透過由受託人處理事務之方式，使形式上的信託財產歸屬於受託人，實質上的信託利益則歸屬於受益人，而將形式上的信託財產與實質上的信託利益分離，進而為受益人創造出「財產的安全地帶」[29]。

信託的基本功能，乃是依我國信託法第1條所設定的典型功能。亦即委託人基於信託行為而移轉信託財產給受託人，受託人則須依信託本旨或信託目的管理或處分信託財產。而所謂的信託本旨或信託目的，基本上是為了保全信託財產的價值，並謀求相當的增值[30]。換言之，此種信託財產的保全及增值的追求，乃是信託傳統上且最普通的典型目的。職是之故，所謂信託的基本功能，事實上，乃融合有財產的保全功能與增值功能在內，而為傳統信託制度所欲達成的財產管理功能。

事實上，如從信託稅制的角度來觀察，亦可說明信託的保全及增值功能。具體而言，因設定信託而為財產權之移轉，與一般基於買賣或互易而為財產權的移轉有別。例如當事人若以土地為信託標的物時，其權利變更登記原因為信託，與一般土地所有權移轉情形有別，自無須課徵土地增值

---

[28] 參閱田中實，信託の機能的類型化について，收錄於加藤一郎、水本浩編，民法・信託法理論の展開（四宮和夫先生古稀紀念論文集），弘文堂，1988年，頁391-394。

[29] 參閱四宮和夫，信託法（新版），有斐閣，1994年，頁14。

[30] 參閱田中實，信託の機能的類型化について，收錄於加藤一郎、水本浩編，民法・信託法理論の展開（四宮和夫先生古稀紀念論文集），弘文堂，1988年，頁402。

稅（土地稅法第28條之3）[31]。若信託人已依返還信託物之法律關係訴請法院判命受託人返還系爭信託土地確定，則該系爭土地的移轉，亦不應課徵土地徵值稅[32]。再者，依財政部之解釋，自益信託土地供自用住宅用地使用，且與信託目的不相違背者，准按自用住宅用地課徵地價稅及土地增值稅[33]。由此觀之，如基於信託關係移轉並無隱藏他項法律行為者，自不應

---

[31] 參閱最高行政法院93年度判字第184號判決：「土地稅法於90年6月13日增訂第28條之3之立法理由為：『明定土地為信託財產，於移轉時不課徵土地增值稅之各種情形。』土地稅法第28條之3規定：『土地為信託財產者，於下列各款信託關係人間移轉所有權，不課徵土地增值稅：一、因信託行為成立，委託人與受託人間。二、信託關係存續中受託人變更時，原受託人與新受託人間。三、信託契約明定信託財產之受益人為委託人者，信託關係消滅時，受託人與受益人間。四、因遺囑成立之信託，於信託關係消滅時，受託人與受益人間。五、因信託行為不成立、無效、解除或撤銷，委託人與受託人間。』其關於信託行為之構成要件，當以信託法之規定為標準。土地為信託財產，依信託法第1條規定由委託人移轉土地所有權與受託人，其權利變更登記原因為『信託』，與一般土地所有權移轉情形有別，依土地稅法第28條之3規定於移轉時不課徵土地增值稅。本件系爭土地所有權直接登記為受託人名義，即系爭土地於57年間係由訴外人洪○奇以『買賣』為權利變更原因登記取得所有權，與信託法第1條所規定信託者，謂委託人將財產移轉或為其他處分，使受託人依信託本旨，為受益人之利益或為特定之目的，管理或處分信託財產之關係有別，則與土地稅法第28條之3第5款所規定之不課徵土地增值稅要件不符，自不得據之主張不課徵土地增值稅。」

[32] 參閱最高行政法院89年度訴字第219號判決：「按『土地所有權因信託行為成立，而依信託法第1條規定，由委託人移轉與受託人者，其權利變更登記原因既為「信託」，與一般土地所有權移轉情形有別，應不課徵土地增值稅。但於再次移轉應課徵土地增值稅時，其原地價之認定，以該土地不課徵土地增值稅前之原規定地價或前次移轉現值為準』，業據財政部86年8月27日台財稅字第861913163號函釋在案，足認增值稅之徵收，應以土地所有權之實際移轉行為為準。是林○源之取得土地所有權既確因原告之信託行為而成立，原告已依返還信託物之法律關係，訴請法院判決受託人林○源返還系爭土地確定，依上揭財政部函釋意旨，系爭土地之移轉，應不課徵土地增值稅。又在信託法公布施行前，私人間可因信託行為而成立信託關係，則因信託關係之移轉所有權，並非實際之移轉行為，僅為受託物之回復，自不因有無信託法之公布施行，而對本於信託關係之所有權移轉登記，應否繳納土地增值稅而有不同認定。」

[33] 參閱財政部民國93年1月27日台財稅字第0920454818號函：「查信託土地，於信託關係存續中，由受託人持有及移轉時，應無土地稅法自用住宅用地稅率課徵地價稅

課稅。

貳、保護功能

　　雖然傳統上的信託兼具有保全功能與增值功能，但觀察現代信託的發展，則有偏重在未成年人的保護功能而設定的信託。其主要目的，乃是為特定人的生活保護或扶養，而防止財產的喪失或減少，至於財產是否增值，則非重要。例如美國的浪費信託（spendthrift trust），就是基於委託人的意思，在信託條款中限制受益人受益權的讓與性，以保護受益人的生活供給無匱乏為目的[34]。又例如美國的扶養信託（trust for support），則是基於受益權的性質本身，而限制其讓與性，以保護受益人的教育、生活扶養為目的[35]。英國的保護信託（protective trust），亦與美國的浪費信託相類似，均以保護受益人的生活安定為主要目的[36]。我國則將人身保險的死亡險或傷害險與信託架構結合，推出人壽保險金信託。亦即，人身保險契約中屬死亡或殘廢之保險金部分，要保人於保險事故發生前得預先洽訂信

　　及土地增值稅規定之適用，前經本部91年5月1日台財稅字第0910452561號令釋在案；惟土地為信託財產者，其於信託關係存續期間，如委託人與受益人同屬一人（自益信託），且該地上房屋仍供委託人本人、配偶、或其直系親屬做住宅使用，與該土地信託目的不相違背者，該委託人視同土地所有權人，如其他要件符合土地稅法第9條、第17條及第34條規定，受託人持有土地期間或出售土地時，仍准按自用住宅用地稅率課徵地價稅及土地增值稅。至於地上房屋拆除改建情形下，如委託人（原自用住宅用地所有權人）基於地上房屋拆除改建之目的，而將其土地所有權信託移轉與受託人，且委託人與受益人同屬一人（自益信託），其於信託關係存續中，受託人持有土地期間或出售土地時，如符合上述規定者，亦准依拆除改建相關規定按自用住宅用地稅率課徵地價稅及土地增值稅。」

[34] *See* J. G. Riddall, The Law of Trusts 260-261 (Butterworths, 5th edition, 1996).

[35] 參閱田中實，信託の機能的類型化について，收錄於加藤一郎、水本浩編，民法・信託法理論の展開（四宮和夫先生古稀紀念論文集），弘文堂，1988年，頁405。

[36] *See* J. G. Riddall, The Law of Trusts 260-264 (Butterworths, 5th edition, 1996)；參閱海原文雄、中野正俊監譯，日本信託銀行信託法研究會譯，イギリス信託法，有信堂，1988年，頁21-23。

託契約，由保險業擔任該保險信託之受託人，其中要保人與被保險人應為同一人，該信託契約之受益人並應為保險契約之受益人，且以被保險人、未成年人、心神喪失或精神耗弱之人為限（保險法第138條之2第2項）。應注意者，保險業依上開規定，雖得擔任信託契約的受託人，但實務上皆由兼營信託業務的銀行擔任受託人。

其次，亦有偏重在身心障礙者保護功能而成立的信託。例如日本在昭和50年（1975年）修正「繼承稅法」（相續稅法）第21條之4第1項及第2項的規定，其所承認的特定贈與信託（特別障礙者扶養信託）制度，即是為使身心重度障礙者的生活得以安定，而以身心障礙者為受益人的扶養信託契約，並特別採取租稅優惠措施，以鼓勵其設立[37]。申言之，日本的特定贈與信託，其所強調信託的保全功能，與美國、英國所承認的浪費信託、扶養信託或保護信託，實同其旨趣。

再者，尚有偏重於消費者保護功能而成立的信託，茲舉數例以供參考：

一、依殯葬管理條例第51條第1項規定：「殯葬禮儀服務業與消費者簽訂生前殯葬服務契約，其有預先收取費用者，應將該費用百分之七十五，依信託本旨交付信託業管理。除生前殯葬服務契約之履行、解除、終止或本條例另有規定外，不得提領。」其立法意旨，在於如殯葬服務業銷售生前殯葬服務契約（生前契約）時有預先收取費用者，為避免殯葬服務業於實際提供殯葬服務前發生財務困難而倒閉，損及消費者的權益，故強制殯葬服務業應將該費用百分之七十五與信託業成立信託，依信託本旨交付信託業管理。

二、依電子支付機構管理條例第21條第1項規定：「專營之電子支付機構對於儲值款項扣除應提列準備金之餘額，併同代理收付款項之金額，

---

[37] 參閱田中實、山田昭，信託法，學陽書房，1989年，頁247-250；田中實，信託の機能的類型化について，收錄於加藤一郎、水本浩編，民法・信託法理論の展開（四宮和夫先生古稀紀念論文集），弘文堂，1988年，頁406-407。

應全部交付信託或取得銀行十足之履約保證。」且依同條例第22條第8項規定：「使用者及特約機構就其支付款項所產生之債權，有優先於專營電子支付機構其他債權人受償之權利。」其立法意旨，係為確保使用者及特約機構的權益，亦要求專營的電子支付機構應將支付款項，全部交付信託或取得銀行十足履約保證的方法，確保專營的電子支付機構具備履約能力，達成保護消費者及特約機構權益的目的。

參、意思凍結功能

當委託人將信託財產交付信託後，可用以對抗委託人意思能力喪失或死亡等主觀情事發生的變化，由受託人依委託人成立信託時的信託目的，繼續管理或處分信託財產，以實現信託財產長期管理的目的[38]。特別是委託人因精神障礙或其他心智缺陷，致不能為意思表示或受意思表示，或不能辨識其意思表示的效果時，即使經法院為監護之宣告，仍必須承受監護人的道德風險。若能事先利用信託制度，將信託財產交由值得信賴的信託業管理，凍結委託人自由處分財產的意思，不僅可協助判斷能力減弱或喪失的高齡者保全財產的安全，亦可防止高齡者從事不利益的法律行為。

就銀髮族的保護而論，我國信託實務上即推出自益型及共益型的老人安養信託（高齡者安養信託），透過信託的意思凍結功能，以確保高齡者財產管理的安全性。例如為達成保障委託人未來生活、醫療及養護等目的，以長期照護委託人之安養需要，貫徹及確保委託人受監護宣告前成立信託的意思，即可在高齡者安養信託契約中約定若委託人經法院為監護宣告時，其監護人不得代理委託人終止信託契約。

---

[38] 參閱新井誠，信託法（第3版），有斐閣，2008年，頁85-86。

肆、增值功能

　　信託亦有完全不重視財產的安全性，而專以追求利潤而設定者。例如證券投資信託及不動產投資信託（REIT）即為其典型。又美國所流行的商業信託（business trust），以及日本近來所發生的開發型的土地信託，皆是由委託人將財產投資於信託公司，而信託公司則本其善良管理人的注意義務，以追求信託財產的最大利潤[39]。由於投資本負有風險，一旦信託公司管理不當，委託人即可能血本無歸，因此，此種信託在本質上並不注重保全功能，而著重於增值功能為主。

伍、公益功能

　　再者，亦有別於傳統上信託的目的，而係以慈善、文化、學術、技藝、宗教、祭祀或其他公共利益為目的而設立的信託（信託法第69條）。例如所稱慈善，一般指救助貧困及救濟傷殘而言；舉凡對困苦之人或遭遇變故之人，給予安養、保護、救助，或對身心障礙之人給予醫療、養護等，均屬之[40]。

39　參閱田中實，信託の機能的類型化について，收錄於加藤一郎、水本浩編，民法・信託法理論の展開（四宮和夫先生古稀紀念論文集），弘文堂，1988年，頁407-411。

40　參閱法務部民國91年11月19日法律字第0910043363號函：「二、按信託法第69條規定：『稱公益信託者，謂以慈善、文化、學術、技藝、宗教、祭祀或其他以公共利益為目的之信託。』所稱『慈善』，一般指救助貧困及救濟傷殘而言；舉凡對困苦之人或遭遇變故之人，給予安養、保護、救助，或對身心障礙之人給予醫療、養護等，均屬之。三、公益信託之設立須以公共利益為目的者，始足當之。所稱『公共利益』，係指社會全體之利益，亦即不特定多數人之利益。如以特定人或特定團體為受益人之信託，非為公益信託；又信託之目的僅是『間接』或其『結果』有助於公益者，亦非屬公益信託，惟以救貧（慈善）為目的者，英國判例上認其具有公益性；又受益人為國家、地方自治團體、財團法人或其他公益團體，雖屬特定之人，因具有公共性，有助於全體社會之福祉、文明與發展，故亦認具公益性（臺灣金融研訓院編印『信託法理』，91年5月修訂三版，頁98-98參照）。本件慈善公益信託

　　運用現代信託制度來從事或推動公益事業或活動的典型，統稱為公益信託（charitable trust）。我國信託法第八章即為規範公益信託的專章。由於公益信託一般並非著重於信託財產的保全或增值，乃是重視信託財產的運用是否合乎其設立的公益目的，不同於傳統的信託，而特別具有公益功能。

陸、導管功能

　　觀諸晚近信託的發展，信託更被利用為資產證券化的導管體，而具有導管功能。亦即透過信託契約的簽訂，以分割委託人（創始機構）因信託設定所擁有的信託受益權，使其得以轉讓給投資大眾，進而獲取資金。此外，為將委託人所擁有的信託受益權加以分割，以便於轉讓，則每以受益證券或受益憑證的方式表彰受益權，故亦可達到將資產證券化的目的。舉例而言，日本「資產流動化法」第161條至第227條即設有特定目的信託制度，以促進特定資產的證券化。至於我國金融資產證券化條例及不動產證券化條例所分別規定的特殊目的信託（SPT）及不動產資產信託（REAT），亦具有相同的功能。

申設案，是否符合首揭信託法第69條所定公益信託設立之要件，宜請公益目的事業主管機關參照上開說明，本於權責審認之。」

柒、破產隔離功能

　　就近代信託的商業運用而言，亦經常作為企業資金調度之重要手段，而將信託利用於資產證券化的架構，其所具有的重要意義，即在於信託的破產隔離功能（bankruptcy remote）。資產證券化是由創始機構將其特定資產群組，移轉或讓與特殊目的機構而納入資產池（a pool of assets），而投資人則從該資產池所生之現金流量，以回收其本金及孳息。為保護投資人之權益，必須採取適當之預防措施，確保特殊目的機構與創始機構間具有完全之破產隔離機制[41]，而得獨立於創始機構之信用風險或破產風險。其中，如特殊目的機構為公司型者，通常為創始機構所設立之完全子公司（wholly owned subsidiary corporation）[42]，故如何有效隔離創始機構之破產風險，則為真實買賣（true sale），而成為金融資產證券化架構能否為投資人所信賴之重要關鍵。反之，如採取信託型架構者，創始機構於依信託契約將特定資產群組移轉給受託機構後，納入資產池的特定資產群組即具有信託財產的獨立性，其後若創始機構破產，其債權人原則上並無法對特定資產群組行使追及權。應注意者，固然信託具有破產隔離功能，但如信託契約設有買回條款、更換條款或保留解約權條款時，則仍可能不構成真實買賣的要件[43]。

---

[41] *See* Peter J. Lahny IV, Asset Securitization: A Discussion of the Traditional Bankruptcy Attacks and an Analysis of the Next Potential Attack, Substantive Consolidation, 9 AM.BANKR. INST. L. REV. 815, 816 (2001).

[42] *See* Robert Dean Ellis, Securitization Vehicles, Fiduciary Duties, and Bondholder's Rights, 24 J. CORP. L. 295, 300 (1999).

[43] 參閱友松義信，集團投資スキームにおける信託と會社の比較，收錄於道垣內弘人、大村敦志、澤昌彥編，信託取引と民法法理，有斐閣，2003年，頁53。

第三節 信託的種類

信託得依不同的觀點來加以分類。又由於各國對信託的定義與內容，廣狹未盡一致，實務上的運作亦容有差異，其分類自亦會有所不同，應特別注意。

壹、任意信託與法定信託

信託依其成立的原因，可區分為任意信託與法定信託。任意信託又稱意定信託，係指依當事人的意思表示而成立的信託。法定信託則係指依法律的規定而成立的信託。我國信託法第2條規定：「信託，除法律另有規定外，應以契約或遺囑為之。」可見所謂的任意信託，乃包括契約信託及遺囑信託。

就法定信託而言，例如觀諸信託法第36條第4項規定：「已辭任之受託人於新受託人能接受信託事務前，仍有受託人之權利及義務。」即明定受託人自行辭任時，於新受託人能接受信託事務前，當應繼續處理信託事務。蓋受託人辭任時，委託人與受託人間的法律關係雖不存在，但為確保受益人的利益，仍應使信託關係能繼續存續，故規定原受託人於新受託人能接受信託事務前，仍負有受託人的權利及義務。又依信託法第66條規定：「信託關係消滅時，於受託人移轉信託財產於前條歸屬權利人前，信託關係視為存續，以歸屬權利人視為受益人。」亦明定信託關係消滅時，在信託財產移轉於歸屬權利人前，信託關係視為存續，俾信託財產仍有其獨立性，而受託人亦能有效處理信託善後事務，以保護歸屬權利人之利益。

至於信託法第79條規定：「公益信託關係消滅，而無信託行為所訂信託財產歸屬權人時，目的事業主管機關得為類似之目的，使信託關係存續，或使信託財產移轉於有類似目的之公益法人或公益信託。」因其信託

關係的成立當非基於當事人的意思表示，而是依法律的規定，故類屬法定信託。

　　應注意者，乃英美法上，雖亦將信託分類為意定信託（by act of a party）與法定信託（by act of the law）兩種，但就法定信託的內涵，在解釋上，並不一致。有認為法定信託應包括回復信託（resulting trust；推定信託；結果信託）與擬制信託（constructive trust；構成信託）[44]。但亦有認為，所謂法定信託僅有擬制信託一種，至於結果信託，則應歸類在意定信託中的默示信託（implied in fact）[45]。本文以為，擬制信託係英國法院基於先例拘束原則，依所累積形成的判例法理為基礎，而發展出來的一項法律技術，其性質上，是由法院強制設立，因與當事人的意思表示無關，且法院判決在英國法律體系下，仍屬法律規範之一種，應定性為法定信託之一種。至於回復信託可分為推定型回復信託與自動成立型回復信託二種，而自動成立型回復信託與擬制信託無異，皆為法院所創設，故可歸類為擬制信託之一種。

貳、契約信託、遺囑信託與宣言信託

　　信託關係的成立，在英美信託法理下，有基於委託人明示意思而成立者，稱為明示信託（express trust）；亦有因委託人意思不明，而由法院推定信託為委託人利益而存在，受託人必須將信託財產返還於委託人者，則稱為回復信託（resulting trust）；此外，如與委託人意思完全無關，是由

---

[44] 所謂結果信託，一般是指依據法律以推定委託人有成立信託的意思而成立的信託；擬制信託，一般是指法院依衡平法的原則，擬制信託關係成立的信託。參閱許耀東，信託制度之研究——兼論我國信託事業之回顧與前瞻，中國文化大學法律研究所碩士論文，1974年6月，頁28-29。

[45] *See* George P. Costigan, The Classification of Trusts as Express, Resulting, and Constructive, 27 HARV. L. REV. 437, 461 (1914).

法院基於衡平目的而創設者，即稱為擬制信託（constructive trust）[46]。所謂擬制信託，係指為了達成公平妥當之判決，法院依職權，就當事人間強制設立之信託關係而言。擬制信託一旦成立，一方當事人擬制為受託人，並應將其所取得之財產或價值，返還於他方當事人（即擬制信託的受益人）。例如信託之受託人違反信託條款或限制，處分信託財產於第三人時，若第三人為惡意時，英國法院可能擬制受益人與第三人間成立信託關係[47]。又若受任人違反自己得利禁止原則（Breach of No-Profit Rule），法院可能擬制委任人與受任人間成立信託關係，委任人可請求受任人返還所有利益[48]。

此外，信託亦可能依遺囑或宣言而成立。其中最常見者，當為明示信託，亦即委託人以設定信託之意思，而將信託財產移轉給受託人即為成立。至於委託人之意思，並非內在意思，而是指設定信託之外在意思表示（manifestation of intention），且其意思表示之方法，原則上雖得為口頭、書面或行為，但如信託財產是不動產，乃至於信託是依遺囑或宣言而成立者，則尚必須分別符合書面、遺囑或宣言的要件[49]。

相對地，在我國現行信託法制下，信託依其設定行為的方式或形態，可分為契約信託、遺囑信託及宣言信託。契約信託是指信託係依委託人與受託人間意思表示的合意而設定；遺囑信託則是指信託係由委託人以遺囑而設定。我國信託法第2條雖明文承認信託得以遺囑的方式為之，但民法繼承編中有關遺囑的規定（民法第1186條至第1225條），仍有其適用。至

---

[46]　*See* George Gleason Bogert, Dallin H. Oaks, H. Reese Hansen & Stanley D. Neeleman, Cases and Text on the Law of Trusts 1 (Foundation Press, 7th edition, 2001).

[47]　*See* Foskett v McKeown [2001] 1 AC 102, 127.

[48]　*See* Regal (Hasting) Ltd v Gulliver [1967] 2 AC 134, HL.

[49]　*See* A. W. Scott & W. F. Fratcher, The Law of Trusts, Volume I, 248-250 (Aspen Law & Business, 4th edition, 1987). 又例如依美國許多州即繼受英國1667年詐欺防止法（Statute of Frauds）第7條的規定，要求如以不動產為信託財產，必須以明示信託始能有效成立信託，且委託人應以書面簽名表示及立證（manifested and proved）。*See* George T. Bogert, Trusts 49-50 (West Group, 6th edition, 1987).

於所稱宣言信託，我國信託法僅有條件地承認，其成立以委託人為法人及公益信託為限。亦即，法人為增進公共利益，得經決議對外宣言自為委託人及受託人，而成立公益信託，並邀公眾加入為委託人（信託法第71條第1項）。

參、自益信託與他益信託

信託依信託上的利益（信託利益）是否歸屬於委託人本身，可分為自益信託與他益信託。亦即委託人係為自己的利益而設定信託，致使信託上的利益歸屬於委託人本身者，稱為自益信託。

反之，委託人係為第三人的利益而設定信託，致使信託上的利益歸屬於第三人者，稱為他益信託。

自益信託與他益信託區別的實益，主要在於兩者在信託法的適用上，各有其差異。例如有關信託的終止，自益信託的委託人或其繼承人得隨時終止信託（信託法第63條第1項）；而他益信託的委託人則須與受益人共同為之始可（信託法第64條第1項）。又例如有關受益人的變更，自益信託的委託人解釋上可自由處分其受益權，亦即可將自益信託變更為他益信託；而他益信託的委託人，則除信託行為另有保留或經受益人同意者外，原則上不得變更受益人或終止其信託，亦不得處分受益人的權利（信託法第3條參照）。另外，公益信託即為他益信託的典型，我國信託法並於第八章設有專章的規定。

我國信託法並未就自益信託與他益信託為立法解釋，學理上雖依信託利益是否歸屬於委託人本身，可分為自益信託與他益信託。問題在於，從實質課稅及公平課稅的角度而言，信託利益之歸屬應本於其經濟實質而認定，而不應拘泥於信託契約的外觀。具體而言，信託行為如因委託人另有保留權利，而有下列情形之一者，致委託人仍對信託利益的分配具有高度控制權，則信託利益實質上仍由委託人享有，委託人的總財產並未因信託行為成立而有所減損，應認為屬於自益信託的性質，並不構成遺產及贈與

稅法第5條之1所稱「信託契約明定信託利益之受益人為非委託人者」的要件，自無從適用遺產及贈與稅法第5條之1的規定課徵贈與稅：一、受益人不特定，而委託人保留指定受益人的權利者。二、委託人保留得自行轉讓、設定擔保或處分受益人的受益權者。三、委託人保留得變更受益人為委託人本人或其配偶者。四、委託人保留信託關係的終止權，且信託關係消滅後，信託財產歸屬於委託人或其繼承人，或委託人保留指定歸屬權利人的權利者。

　　應注意者，依財政部所訂「研商信託契約形式態樣及其稅捐審查、核課原則」會議紀錄的見解，即認為下列情事，仍應依自益信託課稅：一、信託契約未明定特定之受益人，亦未明定受益人之範圍及條件者，不適用遺贈稅法規定課徵贈與稅；信託財產發生之收入，屬委託人之所得，應由委託人併入其當年度所得額課徵所得稅。二、信託契約明定有特定之受益人者（受益人特定），但委託人保留變更受益人或處分信託利益之權利者，不適用遺贈稅法規定課徵贈與稅；信託財產發生之收入，屬委託人之所得，應由委託人併入其當年度所得額課徵所得稅。三、信託契約雖未明定特定之受益人，惟明定有受益人之範圍及條件者（受益人不特定），如委託人保留指定受益人或分配、處分信託利益之權利者，不適用遺贈稅法規定課徵贈與稅；信託財產發生之收入，屬委託人之所得，應由委託人併入其當年度所得額課徵所得稅[50]。至於如構成自益信託的性質者，信託財

---

[50] 參閱財政部民國94年2月23日台財稅字第09404509000號函：「主旨：檢送『研商信託契約形式態樣及其稅捐審查、核課原則』會議紀錄乙份。請查照。附件：『研商信託契約形式態樣及其稅捐審查、核課原則』會議紀錄。參、決議：一、信託案件應由稽核機關依下列原則核課稅捐：(一)信託契約未明定特定之受益人，亦未明定受益人之範圍及條件者不適用遺贈稅法規定課徵贈與稅；信託財產發生之收入，屬委託人之所得，應由委託人併入其當年度所得額課徵所得稅。俟信託利益實際分配予非委託人時，屬委託人以自己之財產無償贈與他人，應依遺贈稅法第4條規定課徵贈與稅。(二)信託契約明定有特定之受益人者。1.受益人特定，且委託人無保留變更受益人及分配、處分信託利益之權利者：依遺贈稅法第5條之1（自然人贈與部分）或所得稅法第3條之2（營利事業贈與部分）規定辦理。信託財產發生之收入，

產於信託期間發生的收入，係屬委託人的所得，依所得稅法第3條之4第1項規定，應由受託人於所得發生年度，按所得類別依規定減除成本、必要費用及損耗後，計算委託人之各類所得，由委託人併入當年度所得額課徵所得稅。嗣後委託人如實際將信託利益（包括本金及孳息）分配他人，屬以自己的財產無償贈與他人，應依遺產及贈與稅法第4條規定課徵贈與稅。

　　有疑義者，若信託契約規定：「委託人於徵得受託人之同意後，得修改本信託契約的信託事項及條款。」是否即可認為委託人有保留變更受益人或處分信託利益的權利？本文以為，依司法實務的見解，解釋契約，應探求當事人立約時的真意，不能拘泥於契約的文字，而其真意何在，又應以過去事實及其他一切證據資料為斷定的標準，不能拘泥文字致失真意；即解釋契約，應通觀契約全文，斟酌訂立契約當時及過去的事實與交易上的習慣，依誠信原則，從契約的主要目的，以及經濟價值作全盤的觀察[51]。又關於法律行為的解釋方法，應以當事人所欲達到的目的、習慣、

依所得稅法第3條之4規定課徵受益人所得稅。2.受益人特定，且委託人僅保留特定受益人間分配他益信託利益之權利，或變更信託財產營運範圍、方法之權利者：依遺贈稅法第5條之1（自然人贈與部分）或所得稅法第3條之2（營利事業贈與部分）規定辦理。信託財產發生之收入，依所得稅法第3條之4規定課徵受益人所得稅。3.受益人特定，但委託人保留變更受益人或處分信託利益之權利者：不適用遺贈稅法規定課徵贈與稅；信託財產發生之收入，屬委託人之所得，應由委託人併入其當年度所得額課徵所得稅。俟信託利益實際分配予非委託人時，屬委託人以自己之財產無償贈與他人，應依遺贈稅法第4條規定課徵贈與稅。(三)信託契約雖未明定特定之受益人，惟定有受益人之範圍及條件者：1.受益人不特定，但委託人保留指定受益人或分配、處分信託利益之權利者：不適用遺贈稅法規定課徵贈與稅；信託財產發生之收入，屬委託人之所得，應由委託人併入其當年度所得額課徵所得稅。」

[51] 參閱最高法院96年度台上字第2631號民事判決：「按解釋契約，應於文義上及論理上詳為推求，以探求當事人立約時之真意，並通觀契約全文，斟酌訂立契約當時及過去之事實、交易上之習慣等其他一切證據資料，本於經驗法則及誠信原則，從契約之主要目的及經濟價值作全盤之觀察，以為其判斷之基礎，不能徒拘泥字面或截取書據中一二語，任意推解致失其真意。」另參閱最高法院85年度台上字第517號民事判決：「解釋契約，應探求當事人立約時之真意，而真意何在，又應以過去事

任意法規及誠信原則為標準，合理解釋之，其中應將目的列為最先，習慣次之，任意法規又次之，誠信原則始終介於其間以修正或補足之[52]。由此觀之，若信託契約規定修改信託契約的信託事項及條款，應徵得受託人的同意，而不得由委託人單方面決定變更之，其目的應係在於公平保障受託人的權益，以免委託人擅自變更管理方法、信託報酬或其他信託事項及條款，而損及契約的安定性及公平性，始符合誠信原則的要求。因此，綜觀信託契約的整體內容，該信託條款的目的，應非在於使委託人保留變更最終受益人或處分信託利益的權利。

肆、私益信託與公益信託

信託依其信託的目的是否具有公益性，可分為私益信託與公益信託。所謂公益信託是以慈善、文化、學術、技藝、宗教、祭祀或其他公共利益

實及其他一切證據資料為斷定之標準，不能拘泥文字致失真意，即解釋契約，應斟酌訂立契約當時及過去之事實暨交易上之習慣，依誠信原則，從契約之主要目的，及經濟價值作全盤之觀察。」其他類似見解，參閱最高法院79年度台上字第1778號民事判決。

[52] 參閱最高法院88年度台上字第1671號民事判決：「解釋意思表示應探求當事人之真意，不得拘泥於所用之辭句，民法第98條定有明文。意思表示不明確，使之明確，屬意思表示之解釋；意思表示不完備，使之完備，屬意思表示之補充。前者可減少爭議，後者可使意思表示之無效減至最低程度。意思表示解釋之客體，為依表示行為所表示於外部之意思，而非其內心之意思。當事人為意思表示時，格於表達力之不足及差異，恆須加以闡釋，至其內心之意思，既未形之於外，尚無從加以揣摩。故在解釋有對話人之意思表示時，應以在對話人得了解之情事為範圍，表意人所為表示行為之言語、文字或舉動，如無特別情事，應以交易上應有之意義而為解釋，如以與交易慣行不同之意思為解釋時，限於對話人知其情事或可得而知，否則仍不能逸出交易慣行的意義。解釋意思表示端在探求表意人為意思表示之目的性及法律行為之和諧性，解釋契約尤須斟酌交易上之習慣及經濟目的，依誠信原則而為之。關於法律行為之解釋方法，應以當事人所欲達到之目的、習慣、任意法規及誠信原則為標準，合理解釋之，其中應將目的列為最先，習慣次之，任意法規又次之，誠信原則始終介於其間以修正或補足之。」

為目的的信託（信託法第69條）；私益信託則是指公益信託以外的其他信託。依我國信託法的規定，公益信託與私益信託兩者的差異主要在於：一、受益人的屬性不同；二、設立應否經目的事業主管機關的許可（信託法第70條）；三、監督機關不同（信託法第72條、第60條）；四、委託人得否自為受託人（宣言信託）（信託法第71條）；五、情事變更時的解決方式（信託法第73條、第16條）；六、受託人辭任事由（信託法第74條、第36條）；七、信託關係消滅的特殊情形（信託法第63條、第64條、第78條）；八、信託關係消滅得否轉換（信託法第79條）。此外公益信託在稅捐稽徵上，通常得享有租稅優惠（房屋稅條例第15條第11款、加值型及非加值型營業稅法第8條之1、所得稅法第4條之3、第6條之1、遺產及贈與稅法第16條之1、第20條之1）。

伍、營業信託與非營業信託

信託依受託人是否以承受信託為營業，可分為營業信託與非營業信託。所謂營業信託，學理上又稱商事信託[53]，除應適用信託法的規定外，尚應適用信託業法及其他商事信託的特別立法；至於非營業信託又稱民事信託，原則上適用信託法與民法的規定。我國信託法第60條第1項規定：「信託除營業信託及公益信託外，由法院監督。」可知營業信託的監督機關為目的事業主管機關，而非營業信託的監督機關則為法院，兩者受不同機關的監督管理。

由於商事信託與民事信託有其不同的經濟需求及實質內容，故以受託人是否為信託業或兼營信託業務之專業銀行或商業銀行等主體面作為區分標準，事實上並無法完全說明商事信託與民事信託的不同，理論上似應從其本質上來探討其差異所在，較能掌握商事信託之實質法律意義。蓋所謂

53　參閱四宮和夫，信託法（新版），有斐閣，1994年，頁45-46；神田秀樹，信託業に關する法制のあり方，ジュリスト，No.1164，1999年10月，頁19。

商事信託，其主要特性則為具有營業性、商品性及集團性，而與傳統民事信託的概念，在本質上有所不同[54]。

　　首先，如從法律適用的角度而言，民事信託原則上乃適用信託法及民法的規定，而不適用信託業法、金融資產證券化條例、不動產證券化條例、證券投資信託顧問法、期貨交易法、銀行法等金融法規的規定；至於商事信託除應以信託業法、金融資產證券化條例、不動產證券化條例、證券投資信託及顧問法、期貨交易法及銀行法為規範依據外，信託法亦為重要的規範基礎。就信託當事人間及信託關係人間的法律關係而論，固然信託法仍為重要的規範基礎，但由於信託業法就有價證券信託的公示要件（信託業法第20條第1項）、對抗發行公司的要件（信託業法第20條第3項）、股票信託的表決權行使（信託業法第20條之1）、土地開發信託受益人同意權的行使（信託業法第26條第2項、第3項）、多數委託人或受益人權利的行使（信託業法第26條第2項、第3項、第32條之1）、信託業的義務及責任（信託業法第19條、第20條第1項、第22條、第23條、第25條至第30條、第31條、第35條）及受益人帳簿閱覽權的行使（信託業法第32條之2）等事項，對於商事信託設有若干特殊規定，以及金融資產證券化條例、不動產證券化條例、證券投資信託及顧問法、期貨交易法亦對於特殊目的信託、不動產投資信託、不動產資產信託、證券投資信託、期貨投資信託設有許多特別規定，故在民事法律關係上，商事信託原則上雖不得棄信託法所建構的民事信託法理於不顧，但如信託業法、金融資產證券化條例、不動產證券化條例、證券投資信託及顧問法或銀行法等特別法已設有特殊規定時，依特別法優先適用普通法之原則，仍應優先適用商事信託的特別立法。另觀諸我國信託法第1條規定：「稱信託者，謂委託人將財產權移轉或為其他處分，使受託人依信託本旨，為受益人之利益或為特定之目的，管理或處分信託財產之關係。」可知現行信託法上所稱的民事信

---

[54] 參閱王志誠，跨越民事信託與商事信託之法理——以特殊目的信託法制為中心，政大法學評論，第68期，2001年12月，頁4-7。

託，必須具備信託財產的移轉或其他處分，以及受託人對信託財產的管理
處分權等二項要件。換言之，民事信託在本質上，除在信託設定時應有財
產權的存在外，尚應特別重視以委託人意思為基礎的信託本旨。此外，民
事信託在傳統上主要利用於家族財產的移轉規劃，受益人不僅非信託的當
事人，且通常並未支付相當的對價，而是無償取得受益權[55]。反觀商事信
託的本質，如過度強調財產權的自始存在及委託人的意思，恐有礙商事信
託的發展[56]。蓋商事信託首重者，乃其管理機制之組織化[57]，亦即透過商
業性設計（arrangement）的架構，使受託機構負責信託資金的管理或信託
事務的執行，而受益人則享有是類商業性設計的利益。換言之，商事信託
在設定時，並非以信託財產的自始存在為必要，乃是藉由商業性設計的架
構，以取得受益人所投資的資金，並由受託機構從事資產管理。此外，商
事信託的受益人取得受益權，通常皆為有償取得，而與民事信託大異其
趣。

　　其次，由於商事信託既著重於商業性設計，其基本架構或發行計畫的
擬定，或有由委託人為之者（如證券投資信託及顧問法的證券投資信託、
期貨交易法的期貨信託），或有由受託人為之者（如信託業法的共同信託
基金、信託資金集合管理運用或其他信託商品、不動產證券化條例的不動
產投資信託），乃至於有由委託人及受託人共同為之者（如金融資產證券
化條例的特殊目的信託、不動產證券化條例的不動產資產信託）[58]，故與

---

[55] 參閱デイヴィッド・ヘイトン著，三菱信託銀行信託研究會譯，信託法の基本原
　　理，勁草書房，1996年，頁5。
[56] 參閱神田秀樹，信託業に關する法制のあり方，ジュリスト，No.1164，1999年10
　　月，頁21-22。
[57] 參閱王文宇，信託法原理與商業信託法制，臺大法學論叢，第29卷第2期，2000年1
　　月，頁25-26。
[58] 一般而言，商事信託基本架構或發行計畫的擬訂者，通常亦是向主管機關提出申請
　　書件者，惟就特殊目的信託而言，實務上資產信託證券化計畫或不動產資產信託計
　　畫雖由委託人及受託人所共同擬訂，但依金融資產證券化條例第9條及不動產證券

其認為商事信託必須重視委託人或受託人的意思，毋寧應注重金融市場之實際狀況或投資人的需求。質言之，商事信託的信託目的，必須視金融市場的實際狀況或投資人的需求而定，而非單憑委託人或受託人的意思而定。相對地，如為民事信託，通常是委託人以契約方式與受託人合意成立信託，其信託基本架構自應由委託人及受託人共同磋商決定，以符合其信託目的；至於委託人如以遺囑方式成立信託者，雖因遺囑為單獨行為，理論上可能為委託人單方面決定信託架構，但因遺囑所指定的受託人可能拒絕接受（信託法第46條），故實際上仍宜由委託人與受託人事先洽商信託基本架構，以期能順利達成信託目的。

　　雖然多數學者皆將營業信託與商事信託等同視之，但事實上，晚近亦有以為所謂商事信託，應指受託人的主要任務應不同於消極地或被動地管理或處分信託財產，如受託人僅消極地或被動地管理處分信託財產，則為民事信託，同時認為營業信託包括商事信託與民事信託二者[59]。換言之，信託業所經營的營業信託，應包括民事信託及商事信託二者，其中如受託人僅消極地管理處分信託財產，而不具有積極投資運用或履行事務的職權者，則應歸類為民事信託[60]。如觀諸現行信託業法的規定，並未限定信託業所辦理的信託業務，僅限於具有積極投資運用或履行事務的職權者，故理論上信託業法上所規定的營業信託，包括民事信託及商事信託兩者在內，其中商事信託通常僅有信託業得經營。蓋依信託業法第33條規定：「非信託業不得辦理不特定多數人委託經理第十六條之信託業務。但其他法律另有規定者，不在此限。」乃是就辦理營業信託之主體加以限制，明

化條例第29條的規定，資產信託證券化計畫及不動產資產信託計畫則僅由受託機構向主管機關提出申請，殊值注意。

[59] 參閱神田秀樹，商事信託の法理について，信託法研究，第22號，1998年，頁50。

[60] 應補充說明者，即使認為營業信託包括商事信託與民事信託二者，其目的並非在於探究信託業法的適用範圍，而是在於提出商事信託與民事信託的差異，必須研議不同的規範標準。參閱道垣內弘人，「預かること」と信託──「信託業法の適用されない信託」の探討，ジュリスト，No.1164，1999年10月，頁82。

定營業信託為特許行業。亦即，除非是信託業或兼營信託業務的專業銀行或商業銀行（信託業法第2條、第3條第1項、銀行法第28條第1項）、經許可兼營特定項目的證券投資信託事業、證券投資顧問事業、證券商（信託業法第3條第2項），或是經許可經營保險信託的保險業（保險法第138條之2），其他事業不得經營營業信託的業務[61]。又雖然營業信託解釋上應包括商事信託與民事信託二者，但商事信託在營業信託的實際運作上，則占有特別重要的地位。此外，即使是現行信託法上的公益信託，雖依所得稅法第4條之3及第6條之1、遺產及贈與稅法第16條之1及第20條之1等規定，僅限定受託人必須為信託業法所稱之信託業，始得享有諸多租稅優惠措施，但因由信託業辦理的公益信託，本質上仍屬營業信託中之民事信託，自不宜逕予認為屬於商事信託的範圍。

另如合併觀察現行信託業法第33條及第16條等規定，可知形式上，營業信託除其信託財產的種類，於信託成立時應受法令的限制外，同時信託業於辦理信託業務時，亦是以不特定多數人為經營對象，故表面上似可認為其信託架構之設計，應以受益人為多數人作為主要考量因素。實際上，信託業於開發信託商品的基本架構，有針對委託人或受益人的個別需求而特別量身訂作者，亦有置重於多數投資人的一般需求而推出者，故信託業法上所規定的營業信託，並非皆以受益人為多數人為考量基礎，而應認為包括民事信託及商事信託兩者在內。質言之，由於信託業法第33條僅限定信託業始得辦理營業信託，以致於易誤認營業信託應具備以不特定多數人為經營對象的要件，但如從市場運作的實際結果而論，則宜從受益人為多數人的角度及從信託商品的實質內容來觀察，探討商事信託的特性，較為允當。蓋信託業或兼營信託業務的金融機構既是以經營信託業務為營業，故其自應主動依社會經濟的發展現況，開發各種符合市場需求的信託商品，以收取管理費或手續費等信託報酬。因此，在探討商事信託的基本構

---

[61] 至於銀行法第六章所規定的信託投資公司，因信託業法第60條已設有落日條款，以強制其改制為銀行或信託業，且目前僅剩臺灣土地開發信託投資公司、中聯信託投資公司及亞洲信託投資公司尚未改制為銀行，故已漸失其研究的實益。

造時，似不宜僅從信託財產之種類出發，而亦應從微觀面思索各種信託商品的架構設計，是否具備受益人為多數人的特質。申言之，如欲建構商事信託的基礎法制，即不得忽視商事信託具有商品性的特點，以免流於形式上之探究，而失其實質上的意義[62]。有鑑於此，日本鴻常夫教授乃從信託商品的角度出發，依信託商品的發展狀況，而將商事信託分為放款信託（貸付信託）、放款信託以外的金錢信託、指定金錢信託、商品基金、企業年金信託、新型個人年金信託、證券投資信託、特定金錢信託、有價證券信託、住宅貸款債權信託、一般貸款債權信託、租賃債權信託、土地信託、信託型不動產小口化商品、特定贈與信託（特別障礙者扶養信託）、公益信託及遺囑信託等十七種類型，並分別探討各種商事信託的基本架構及法律關係[63]。又因營業信託同時包括商事信託與民事信託之概念，且商事信託與營業信託之本質特性，亦有不同之處，故在建構商事信託之法制基礎時，自不宜單從信託業法之修正著手，而應全盤性檢視商事信託與民事信託之法理差異，一則可單獨制定一部商事信託法[64]，二則可於信託法修正時因應商事信託發展的要求。

---

[62] 又因商事信託具有商品性的特點，除不能忽略開發信託商品的成本外，亦有就信託相關稅制予以妥適調整的必要。蓋依立法院於民國90年5月29日三讀通過修正的遺產及贈與稅法、所得稅法、土地稅法、契稅條例、房屋稅條例、營業稅法、平均地權條例等信託相關稅制，主要是植基於民事信託的基礎理論而制定，其中除房屋稅條例及營業稅法與信託商品的設計較無直接關係，而土地稅法第5條之2及平均地權條例第37條之1業已考量受託人是否有償處分土地，以規定土地增值稅的課徵對象外，其他如遺產及贈與稅法、所得稅法等，則未針對受益人是否有償取得受益權，而差別處理其相關稅制。有鑑於此，未來宜於其他法律中特設規定或透過行政解釋適度調整，以免不利於商事信託的發展。

[63] 參閱鴻常夫編，商事信託法制，有斐閣，1998年，頁1-461。

[64] 參閱王志誠，論商事信託之功能與法制發展，律師雜誌，第268期，2002年1月，頁21。

陸、個別信託與集團信託

　　信託依其是否集合社會大眾的財產，可分為個別信託與集團信託。所謂個別信託，係指受託人就各個委託人所信託的特定財產，個別予以管理的信託，其特點著重於受益人的保護及信託財產的特性；所謂集團信託，是指受託人受多數委託人的信託，而集合社會大眾的資金，依特定的目的，而概括地加以運用的信託，其特點則偏重於信託財產的形成方式及受益人的保護。通常集團信託的受益人不僅皆為多數，且受益人因受益權的取得，而進一步繼受委託人的地位。但由於集團信託的受益人對受託人的管理行為事實上難以監督，因此有引進專門監督人、管理機構或監督機構的必要。我國信託法第五章即設有信託監察人專章，以保護受益人的利益。又由於集團信託的管理方法，通常是合併運用各個信託財產，因此事實上不可能個別管理信託財產及分別計算信託財產[65]。具體而言，集團信託不論在信託的成立、信託財產的管理方法、受益人的權責、受益人的保護及受益權的行使等方面，皆可能必須基於其特性及制度設計的目的，而為有別於個別信託的規定。換言之，在探討集團信託的法理時，應特別注意並非能一概適用個別信託的法理，而應於相關法令中妥適調整，以免致生法律適用的困難及疑義。有鑑於此，我國在信託業法、共同信託基金管理辦法、金融資產證券化條例、不動產證券化條例、證券投資信託及顧問法及期貨信託基金管理辦法中，即意識及個別信託與集團信託的法理差異，針對多數委託人或受益人的權利行使、共同信託基金法制、特殊目的信託法制、不動產投資信託法制、不動產資產信託法制、證券投資信託法制及期貨信託法制的建立，依集團信託的法理特性設有許多特殊規範。

---

[65] 參閱四宮和夫，信託法（新版），有斐閣，1994年，頁45-46；田中實、山田昭，信託法，學陽書房，1989年，頁35-36。

第四節　信託的特殊形態

壹、商業信託

　　信託本為一種資產管理制度，兼具財產保全與增值的功能。惟由於其利用範圍的逐漸擴大，在美國亦有以信託的方式來從事商業經營者，此種信託稱為商業信託（business trust），其主要以財產增值為目的。由於此種商業信託以麻薩諸塞州最為發達，故又稱為麻薩諸塞州信託（Massachusetts trust）。具體而言，即出資人不以設立公司的方式來經營事業，而以成立信託的方式，將出資集中於受託人，而由受託人負責統籌管理及運用，以經營特定的事業[66]。另出資人則以受益人的身分，受領信託財產收益的分配。又出資人的受益權，一般皆以可轉讓證券以表現其價值。

　　另外，在日本的土地信託實務上，亦出現類似美國商業信託的模式者[67]。換言之，如以信託作為土地證券化的導管體者，即為典型的例子。

貳、社會保障信託

　　所謂社會保障信託，係指以社會保障或生活保障為目的而設定的信託。例如年金信託，日本的特定贈與信託（特別障礙者扶養信託），美國的浪費信託（禁止揮霍信託）、扶養信託，乃至於英國的保護信託等，在本質上雖為私益信託，但因其兼具社會保障的功能，因此各國在稅法、信託法或其他特別法上，可能會定有特別的規定，而有別於一般的私益信託。又依我國勞工退休金條例由雇主按月向勞工退休基金監理委員會所提繳的勞工退休金（勞工退休金條例第14條第1項），是為保障勞工退休生

---

[66] 參閱大阪谷公雄，信託法の研究（上）理論編，信山社，1991年，頁447。
[67] 參閱田中實、山田昭，信託法，學陽書房，1989年，頁36-37。

活而強制設置的公辦年金信託，故為雇主與勞工退休基金監理委員會間的法律關係，性質上亦為具有社會保障功能的信託。至於勞工自願提繳的勞工退休金（勞工退休金條例第14條第3項），則是由勞工與勞工退休基金監理委員會間成立的年金信託，亦為具有社會保障功能的信託。

參、擔保權信託

　　所謂擔保權信託（security trust），係指債務人為擔保債權人的債權而設定的信託。例如由委託人（即債務人）將財產移轉給受託人（即金融機關），以擔保受益人（即債權人）的債權而設定的信託，即為擔保權信託。擔保權信託成立的目的，係為擔保債權，並於被擔保的債權屆期未受清償時，實行擔保物權，以優先受清償，其對於經濟發展甚有裨益，而於英國金融實務上早已建立所謂擔保受託人制度（securities trustee）。至於擔保權信託的成立方式，係由債務人或擔保物權設定人為委託人，設定擔保物權給受託人，並以債權人為受益人；受託人於信託行為所定事由發生時，得為受益人之利益實行擔保物權及受領所得分配之金額。

　　日本於明治38年（1905年）所頒訂的「擔保付社債信託法」，即明文承認擔保權信託。另外，日本自昭和31年（1956年）已實用化的動產設備信託，在性質上亦屬擔保權信託[68]。應注意者，觀諸日本於平成18年（2006年）12月15日修正的「信託法」則明文承認擔保物權信託或擔保權信託（security trust）之有效性，除於第3條第1款及第2款則明文承認得以契約或遺囑成立擔保權信託外，並於第55條設有擔保權信託的配套規定，茲簡要說明如下[69]：

68　參閱田中實、山田昭，信託法，學陽書房，1989年，頁38。
69　參閱細川昭子，セキュリティ・トラスト，收錄於新井誠、神田秀樹、木南敦（編），信託法制の展望，日本評論社，2011年，頁323。

一、依日本現行「信託法」第2條第1項規定：「本法所稱信託，指以次條各款所載方法，特定人基於一定的目的（專為該特定人之利益為目的者，除外。同條均同），為財產管理、處分或其他為達成該目的所必要之行為者。」又依日本「信託法」第3條第1款及第2款規定：「信託，應以下列方法之一為之：一、與特定人間締結以移轉財產、設定擔保或為其他處分予該特定人，且該特定人應基於一定的目的，為財產的管理、處分或其他為達成該目的之必要行為之契約（下稱信託契約）。二、以移轉財產、設定擔保或為其他處分予特定人，且該特定人應基於一定的目的，為財產的管理、處分或其他為達成該目的之必要行為之遺囑。」即明定委託人得以契約或遺囑的方法，設定擔保予特定人，由該特定人為財產的管理、處分或其他為達成該目的的必要行為。

二、依日本「信託法」第55條規定：「在擔保權為信託財產之信託中，信託行為中訂定受益人成為該擔保權之被擔保債權之債權人時，身為擔保權人之受託人，處理信託事務，得聲請實施該擔保權，並得受領拍賣價金之分配或清償金之交付。」即明定擔保權信託的受託人處理信託事務時，得聲請實施該擔保權，並得受領拍賣價金的分配或清償金的交付。其立法意旨，在於明定不具債權人地位之受託人，在實體法上之權限範圍[70]。

在我國現行私法體系下，依債權與擔保物權不可分之原則，擔保物權具有從屬性，擔保物權不得由債權分離而為讓與，或為其他債權之擔保（民法第870條）。因此，除法律另有規定者外（例如民法第881條之6），並無法將債權與擔保物權分離。例如目前銀行團辦理聯合貸款案（syndicated loans），係指由一家主辦銀行（mandated arranger; lead manager）聯合兩家以上的金融機構組成聯合授信銀行團，以相同的授信條件及授信合約並使用統一的授信文件，對借款人提供授信額度，並由管

---

[70] 參閱新井誠（監修）、鈴木正具、大串淳子（編集），コンメンタール信託法，ぎょうせい，2008年，頁789-790。

理銀行（agent）統籌管理該貸款案的撥貸、還本付息及擔保品等相關事宜。但基於債權與擔保物權不可分原則，借款人或第三人提供之擔保品並無法僅設定擔保物權給管理銀行，而必須對全體參貸銀行（participants）設定同順位的數個擔保物權，參貸銀行則按債權比例共同分享擔保品、保險利益及分攤授信風險。不過為保持抵押品完整性，聯貸銀行團會於聯合授信合約約定由管理銀行代理各參貸銀行行使各項權利及履行各項義務。

又觀諸我國公司法第256條規定：「公司為發行公司債所設定之抵押權或質權，得由受託人為債權人取得，並得於公司債發行前先行設定。受託人對於前項之抵押權或質權或其擔保品，應負責實行或保管之。」即明定公司債受託人得為債權人取得抵押權或質權，而得成立擔保物權信託。因此，公司債受託人得為擔保債權人未來將取得公司債券所表彰之債權，而取得發行公司所設定的抵押權或質權，其性質屬發行公司與受託人為擔保公司債債權人而成立的擔保權信託。

至於我國司法實務上所承認的讓與擔保，乃是為擔保債權，而由委託人（即債務人）將財產移轉給受託人（即債權人）所設定的信託，在一定程度上，似可認為是廣義擔保權信託的一種類型[71]，並認為信託的讓與擔保與民法第87條第2項所謂虛偽意思表示隱藏他項法律行為者不同[72]，

---

[71] 參閱最高法院70年台上字第104號判例：「債務人為擔保其債務，將擔保物所有權移轉與債權人，而使債權人在不超過擔保之目的範圍內，取得擔保物所有權者，為信託的讓與擔保，債務人如不依約清償債務，債權人得將擔保物變賣或估價，而就該價金受清償。」

[72] 參閱最高法院74年度台上字第272號民事判決：「信託的讓與擔保（即擔保信託）與民法第87條第2項所謂虛偽意思表示隱藏他項法律行為者不同，前者係債務人為擔保其債務，將擔保物所有權移轉與債權人，而使債權人在不超過擔保之目的範圍內，取得擔保物之所有權，債務人如不依約清償債務時，債權人得依約定方法取償，縱無約定亦得逕將擔保物變賣或估價，而就該價金受清償，債權人與債務人有關擔保信託之約定，乃均出於真正之效果意思而為表示，其內容應就契約之內容全部決之。而後者係虛偽意思表示之當事人間，隱藏有他項真實之法律行為，就所為虛偽意思表示而言，因雙方當事人故意為不符真意之表示，欠缺效果意思，依民法第87條第1項前段規定，其意思表示無效，雙方當事人僅得就隱藏之法律行為而為

而承認其為合法有效[73]。又因屬擔保物權性質，若就具有登記公示外觀的不動產，其讓與擔保的成立，僅需辦理所有權移轉登記與債權人為已足，並不以交付不動產擔保物之占有為要件[74]。

最高法院並認為，信託讓與擔保的債權人，於債務人不履行債務時，雖於法得就標的物優先受償[75]，但仍應履行變賣擔保物或協議估價，債權人就其價金受償或承受之程序，庶免其迴避（舊）民法第873條第2項有關流抵契約或流押契約禁止之規定[76]。特別是我國民法第757條明文承認得以習慣創設物權後，民間慣行之讓與擔保制度，物權法固無明文，惟我國判決先例已承認其有效性，復不違背公序良俗，於讓與人與受讓人內部間，本於契約自由，及物權法已有習慣物權不違背物權法定主義法文，執法者自無否定其有效性之正當事由。讓與擔保之標的以物供擔保者，包括不動

主張，無復援用所虛偽意思表示之餘地。故信託的讓與擔保，其擔保物之讓與，雖超過其『經濟目的』（擔保），其讓與行為仍為有效，與虛偽意思表示隱藏他項行為，其虛偽意思表示無效，迥乎不同。本件原審既認兩造所訂前述買賣契約係虛偽意思表示無效，復謂其所隱藏者為『信託擔保行為』，顯將信託的讓與擔保與虛偽意思表示隱藏他項法律行為者，混為一談，其適用法律，殊難謂非違誤。」

73 參閱最高法院85年度台上字第2794號民事判決。
74 參閱最高法院108年度台上字第2447號民事判決。
75 參閱最高法院71年度台上字第2043號民事判決：「債務人以供擔保之目的，將標的物之所有權移轉於債權人，為信託的讓與擔保，債權人於債務人不履行債務時，於法得就標的物優先受償。此際，訂立契約，約定以該標的物抵償債務，自亦非法之所不許。」
76 參閱最高法院71年度台上字第2934號民事判決：「債務人為擔保其債務，將擔保物所有權移轉與債權人，而使債權人在不超過擔保之目的範圍內，取得擔保物所有權之信託的讓與擔保，而約定債務清還期間者，雖不能認其為無效，但擔保物所有權之移轉，既僅以擔保債務清還為目的，即不能祇以債務人逾期未曾清還所負債務，債權人即取得擔保物之所有權，仍應履行變賣擔保物或協議估價，債權人就其價金受償或承受之程序，庶免其迴避民法第873條第2項禁止之規定。」另參閱最高法院79年度台上字第1085號民事判決。應注意者，舊民法第873條第2項有關流質契約禁止規定已於民國96年3月28日修正時刪除，而增訂民法第873條之1規定，明文承認流質契約的有效性，但約定於債權已屆清償期而未為清償時，抵押物之所有權移屬於抵押權人者，非經登記，不得對抗第三人。

產與動產，因讓與擔保具物權效，為保障第三人交易安全，與一般物權之取得、設定、喪失及變更同，應有公示方法，不動產以登記、動產以占有為之，但非不得依一般慣行之公示方法為之。以票據權利為標的者，其外觀公示方法，因背書交付移轉「占有」而有公示作用[77]。

　　問題在於，由於我國信託法第34條禁止受託人單獨受益，因此原則上受託人應為他人的利益而管理或處分信託財產，而不得純為自己的利益，以管理或處分信託財產。至於讓與擔保，乃是受託人（即債權人）為擔保自己的債權，亦即為自己的利益，而受讓擔保物，由此觀之，其與我國信託法第34條所揭櫫的意旨及精神，實背道而馳。因此，讓與擔保不僅並非我國信託法上所承認的信託，亦非擔保權信託，殊值注意。

　　有鑑於此，在信託法制定後，實不宜再以信託的概念解釋讓與擔保，從而實務上的見解，亦應視具體個案的不同而有所修正[78]。具體而言，信託法上有關信託財產的物上代位性與獨立性、受託人的權限與義務及受益人的權限等規定，其是否可適用於讓與擔保，應視各個讓與擔保個案的具體情事而判斷，非可一概而論[79]。例如自益信託原則上委託人雖可隨時終止信託，但如債務人為擔保其債務，將擔保物所有權移轉登記予債權人，而使債權人在不超過擔保之目的範圍內取得擔保物所有權者，為信託讓與

[77] 參閱最高法院109年度台上字第3214號民事判決。
[78] 參閱史尚寬，信託法論，臺灣商務印書館，1972年，頁8-9。
[79] 參閱臺灣高等法院臺南分院85年度上字第329號民事判決：「信託法第9條第2項『受託人因信託財產之管理、處分、滅失、毀損或其他事由取得之財產權，仍屬信託財產』之規定（即此理論上所謂信託財產之物上代位性（同一性）之規定）是否適用於讓與擔保，仍應視是否為受託人（即債權人）之利益及依個案情形而定，本件之情形，被上訴人既係為自己利益而出資購買係爭土地之所有權，且上訴人仍有可請求被上訴人返還對系爭土地之承租，自不能適用上開信託法同一性之規定而為本件請求。」

擔保。債務人在未清償其債務前,信託讓與擔保之目的既尚未完成,自不得任意片面終止信託讓與擔保契約,請求債權人返還擔保物[80]。

---

[80] 參閱最高法院92年度台上字第238號民事判決:「按債務人為擔保其債務,將擔保物所有權移轉登記予債權人,而使債權人在不超過擔保之目的範圍內取得擔保物所有權者,為信託讓與擔保。債務人在未清償其債務前,擔保信託之目的既尚未完成,自不得任意片面終止擔保信託契約,請求債權人返還擔保物。」另參閱最高法院84年度台上字第808號民事判決。

第三章　信託的成立

第一節　信託行為

壹、信託行為的型態

　　按信託得依當事人的意思而設定，亦得依法律的規定而成立。其中所謂依當事人的意思而設定，係指信託依當事人的信託行為而設立，學理上稱為意定信託。我國信託法第2條規定：「信託，除法律另有規定外，應以契約或遺囑為之。」即明定信託包括意定信託及法定信託兩種；並規定意定信託的信託行為型態有契約與遺囑。另外，我國信託法第71條第1項規定：「法人為增進公共利益，得經決議對外宣言自為委託人及受託人，並邀公眾加入為委託人。」因此亦有條件地明文承認「宣言信託」，而成為意定信託的另一種型態。應注意者，乃該條項僅承認法人所設立的公益性宣言信託，至於自然人所設立的宣言信託或法人所設立的非公益性宣言信託，皆為信託法所不許。

　　又觀諸我國信託法第36條第4項、第66條及第79條等規定，即係以法律擬制的方式，使已辭任、解任或任務終了的受託人，於新受託人能接受信託事務前，仍有受託人之權利及義務，乃至於使原已消滅的信託關係視為存續，並非基於當事人的意思而使原受託人負擔義務或使信託關係存續，即為所謂法定信託。

一、契約信託

　　所謂契約信託，乃指當事人以契約的方式而設立信託。如依我國信託法第1條就信託所為的定義可知，除應認信託行為屬於要物行為，非有信

託財產移轉及現實交付等處分行為不能成立外[1]，受託人似乎只要依照委託人所為意思表示的內容為承諾，信託契約即告成立。

至於信託財產的內容，悉由委託人決定，而依委託人單方面的意思所形成。不過受託人於決定是否接受委託人所移轉交付的信託財產時，仍應評估該種信託財產是否能達成信託目的及衡量自己是否具備管理該種信託財產的能力，以免事後發生爭議。

實際上信託仍多是由委託人與受託人先有意思表示的合意，再基於此等合意的結果，由委託人將信託財產移轉或處分給受託人，交由受託人負責管理或處分，而成立信託[2]。

雖然信託法並未要求信託必須以書面為之，只要委託人與受託人意思表示合致即可。但若受託人為信託業，依司法實務的見解，則認為信託業法第19條第1項規定信託契約之訂定，應以書面為之，性質上為強制規定，倘未以書面訂定並記載信託業法第19條第1項所列各款事項，依民法第73條本文規定，應屬無效[3]。

當然，從信託實務的角度來理解契約信託，雖值重視，但我國信託法第1條就信託所為的定義，誠與民法各種有名契約的規定方式不同，且溯其法源，英美信託法本是在與其契約法不同的原理及體系下，所發展而成的制度。因此，信託契約在本質上有與一般民事契約不同的地方，有時並不宜完全適用民法上契約的原則或原理。另外，我國信託法中的部分規定，係屬強行規定，而不像民法債編中「各種之債」的規定，原則上係屬任意規定，可由當事人基於私法自治另行加以約定其內容。換言之，基於信賴關係的概念，信託法乃設有諸多受託人應盡的強制性義務或法定義務，而不探究當事人的現實意思；同時亦設有法定信託的規定（信託法第36條第4項、第66條、第79條），賦予當事人一定的權利義務關係及救濟

---

[1] 參閱最高法院95年度台上字第500號民事判決、最高法院97年度台上字第2199號民事判決、最高法院108年度台上字第1353號民事判決。
[2] 參閱田中實、山田昭，信託法，學陽書房，1989年，頁40。
[3] 參閱最高法院104年度台上字第14號民事判決。

手段，而偏離當事人的實際意思。又例如信託關係的法律效果，即與民事契約關係不同（信託法第23條至第35條）；又就信託關係的主體變更而言，則規定有受託人辭任、解任、任務終了或新受託人選任等特殊程序（信託法第36條、第45條、第76條）。

　　有疑義者，委託人如以其死亡為條件所設立的契約信託，其效力如何？按我國信託法第2條雖明文承認得以遺囑的方式設定信託，但就可否以委託人死亡為條件而設立契約信託，並未明文規定。本文認為，若認為信託契約為諾成契約，則以死因處分的契約方式設定信託，因其本質上係以委託人死亡為停止條件的契約行為，仍必須有委託人與受託人意思表示的合致始能成立，並於委託人死亡時，因條件成就而生效，並無須依遺囑方式為之。亦即，受託人得依信託契約請求繼承人、遺產管理人或遺囑執行人移轉信託財產。因此，如委託人與受託人業已於委託人生前達成合意，則委託人死亡後，信託契約即生效力[4]。反之，若認為信託契約為要物契約，則以死因處分的契約方式設定信託，除委託人於生前必須與受託人已達成合意外，尚必須委託人死亡後，由繼承人、遺產管理人或遺囑執行人依委託人的意思，將信託財產移轉給受託人時始能成立及生效，亦無須依遺囑方式為之。

二、遺囑信託

　　依我國信託法第2條規定，設立信託得以遺囑為之。遺囑人以遺囑，將其財產權的全部或一部為受益人利益或特定目的設立的信託，稱遺囑信託。就遺囑信託而言，委託人以遺囑方式設立，以立遺囑人（即委託人）死亡時遺囑始發生效力，委託人自身不可能享有信託利益，從而，就遺囑

4　參閱法務部民國109年8月20日法律字第10903512770號函。

信託以信託利益之歸屬而言，應屬他益信託[5]。

以遺囑成立的信託，受託人通常於信託生效時尚未取得為信託財產的財產權，為貫徹遺囑及信託行為自主的原則，遺囑人的繼承人、遺囑執行人、遺產管理人或遺產清理人自應依信託本旨，將信託財產移轉、設定擔保物權或為其他處分予受託人。若繼承人不願配合移轉屬於信託財產的遺產交由受託人管理時，因遺囑執行人有管理遺產，並為執行上必要行為之職務（民法第1215條第1項），且遺囑執行人因上開職務所為之行為，視為繼承人之代理（民法第1215條第2項），遺囑執行人即可本於其職權將屬於信託財產的遺產，移轉給受託人管理或處分。例如信託以遺囑為之者，土地權利信託登記應由繼承人辦理繼承登記後，會同受託人申請之；如遺囑另指定遺囑執行人時，應於辦畢遺囑執行人及繼承登記後，由遺囑執行人會同受託人申請之（土地登記規則第126條第1項）。惟於繼承人有無不明時，仍應於辦畢遺產管理人登記後，由遺產管理人會同受託人申請之（土地登記規則第126條第2項）。至於若遺囑信託的受益人欲起訴請求依遺囑意旨將信託財產移轉給受託人管理或處分時，因管理遺產為遺囑執行人的職務，繼承人就是類訴訟並無訴訟實施權，應以遺囑執行人為被告使為正確。

按遺囑云者，乃遺囑人為使其死後發生法律的效力，而依法定方式所為無相對人的單獨行為。至於遺囑信託乃委託人的單獨行為，且自委託人死亡時發生效力（民法第1199條），遺囑人雖於生前即立遺囑，但於其死亡後始生效力，故性質上為死後行為。申言之，以遺囑設立信託者，並非預約成立信託契約，乃以遺囑的方式直接發生信託的法律關係，而不以受託人承諾管理、處分信託財產為信託的成立要件[6]。又遺囑信託屬單獨行為，因此遺囑人生前與受託人訂立契約，以其死亡為條件或始期而設立的

---

5 日本由於其民法第554條明文承認死因贈與，因此解釋上得類推適用死因贈與的規定，認為以委託人死亡為條件的契約信託有效。參閱四宮和夫，信託法（新版），有斐閣，1994年，頁83。

6 參閱田中實、山田昭，信託法，學陽書房，1989年，頁41。

信託，非屬遺囑信託；且在遺囑人死亡後，繼承人或遺囑執行人依遺囑，再與受託人簽訂契約設立的信託，亦非遺囑信託。故依遺囑內容所設立的信託，其屬信託標的之財產如先由繼承人繼承，其後再移轉於受託人，則無異以繼承人為委託人，並非信託法上的遺囑信託[7]。

　　為解決遺囑所指定的受託人拒絕或不能接受信託的情事，以達遺囑信託的目的，我國信託法第46條並規定：「遺囑指定之受託人拒絕或不能接受時，利害關係人或檢察官得聲請法院選任受託人。但遺囑另有規定者，不在此限。」即本斯旨。例如遺囑如有指定備位受託人或重新指定或選任受託人的方法，即應依其規定。至於如遺囑中訂明如受託人拒絕或不能接受信託時，該信託無效或另有指定選任他人為受託人的方法者，自當尊重委託人的意思。

　　若委託人於生前已與受託人有合意存在，並於遺囑中表示以一定財產成立信託，其後遺囑執行人或繼承人依遺囑的內容設立信託時，究應如何解釋，誠有疑問。本文認為，仍應認為該信託是依委託人一方所立遺囑的單獨行為而設立，而非依契約而設立。蓋在遺囑信託，應連同委託人的生前行為統一加以理解，且根本上，信託行為的重點仍應在於委託人設立信託的意思表示，今遺囑既然明示設立信託的意思表示，自宜認為該信託係依遺囑而設立，否則除有違委託人明示的意思表示外，亦將造成信託係依二種歧異的方法設立，在論理上恐難自圓其說。反之，如遺囑執行人或繼承人依照遺囑的內容，而以委託人的身分與受託人設立信託時，乃是契約信託的設定，而非遺囑信託，兩者不可混淆[8]。

　　基本上，成立遺囑信託之方法，主要可區分為「立遺囑人於遺囑載明受託銀行及信託相關事宜」、「遺囑信託事務約定書」（「遺囑信託受任契約書」）及「意向書＋信託事務意定書」等三種模式。目前信託業普遍使用者為事前與委託人簽訂「遺囑信託事務約定書」或「遺囑信託受任契

7　參閱法務部民國85年2月6日（85）法參決字第03206號函。
8　參閱史尚寬編，信託法論，臺灣商務印書館，1972年，頁13-14。

約書」，原則上不採用「意向書＋信託事務意定書」模式。申言之，實際上多採取由委託人與信託業直接簽訂「遺囑信託事務約定書」或「遺囑信託受任契約書」，且委託人、受益人、信託監察人與受託人等當事人及關係人皆共同訂立「遺囑信託事務約定書」或「遺囑信託受任契約書」，同意遵守相關條款，避免日後的爭議。當然，信託業亦會協助委託人擬定「遺囑」及「遺囑執行受任契約書」，以確保遺囑信託所欲達成的目的。

表 3.1　遺囑信託之業務模式

業務模式	優點	缺點
1. 立遺囑人於遺囑載明受託銀行及信託相關事宜。 2. 遺囑生效後，遺囑執行人聯繫受託人。 3. 遺囑執行人辦理申報遺產稅及財產交付信託。	立遺囑人生前僅需辦理遺囑製作相關程序，手續較為簡便，暫無須負擔信託費用。	1. 受託人可能拒絕受理。 2. 遺囑可能無法完整傳達信託管理細節。
1. 委託人與受託人簽訂「合作意向書」確認雙方意願。 2. 遺囑生效後，遺囑執行人與受託人簽訂信託約定書。 3. 遺囑執行人辦理申報遺產稅及財產交付信託。	事先確定受託人受理意願，排除事後不確定因素。	1. 委託人須先繳納手續費。 2. 信託約定書係由遺囑執行人簽訂，未必能完整傳達立遺囑人真意。
1. 委託人與受託人簽訂「信託約定書」（比照信託契約） 2. 遺囑生效後，遺囑執行人辦理申報遺產稅及財產交付信託。 3. 受託人依信託契約內容管理信託財產。	事先簽訂信託約定書，詳細約定未來信託管理細節及相關權利義務。	1. 委託人須先繳納手續費。 2. 委託人及受益人須配合信託簽約，並遵守受託人要求之認識客戶、洗錢防制等相關作業。

資料來源：作者自行整理。

　　此外，如因遺囑信託的結果，侵害我國民法第1223條所定繼承人的特留分時，其效力如何？本文認為，因遺囑信託與遺贈具有相同的經濟上效果，因此解釋上應認為繼承人得類推適用民法第1225條的規定，就信託財產行使其扣減權，以符合民法創設特留分制度的本旨。至於繼承人應向何人行使扣減權，學說上有受託人說、受益人說及受託人與受益人說等三種不同見解。

　　首先，有學者認為因為立遺囑人透過遺囑信託將信託財產形式移轉給受託人的處分行為，侵害特留分，故應向受託人行使扣減權[9]，而由特留分權利人與受託人共有信託財產。惟當信託財產之標的物不可分時，遺囑信託應失其效力；當信託財產之標的物可分，而扣減後的剩餘財產部分無法達成信託目的時，信託失其效力[10]。

　　其次，有學者主張受益人為享有信託財產實質利益之人，因其取得受益權始構成特留分的侵害，故應向受益人行使扣減權，而由特留分權利人與受益人共有受益權，信託財產仍完整地歸屬於受託人，遺囑信託並不失效[11]。

　　本文認為，遺囑信託即使違反特留分的規定時，並非當然無效，僅係特留分權利人得向受託人及受益人請求扣減而已[12]。蓋遺囑信託的內容若

---

[9] 參閱寺本振透編，解說新信託法，弘文堂，2007年，頁161-162。

[10] 參閱黃詩淳，遺囑信託與特留分扣減／台灣高等法院台中分院97年度重家上字第5號判決，台灣法學雜誌，第326期，2017年8月，頁224。

[11] 參閱飯田富雄，遺言信託に關する考察(その三)—遺言信託の効力について(5)，信託，第19号，1954年，頁11。

[12] 參閱松本崇、西內彬，信託法・信託業法・兼營法〈特別法コンメンタール〉，第一法規，1977年，頁30；大阪谷公雄，信託法の研究(下)，信山社，1991年，頁384。另參閱臺灣高等法院臺中分院97年度重家上字第5號民事判決：「按民法第1225條僅規定應得特留分之人，如因被繼承人所為之遺贈，致其應得之數不足者，得按其不足之數由遺贈財產扣減之，並未認侵害特留分之遺贈為無效。是遺囑信託雖有侵害繼承人之特留分，惟亦僅繼承人就其特留分受侵害部分得行使扣減權而已，倘繼承人主張遺囑信託因侵害其特留分而謂依信託法第5條第1、2款規定全部無效，於法尚有未合。」

侵害繼承人的特留分，應解為信託財產形式上移轉給受託人及受益人取得信託利益（受益權）等二個行為均構成特留分的侵害，故特留分權利人應以信託財產本身（受託人）及受益人作為行使扣減權的相對人[13]。

　　應注意者，一旦特留分扣減權利人對扣減義務人行使扣減權，因扣減權在性質上屬於物權的形成權，一經扣減權利人對扣減義務人行使扣減權，於侵害特留分部分即失其效力。且特留分係概括存在於被繼承人的全部遺產，並非具體存在於各個特定標的物，故扣減權利人苟對扣減義務人行使扣減權，扣減的效果即已發生，其因而回復之特留分乃概括存在於全部遺產，並非具體存在於各個標的物[14]。

　　又如為遺囑信託的委託人死亡時，原擬作為信託財產的部分財產權已非遺產時，此時應解為就尚屬遺產範圍內的信託財產，仍可成立遺囑信託；惟如全部財產權皆非屬於遺產範圍內時，則應解為信託行為無效[15]。蓋預定成立信託的財產既非遺產，已構成自始客觀給付不能的情事，信託行為應屬無效。

　　至於如遺囑信託未指定受益人時，應解為以全體繼承人為受益人。又如遺囑信託雖有指定受益人，而受益人竟然先於書立遺囑的委託人死亡時，我國信託法並無特別規定，然就遺囑信託係無償給與財產為內容而言，不僅與遺贈同為單獨行為外，且就遺囑信託係於遺囑人生前所為，而於遺囑人死亡時始發生效力言之，實與遺贈無異。故基於同一法理，其效力應類推適用民法第1201條規定，受益人若於遺囑信託生效（即委託人死亡）前死亡，則遺囑信託失其效力。

---

[13] 參閱四宮和夫，信託法（新版），有斐閣，1994年，頁160。
[14] 參閱最高法院88年度台上字第572號民事判決、臺灣高等法院臺中分院97年度重家上字第5號民事判決。
[15] 參閱松本崇、西內彬，信託法·信託業法·兼營法〈特別法コンメンタール〉，第一法規，1977年，頁28-29。

三、宣言信託

所謂宣言信託（declaration of trust），係指委託人明示宣言自己成為信託的受託人及持有財產，並由自己為他人管理或處分財產權所成立信託[16]，性質上為委託人的單獨行為。學理上亦稱為自己信託。日本於平成18年（2006年）12月15日修正的「信託法」即引進宣言信託制度，除於同法第3條第3款及第4條第3項明定宣言信託的成立方法及生效要件外，並於「不動產登記法」第98條第3項及「信託法」第23條第2項、第258條第1項、第266條第2項分別設有配套規範[17]。依日本「信託法」第3條第3款規定，宣言信託係由特定人表示依特定目的，對於自己所有的特定財產，應自為管理、處分或其他為達成該目的的必要行為，並於公證書、其他書面或電磁紀錄上載明該目的、特定該財產的必要事項及其他法務省令規定的事項而成立。

按我國信託法第71條第1項承認法人為增進公共利益，得經決議以宣言信託的方式設立公益信託，至於自然人設立的宣言信託及法人設立的非公益性宣言信託，依該條項的反面解釋，則為我國信託法所禁止。又法人設立公益性宣言信託雖須依法律的特別規定為之，但宣言信託的行為本質仍屬於意定信託，而非法定信託。亦即，宣言信託的委託人即為宣言信託的受託人，其依該宣言即負有受託人的義務，因此宣言信託的行為本質，應為法人一方的單獨行為。至於該宣言中縱有邀公眾加入為委託人，而果真有公眾加入者，則該公眾加入為委託人的行為，係屬另一個法律行為，不可與宣言信託的行為本身混為一談。蓋公眾依法人宣言加入為委託人的契約，性質上屬於另一捐贈契約，而其所捐贈的財產即應納入信託財產的範圍。

---

[16] *See* George G. Bogert, Dallin H. Oaks, H. Reese Hansen & Stanley D. Neeleman, Cases and Text on the Law of Trusts 126 (Foundation Press, 7th edition, 2001).

[17] 參閱寺本昌，逐條解說新しい信託法，株式會社商事法務，2007年7月，頁37-41。

貳、信託行為的複合構造

　　按我國信託法第1條規定：「稱信託者，謂委託人將財產移轉或為其他處分，使受託人依信託本旨，為受益人之利益或為特定之目的，管理或處分信託財產之關係。」由此可知信託行為是由兩種行為所組合而成，其一為「財產的移轉或其他處分」的行為，其二為「形成受託人就該財產為一定目的的管理或處分義務」的行為。倘若套用我國民法上的觀念，前者是使財產權直接發生變動的行為，係屬處分行為，同時依財產權性質的不同，可分為物權行為或準物權行為；後者乃使債務發生的行為，係屬負擔行為或債權行為。職是之故，信託行為係由負擔行為與處分行為兩者相結合而成。

　　問題在於，組成信託行為的負擔行為與處分行為，其兩者的關係究竟如何，誠有疑問[18]。本文以為，似應依信託行為型態的不同，而加以分析，始能正確掌握信託行為的法律構造。亦即，應分別從契約信託、遺囑信託及宣言信託等三種信託行為來說明。

---

[18] 有關信託行為的法律構造，在日本有「複合行為說」與「單一行為說」兩種學說的爭論。前者係依循民法的原理，以物權無因性理論為基礎，認為信託行為係由原因行為與處分行為兩者複合而構成；後者則係依循英美的信託原理，認為信託行為僅是單一的法律行為，惟在法律效果上卻發生雙重的效果，即同時發生債權與物權的效力。至於日本學界採取複合行為說者，例如：三淵忠彥，信託法通釋，大岡山書房，1926年，頁30以下；遊佐慶夫，信託法提要，有斐閣，1919年，頁35以下；入江真太郎，全訂信託法原論，嚴松堂書店・大同書院，1933年，頁183-188。相反地，日本學界採取單一行為說者，如：栗栖赳夫，信託及附隨業務的研究，文雅堂，1923年，頁78以下；岩田新，信託法新論，有斐閣，1933年，頁100以下；新井誠，信託法（第3版），有斐閣，2008年3月，頁134-135。應注意者，乃同採取單一行為說者，其就信託行為的二個組成部分間是否有某程度的獨立及並立？以及是否將重點置於管理義務的形成，而將財產權移轉的部分僅視為信託成立的手段？在見解上仍有程度上的差異。參閱田中實、山田昭，信託法，學陽書房，1989年，頁45。

一、契約信託

　　從我國信託法第1條的定義性規定，實可知信託契約係由負擔行為與處分行為兩者組合而成。亦即，除必須有債權行為外，尚必須有物權行為或準物權行為。質言之，契約信託除須有債權行為外，尚必須有物權行為或準物權行為始能成立及生效，故應認為委託人與受託人締結信託契約後，委託人尚應將財產權移轉予受託人，信託契約始能成立，並同時生效，性質上屬於要物契約。因此，組成信託契約的債權行為與物權行為或準物權行為，並非皆在一瞬間完成，二者在關係上係可分離而加以區別，且在理論上，兩者未必同時完成，不妨先後發生。質言之，此時信託契約中的物權行為，即有物權無因性理論的適用。其結果，物權行為的效力，不因其債權行為的解除、撤銷或淪於無效，而直接受影響，只不過是當事人得依具體情況，分別行使回復原狀請求權、不當得利返還請求權或所有物返還請求權，以調整雙方當事人間的法律關係。

　　申言之，就契約信託而言，乃由負擔行為與處分行為兩者組合而成，亦即其除須有債權行為外，尚須有物權行為或準物權行為始能成立及生效，故如債權行為與物權行為或準物權行為未同時完成或相互結為一體，則契約信託所隱含的物權行為，仍有物權行為無因性理論的適用；相對地，如債權行為與物權行為或準物權行為是同時完成或相互結為一體，則應注意物權行為無因性的適用限制問題。其結果，就契約信託而言，原則上物權行為的效力，雖不因其債權行為的不成立、不生效力、無效、被解除或被撤銷而直接受影響，而認為委託人於債權行為不成立、不生效力、無效、被解除或被撤銷時，僅能行使不當得利返還請求權，但如債權行為與物權行為有共同瑕疵、條件關聯、法律行為一體性或其他具體情況時，當事人似得行使所有物返還請求權，以調整雙方當事人間的法律關係[19]。簡言之，由於我國信託法下的信託契約性質上為要物契約，其法律構造應

---

[19] 參閱王志誠，信託：私法體系之水上浮油？（上），台灣本土法學，第46期，2003年5月，頁7。

解為係由二者可區分的債權行為與物權行為或準物權行為所組成。

　　應注意者，若認為信託契約性質上為諾成契約，則信託契約的締結，只要委託人與受託人間的意思表示合致，即可有效成立及生效，而不以同時存在處分行為為必要[20]。

二、遺囑信託

　　遺囑信託與我國民法繼承編中所規定的遺贈，在法律性質上同屬遺囑人的單獨行為，且就財產權的處分來看，亦有其類似的經濟效果，因此遺囑信託的法律構造，似可比照遺贈的法律構造來觀察。苟依我國學界通說及司法實務的見解，遺贈乃遺囑人單方的債權行為，而僅具債權的效力[21]。蓋依我國民法物權的變動，原則上係以登記或交付為其生效要件，惟就遺贈並未設任何例外，故遺贈應解為僅有債權的效力。由此可知，遺囑信託亦應為相同的解釋，而認為遺囑信託的委託人，其所為的遺囑行為僅係債權行為，尚須有繼承人或遺囑執行人將信託財產移轉給受託人的物權行為或準物權行為，受託人始取得信託財產的名義所有權。職是之故，遺囑信託的設立，在法律構造上仍可區分為債權行為與物權行為兩者，而有物權無因性理論的適用。

20　參閱新井誠，信託法（第3版），有斐閣，2008年3月，頁135。

21　參閱戴炎輝、戴東雄，中國繼承法，自版，1986年，頁294；胡長清，中國民法繼承論，臺灣商務印書館，1946年，頁206；羅鼎，民法繼承論，會文堂新記書局，1946年，頁203；李宜琛，現行繼承法論，臺灣商務印書館，1946年，頁122。另參閱最高法院86年度台上字第550號民事判決：「遺贈僅具有債權之效力，故受遺贈人並未於繼承開始時，當然取得受遺贈物之所有權或其他物權，尚待遺產管理人或遺囑執行人於清償繼承債務後，始得將受遺贈物移轉登記或交付受遺贈人。是以受遺贈人於未受遺贈物移轉登記或交付前，尚不得對於第三人為關於受遺贈財產之請求。此觀民法第1160條、第1181條、第1185條、第1215條等規定自明。準此，上訴人既僅為李○模之受遺贈人，應僅得向李○模之遺產管理人或遺囑執行人為請求。被上訴人既非李○模之繼承人、遺產管理人或遺囑執行人，則上訴人對於被上訴人自無何權利存在，亦無權利受侵害之可言。」

三、宣言信託

　　依我國信託法第71條第1項的規定，所謂宣言信託，係指法人為設立公益信託，而對外宣言自為委託人及受託人。就宣言本身而論，因其並無特定的相對人，故其法律性質，應係法人的單獨行為。問題在於，因設立宣言信託的法人，其本身自為委託人及受託人，故實際上並無移轉信託財產的物權行為或準物權行為。亦即，法人只要對外宣言，宣言信託即成立[22]。由此觀之，解釋上應認為法人對外宣言設立公益信託的行為，其債權行為與物權行為或準物權行為兩者，係在同一瞬間完成，二者密切不可分，而有併存併滅的關係[23]。質言之，我國信託法中所規定的宣言信託，其係以單獨行為而同時發生債權效力與物權效力，如該宣言行為有效，則信託財產即生移轉的效力，反之，如該宣言行為無效，則信託財產自始不生移轉的效力[24]。

　　至於公眾加入宣言信託的行為，與法人所為宣言信託的行為，係不同的法律行為，兩者不可混淆[25]。

---

[22] 參閱法務公益信託許可及監督辦法第6條第2項規定：「以宣言設立信託者，受託人於收受許可書後，應即將許可書連同法人決議及宣言內容登載於其主事務所所在地新聞紙，並應於登載後一個月內，檢附相關證明文件向本部申報。」可知宣言信託應於將宣言內容登載於其主事務所所在地新聞紙後，即成立及生效。

[23] 應注意者，因受託人應就自有財產與信託財產分別獨立設置帳簿，故表面上信託財產雖未移轉，但實際上受託人應將信託財產從其自有帳移轉至信託帳（參閱信託業會計處理原則第4條）。

[24] 惟有認為，基於確保法律關係明確化的觀點，不應認為法人得以單方的意思表示，即生物權變動的效果。參閱四宮和夫，信託法（新版），有斐閣，1994年，頁93。

[25] 依法務公益信託許可及監督辦法第6條第3項規定：「公眾依本法第七十一條第一項規定加入為委託人者，應以信託契約為之。此種情形，並準用第一項之規定。」顯見法務部雖認為公眾加入為委託人的行為並非宣言信託本身，但仍為另一信託契約行為。

參、信託行為的方式

按我國信託法並未規定信託行為的成立，必須以一定的方式為必要，因此原則上亦係依法律行為一般所採行的方式自由原則。換言之，就信託行為的債權行為而言，契約信託為不要式行為，其以口頭或書面方式為之皆可。在信託實務上，如果是重要的信託財產，為使法律關係得以明確，大多會以書面方式行之。但若僅以口頭成立信託，一旦發生爭議，則應舉證明之。例如若一方將土地移轉登記與他方，係為將該土地辦理分割，以為擔保向銀行借款，再將一方被拍賣的房子買回。且一方將土地辦理過戶登記予他方後，確將土地分割成土地三筆，並辦理分割登記，足認雙方係為達成特定目的，始將土地移轉與他方管理或處分，從而雙方間應有信託關係存在[26]。

應注意者，如為營業信託，信託業與委託人簽訂信託契約時，應以書面為之，並應記載下列各款事項：一、委託人、受託人及受益人之姓名、名稱及住所；二、信託目的；三、信託財產之種類、名稱、數量及價額；四、信託存續期間；五、信託財產管理及運用方法；六、信託收益計算、分配之時期及方法；七、信託關係消滅時，信託財產之歸屬及交付方式；八、受託人之責任；九、受託人之報酬標準、種類、計算方法、支付時期及方法；十、各項費用之負擔及其支付方法；十一、信託契約之變更、解除及終止之事由；十二、簽訂契約之日期；十三、其他法律或主管機關規

---

[26] 參閱臺灣雲林地方法院93年度訴字第416號民事判決：「查，原告之被繼承人將土地移轉登記與被告之被繼承人，係為將該土地辦理分割，以為擔保向銀行借款，將原告被拍賣之房子買回等情。而原告之被繼承人於89年1月19日土地辦理過戶後，確於同年11月6日將土地分割成系爭土地三筆，並辦理分割登記，足認原告之被繼承人係為達成特定之目的，始將土地移轉與被告之被繼承人管理或處分，原告之被繼承人與被告之被繼承人間應有信託關係存在。又系爭土地周圍因有他人所有之土地，故雖經分割仍無法向銀行貸得款項等情，則原告之被繼承人欲以分割後之土地供作擔保，向銀行借款買回原告所有建物之目的即無法達成。系爭信託目的既不能完成，原告之被繼承人與被告之被繼承人間之信託關係因而消滅，依信託法第65條規定，系爭土地即應歸屬委託人即原告之被繼承人所有。」

定之事項（信託業法第19條第1項）。揆其立法理由，乃因信託契約為信託當事人雙方權利義務及信託行為之依據，為使信託當事人間權益關係明確，而強制規定應以書面為之及其應記載之事項。準此，關於信託業法所定之信託契約，倘未以書面訂定並記載信託業法第19條第1項所列各款事項，依民法第73條本文規定，應屬無效[27]。

　　至於如委託人是以契約或遺囑的方式與信託業設立公益信託時，因其申請許可的文件，必須提出載明應記載事項的信託契約或遺囑，故亦應以書面為之（法務公益信託許可及監督辦法第3條第1項第2款、第4條）。此外，如其他法令另有規定者，自應依其規定的方式為信託行為。反之，如為非營業信託的私益信託，則不以簽訂書面契約為必要。至於如何認定信託是否成立，事實上則為舉證之問題[28]。

　　就遺囑信託而言，則為要式行為，必須依照民法關於遺囑方式的規定為之，包括自書遺囑、公證遺囑、密封遺囑、代筆遺囑及口授遺囑等五種方式（民法第1189條）。如遺囑信託違反遺囑的法定方式時，依我國民法第73條的規定，該遺囑應為無效，從而信託行為亦因之無效。

　　至於如為宣言信託，觀諸我國信託法第71條第1項規定，法人成立宣言信託時，必須對外向公眾宣言。亦即，以宣言設立信託者，受託人於收受許可書後，應即將目的事業主管機關許可書連同法人決議及宣言內容登載於其主事務所所在地新聞紙（法務公益信託許可及監督辦法第6條第2項），故性質上亦為要式行為。

---

[27] 參閱最高法院107年度台上字第788號民事判決。

[28] 參閱最高法院85年度台上字第1826號民事判決：「通常所謂信託行為，係指委託人將財產權移轉於受託人，使其成為權利人，以達到當事人間一定目的之法律行為而言。是信託關係，以信託契約之訂立（信託法於85年1月26日公布施行後，依同法第2條之規定）而發生。原審雖謂，卓善靜修堂就系爭房屋與上訴人之父蔡○傳間有信託關係存在。然則其間信託契約如何成立，內容如何，均未見原判決於理由項下，予以論斷並記載其心證之所由得，此與被上訴人之抗辯，是否有理由，至有關連。原審僅泛謂卓善靜修堂與蔡○傳間有信託關係，而為上訴人不利之判決，亦屬判決不備理由。」

此外，就信託行為的物權行為來看，因我國民法第758條第1項及第761條第1項前段規定不動產物權的取得非經登記不生效力及動產物權的讓與非將動產交付不生效力，故仍應以書面或交付等方式為之（民法第758條第2項及第761條）。

第二節　信託當事人

所謂信託關係人，係指就信託直接有利害關係或權利義務關係者而言。其在我國信託法下，包括有委託人、受託人、受益人及信託監察人等四者。至於一般常用的信託當事人乙語，係指從事信託行為的當事人而言，其範圍較信託關係人為狹隘。如在契約信託，則委託人及受託人同屬信託當事人；惟在遺囑信託，則僅有立遺囑的委託人（遺囑人），始為信託當事人。至於在宣言信託，其委託人與受託人則為同一人。此外，在自益信託，因其委託人與受益人為同一人，受益人始具信託當事人的地位。

壹、委託人

一、委託人的地位

所謂委託人，係指提供財產設立信託者。我國信託法中並未就委託人的資格特設規定，故應回歸民法上所規定的一般原則。首先，如其為自然人者，因信託的設立，須為財產權移轉或其他處分的行為，故應受民法上有關行為能力規定的限制。因此，滿二十歲的成年人或已結婚的未成年人，即得為信託行為。如係七歲以上的限制行為能力人，則須經法定代理人的同意，始得為之。又因無行為能力人不得為法律行為，故須法定代理人方得代理其設立信託。至於遺囑信託，因我國民法第1186條第2項規定：「限制行為能力人，無須經法定代理人之允許，得為遺囑。但未滿十六歲者，不得為遺囑。」且依民法第15條規定：「受監護宣告之人，無行

為能力。」故十六歲以上的自然人且未受監護宣告者，始有遺囑能力，從而必須滿十六歲以上始能以遺囑的方式設立信託。至於受輔助宣告之人雖僅係因精神障礙或其他心智缺陷，致其為意思表示或受意思表示，或辨識其所為意思表示效果之能力，顯有不足，並不因輔助宣告而喪失行為能力，但為保護其權益，於為重要之法律行為時，應經輔助人同意。因此，如為受輔助宣告之人為信託行為時，則應經輔助人同意（民法第15條之2第1項第2款），而不論係設立信託契約或遺囑信託。又關於委託人之資格，信託法並未明文規定，故有行為能力之外國人，除法律另有規定外，當然亦得為信託關係的委託人[29]。

　　其次，如其為法人者，應受法人制度本身的限制[30]。亦即法人為委託人者，應受章程或捐助章程所定目的範圍的限制，原則上不得為登記範圍以外的行為。又如證券投資信託，其委託人則限於證券投資信託事業始可擔任（證券投資信託及顧問法第5條第1款）。

　　又如委託人喪失信用時，致委託人不能完全清償債務，而有和解、破產、更生或清算原因時，其已設立的信託，於符合一定條件下，應依我國破產法或消費者債務清理條例有關限制財產處分或撤銷權等規定辦理（破產法第16條、第75條及第78條、消費者債務清理條例第20條第1項第1款、第21條、第22條）。又如債務人聲請更生或清算後，始成立信託，因該信託應解為無償行為，自不生效力；且對於該不生效力的行為，監督人或管理人得請求相對人及轉得人返還其所受領之給付。但轉得人係善意並有償取得者，不在此限（消費者債務清理條例第23條）。又如公司重整時，董

29　參閱法務部民國92年7月15日法律字第0920028467號函：「二、按信託者，係指委託人將財產權移轉或為其他處分，使受託人依信託本旨，為受益人之利益或為特定之目的，管理或處分信託財產之關係（信託法第1條參照）。關於委託人之資格，信託法並未明文規定；惟委託人係信託關係之創設人，且須為財產權之移轉或其他處分，故委託人自須具有行為能力始得為之。準此，有行為能力之外國人，除法律另有規定外，得為信託關係之委託人。有關本件日本人松○雪代君得為信託關係之委託人疑義乙節，請參酌上開說明，就具體個案情形本於職權依法審酌之。」

30　參閱田中實、山田昭，信託法，學陽書房，1989年，頁46。

事或經理人違反法院保全公司財產的處分或於重整裁定送達後，仍違背財產處分權的限制而為信託行為者，該信託行為應不生效力（公司法第287條第1款、第293條）。應注意者，我國司法實務上對於共有土地或建築改良物的共有人，是否容許由多數共有人依土地法第34條之1第1項規定，為全體共有人與受託人訂立信託契約，曾有一重大爭議[31]。依法務部的見解，即建議以不得依土地法第34條之1規定為信託行為及申辦不動產信託登記為宜。本文以為，信託亦屬處分行為之一種，當事人間依信託法之規定而成立信託契約，雖以委託人與受託人間有具有深厚之信賴關係為基

---

[31] 參閱法務部民國91年10月11日法律字第0910038228號函：「二、按『共有土地或建築改良物，其處分、變更及設定地上權、永佃權、地役權或典權，應以共有人過半數及其應有部分合計過半數之同意行之。但其應有部分合計逾三分之二者，其人數不予計算。』、『前四項規定，於公同共有準用之。』分別為土地法第34條之1第1項及第5項定有明文。準此，公同共有不動產（土地）之處分，上開規定已有準用之特別規定，故公同共有不動產之處分、變更，應以公同共有人過半數及其應有部分（潛在）合計過半數之同意行之。合先敘明。三、至於共有土地之部分共有人得否依土地法第34條之1規定為信託行為及申辦不動產信託登記疑義乙節，前經本部於87年12月1日召開會議研商，會議紀錄並於同年12月18日以87法律字第000734號函送貴部在案。該會議紀錄臚列否定說及肯定說二說，與會專家學者各有所採，且會議結論亦未有定論，並提出共有人可否依土地法第34條之1規定設定自益信託，事涉該條第1項所稱『處分』定義之解釋，並請貴部本於職權審酌。經貴部於88年1月21日以台88內地字第8714050號函，肯認信託亦屬處分行為之一種，……得以信託方式為之，以促進共有土地之再開發利用，除贈與等無償處分行為之他益信託外，共有土地多數共有人得依土地法第34條之1第1項之規定以自益信託方式申辦權利變更登記，並應依土地法第34條之1執行要點第8點規定，對少數共有人之權益予以公平合理對待，以保障其權益等語。四、惟查信託法第1條規定之立法定義，當事人間成立之信託關係，以委託人與受託人具有強烈信賴關係為其基礎，且土地法第34條之1為信託法公布施行前所作之規定，因而土地法規定之『處分』定義，是否包括信託行為在內？似有疑義。貴部如在政策上決議採行信託行為亦可適用土地法第34條之1之規定者，則建議修正該條第1項規定，以為法源依據，並須有保護少數他共有人機制之配套措施，以為公平合理對待。準此，不論分別共有或公同共有之部分共有人，在未修法前，建議以不得依土地法第34條之1規定為信託行為及申辦不動產信託登記為宜。」

礎，但依舉重以明輕的法理，共有物既得因共有人過半數及其應有部分過半數的同意而為處分，則為共有人全體與受託人訂立信託契約，似無加以禁止的理由。根本之道，乃應將土地法第34條之1第1項修正為：「共有土地或建築改良物，其處分、變更及設定地上權、永佃權、地役權或設定自益信託時，應以共有人過半數及其應有部分合計過半數之同意行之。但其應有部分合計逾三分之二者，其人數不予計算。」作為法源依據，以杜爭議。

二、委託人的權利

　　按委託人既為信託關係的當事人，信託法雖未針對委託人特設專章加以規定，但為保障其權益，仍就委託人的權利設有諸多規定。相對地，在信託關係成立後，由於主要涉及受託人與受益人間的權利義務關係，故信託法中，僅就委託人的義務，設有若干少數的規定。

　　就委託人的權利而言，我國信託法主要設有下列規定：（一）保留變更受益人或終止信託的權利（信託法第3條）；（二）對違反規定所為強制執行提起異議之訴的權利（信託法第12條第2項）；（三）同意變更與聲請變更信託財產管理方法的權利（信託法第15條、第16條）；（四）對受託人請求損害賠償、回復原狀或減免報酬等權利（信託法第23條、第35條第3項）；（五）主張帳簿閱覽權的權利（信託法第32條第1項）；（六）同意受託人解任、聲請解任受託人及選任或指定新受託人的權利（信託法第36條、第45條）；（七）指定、選任及解任信託監察人的權利（信託法第52條第1項、第57條、第58條、第59條）；（八）終止信託的權利（信託法第63條、第64條）；（九）請求移轉信託財產的權利（信託法第65條）。

　　應注意者，觀諸英美信託法制的發展，顯然仍以私法自治為基本原則，至於我國信託法制，亦不例外。現行信託法的立法政策，即就信託關係的特定內容、效力、變更、終止及信託監察人等事項，在諸多相關條文中皆明定得以信託行為另有訂定，且於信託存續期間，信託法亦在許多條

文中明定在一定條件下，得由信託關係人以合意或其他方式，變更或調整信託關係或其內容，以排除適用信託法所設定的標準規範，顯見亦尊重私法自治原則，而使信託法具有相當程度之任意法性質。換言之，如信託法之相關條文中，設有「信託行為另有訂定」、「信託行為訂定」、「信託行為所訂」或「推定」等文字，即明確表示各該條款在性質上為任意法規。至於信託法之其他條文中，如未以上開法條文字呈現其為任意規定者，則應分別探究各個條文的規範目的，分別判定究竟是任意法規或強行法規[32]。依私法自治原則、契約自由原則及遺囑自由原則，理論上信託關係的成立及內容，原則上得由信託當事人自由決定，從而信託當事人對信託的變更、終止、合併或分割等事項，在不影響第三人權益的條件下，應得於信託條款中自由約定。申言之，如信託條款中對於信託變更的事由，乃至於行使變更權限的主體另有規定時，自應從其所定。例如委託人於信託條款中，保留變更受益人、信託目的、更換受託人或終止信託等權限，則委託人自得依信託條款的規定，行使變更或終止信託的權利。依信託法第3條規定：「委託人與受益人非同一人者，委託人除信託行為另有保留外，於信託成立後不得變更受益人或終止其信託，亦不得處分受益人之權利。但經受益人同意者，不在此限。」可知他益信託的委託人，亦得設定英美信託法理上的可撤銷信託，而於信託條款保留變更或終止信託的權利，本於私法自治原則，應屬有效，自得由委託人單獨終止信託或變更信託目的。又委託人如依信託行為所保留之權利，而為受益人的變更、信託的終止或受益人權利的處分時，因其性質上為有相對人的單獨行為，應向受託人以意思表示為之；且受益人如因而變更或喪失其權利者，除信託行為另有訂定外，應認為受託人負有通知受益人的附隨義務。應注意者，信託關係成立後，委託人雖得例外保留變更、終止信託或處分受益權的權利，但因其性質上應專屬於委託人自身，除信託行為另有訂定或委託人生

---

[32] 參閱王志誠，信託法之二面性——強行法規與任意法規之界線，政大法學評論，第77期，2004年2月，頁167-170。

前對受託人另以書面表示者外，應解為不得繼承。

　　相對地，依私法自治原則，如在信託條款規定受益人得單獨終止信託，受益人亦可不經法院的同意，而終止信託關係。此外，信託條款亦可能規定在特定條件下，得由受託人決定是否終止信託關係。

　　至於如為自益信託的委託人，理論上得由委託人變更或終止信託，但如信託的變更涉及受託人之權益時，則尚應取得受託人的同意。觀諸現行信託法第3條的反面解釋、第36條第1項及第63條第1項等規定，自益信託的委託人得同意受託人之辭任及隨時終止信託；且信託法第15條規定變更信託財產的管理方法時，應尊重受託人的意思，其立法政策堪值肯定。問題在於，我國信託法第63條第1項雖明定自益信託的委託人或其繼承人，得隨時任意終止信託，但是否即禁止信託當事人得約定在一定期間內委託人或其繼承人不得終止信託。基本上，從文義解釋之觀點，依信託法第63條第1項的反面解釋，似可得出自益信託的信託條款，不得限制委託人或其繼承人行使終止權的結論；相對地，如認為信託法第63條第1項之規定，在性質上屬於任意法規，即得由信託當事人訂定在一定期間內，禁止委託人或其繼承人任意終止信託。本文認為，就民事信託而言，尚不涉及多數受益人之保護問題，故基於私法自治原則，在解釋論上，實不妨認為信託法第63條第1項為任意法規，而得由信託當事人以特約限制或排除其適用，以增加信託商品設計的彈性化[33]。有鑑於此，在解釋論上，宜認為

---

[33] 我國於民國88年發生九二一大地震時，為保護禁治產人及未成年人的權益，雖曾於當時所制定的「九二一震災重建暫行條例」第26條及第28條，分別授權由內政部訂定「九二一地震災區未成年人財產管理及信託辦法」及「九二一地震災區禁治產人財產管理及信託辦法」，而規定監護人為未成年人或禁治產人設立信託管理財產時，得以信託或金融業者為受託人，為未成年人或禁治產人設立自益信託。故如九二一地震災區未成年人財產信託及九二一地震災區禁治產人財產信託，如能將我國信託法第63條解釋為任意法規，則可於信託條款約定應委託人成年時始得終止信託，以免監護人恣意代委託人終止信託，而使未成年人或禁治產人的財產重回由監護人管理，應有助於確保未成年人或禁治產人的權益。此外，就我國當前信託業所推出的人壽保險金信託商品而言，因人壽保險金信託契約在性質上為自益信託，且於簽訂後必須待保險事故發生後人壽保險金信託契約始生效力，為免信託生效後即

信託法第63條第1項為任意規定，目前主管機關亦採相同的見解[34]。惟為避免疑義，在立法論上，應將信託法第63條第1項修正為：「信託利益全部由委託人享有者，除信託行為另有訂定外，委託人或其繼承人得隨時終止信託。」以明揭其為任意規定的特性[35]。

三、委託人的義務

就委託人的義務而言，則主要包括基於信託行為而應將財產權移轉或處分的義務（信託法第1條）、給付報酬的義務（信託法第38條第1項）及賠償受託人因信託終止所受損害的義務（信託法第63條第2項、第64條第2項）。

貳、受託人

受託人乃委託人設立信託的相對人，而自委託人接受信託財產的移轉或其他處分，法律上成為該財產權的名義所有人，並負擔依信託目的為管理或處分信託財產的義務。職是之故，受託人須有為該財產權主體的一般

遭委託人終止信託，而違背當時簽訂人壽保險金信託契約的目的，似亦有類似的實務需求。

[34] 參閱法務部民國93年8月26日法律決字第0930033879號函：「按『信託利益全部由委託人享有者，委託人或其繼承人得隨時終止信託。』信託法第63條第1項定有明文，其立法意旨在於信託利益既然全歸委託人享有，則縱使委託人或其繼承人終止信託關係，因係自益信託，並無害於他人之利益，故宜承認委託人或其繼承人有終止權（參照賴源河、王志誠著，現代信託法論，三版二刷，頁155）。上開委託人或其繼承人之信託終止權，委託人不得預先拋棄，但由於非為強制規定，故當事人得以契約限制之，亦即信託契約對於委託人之片面終止權設有限制者，其限制如為貫徹信託本旨或為達信託目的所必要，而又未違背公共秩序或善良風俗者，委託人、委託人之繼承人或受託人，均應受其拘束（參照台灣金融研訓所發行，信託法制，頁74）。」

[35] 參閱王志誠，信託之基礎性變更，政大法學評論，第81期，2004年10月，頁40-43。

資格，即須具有權利能力。

　　此外，如受託人為自然人時，受託人為達成其任務，必須有管理、處分信託財產的能力，即受託能力。我國信託法第21條規定：「未成年人、受監護或輔助宣告之人及破產人，不得為受託人。」乃本於信託係以當事人間的信賴關係為基礎，受監護或輔助宣告之人及破產人均欠缺行為能力或行為能力受限制，自不宜擔任受託人；又民法第13條第3項雖規定未成年已結婚者有行為能力，乃是為生活需要而設的規定，而信託的受託人既基於信賴關係管理他人的財產，並以盡善良管理人的注意義務親自處理信託事務為原則，其要求應較民法的規定為嚴，以彰顯信託的特質，因此依該條的規定，未成年人亦不得為受託人[36]。如萬一以欠缺受託能力者為受託人而設立信託，其在契約信託，因契約的成立要件有瑕疵，信託不成立。其在遺囑信託，如所指定的受託人欠缺受託能力時，應解為屬受託人不能接受信託的情形，此時應適用我國信託法第46條的規定，利害關係人或檢察官得聲請法院選任受託人。但如遺囑另有訂定選任他人為受託人的方法或其他規定者，應依遺囑的規定。至於如法人為受託人時，其權利能力與行為能力，與法人為委託人時同，均以章程或捐助章程所定的目的範圍為原則。例如建築經理業得否依信託法規定擔任受託人，如其非以辦理不特定多數人委託經理信託業法第16條的信託業務，應無不可[37]。

---

36 參閱田中實、山田昭，信託法，學陽書房，1989年，頁48。惟如委託人於為信託行為時，已指定已結婚的未成年人擔任受託人，或依其所定的選任方法選任已結婚的未成年人為受託人時，足證其能力已為委託人所肯定及信賴，法律似不宜過度介入。

37 參閱法務部民國89年8月29日（89）法律字第023878號函：「二、關於『台灣建築經理股份有限公司』得否申請登記為信託之受託人問題：(一)查受託人乃接受委託人財產權之移轉或處分，依一定之目的，管理或處分信託財產之人，故無論自然人或法人，原則上均得為信託之受託人。惟在自然人之情形，依信託法第21條規定：『未成年人、禁治產人及破產人，不得為受託人。』而在法人之情形，其受託之事項必以其章程或登記之業務範圍內者為限，否則即違反民法、公司法或其他相關法律之規定。然此係法律就受託人資格及法人營運範圍所為之限制規定，在地政機關受理信託登記申請之情形，是否有受託人資格及法人章程、登記業務等作實質審查

　　又我國信託法第21條所規定的破產人，在解釋上應限於受破產宣告尚未復權者，而不應全面否定破產人的信用，始為合理。又因我國已於民國96年7月11日制定公布消費者債務清理條例，故聲請清算程序的債務人尚未復權者，亦應解為不得擔任信託的受託人。

　　應注意者，如特別法就受託人的積極資格或消極資格另有規定者，即應依特別法的規定。例如經營信託業務者，依我國信託業法第33條規定：「非信託業不得辦理不特定多數人委託經理第十六條之信託業務。但其他法律另有規定者，不在此限。」故得經營營業信託或特定項目的信託業務者，主要包括依信託業法、不動產證券化條例設立的信託業及兼營信託業務的銀行、證券商、證券投資信託事業、證券投資顧問事業、保險業（信託業法第2條、第3條、不動產證券化條例第4條第3項、保險法第138條之2）。另依我國銀行法第六章及信託投資公司管理規則而設立的信託投資公司，即屬依其他法律得經營銀行法所規定的信託業務者。又依證券投資信託及顧問法第5條第2款及期貨信託基金管理辦法第3條第2款的規定，必須為辦理基金保管業務的信託公司或兼營信託業務的銀行，始得擔任證券投資信託基金及期貨信託基金的受託人。

　　此外，依法務部的解釋，除因法令限制而無權利能力者外，華僑、外

之必要，須依法令之規定行之。故本部前於88年10月20日參與貴部研商『土地登記規則修正草案』會議時，曾就受理土地信託登記之申請，究應採形式審查或實質審查問題，列舉各種情形，促請貴部於法規中明定，並提出書面意見，惜似未受到重視。(二)本件貴部認屬『營業信託』，主張『台灣建築經理股份有限公司似應檢具主管機關許可以經營信託為業之證明文件，登記機關始得受理』，關於此論點，本部認有商榷餘地。蓋『營業信託』與『非營業信託』，係以受託人是否屬『信託業』為定；所稱『信託業』，依信託業法，包括『經主管機關許可，以經營信託為業之機構』，及『經主管機關許可，兼營信託業務之銀行』（信託業法第2條、第3條參照）。『台灣建築經理股份有限公司』如非以經營信託為業之公司，其受託管理、處分信託財產，縱受有報酬，亦難謂屬『營業信託』（非信託業違法經營『不特定多數人委託經理之信託務』者，屬信託業法規範範疇）。退一步言，縱為信託業，其申請登記為信託之受託人，似亦無令其應檢具主管機關許可以經營信託為業證明文件之必要。」

國人或經認許之外國法人原則上得為信託的受託人。至於國人在我國原則上雖亦得為信託的受託人，但如法令對外國人持有某種財產權設有特別限制規定者，則外國人仍不得為該財產權的受託人[38]。換言之，原則上外國自然人或經認許之外國法人，自亦得為信託關係之受託人。

　　所謂的非法人團體，其於社會上雖實際從事各式各樣的社會活動，但因未辦理法人的設立手續，並無法人資格，故其可否擔任受託人，誠有疑問。我國學者有以為，非法人團體，設有代表人或管理人者，具有一定目的、一定組織及固定財產，實質上可享受財產權，故應解為亦有受託人資格[39]。本文以為，縱使在訴訟法上承認非法人團體有當事人能力，且在理論上或司法實務上[40]，均傾向放寬承認非法人團體的法律主體性，但在不

---

[38] 參閱法務部民國91年12月6日法律字第0910046131號函：「二、按民法總則施行法第2條規定：『外國人於法令限制內有權利能力。』同法第12條第1項規定：『經認許之外國法人，於法令限制內與同種之中國法人有同一之權利能力。』另公司法第375條規定：『外國公司經認許後，其法律上權利義務……除法律另有規定外，與中華民國公司同。』準此，除因法令限制而無權利能力者外，華僑、外國人或經認許之外國法人原則上得為信託的受託人。又受託人須接受財產權的移轉或處分，信託始能成立，因此，依法不得受讓某特定財產權之人，自無法成為該財產權的受託人，申言之，外國人在我國原則上雖亦得為信託的受託人，但法令對外國人持有某種財產權設有特別限制規定者，外國人不得為該財產權的受託人（薛琦主編『信託法理』，91年5月修訂三版，頁54-55參照）。是以，本件國內股東擬將股份信託予外國人，是否屬華僑回國投資條例第4條或外國人投資條例第4條規定之投資行為及相關疑義，請貴會參照前揭說明，本於權責審認之。如認仍有疑義，因事涉經濟部主管法規之解釋，宜請報該部核釋。」

[39] 許耀東，信託制度之研究——兼論我國信託事業之回顧與前瞻，中國文化大學法律研究所碩士論文，1974年6月，頁50。

[40] 參閱最高法院91年度台上字第1030號民事判決：「自然人及法人為權利義務之主體，惟非具有權利能力之『團體』，如有一定之名稱、組織而有自主意思，以其團體名稱對外為一定商業行為或從事事務有年，已有相當之知名度，而為一般人所知悉或熟識，且有受保護之利益者，亦應受法律之保障。故未完成登記之法人，雖無權利能力，然其以未登記法人之團體名義為交易者，民事訴訟法第40條第3項為應此實際上之需要，特規定此等團體設有代表人或管理人者，亦有當事人能力。至於因其所為之法律行為而發生之權利義務，於實體法上應如何規範，自應依其行為之

動產登記上，尚未能妥適解決登記的問題，是否應承認其具有受託人的資格，實有疑問。

參、信託當事人與信託關係的存續

依我國信託法第8條規定：「信託關係不因委託人或受託人死亡、破產或喪失行為能力而消滅。但信託行為另有訂定者，不在此限。委託人或受託人為法人時，因解散或撤銷設立登記而消滅者，適用前項之規定。」其立法意旨，在於信託有效成立後，即以信託財產為中心，而有其獨立性，自不能因自然人的委託人或受託人死亡、破產或喪失行為能力等情事而消滅。且如法人為委託人或受託人而有解散或撤銷設立登記的情事者，如同自然人死亡等情形，信託關係原則上亦不因之消滅。應注意者，如在信託法制定公布前所成立的信託，目前司法實務的見解並不一致，有認為應類推適用民法第550條的規定，其信託關係亦因委託人或受託人死亡、破產或喪失行為能力而當然消滅[41]。反之，亦有認為信託雖係於1996年1月

　性質，適用關於合夥或社團之規定。不能以此種團體在法律上無權利能力即否定其一切法律行為之效力。」

[41]　參閱臺灣高等法院暨所屬法院民國87年11月87年法律座談會民事類提案第1號：「法律問題：某甲於民國60年將其所購買之土地一筆，信託登記與其弟某乙，嗣於民國82年7月間，某乙死亡，該土地為某乙之子某丙所繼承並完成所有權登記，某甲乃以某乙死亡信託關係消滅為由，訴請某丙將上述土地所有權移轉登記與某甲，是否有理由？討論意見：甲說：依信託法第8條第1項：『信託關係不因委託或受委託人死亡、破產或喪失行為能力而消滅』之規定，某甲某乙間之信託關係，自未消滅，某甲遽以某乙死亡信託關係已消滅為由，訴請某乙之繼承人某丙移轉系爭土地所有權登記與某甲，非有理由（參見最高法院86年度台上字第100號判決）。乙說：某甲與某乙間就系爭土地所成立之信託關係，在民國85年1月26日信託法經總統明令公布施行前之民國82年即因受委託人某乙死亡而消滅（最高法院72年度台上字第4501號判決要旨），自不因數年後有信託法之立法，而使已消滅之信託關係復活，是某甲以信託關係消滅及繼承為由，訴請某丙移轉系爭土地所有權與某甲，為有理由。審查意見：採乙說。研討結果：照審查意見通過。」87年法律座談會彙編，頁1-2。

26日始經公布施行，但對於在該法施行前成立之信託關係，仍應以之為法理而予以適用[42]。因此，依信託法第8條的規定，委託人或受託人死亡、破產或喪失行為能力時，信託關係並不當然消滅。

委託人死亡時，除信託行為另有訂定外，信託關係並不消滅。應注意者，自益信託的委託人死亡，如信託關係並未終止，應由其繼承人依法繳納遺產稅後，由全體繼承人會同受託人依土地登記規則第133條規定申辦信託內容變更登記[43]。惟查信託關係的委託人於信託關係存續中死亡，其基於信託關係所生的權利，由其繼承人概括承受。是倘繼承人為辦理信託關係的受益人變更登記，乃係維持現有權利關係，其性質為保存行為，故依民法第831條規定準用第828條第2項規定，並準用民法第820條第5項規定，得由部分繼承人會同受託人辦理受益人變更為全體繼承人公同共有[44]。

又信託成立後，如受託人死亡、受破產、監護或輔助宣告，其任務終了；其為法人者，經解散、破產宣告或撤銷設立登記時，亦同（信託法第45條第1項參照）。同時，受託人任務終了後，即應進行選任新受託人的程序，以產生新受託人續為處理信託事務（信託法第45條第2項、第36條第3項）。

日本學者在論信託財產的獨立性時，亦有主張信託財產具有「不完全的法律主體性」者[45]。亦即委託人與受託人的信賴關係，於信託有效成立後，即為以信託財產為中心的法律關係所取代。其結果，委託人與受託人的法律地位亦變為得以取代，而與同樣基於個人信賴關係成立的委任關係顯不相同，亦即原則上不因當事人一方死亡、破產或喪失行為能力而消滅（民法第550條）。

---

[42] 參閱最高法院103年度台上字第2721號民事判決。

[43] 參閱內政部民國93年7月26日內授中辦地字第0930010200號函。

[44] 參閱內政部民國107年5月28日台內地字第1071303617號函。

[45] 參閱四宮和夫，信託法（新版），有斐閣，1994年，頁74、76。

第三節　信託的目的與其限制

壹、信託目的

　　信託的設立，必然有委託人所意欲達成的目的，乃信託行為意欲實現的具體內容。所謂信託目的，應解為與信託法上所稱信託本旨的法律用語，互為表裡。受託人為委託人管理或處分信託財產時，即應依信託目的為之。具體而言，其實信託行為與其他法律行為一樣，皆有其各式各樣的目的。舉凡委託人因出國或重病等不能自行管理財產而設立的信託，為妥善運用退休金需要專業管理而設立的信託，以及為管理獎學金基金而設立的公益信託，均有其設立信託的一定目的。依司法實務的見解，即認為若無信託目的的存在，自不得謂信託關係已成立[46]。

　　若自信託的受益對象而言，其大體有四種目的，一則為委託人的利益

---

[46] 參閱臺灣高等法院86年度上字第1686號民事判決：「按，當事人主張有利於己之事實者，就其事實有舉證之責任。民事訴訟法第277條定有明文。又，『查所謂信託行為，係指委託人授與受託人超過經濟目的之權利，而僅許其於經濟目的之範圍內行使權利之法律行為而言。是信託關係係因委託人信賴受託人代其行使權利而成立，故須基於受託人與委託人間合意訂立信託契約，始能發生。』有最高法院83年台上字第1237號判決可資參照。再，『稱信託者，謂委託人將財產權移轉或為其他處分，使受託人依信託本旨，為受益人之利益或為特定之目的，管理或處分信託財產之關係。』信託法第1條定有明文。按信託法雖訂立於85年1月26日，而本件上訴人主張之有關信託關係之事實發生於信託法訂立前，惟因有關『信託』之概念及行為於信託法訂立前即已存在，信託法堪認係將原已存在之信託概念予以明文化，故有關信託之意義堪以現行信託法第1條之規定為據，合予說明。依上所述，所謂信託應有信託契約（按非指書面契約，因本件上訴人主張之信託關係發生於信託法訂立前，故不以有書面之契約存在為限）及信託之目的存在，始得謂有信託關係存在。綜上所述，上訴人既未能舉證證明兩造間就系爭房地有成立信託契約之合意，亦未能證明其信託之目的，復無信託被上訴人為管理或處分系爭房地之行為，難認兩造間就系爭房地曾成立信託契約而有信託關係之存在。上訴人既未能舉證證明兩造間就系爭房地有信託關係存在，其本於終止信託契約之法律關係，請求被上訴人將系爭房地所有權移轉登記予上訴人，為無理由，不應准許。」

（自益信託），二則為委託人以外特定人的利益（他益信託），三則為委託人及其他人的利益（共益信託），四則為公共的利益（公益信託）。不論信託係為何種目的而成立，其目的皆須確定或可得確定，亦即受益人及受益權的內容應確定或可得確定，以符法律行為內容確定性的要求，否則法律行為無效，不能發生當事人所欲發生的法律效果。學說上則將信託目的、信託財產及受益人的確定，統稱為信託的三大確定性，而為信託行為有效成立的三大要件，三者缺一不可。

　　此外，信託設立後，委託人可否變更信託目的？亦即委託人可否變更受益人或受益權的內容？實應加以釐清，以杜爭議。按我國信託法第3條規定：「委託人與受益人非同一人者，委託人除信託行為另有保留外，於信託成立後不得變更受益人或終止其信託，亦不得處分受益人之權利。但經受益人同意者，不在此限。」係明白規定如委託人所設立者係他益信託時，於信託成立後，原則上即不得變更受益人，亦不得處分受益人的權利，以貫徹信託目的及保障受益人的權益。惟如委託人所設立者為自益信託或於信託行為另有保留者外，委託人則可變更信託目的。相對地，如委託人所設立者係公益信託時，因其受益人本為不特定的多數人，且是經許可設立，委託人自不得變更信託目的，其理甚明。

　　至於如信託有二個以上目的時，而有其中部分目的無效、其他目的有效之情形，若該有效目的部分與無效目的部分並非不能分離，則就該有效目的部分，信託仍然成立；又即使信託目的得以分離，如僅執行有效目的部分顯然違反委託人設立信託之意旨時，則該信託宜解為全部無效[47]。

---

[47] 參閱法務部民國92年4月11日法律字第0920011607號函：「二、按信託法第1條規定：『稱信託者，謂委託人將財產權移轉或為其他處分，使受託人依信託本旨，為受益人之利益或為特定之目的，管理或處分信託財產之關係。』準此，信託關係之成立，除須有委託人將財產權移轉或為其他處分為前提外，受託人尚須依信託本旨，為受益人之利益或為特定之目的，積極管理或處分信託財產。申言之，委託人如僅為使他人代為處理事務（例如代為繳交稅金或代為處理共有物之分割事宜等），而將其財產權移轉於受任人，自己仍保有實際支配及收益之權利者，其移轉縱以『信託』為名，尚非信託法上之信託。再者，受託人縱有管理或處分信託財產

貳、信託目的之限制

按法律行為的內容必須適法，始能生效，為我國民法第71條及第72條所揭示的基本原則。鑒於信託制度乃英美的特有產物，與我國民事制度頗有出入，為期規定內容完整，並避免引進後，被利用於違法或不正當的目的，信託法第5條乃規定：「信託行為，有左列各款情形之一者，無效：一、其目的違反強制或禁止規定者。二、其目的違反公共秩序或善良風俗者。三、以進行訴願或訴訟為主要目的者。四、以依法不得受讓特定財產權之人為該財產權之受益人者。」而就信託目的予以較為嚴格及具體的限制。所謂無效，係指該信託行為自始、當然無效。

其次，為防止委託人濫用信託制度，藉由設立信託達到脫產的目的，而害及其債權人的權益，我國信託法第6條第1項即規定：「信託行為有害於委託人之債權人權利者，債權人得聲請法院撤銷之。」而就詐害信託的

權限，惟其處分（如拋棄信託財產所有權）倘非為受益人之利益或特定目的為之，亦不符信託之本旨，合先敘明。三、另信託有二個以上目的，其中部分目的無效而其他目的有效之情形，如該有效目的部分與無效目的部分並非不能分離，則為該有效目的部分，信託仍然成立；但雖得以分離，如僅執行有效目的部分顯然違反委託人設立信託之意旨時，則該信託宜解為全部無效。觀諸本件信託登記內容，其信託之標的，除拋棄書中所列欲拋棄之土地外，尚有其他土地；其信託之目的，除『拋棄所有權』外，受託人且有管理、處分信託財產等權限。本件既已許其為信託登記，似不宜再以『拋棄所有權屬事務之處理行為，自無由成立信託』為由，不受理其拋棄登記之申請。惟由於拋棄信託財產攸關受益人權益甚鉅，縱其所拋棄者僅為信託財產中之一部分，亦須於其信託契約中明確載明其得拋棄之地號、面積等，俾得知悉受託人處分信託財產是否屬其權限範圍。本件原信託登記之信託條款中既未得就拋棄之標的為明確之訂定，而受託人所欲拋棄之土地權利，竟有原信託契約中記載係委由受託人辦理合併、分割之土地，則本件受託人有關拋棄登記之申請，顯已逾越其受託人之權限。四、又本件信託之受益人，信託條款中雖載明為委託人自己，然依其契約內容，受託人卻享有『收益』信託財產之權利，如此約定亦與信託之本旨有違，併此指明供參。」

可能弊端加以管制，以保障委託人的債權人，並期引導信託制度於正軌[48]。應注意者，按信託行為係無償行為，因為委託人將信託財產移轉予受託人時，委託人並未取得信託財產之對價。由於自益信託係以委託人為受益人，在其享有受益權部分，財產並未實質減少，加上受益權之價額，委託人並未陷於無資力，不構成害及債權，委託人之債權人不能依信託法第6條第1項規定，聲請法院撤銷之[49]。

再者，如受託人兼為同一信託的受益人，則其應負的管理義務與受益權混為一體，易使受託人為自身利益而為違背信託本旨的行為，故我國信託法第34條尚規定：「受託人不得以任何名義，享有信託利益。但與他人為共同受益人時，不在此限。」亦即除非受託人係與他人為共同受益人，否則禁止受託人成為受益人而享有信託利益，更不得假管理或處分財產之便，以任何名義享有信託利益，以資防弊。應注意者，依法務部之解釋，則認為若信託契約所載受託人之一為歸屬權利人，而信託關係消滅時，於受託人移轉信託財產於歸屬權利人前，依信託法第66條規定以歸屬權利人視為受益人；再依當事人信託契約所載，受託人享有信託財產之孳息以外信託利益之權利（本金受益人），因此受託人享有之信託利益幾乎等於信託財產，而與信託法第34條及第1條規定之意旨不符[50]。又受託人雖與另一人為共同歸屬權利人（視為共同受益人），但若受託人享有歸屬比例為

---

48 參閱最高法院103年度台上字第1973號民事判決：「信託行為有害於委託人之債權人權利者，其信託財產嗣後雖因法院之拍賣而塗銷信託登記，惟仍應許該債權人行使撤銷權，俾使受託人返還基於信託財產之拍賣而分配取得之價金於委託人，以保全委託人之共同擔保。」

49 參閱最高法院102年度台上字第1825號民事判決：「按信託行為係無償行為（商業信託例外，包括證券投資信託、公同基金、退休信託、資產證券化等），因為委託人將信託財產移轉予受託人時，並未取得信託財產之對價。尤於自益信託係以委託人為受益人，在其享有受益權部分，財產並未實質減少，加上受益權之價額，委託人並未陷於無資力，不構成害及債權，委託人之債權人不能依信託法第六條第一項規定，聲請法院撤銷之。」

50 參閱法務部民國94年9月29日法律字第0940034383號函。其他類似見解，參閱法務部民國91年10月8日法律字第0910036555號函。

672/10000，另一歸屬權利人則為1/10000（全部信託財產為土地673/10000），故歸屬權利人間（視為共同受益人）之受益比例顯不相當，亦違反信託法第34條規定[51]。反之，若信託條款中訂定，信託關係存續期中，信託財產孳息由特定受益人享有，信託關係消滅時，信託財產本金則由其他受益人享有之情形，如信託條款規定受託人僅為孳息為受益人中之一人，並未享有信託財產之本金利益，則受託人固然享有孳息利益之百分之九十九，亦無受益比例顯不相當問題[52]。

舉凡上開規定，皆係我國信託法中就信託目的所為的限制，如違反上述規定時，其信託行為的效力，或為無效或為得撤銷。

一、不得違反強制禁止規定

我國民法第71條規定：「法律行為違反強制或禁止之規定者，無效。但其規定並不以之為無效者，不在此限。」今信託行為既係法律行為的一種，本亦應受民法第71條規定的限制，惟因我國信託法第5條第1款特別規定信託行為的目的違反強制禁止規定者，無效，故在法律適用上，應依特別法優於普通法的原理，優先適用信託法的規定。例如我國信託法第34條有關禁止受託人享受信託利益的規定，在法律性質上，係屬強制禁止規定，因此如有違反，原則上即為無效。例如另於受託人與另一受益人為共同受益人的情形，若受託人受益比例較鉅，與另一受益人受益的比例相差

---

[51] 參閱法務部民國94年7月26日法律字第0940023735號函。

[52] 參閱法務部民國91年11月26日法律字第0910042147號函：「又信託行為中訂定，信託關係存續期中，信託財產孳息由特定受益人享有，信託關係消滅時，信託財產原本由其他受益人享有之情形，該享有信託財產孳息之人，稱為『孳息受益人』；享有信託財產原本之人，稱為『原本受益人』。本件受託人係委託人之母親，就信託本旨而言，應無脫法行為之意圖，且受託人僅為孳息為受益人中之一人，其雖享有孳息利益之百分之九十九，惟尚無受益比例顯不相當問題（參照附件之土地登記申請書，本件之孳息受益權利價值為新臺幣陸拾參萬貳仟壹佰玖拾玖元整，本金受益權利價值則為新臺幣壹佰陸拾參萬貳仟陸佰參拾肆元整）。至信託法第34條但書中之『他人』，自包括委託人以自己為受益人之情形在內。」

懸殊時，亦顯與信託法第34條前述的立法意旨有違，而屬有違信託法第5條第1款所定其目的違反強制或禁止規定的情形[53]。

　　所謂受託人不得以任何名義，享有信託利益，應指不論受託人以直接或間接的方法，皆不得享有信託利益而言。

　　問題在於，依我國民法第71條但書的規定，違反強制禁止規定的行為，並非當然無效，仍應依被違反的法律規定內容加以判斷。反之，我國信託法第5條第1款並未有類似的規定，從而如違反時，是否即當然無效，實有疑問。本文以為，我國信託法第5條第1款的規定，僅係在重申我國民法第71條的規定，從而信託行為如違反強制禁止規定時，仍應依法益權衡的法理以決定是否當然無效。例如因原住民保留地開發管理辦法第18條第1項規定：「原住民取得原住民保留地所有權後，除政府指定之特定用途外，其移轉之承受人以原住民為限。」則司法實務的見解即認為，原住民取得原住民保留地所有權後，除政府指定之特定用途外，其移轉之承受人既以原住民為限，故原告以信託為原因請求將系爭原住民保留地所有權移轉登記為不具原住民身分之受託人即原告名義，即與該法之效力規定有違，依信託法第5條第1款之規定，其信託行為無效[54]。

---

[53] 參閱高雄高等行政法院97年度訴字第734號判決：「信託法第34條之立法意旨係受託人為負有依信託本旨，管理或處分信託財產義務之人；受益人為享有信託利益之人，如受託人兼為同一信託之受益人，則其應負之管理義務將與受益權混為一體，易使受託人為自身之利益而為違背信託本旨之行為，故原則上，受託人不得兼為受益人，更不得假管理或處分信託財產之便，以任何名義享有信託利益。另於受託人與另一受益人為共同受益人之情形，若受託人受益比例較鉅，與另一受益人受益之比例相差懸殊時，亦顯與信託法第34條前述之立法意旨有違，而屬有違信託法第5條第1款所定其目的違反強制或禁止規定之情形，則其信託行為即屬無效甚明。」

[54] 參閱高雄高等行政法院91年度訴字第386號判決：「按信託行為，其目的違反法律強制或禁止規定者，無效。信託法第5條第1款定有明文。本件原告係以現行信託法之信託為原因，申請辦理系爭土地之所有權移轉登記，已如前述；而依其信託契約書之約定，其信託之目的為『管理、處分、收益及設定』，受益人姓名欄『空白』，信託日期：不定期，信託財產之管理或處分方法為『受託人負管理、處分、收益、設定之責，並同意受託人可再委託第三人』，信託關係消滅時信託財產之歸

又信託既以移轉或處分財產權為前提，則對於移轉或處分時須受相關法令限制之財產權，在限制條例未解除前，亦無從成立信託。準此，農業發展條例第33條既明定私法人不得承受耕地，信託業者自無從受託管理或處分耕地，否則其信託無效[55]。換言之，信託業雖得辦理土地信託，但由於農業發展條例第33條明定私法人不得承受耕地，因此信託業仍不得受託

屬人『委託人王○珠』等情，有該契約書附卷可稽；本件信託依其信託契約書之記載，其信託之目的既為管理、處分、收益及設定，且信託日期：不定期，信託財產之管理或處分方法則為『受託人負管理、處分、收益、設定之責，並同意受託人可再委託第三人』，並其受益人不明，則此信託情形與所有權之內容包含所有物之使用、收益及處分（民法第765條參照）比較觀之，原告因信託關係所受所有權之讓與，其所得行使之權利內涵核與其他原因之所有權移轉所有權人所得主張之權利內容實無軒輊；尤其原住民保留地開發管理辦法本於保障依法受配原住民生活之授權目的，對於原住民保留地所有權及管理、使用權利之移轉，均有承受人須為具有原住民身分者之限制，而本件系爭之原住民保留地經上述信託契約約定結果，將使不具原住民身分之受託人即原告對系爭原住民保留地得享有具所有權內涵之管理、處分、收益及設定等權能，自與上述原住民保留地管理辦法第18條規定制訂之目的有違；況此條係規定：『原住民取得原住民保留地所有權後，除政府指定之特定用途外，其「移轉」之承受人以原住民為限。前項政府指定之特定用途，指政府實施國家經濟政策或興辦公共事業需要。』並未限制其移轉之原因，亦未區分其『移轉』究屬實質移轉或形式移轉；故原告以信託為原因請求將系爭原住民保留地所有權移轉登記為不具原住民身分之受託人即原告名義，即與原住民保留地管理辦法第18條之效力規定有違，依據首開所述及信託法第5條第1款規定，其信託行為無效。」

55 參閱法務部民國90年9月11日法律字第029283號函：「二、按得否以依法不能取得某特定財產權之人為該財產權之受託人問題，信託法中並無明文規定。鑒於信託為一種以財產權為中心之法律關係，其成立必委託人將其財產權移轉或為其他處分予受託人，故若委託人欲信託之財產為受託人依法不能取得之財產權，自無由成立信託（本部87年1月21日法87律字第049629號函參照）。又信託既以移轉或處分財產權為前提，則對於移轉或處分時須受相關法令限制之財產權，在限制條例未解除前，亦無從成立信託（本部87年3月31日法87律字第009669號函參照）。準此，農業發展條例第33條既明定私法人不得承受耕地，信託業者自無從受託管理或處分耕地。」

管理處分耕地[56]。

二、不得違反公序良俗

　　按我國民法第72條規定:「法律行為,有背於公共秩序或善良風俗者,無效。」而信託行為既係法律行為的一種,本應受該條的規範。我國信託法第5條第2款規定信託行為的目的,違反公共秩序或善良風俗者無效,乃係重申民法第72條的規定,而僅具宣示性意義,應為相同的解釋。又何謂公序良俗,並無統一性的認定標準,本應依時代變遷、社會思潮、經濟狀況及地區環境等差異,綜合觀察判斷之[57],原則上應就法律行為本身是否違反國家社會一般利益及道德觀念判定之[58]。蓋公序良俗乃規律社會生活之根本原理,不僅應依社會一般觀念認定,尚應與時俱轉,依不同的時空背景論斷法律行為的違法性及社會妥當性。若以受託人管理處分權的範圍為例,因受託人在信託關係成立後,即成為信託財產之名義所有人,而在實質上享有信託財產管理權,並負有依信託目的管理信託財產的義務與責任;且依私法自治原理,信託當事人本得於不違反公序良俗或強行禁止規定下,自由約定管理處分權的內容。因此,受託人的管理處分權,如信託當事人未另有約定,舉凡有關信託財產法律行為、事實行為、

---

[56]　參閱財政部民國90年10月11日台財融字第0090723327號函:「本案經洽據行政院農業委員會表示,農業發展條例第33條明定『私法人不得承受耕地。』所稱『承受』應係指所有權移轉登記而言。而依信託法第1條規定,信託行為之成立要件,需委託人將財產權移轉予信託人,是以私法人既不得承受耕地,似不得依信託法規定受託管理或處分耕地。另經洽法務部意見略同。檢附該二部會來函影本各乙份如附件。」

[57]　參閱施啟揚,民法總則,自版,1984年,頁210。

[58]　參閱最高法院69年台上字第2603號判例:「民法第72條所謂法律行為有背於公共秩序或善良風俗者無效,乃指法律行為本身違反國家社會一般利益及道德觀念而言。本件被上訴人雖違反與某公司所訂煤氣承銷權合約第6條規定,以收取權利金方式頂讓與第三人,但究與國家社會一般利益無關,亦與一般道德觀念無涉,尚不生是否違背公序良俗問題。」

訴訟行為或取得權利負擔義務之行為，均應包括在內[59]。

又例如委託人係以受益人長期不得為競業自由的行為為目的，而設立信託，此時因屬長期限制他人營業自由的行為，對社會的公序良俗恐生不良影響，似應認為該信託行為無效為宜。換言之，如競業禁止期間並非過長，限制範圍或內容合理[60]，且有支付相當對價，解釋上應為有效。

三、禁止訴願及訴訟信託

依我國信託法第5條第3款的規定，信託行為以進行訴願或訴訟為主要目的者，無效。因此，只要信託的主要目的為進行訴願或訴訟，信託即為

---

[59] 參閱最高法院96年度台上字第2530號民事判決。

[60] 參閱最高法院89年度台上字第1906號民事判決：「按受僱人有忠於其職責之義務，於僱用期間若未得僱用人之允許，固不得為自己或第三人辦理同類之營業事務，否則同業競爭之結果，勢必有利自己或第三人，而損害其僱用人（民法第562條參照）；為免受僱人因知悉前僱用人之營業資料而作不公平之競爭，雙方亦得事先約定，於受僱人離職後，在特定期間內不得從事與僱用人相同或類似之行業，以免有不公平之競爭，若此競業禁止之約定期間、內容為合理時，與憲法工作權之保障無違。又按憲法第15條規定，人民之生存權、工作權及財產權應予保障，乃國家對人民而言。人民之工作權並非一種絕對之權利，此觀諸憲法第23條之規定自明。被上訴人惟恐其員工離職後洩漏上訴人商業上秘密、或與被上訴人為不公平之競爭，乃於其員工進入公司任職之初，要求員工書立同意書，約定於離職日起一年半期間不得從事與公司相同或類似產品之產銷行為或提供資料，如有違反應負損害賠償責任。此項競業禁止之約定，附有一年半期間不得從事特定工作上之限制，既出於上訴人之同意，與憲法保障人民工作權之精神並不違背，亦未違反其他強制規定，且與公共秩序無關，其約定應屬有效。」另參閱最高法院75年度台上字第2446號民事判決：「憲法第15條規定，人民之生存權、工作權及財產權應予保障，乃國家對人民而言。又人民之工作權並非一種絕對之權利，此觀諸憲法第23條之規定而自明，上訴人惟恐其員工離職後洩漏其工商業上，製造技術之秘密，乃於其員工進入公司任職之初，要求員工書立切結書，約定於離職日起二年間不得從事與公司同類之廠商工作或提供資料，如有違反應負損害賠償責任。該項競業禁止之約定，附有二年間不得從事工作種類上之限制，既出於被上訴人之同意，與憲法保障人民工作權之精神並不違背，亦未違反其他強制規定，且與公共秩序無關，其約定似非無效。」

無效，惟若信託的主要目的為信託財產的管理或處分，只不過在信託事務的處理上，附帶地為訴願或訴訟行為時，應解為合法有效。問題在於，所謂訴願，係針對行政機關違法或不當的行政處分所為的行政救濟程序，並為我國憲法第16條所保障的基本人權。其目的在於使行政機關能自我糾正，以使其所為的行政處分合法且適當。至於得提起訴願者自行或以信託行為的方式使受託人提起訴願，應皆無礙於行政機關應為合法適當行政處分的義務，故我國信託法第5條第3款一併禁止訴願信託，其理由似不充分。

此外，我國信託法第5條第3款禁止訴訟信託，其立法理由主要在於避免興訟或濫訴，而與信託制度的立意相違背。事實上，訴訟信託所應禁止者，應限於利用訴訟信託以謀求不當利益者，始有禁止的必要。蓋訴訟權為我國憲法第16條所保障的基本人權，國民以訴訟方式實現其權利，本不得因其增加訟源、避免濫訴而否定之，且國民究選擇自己訴訟、委託他人代理訴訟或信託他人代為訴訟，應有其自由決定的權利，因此訴訟信託不宜全面否定之。本文以為，訴訟信託所應禁止者，應限於利用訴訟信託而獲取不當利益者，蓋此等情形不僅會破壞訴訟制度的目的，同時亦有違信託制度的目的，而為一般社會通念所不許。亦即，在適用信託法第5條第3款的規定時，應予以限縮解釋，以避免侵害人民依憲法第16條所得享有的基本人權。例如從信託法第5條第3款的規範目的而言，委託人於將對第三人的債權設定信託給受託人後，受託人基於管理及處分信託財產的必要，自得提起訴訟行為。反之，若委託人甲將其對丙的1,000萬元債權信託給受託人乙，並約定只要能收回債權，則只要交付200萬元給甲，其餘則歸乙所有，此時如乙向丙提起返還1,000萬元的民事訴訟時，丙可抗辯甲乙間的信託行為無效，法院即應為乙敗訴的判決。相反地，如甲乙係約定，如能收回債權，須將900萬元交付給甲，乙只能獲取100萬元的報酬，此時是否有必要依該條項的規定認定為無效，實待商榷。

至於如債權人係以債權讓與或票據背書的方式，將債權讓與他人，而非以信託行為的方式，達成訴訟信託的目的時，解釋上應類推適用我國信

託法第5條第3款的規定，而認為該債權讓與或票據背書的行為無效。蓋所謂訴訟信託，乃指第三人就他人實體法上權利或法律關係，經由權利歸屬主體之授權而被容許以自己名義成為訴訟當事人，就該權利或法律關係有訴訟遂行權，但權利歸屬主體並無將權利讓與該第三人享有之情形而言，此與民法第294條第1項所稱「債權讓與」行為，其意在使受讓人取得並享有讓與之債權不同[61]。相對地，若訴訟標的法律關係的權利未讓與第三人，而基於委任契約委任該第三人起訴或應訴者，該第三人應以委任人名義為訴訟行為，不得以自己名義為之，俾委任人得以權利主體的地位參與訴訟，以保障其權利，並貫徹既判力的主觀範圍，防止非權利人藉委任關係濫行起訴、謀取不法利益，並符信託法第5條第3款禁止訴訟信託的法意[62]。

又信託法第5條第3款所稱的訴訟，應不限於民事訴訟，舉凡透過司法機關以謀求實現權利的司法程序，例如破產的聲請、強制執行的聲請、非訟事件的聲請等，皆應包括在內。惟如係重整債權、清算債權或更生債權的申報，因係透過重整程序或消費者債務清理程序行使權利，而非透過司法機關以實現權利，故應解為不包括在內。

(一) 日本司法實務的認定標準

事實上，究應如何判定信託或債權讓與等行為係以訴願或訴訟為主要目的？實為一困難問題。觀諸日本司法實務對舊「信託法」第11條規定的解釋[63]，大約可歸納出下列判定標準，以判斷是否構成訴訟信託的嫌疑，或是否有將債權讓與等行為解為無效的必要。

1. 委託人與受託人間信賴關係的厚薄

委託人與受託人從未謀面即設立信託（日本鹿屋區判，大正14.10.27）。

---

[61] 參閱臺灣高等法院100年度重上字第489號民事判決。

[62] 參閱最高法院110年度台上字第1685號民事判決。

[63] 日本「信託法」於平成18年（2006年）12月15日修正公布，仍承襲舊「信託法」第11條規定的意旨，而於第10條規定：「信託不得以進行訴訟行為為主要目的。」明文禁止訴訟信託。

蓋信託係建立在信賴關係，委託人與受託人既素昧平生，信賴關係非常淡薄者，即有訴訟信託的嫌疑。

2. 受託人是否以債權催收為業而提起訴訟

如受託人為以債權催收或討債為職業之人（日本大審判，昭和6.12.14），即有構成訴訟信託的高度可能性。應注意者，受託人的職業雖係重要的判斷因素，但並非唯一、絕對的標準[64]。例如律師的助理為受託人時，雖有認定是訴訟信託的判例（日本大審判，昭和4.10.28）；相反地，亦有認定並非當然無效的判例（日本大審判，昭和2.7.27）。因此，仍應從當事人主觀的意圖，而為實質上的判斷始可。

3. 信託成立至提起訴訟的間隔長短

如無正當事由，受託人於成立信託後立即提起訴訟，以追討債務時，因其間隔極短，即有違反禁止訴訟信託規定的嫌疑（日本鹿屋區判，大正14.10.27）；但如有正當事由時，則未違反訴訟信託的禁止規範（日本大審決定，昭和7.5.24）。又依一般情況，在起訴前通常會進行一些訴訟外的追索程序，故如受託人僅對債務人催告三日後即提起訴訟，則有違反訴訟信託的嫌疑（日本大阪區判，昭和9.9.12）。

4. 受託人是否取得社會通念上所不容許的不當利益

例如某工會為處理勞工與公司間的勞資爭議，藉由受讓各個勞工的薪資債權，作為與公司進行爭議行為的戰術，公司則主張該薪資權的讓與構成日本舊「信託法」第11條所禁止的訴訟信託，以資抗辯。日本廣島高等法院曾認為，固然該債權讓與形式上構成訴訟信託，但受讓人係專為讓與人的利益而採取行動，並非為自己的利益；且若為正當權利的行使，亦未違反禁止訴訟信託的規範意旨（日本廣島高裁，昭和28.10.26）。

---

[64] 參閱松本崇、西內彬，信託法・信託業法・兼營法〈特別法コンメンタール〉，第一法規，1977年，頁88。

(二) 我國司法實務的認定標準

雖於日本實務上有諸多司法判例可供佐證，但在適用我國信託法第5條第3款的規定時，宜綜合各種情事，依個案實質加以判斷，始稱允當。茲舉出下列實務案例，以供參考：

1. 有認為當事人是否約定報酬，與是否係為訴訟目的而信託並無絕對關係，如當事人為訴訟目的而信託，即便有約定報酬，依法仍屬無效。例如委託人與受託人於信託契約簽訂後，受託人未及二個月即提起訴訟，而該信託契約期間僅一年六個月，期間僅進行訴訟，而未見受託人有何管理信託財產之行為，即可能構成訴訟信託[65]。

---

[65] 參閱臺灣臺北地方法院96年度簡上字第204號民事判決：「被上訴人與狄〇蘭間之信託契約是否無效：按信託行為，以進行訴願或訴訟為主要目的者，無效。信託法第5條第3款定有明文。查，系爭房屋原為上訴人與狄〇蘭共有，嗣由狄〇蘭將系爭房屋應有部分信託登記予被上訴人，已如前述。而被上訴人與狄〇蘭間之信託契約略載：『為利於財產之產權管理，特訂定本信託契約，其內容如後：…… 二、信託目的：利於信託財產之產權管理，甲方（即狄〇蘭）委託乙方（即被上訴人）辦理相關事宜。…… 四、信託存續期間：(一)自本契約書雙方簽署完成之日起至96年12月22日止。(二)信託期間得經各當事人（甲乙雙方）之共同書面同意而延長或提前終止。五、信託財產執行管理及運用方法：(一)信託財產所生之稅賦與行政規費，由甲方負擔。(二)非經甲方書面指示，乙方不得將信託財產移轉或設定予第三人。六、信託收益計算、分配方法：信託收益須先扣除營業管理費用、稅款、各項債款後，如有剩餘，則交付予委託人（即受益人）。…… 九、受託人之報酬標準、種類、計算方法、支付時期及方法：乙方擔任信託財產之受託人，信託報酬每年以信託財產總值之千分之五計算。…… 十二、其他事項：(一)有關各專案財產之信託移轉登記及信託塗銷登記等作業，甲乙雙方均同意由甲方委託各專案人員辦理，有關費用由甲方負擔。(二)甲方單獨或共同與信託財產各專案關係人所簽訂之各式契約，其權利義務仍由甲方自行負擔履行，其需要乙方配合執行之事項，乙方應配合執行。……』該契約係於95年6月23日簽訂，並於同年月28日辦理登記。被上訴人於95年8月11日即提起本件訴訟，而對上訴人所質疑被上訴人係為提起本件訴訟而信託一節，被上訴人則僅陳稱本件有約定報酬等語置辯。然查，當事人是否約定報酬，與是否係為訴訟目的而信託並無絕對關係，如當事人為訴訟目的而信託，即便有約定報酬，依法仍屬無效。本件參照狄〇蘭與被上訴人於信託契約簽訂

2. 有認為判斷是否應將債權讓與之行為認有訴訟信託之意，而解釋為無效時，可觀讓與人與受讓人間之關係是否淡薄、自讓與後至提起訴訟之時間間隔是否較短等情形[66]。

3. 有認為公司的財務主管，負有討債職務，因公司不希望有訴訟，為了作帳方便把債權讓與給該財務主管，讓與債權的原因是委託該財務主管來當原告，因此其性質上應解為信託讓與[67]。

後未及2月即提起訴訟，而該信託契約期間僅1年6月，期間僅進行本件訴訟，而未見被上訴人提出有何為狄○蘭管理系爭房屋或履行信託契約之相關資料。而此期間雖可再由渠等延長，然仍需渠等書面延長之。另就上訴人主張系爭房屋始終在其管理使用之下，被上訴人並無實際管理行為一節，被上訴人未予爭執，應可認為實在。本院參照上情，堪認上訴人所為上開主張，應屬可取。則狄○蘭既係為訴訟目的而為信託，依前開規定，自屬無效。」

[66] 參閱臺灣臺北地方法院100年度訴字第3440號民事判決：「按所謂訴訟信託（或任意訴訟擔當）乃第三人就他人實體法上權利或法律關係，經由權利歸屬主體之授權而被容許以自己名義成為訴訟當事人，就該權利或法律關係有訴訟遂行權，但權利歸屬主體並無將權利讓與該第三人享有之情形而言，此與民法第259條解除契約返還標的物予出賣人之物權行為，其意在使出賣人取得並享有所有權不同；且依信託法第5條之立法意旨，以訴訟為主要目的而移轉所有權之信託行為，目的在避免非權利人以信託行為規避債務人對真正權利人之抗辯權利，利用司法機關從中謀取不當利益，而違背信託制度之立法原意。而本件原告起訴時系爭土地所有權人仍為訴外人劉○傑，嗣於訴訟繫屬中經被告抗辯始於100年10月21日以信託關係為原因移轉變更為原告，此與原告所稱系爭土地係因訴外人劉○傑解除契約返還土地明顯不符，顯見原告係以訴訟為主要目的而移轉系爭土地所有權，其與訴外人劉○傑間之法律關係為訴訟信託契約所為之信託行為，依信託法第5條第3款當屬無效。」

[67] 參閱臺灣高等法院100年度重上字第489號民事判決：「經查：本件上訴人主張其受讓東遠光電廠對明騰公司及被上訴人之系爭貨款債權，固提出『債權讓與書』一紙為證。惟上訴人自承其係東遠光電廠之財務主管，負有討債職務，因公司不希望有訴訟，為了作帳方便把債權讓與上訴人，受讓債權之原因是委託上訴人來當原告，所以是信託讓與，如果有向被上訴人收取系爭貨款亦會將款項交還東遠光電廠，否則也可將債權還給東遠光電廠等語，足見東遠光電廠簽署前開『債權讓與書』給上訴人，並非欲讓上訴人取得並享有讓與之債權，僅係為使上訴人得充任訴訟當事人無訛，參照前開說明，其二者間之法律關係，應係訴訟信託，而非債權讓與，尚不生債權讓與之效力，即系爭貨款債權縱使存在，上訴人亦未因而取得該權利。」

4. 有認為依信託法第5條第3款的立法意旨，以訴訟為主要目的而移轉所有權的信託行為，目的在避免非權利人以信託行為規避債務人對真正權利人的抗辯權利，利用司法機關從中謀取不當利益，而違背信託制度的立法原意[68]。

應注意者，我國消費者保護法第50條第1項規定：「消費者保護團體對於同一之原因事件，致使眾多消費者受害時，得受讓二十人以上消費者損害賠償請求權後，以自己之名義，提起訴訟。消費者得於言詞辯論終結前，終止讓與損害賠償請求權，並通知法院。」係明文規定消費者得透過將損害賠償請求權讓與給消費者保護團體的方式，達到訴訟信託的目的，以利於消費者以集體訴訟的方式，實現其得對企業經營者行使的救濟，解釋上應認為是我國信託法第5條第3款的例外規定[69]。

---

[68] 參閱臺灣桃園地方法院102年度保險簡上字第5號民事判決：「按『信託行為，有左列各款情形之一者，無效：三、以進行訴願或訴訟為主要目的者』，信託法第5條第3款定有明文。而此訴訟信託乃指第三人就他人實體法上之權利或法律關係，經由權利歸屬主體之授權而被容許以自己名義成為訴訟當事人，就該權利或法律關係有訴訟遂行權，但權利歸屬主體並無將權利讓與該第三人享有之情形而言，此與民法第294條第1項所稱債權讓與行為，其意在使受讓人取得並享有讓與之債權雖有不同，然如以債權讓與之方式，而非以信託行為之方式，欲達成訴訟信託之目的時，解釋上應類推適用上開信託法第5條第3款之規定，而認該債權讓與之行為無效。又判斷是否應將債權讓與之行為認有訴訟信託之意，而解釋為無效時，可觀讓與人與受讓人間之關係是否淡薄、自讓與後至提起訴訟之時間間隔是否較短等情形。」

[69] 又證券投資人及期貨交易人保護法第28條第1項規定：「保護機構為維護公益，於其章程所定目的範圍內，對於造成多數證券投資人或期貨交易人受損害之同一證券、期貨事件，得由二十人以上證券投資人或期貨交易人授與訴訟或仲裁實施權後，以自己之名義，起訴或提付仲裁。證券投資人或期貨交易人得於言詞辯論終結前或詢問終結前，撤回訴訟或仲裁實施權之授與，並通知法院或仲裁庭。」雖使用授與乙詞，而非如消費者保護法使用受讓乙詞，但其規範精神並無二致，而與消費者保護法第50條第1項規定的法理相類似。另外，民事訴訟法於民國92年1月14日修正公布時，固然新增第44條之1規定：「多數有共同利益之人為同一公益社團法人之社員者，於章程所定目的範圍內，得選定該法人為選定人起訴。法人依前項規定為社員提起金錢賠償損害之訴時，如選定人全體以書狀表明願由法院判定被告應給付選定人全體之總額，並就給付總額之分配方法達成協議者，法院得不分別認定被

四、禁止脫法信託

按法律行為違反禁止規定者，有直接違反者，亦有間接違反者，其中以間接違反或以迂迴方式逃避禁止規者，即稱為脫法行為。脫法行為所採取的手段雖係合法，但因其實質上係達成違法的目的，故應認為無效，否則強行規定將變成具文。例如對依我國法律的規定不得享有特定財產權者，以給與信託利益的方式，來達到享有同一財產權的目的，即屬脫法行為。我國信託法第5條第4款規定，信託行為以依法不得受讓特定財產權者為該財產的受益人者，無效，即本於防止脫法行為的意旨。

又所謂依法不得受讓特定財產，係指權利能力受限制而言。例如就本國的自然人而言，於農業發展條例尚未制定以前，原依我國舊土地法第3條（民國89年1月26日修正刪除）的規定，承受私有農地，以具自耕能力者為限，故無自耕能力者，不得為私有農地所有權信託的受益人[70]。至於

告應給付各選定人之數額，而僅就被告應給付選定人全體之總額為裁判。第1項情形準用第42條及第44條之規定。」而由該被選定的法人為其社員（選定人）為一切訴訟行為，但選定人與被選定人間的法律關係，似與消費者保護法第50條第1項所規定的集體訴訟不同。

[70] 參閱最高法院87年度台上字第2870號民事判決：「土地法第3條第1項前段規定：私有農地所有權之移轉，其承受人以能自耕者為限。又信託行為以依法不得受讓特定財產權之人為該財產權之受益人者，無效，為信託法第5條第4款所明定。於信託法公布施行前成立之信託行為，如有該條款所定情形，依上開規定之法理，自難認有效。」另參閱臺灣雲林地方法院90年度重訴字第48號民事判決：「按當事人為迴避強行法規之適用，以迂迴方法達成該強行法規所禁止之相同效果之行為，乃學說上所稱之脫法行為，倘其所迴避之強行法規，係禁止當事人企圖實現一定事實上之效果者，而其行為實質達該效果，違反法律規定之意旨，即非法之所許，自屬無效。查私有農地所有權之移轉，依修正前土地法第3條第1項規定，其承受人以能自耕者為限，旨在防止非農民承受農地，造成土地投機壟斷之情形，故同條第2項明定，違反者，其所有權之移轉無效；是為禁止無自耕能力者承受並享有私有農地所有權之強行規定。又稱信託者，謂委託人將財產權移轉或為其他處分，使受託人依信託本旨，為受益人之利益或為特定之目的，管理或處分信託財產之關係。無自耕能力之人，信託有自耕能力之他人以其名義取得農地所有權，係以迂迴方法逃避土地法第3條第1項強行規定之適用，以達其享有土地所有權之實質目的，依上說明，

在農業發展條例制定以後，私法人除符合第34條規定的農民團體、農業企業機構或農業試驗研究機構經取得許可者外，原則上仍不得承受耕地（農業發展條例第33條），故如未符合上開資格的私法人，亦不得為耕地所有權信託的受益人。又若私法人（委託人）以信託財產購置耕地為信託目的而成立信託，並暫以私法人（委託人）之管理主任委員為本金受益人，且約定如法令變更為該土地使用分區得由私法人承受耕地時，即變更本金受益人為委託人，則該受益人雖為自然人，形式上似無違農業發展條例第33條規定，但究其實質，該受益人乃委託人的管理主任委員，於其職務行使上，與委託人具有不可分的關係，故在效果上誠屬私法人之變形。因此，該信託行為性質上屬為規避上開立法目的所為之脫法行為，實質上已違反信託法第5條第4款規定，應解為無效[71]。

就外國人而言，其權利能力的限制更多，例如我國土地法第17條、水利法第16條、礦業法第5條第1項及第8條第1項、漁業法第5條等，均係對外國人權利能力的限制，故外國人不得為各該規定所定財產權信託的受益人。

五、詐害信託的撤銷

信託行為設定後，信託財產必須自委託人移轉給受託人，並獨立存在，對委託人的債權人而言，乃委託人責任財產的減少，故如委託人的責任財產因而減少至無法履行清償全部債務時，其債權人即有受損害的可能。為防止委託人利用信託的設定進行脫產，致損害其債權人的權利，實有必要對符合一定條件的信託行為，賦予委託人的債權人得行使某種介入權。我國信託法為保護委託人債權人的權利，即設有類似民法第244條的

此脫法行為於法即屬無效。經查，系爭土地之買賣價金既係原告出資，而被告僅為出名登記者，今兩造之承諾書約定，揆諸前開說明既屬無效，顯見被告受有系爭土地之所有權人登記之利益無法律上之原因，則原告據民法第179條之規定請求被告將系爭土地之所有權移轉登記予原告，於法自屬有據。」

[71]　參閱法務部民國94年1月27日法律字第0930050229號函。

規定，而於第6條第1項特別規定：「信託行為有害於委託人之債權人權利者，債權人得聲請法院撤銷之。」就民法上詐害行為的主觀要件加以修正及緩和，而不以委託人於行為時明知並受益人於受益時亦知其情事者為限。

應注意者，信託法第6條固為民法第244條的特別規定，有關詐害信託行為應優先適用信託法的規定，但民法上詐害行為撤銷權的法理，原則上對於詐害信託行為仍具有補充適用的功能。

(一) 債權人行使撤銷權的要件

1. 信託法第 6 條第 1 項的適用要件

依我國信託法第6條第1項的規定，只要債務人所為的信託行為有害於債權者，債權人即得聲請法院撤銷。亦即對於債務人所設立的信託，並不區分委託人及受益人於信託成立時是否明知或可得而知有害及債權，而一律規定如其有害於債權人的債權，債權人皆得聲請法院撤銷之[72]。質言之，信託行為有害於委託人之債權人之權利，不以委託人於行為時明知及受益人於受益時亦知其情事者為限，委託人之債權人即得聲請法院撤銷該信託行為[73]。

所謂債務人所為的信託行為有害債權人之債權，係指減少債務人的一般財產，而致不能滿足債權人，如此債務人之資產狀態，謂之無資力。又

---

[72] 參閱臺灣高等法院高雄分院102年度上字第169號民事判決：「按信託財產既須移轉其權利於受託人而獨立存在，已非委託人之權利，對委託人之債權人而言，委託人之責任財產顯有減少，按諸債務人之財產為全體債權人之總擔保之原則，自可能損害於委託人之債權人，故信託法第6條第1項規定：『信託行為有害於委託人之債權人權利者，債權人得聲請法院撤銷之。』依前開條項規定，只要債務人所為之信託行為有害於債權者，債權人即得聲請法院撤銷。不以委託人於行為時明知並受益人於受益時亦如其情事者為限，以保障委託人之債權人，此觀該條立法理由即明。至『債務人所為之行為有害債權人之債權或權利』，係指減少債務人之一般財產，而致不能滿足債權人之謂。」

[73] 參閱最高法院110年度台上字第1576號民事判決。

何謂無資力，因我民法及信託法並無明文，應解為債務人於從事有害的信託行為時，債務人的其他財產不足滿足一般債權人的事實為必要，對於任何債權不以經強制執行而終未獲滿足為必要，苟有可認為縱為強制執行而難獲滿足的效果時，即得行使之。又有害於債權之事實，須債務人行為與無資力的發生有相當因果關係，債權人行使撤銷權時，必須債務人處於無資力狀態[74]。換言之，必須因委託人的信託行為，而使其債權人的債權陷於清償不能、或困難或遲延之狀態[75]。例如設定有擔保物權的債權，如於債務人設定信託行為時，其擔保物權的價值超過債權金額，則債權已獲得充分保障，委託人的債權人即無庸行使撤銷權，以求保全其債權。

　　又有害於債權的事實，須於行為時存在，且於債權人行使撤銷權時，

---

[74] 參閱臺灣臺南地方法院92年度訴字第2133號民事判決：「次按信託財產既須移轉其權利於受託人而獨立存在，已非委託人之權利，對委託人之債權人而言，委託人之責任財產顯有減少，按諸債務人之財產為全體債權人之總擔保之原則，自可能損害於委託人之債權人，故信託法第6條第1項規定：『信託行為有害於委託人之債權人權利者，債權人得聲請法院撤銷之。』依前開條項規定，只要債務人所為之信託行為有害於債權者，債權人即得聲請法院撤銷。末按所謂債務人所為之行為有害債權人之債權或權利，係指減少債務人之一般財產，而致不能滿足債權人，如此債務人之資產狀態，謂之無資力，如何謂之無資力，因我民法並無明文，通說見解認為於有害行為時，債務人之他財產不足滿足一般債權人之事實為必要，對於任何債權不以經強制執行而終未獲滿足為必要，苟有可認為縱為強制執行而難獲滿足之效果時，即得行使之。又有害於債權之事實，須債務人行為與無資力之發生有相當因果關係，債權人行使撤銷權時，須債務人在無資力之狀態。本件原告所提證據難以證明被告二人間之信託行為係通謀虛偽意思表示而無效，故原告本於民法第87條第1項、第242條規定，先位請求確認被告二人間上開信託關係不存在，及傅姓被告應辦理塗銷系爭土地所有權之移轉登記，為無理由，不應准許。惟連姓被告在借款人未依契約清償債務時，亦未依約履行保證債務，其總財產即為債權人原告之保障，連姓被告於88年將系爭房地信託移轉登記予傅姓被告，即屬有害於債權人即原告之權利，原告依信託法第6條第1項規定即得行使撤銷權，該撤銷權自原告知悉被告間為信託行為時起，尚未逾一年之除斥期間，故原告備位本於信託法第6條第1項、民法第114條第1項規定，請求撤銷被告二人間之信託行為，並請求塗銷被告間就系爭不動產所為信託行為，於法有據，應予准許。」

[75] 參閱臺灣臺南地方法院94年度訴字第115號民事判決。

債務人處於無資力狀態，若債務人於行為時，尚有資力清償債務，縱其結果，致債務人之財產日形減少，仍不得撤銷之[76]。亦即，是否有害於委託人的債權人權利，則以信託行為時定之[77]。因此，若於時間先後上，係債權人先取得對債務人的不當得利債權，債務人始將其房屋辦理信託登記予他人，即債務人為信託登記行為時，債權人已取得對債務人的債權，則法院必須審酌債務人為該信託登記的物權行為時，是否尚有資力清償債務，據以判斷債權人得否依信託法第6條第1項規定，請求撤銷債務人與他人間的信託登記，而不得逕行排除委託人藉成立信託脫產，害及其債權人權益的可能性。

綜上所言，債權人依信託法第6條第1項規定，撤銷債務人所為信託行為者，只須具備下列條件：(1)為債務人所為之信託行為；(2)信託行為成立時存在有害於債權人之事實；(3)債務人已將財產權移轉給受託人或為其他處分；(4)債權人行使撤銷權時，債務人處於無資力狀態。

2. 信託法第 6 條第 1 項與民法第 244 條的異同

按我國民法第244條第1項規定債務人所為之無償行為，有害及債權

---

[76] 參閱臺灣高雄地方法院90年度重訴字第1073號民事判決：「按信託行為有害於委託人之債權人權利者，債權人得聲請法院撤銷之，信託法第6條第1項定有明文。而所謂害於委託人之債權人之權利者，謂因信託行為，致權利不能獲得滿足。換言之，因債務人之信託行為，而使債權陷於清償不能、或困難、或遲延之狀態；次按設定有擔保物權之債權，如其擔保物權之價值超過債權額，則債權已獲得保障，債權人即無庸行使撤銷權，以資保全；又有害於債權之事實，須於行為時存在，且於債權人行使撤銷權時，債務人處於無資力狀態，若債務人於行為時，尚有資力清償債務，縱其結果，致債務人之財產日形減少，仍不得撤銷之。」另參閱臺灣高等法院臺南分院102年度上易字第53號民事判決：「債權人之債權，因債務人之行為，致有履行不能或困難之情形者，即應認有損害於債權人之權利；且債務人之行為有害及債權之事實，必須於行為時存在，倘債務人於行為時仍有足以清償債務之財產，僅因日後之經濟變動，致其財產減少不足清償債務者，尚難認其行為係有害及債權之行為。」

[77] 參閱最高法院110年度台上字第1576號民事判決。

者，債權人得聲請法院撤銷；而同條第2項對於債務人所為的行為係有償行為時，則僅限於須債務人於行為時明知有損害於債權人的權利，且受益人於受益時亦明知其情事者為限，債權人始得聲請法院撤銷之。因此，債權人依民法第244條第1項及第2項規定，撤銷債務人所為之有償或無償行為者，只須具備下列條件：(1)為債務人所為之法律行為；(2)其法律行為有害於債權人；(3)其法律行為係以財產權為目的；(4)如為有償之法律行為，債務人於行為時，明知其行為有害於債權人，受益人於受益時，亦明知其事情。至於債務人之法律行為除有特別規定外，無論為債權行為抑為物權行為，均非所問[78]。

應注意者，於民國88年4月21日修正民法第244條時，認為撤銷權以保障全體債權人之利益為目的，非為確保特定債權而設，故於民法第244條第3項特別增訂債務人之行為非以財產為標的，或僅有害於以給付特定物為標的之債權者，債權人不得行使撤銷權。惟信託法第6條第1項規定係民國85年制定，民法第244條第3項則係於民國88年始增訂，尚難依民法該條項規定之增訂立法理由，推認信託法第6條第1項所定得行使撤銷權之債權人，不包括信託委託人之特定物給付請求之債權人，且自信託法第6條之規範目的以觀，既在防止委託人藉信託行為脫免債權人對其責任財產之強制執行，則特定物給付請求之債權人，為保全將來之強制執行，於委託人已將該特定標的物以信託方式移轉於受託人，且該信託移轉行為有害於委託人債權人之權利，債權人仍得聲請法院撤銷之[79]。例如債權人甲對乙請

---

[78] 參閱最高法院42年台上字第323號判例。

[79] 參閱最高法院109年度台上字第81號民事判決：「按民法第244條第1、2項債權人撤銷權行使之目的，在保全債務人之責任財產，以其全部供債權之共同擔保，俾總債權人得平等受償，是以給付特定物為標的之債權，該債權人無該條所定之撤銷權，觀諸同條第3項之規定自明。又信託法第6條第1項之撤銷權，委託人之債權人請求法院撤銷委託人所為之信託行為，立法目的在防止委託人藉信託登記之行使以達脫免其債權人對其責任財產強制執行之弊端，因而參考民法上開法條第1、2項撤銷權規定而設，觀諸本條立理由即明。惟信託法第6條第1項之規定係85年制定，民法第244條第3項則係於88年始增訂，尚難依民法該條項規定之增訂立法理由，推認信

求移轉A屋所有權登記之債權為特定債權,該特定債權因乙丙間之信託行為而陷於清償不能,無論乙是否另有其他資產,甲之特定債權既已無法實現,乙丙間之信託行為自屬有害於甲之債權,甲得依信託法第6條第1項規定聲請法院撤銷之[80]。由此觀之,信託法第6條與民法第244條的規定內容,顯有不同。

又委託人於移轉財產權給受託人或為其他處分時,受託人僅為信託財產名義上的管理人,即使撤銷信託行為並無害於受託人的利益[81];且受託人取得信託財產並未支付對價,從受託人觀點應為無償行為,無特別保護受託人的必要。

基本上,大陸法系對於有償契約或無償契約的區分,乃是以各當事人

託法第6條第1項所定得行使撤銷權之債權人,不包括信託委託人之特定物給付請求之債權人,且自信託法本條規範目的以觀,既在防止委託人藉信託行為脫免債權人對其責任財產之強制執行,則特定物給付請求之債權人,為保全將來之強制執行,除合於民事訴訟法有關保全程序規定之方法外,於委託人已將該特定標的物以信託方式移轉於受託人,該信託移轉行為有害於委託人債權人之權利,債權人仍得聲請法院撤銷之。該移轉之標的,指得以構成委託人之責任財產言。又所指之債權人包括一般債權人,及對特定標的物有給付請求權者;責任財產,則指凡現為委託人法律上所享有,得充為將來強制執行之財產言。是以信託法本條項之解釋,無論於主觀上(信託法不以委託人於行為時明知並受益人於受益時亦知其情事為限之主觀要件)、適用範圍(信託法有撤銷權之債權人),與民法第244條之撤銷權尚存差異,無從類推適用民法撤銷權之規定。」相對地,司法實務上亦有持不同見解者。參閱最高法院108年度台上字第866號民事判決:「按債權人依照信託法第6條第1項規定行使撤銷權固不以委託人於行為時明知並受益人於受益時亦知其情事者為要件,惟仍應參考民法第244條第1項規定之法理,亦即委託人之財產為其全體債權人之總擔保,撤銷權係以保障全體債權人之利益為目的,非為確保特定債權而設,倘委託人於債之關係成立後,所為之信託行為,致積極的減少財產,或消極的增加債務,而使成立在前之債權不能獲得清償,該債權人方得依信託法第6條第1項規定行使撤銷權。」

80 參閱臺灣高等法院暨所屬法院民國110年11月24日110年法律座談會民事類提案第8號。

81 參閱四宮和夫,信託法(新版),有斐閣,1994年,頁148-149。

是否因給付而取得對價為標準，而有其區分的實益[82]。按雙方當事人如各因給付而取得對待給付者，為有償契約；又如當事人一方只為給付，而未取得對待給付者，為無償契約。至於信託行為在英美信託法上，乃委託人授權受託人管理或處分財產的觀念，且其性質是否為契約亦有爭議，是否必須遵循傳統民法的研究方式，探討其性質究為無償契約或有償契約，誠有商榷的餘地。嚴格而言，依我國現行信託法之規定，信託關係成立後，受託人除對受益人負有公平義務（公平分配信託利益義務）外，並對受益人及委託人負有善管注意義務、分別管理義務、自己管理義務、共同受託人的共同行動義務、書類備置義務（資訊提供義務）及忠實義務等，亦即對於受益人及委託人的給付內容，乃本於上開義務以管理或處分信託財產，故如受託人依信託行為或信託條款的約定，得向受益人、委託人請求報酬時（信託法第38條、第43條），則受託人本於上開義務對信託財產所為管理或處分的給付與受益人、委託人對受託人所為報酬的給付，則似立於對待給付關係，而非完全無成為有償契約的可能。

3. 自益信託是否有信託法第6條的適用？

　　就詐害信託的認定是否應區分自益信託或他益信託而異其判斷標準而言，雖然自益信託的委託人，其本身即為受益人或受益人之一，而享有信託利益，從形式上計算，委託人財產固然並未減少，但事實上，受益人享有信託利益的方式，應依信託條款的內容決定，故是否能因強制執行而順利拍賣受益權，乃至於受益權的拍賣價額是否即等同於信託財產本身，實有疑問。本文以為，判斷是否構成詐害信託行為，主要關鍵應在於委託人於信託成立時，是否因信託設定而陷於無資力，乃事實認定的問題；且信託法第6條並未從形式上區分自益信託或他益信託，而異其判斷標準，故

---

82 參閱王澤鑑，債法原理（一）：基本理論債之發生，自版，1999年10月增訂版，頁153-154。

委託人是否因信託設定而陷於無資力，宜依個案判定之[83]。惟依晚近司法實務的見解，則認為自益信託係以委託人為受益人，在其享有受益權部分，財產並未實質減少，加上受益權之價額，委託人並未陷於無資力，不構成害及債權，委託人之債權人不能依信託法第6條第1項規定，聲請法院撤銷之[84]。

4. 舉證責任的調整

　　為避免舉證上的困難，我國信託法第6條第3項規定：「信託成立後六個月內，委託人或其遺產受破產之宣告者，推定其行為有害及債權。」即明定當委託人或其遺產受破產之宣告時，舉證責任轉換為由委託人或其破產管理人與受託人負擔之。又雖然信託法第6條第3項所規定推定詐害信託的事由僅有破產一項，但解釋上若委託人於信託成立後六個月內，有受開始更生程序、清算程序或重整程序之裁定者，亦應為相同的解釋。應注意者，如為特殊目的信託、不動產投資信託及不動產資產信託等商事信託，因金融資產證券化條例第53條及不動產證券化條例第66條設有排除信託法第6條第3項適用的規定，故即使特殊目的信託、不動產投資信託及不動產資產信託成立後六個月內，創始機構、不動產資產信託或不動產投資信託的委託人受破產的宣告者，則不能推定其行為有害及其債權人的債權。

(二) 債權人行使撤銷權的方式

　　債權人行使其撤銷權時，必須向法院提起形成之訴，其撤銷的客體為信託行為，亦即包括原因行為與處分行為兩者。蓋信託法第6條所規定債權人撤銷權的行使方法，與一般撤銷權不同，一般撤銷權僅依一方之意思表示為之為已足，而信託法第6條所規定的撤銷權，則必須聲請法院撤銷之，性質上為撤銷訴權之一種。撤銷訴權雖亦為實體法上的權利，而非訴

---

[83] 參閱王志誠，信託：私法體系之水上浮油？（下），台灣本土法學，第47期，2003年6月，頁23。

[84] 參閱最高法院102年度台上字第1825號民事判決。

訟法上的權利，然倘非以訴之方法行使，即不生撤銷之效力，在未生撤銷的效力以前，債務人的處分行為尚非當然無效，從而亦不能因債務人的處分具有撤銷原因，即謂已登記與受託人的權利當然應予塗銷。又該形成訴訟的原告固為債權人，但其被告，應視信託行為的型態而定。如係契約信託時，因屬雙方行為，故應以信託當事人雙方為被告；如係遺囑信託或宣言信託，因屬單方行為，則應以遺囑執行人、遺產管理人、繼承人或委託人為被告即可。

應注意者，若信託行為有害於委託人之債權人權利者，其信託財產嗣後雖因法院之拍賣而塗銷信託登記，惟仍應許該債權人行使撤銷權，俾使受託人返還基於信託財產之拍賣而分配取得之價金於委託人，以保全債務人（委託人）之共同擔保[85]。

(三) 債權人行使撤銷權的效果

信託行為如經法院判決撤銷確定後，依我國民法第114條的規定，信託行為中的負擔行為與處分行為均視為自始無效，受託人管理處分信託財產的義務與權限，亦隨之消滅，信託財產的所有權回復為委託人的一般財產，受益人的受益權亦失所依據。但為兼顧受益人的權益，我國信託法第6條第2項規定：「前項撤銷，不影響受益人已取得之利益。但受益人取得之利益未屆清償期或取得利益時明知或可得而知有害及債權者，不在此限。」以保護不知取得利益時有詐害行為存在的善意受益人，使其得繼續享有其既得權，而不必依民法不當得利的規定負返還義務。應注意者，由於委託人可能於信託行為中保留變更受益人或處分受益人權利的權限（信託法第3條），並藉由變更原受益人為其他善意受益人或轉讓受益權於其他善意受益人，以影響委託人的債權人聲請撤銷的實際效果，因此在立法論上，似應限制其變更或轉讓的效力，以資因應。

---

[85] 參閱最高法院103年度台上字第1973號民事判決。

(四) 債權人得行使撤銷權的除斥期間

　　為避免信託當事人及利害關係人間的權利義務關係久懸不決，使其得以早日確定，爰仿造民法第245條規定，而於信託法第7條規定：「前條撤銷權，自債權人知有撤銷原因時起，一年間不行使而消滅。自行為時起逾十年者，亦同。」明定撤銷權的除斥期間。

第四節　信託的公示

　　按我國信託法對信託財產的管理或處分，設有諸多強行規定，以確保信託財產的獨立性及追及性。例如信託法第24條第1項前段規定：「受託人應將信託財產與其自有財產及其他信託財產分別管理。」次於第10條規定：「受託人死亡時，信託財產不屬於其遺產。」另於第11條規定：「受託人破產時，信託財產不屬於其破產財團。」又於第12條第1項前段規定：「對信託財產不得強制執行。」且於第18條第1項前段規定：「受託人違反信託本旨處分信託財產時，受益人得聲請法院撤銷其處分。」舉凡上開規定，均關係到諸多交易第三人的利害，因此我國信託法為保護交易安全與第三人的利益，乃於第4條設計一套「信託公示制度」，以衡平各個利害關係人的法益。

壹、信託公示的方法

　　所謂信託公示，係指於一般財產權變動等的一般公示外，再規定一套足以表明其為信託的特別公示而言。質言之，在制度構造上，可謂其係在一般財產權變動等的公示方法以外，再予以加重其公示的表徵[86]。亦即，就信託財產的移轉而言，具有公示方法的二重性，而與前述信託行為的複

---

[86]　參閱田中實、山田昭，信託法，學陽書房，1989年，頁65-66。

合構造相呼應。至於在實際運作上，此二種公示方法在程序上應合而為一，不宜分別處理。蓋此不光只是實務上的便宜之計，亦是驗證信託行為係由負擔行為與處分行為兩者結合而成的具體表現。

職是之故，假定以不動產為對象設立信託，首先應檢具信託契約辦理不動產的移轉登記，同時以申請移轉登記的同一信託契約，申請本件為信託意旨的登記，始為允當。又依信託業法第20條第1項規定：「信託業之信託財產為應登記之財產者，應依有關規定為信託登記。」故信託業對於應登記的信託財產，負有依法辦理信託登記的義務。且依保險法第138條之2第4項及第5項規定：「保險業辦理保險金信託業務應設置信託專戶，並以信託財產名義表彰。前項信託財產為應登記之財產者，應依有關規定為信託登記。」故保險業對於保險金信託業務時，對於應登記的信託財產，亦負有依法辦理信託登記的義務，併此敘明。

由於信託財產的性質不一，因此其公示方法亦應有所差異，以符實際情況。我國信託法第4條並未就所有的信託財產規定其必須公示，而僅就三種類型的財產權規定其公示方法，茲分別說明如下：

一、以應登記或註冊的財產權為信託者

按我國信託法第4條第1項規定：「以應登記或註冊之財產權為信託者，非經信託登記，不得對抗第三人。」其所謂應登記的財產權，應包括以登記為財產權取得、設定、變更的生效要件者，如不動產物權（民法第758條）；以及以登記為對抗要件者，如海商法上的船舶所有權與船舶抵押權（海商法第9條、第36條）、發明專利權（專利法第59條）、新型專利權（專利法第108條準用第59條）及新式樣專利權（專利法第126條）。又所謂應註冊的財產權，如商標權（商標法第27條、第29條）。

亦即，如以應登記或註冊始生效或發生對抗效力的財產權設立信託時，其不僅應踐行登記或註冊的手續，使該處分行為生效或發生對抗效力，同時尚必須踐行信託登記的程序。其中，如以土地、建物或其他不動產物權為信託財產者，依民法第758條第1項規定：「不動產物權，依法律

行為而取得、設定、喪失及變更者，非經登記，不生效力。」即屬信託法第4條第1項所規定應登記的財產權，自應依法辦理信託登記。亦即，應依土地登記規則第九章的規定（土地登記規則第124條至第133條之1），辦理土地權利的信託登記。至於不動產投資信託，係指依不動產證券化條例之規定，向不特定人募集發行或向特定人私募交付不動產投資信託受益證券，以投資不動產、不動產相關權利、不動產相關有價證券及其他經主管機關核准投資標的而成立之信託（不動產證券化條例第4條第1項第3款）。準此，於不動產投資信託關係中，信託行為係存在於投資人與受託機構之間，信託標的物為資金；受託機構以募集或私募所得之不動產投資信託基金購買不動產者，該不動產物權變動之原因為買賣行為，與信託法第4條第1項規定所稱「以應登記或註冊之財產權為信託者」，尚有不同，從而，亦非屬土地登記規則第124條所稱之「土地權利信託登記」[87]。惟若受託機構運用依不動產證券化條例募集或私募的不動產投資信託基金所購買的不動產，依信託法第9條第2項規定仍屬信託財產，基於公示作用以保障交易安全起見，登記機關應可於土地登記簿其他登記事項欄記明「不動產投資信託基金信託財產」字樣。反之，若為不動產資產信託，指依不動產證券化條例之規定，委託人移轉其不動產或不動產相關權利予受託機構，並由受託機構向不特定人募集發行或向特定人私募交付不動產資產信託受益證券，以表彰受益人對該信託之不動產、不動產相關權利或其所生利益、孳息及其他收益之權利而成立之信託。因此，於不動產資產信託關係中，信託行為係存在於投資人與受託機構之間，信託標的物若為不動產或不動產相關權利，則該不動產物權變動之原因為信託行為，即與信託法第4條第1項規定所稱「以應登記或註冊之財產權為信託者」相當。

應注意者，設立信託登記制度目的在於公示信託主要內容，以保護交易安全，地政機關對信託案件之處理，仍宜審查信託主要條款欄所載內容

---

[87]　參閱法務部民國94年5月17日法律字第0940015215號函。

是否明確及是否符合信託要件，以達設立信託登記制度的目的[88]。

　　發明專利權人以其發明專利權信託，非經向專利專責機關登記，不得對抗第三人（專利法第62條第1項）。具體而言，如以專利權為信託財產，應依專利法施行細則的規定（專利法施行細則第64條），辦理信託權信託登記。亦即，申請專利權信託登記者，應由原專利權人或受託人備具申請書，並檢附下列文件：(一)申請信託登記者，其信託契約或證明文件；(二)信託關係消滅，專利權由委託人取得時，申請信託塗銷登記者，其信託契約或信託關係消滅證明文件；(三)信託關係消滅，專利權歸屬於第三人時，申請信託歸屬登記者，其信託契約或信託歸屬證明文件；(四)申請信託登記其他變更事項者，其變更證明文件。至於專利權簿則應記載委託人、受託人之姓名或名稱及信託、塗銷或歸屬登記之年、月、日（專利法施行細則第82條第10款）。又發明專利、新型專利及設計專利的信託及其他應公告事項，專利專責機關應於專利公報公告之（專利法第84條、第120條、第142條第1項）。

　　又依法務部的解釋，尚主張製版權登記應屬其權利取得之生效要件，故製版權係為信託法第4條第1項所稱應登記或註冊之財產權，而有信託公

---

[88] 參閱法務部民國96年1月2日法律字第0950045474號函：「按信託法第2條規定：『信託，除法律另有規定外，應以契約或遺囑為之。』第4條第1項規定：『以應登記或註冊之財產權為信託者，非經信託登記，不得對抗第三人。』及本部89年8月29日法律字第023878號函：『……「信託登記制度」之設，除為保護信託財產外，旨在使信託主要條款公示周知，俾與之交易之第三人或利害關係人於閱覽時，即知信託當事人、信託目的、受託人權限及信託消滅事由等，而免遭受不測損害（此並無礙於契約自由之原則）……地政機關在受理土地信託登記時，似應審查其信託條款欄所載內容是否明確及是否符合信託登記要件，俾免有藉信託而為脫法之行為者……』準此，信託關係以信託契約之訂立而發生，信託契約如有爭議，固應由當事由循司法途徑解決，惟設立信託登記制度目的在於公示信託主要內容，以保護交易安全，地政機關對信託案件之處理，仍宜審查信託主要條款欄所載內容是否明確及是否符合信託要件，以達設立信託登記制度之目的。至宜否由當事人自行於登記申請記明『本案信託確符信託法相關法令規定辦理』，事涉登記實務，宜請貴部參酌上開說明，本於職權審認之。」

示制度（登記）的必要[89]。

二、以有價證券為信託者

我國信託法第4條第2項規定：「以有價證券為信託者，非依目的事業主管機關規定於證券上或其他表彰權利之文件上載明為信託財產，不得對抗第三人。」而該條項中所謂的有價證券，是指表彰財產權的證券，其權利的行使與移轉，以持有證券為必要者而言。例如股票、公司債券、公債、票據、載貨證券、提單、倉單等，均包括在內。因此，如係以此等有價證券為對象設立信託者，除須先履行有價證券移轉的手續外，尚必須於證券上或其他表彰權利的文件上載明該證券為信託財產，以為公示，始能取得對抗第三人的效力。又依法務部的解釋，即認為信託法第4條第2項及第18條第2項第2款所稱的有價證券，係指記名式有價證券，而不包括無記

---

[89] 參閱法務部民國87年12月8日（87）法律字第037070號函：「二、本部意見如次：(一)查製版權登記應屬其權利取得之生效要件，製版權係為信託法第4條第1項所稱『應登記或註冊之財產權』，而有信託公示制度（登記）之必要，本部87年5月28日法87律字第018439號曾函釋在案。基於信託登記具有公示之性質，並參照貴部訂頒之『土地權利信託登記作業辦法』第4條及第10條規定意旨觀之信託契約似應有必要約定事項之記載。(二)依上所述，貴部來函說明三有關製版權信託登記，為貫徹公示原則，依信託法第1條、第62條之規定，對於『信託之目的』、『信託財產之管理或處分方法』及『信託關係消滅事由』，認為似屬信託契約之必要約定事項。另製版權須辦理信託登記，以具備對抗之要件，是製版權信託登記之申請宜由受託人為之。次依信託法第36條、第45條之規定，認為就該信託登記經核准後所衍生之更正及變更登記，似應由新受託人為之等意見，本部敬表同意。」另參閱法務部民國87年5月28日（87）法律字第018439號函：「二、按信託法第4條第1項所稱『應登記或註冊之財產權』，係指於取得或移轉時，非經登記或註冊，不得對抗第三人或發生權利變動效力之財產權。復依著作權法第79條第1項『……經……依法登記者，製版權人就其版面，專有以影印、印刷或類似方式重製之權利。』之規定，製版權登記似屬其權利取得之生效要件。從而製版權應屬信託法第4條第1項所稱『應登記或註冊之財產權』，而有信託公示制度（登記）之必要。」

名式有價證券，如此在適用上方不致產生障礙[90]。

　　有問題者，如是以上市或上櫃等公開發行公司的股票或公司債為信託財產設定信託時，究應如何辦理過戶，實值重視。依金融監督管理委員會所頒訂的公開發行股票公司股務處理準則第28條有關股票信託過戶的規定，即明定依信託法第4條第2項規定的股票信託，自行辦理過戶者，依下列規定辦理：(一)委託人及受託人應填具過戶申請書及於股票背面簽名或蓋章；受託人自證券集中保管事業領回者，應檢附自該事業領回之證明文件，並由受託人於過戶申請書及股票背面受讓人欄簽名或蓋章；(二)檢附信託契約或遺囑，以及稅務機關有關證明文件，經公司核對相符後，於股東名簿及股票背面分別載明「信託財產」及加註日期；(三)受託人變更者，並應檢附變更事由相關文件辦理名義變更；(四)信託契約明定信託利益之全部或一部之受益人為委託人，於信託關係存續中，變更為非委託人時，應檢附稅務機關有關證明文件；(五)信託關係消滅時，信託財產依法歸屬委託人者，應檢附足資證明信託關係消滅之文件，經公司核對相符後，辦理塗銷信託登記；信託財產歸屬非委託人者，並應加附稅務機關有關證明文件，經公司核對相符後，辦理塗銷信託登記且於股東名簿及股票背面載明日期並加蓋「信託歸屬登記」章；(六)以證券集中保管事業保管之股票為信託標的者，其信託之表示及記載事項，應依有價證券集中保管

---

[90] 參閱法務部民國91年6月21日法律字第0910700299號函：「二、首揭疑義經本部於91年6月13日邀集學者專家及相關目的事業主管機關研商獲致結論略以：(一)信託法第4條第2項宜解釋為各目的事業主管機關得分別以法規命令就其主管之各種有價證券規定信託公示記載方式之授權依據。又上開條文及同法第18條第2項第2款所稱之『有價證券』，係指『記名式有價證券』，不包括『無記名式有價證券』，如此在適用上方不致產生障礙。(二)各目的事業主管機關應即依信託法第4條第2項規定，分別就其主管之各種有價證券儘速規定信託公示之記載方式，俾利信託業務之發展。至是否尚有『無目的事業主管機關之有價證券』，而需法務部本於信託法主管之立場另行規定此類有價證券信託公示之記載方式？請法律事務司另行研究。(三)以有價證券為信託者，如因目的事業主管機關未就該有價證券為信託公示記載方式之規定，致信託當事人間無從依其規定之方式記載或自行為簡單之記載者，宜解為僅得對抗有惡意或重大過失之第三人。」

帳簿劃撥作業辦法規定辦理。

　　相對地，如屬於非公開發行公司所發行的股票，則應依經濟部所發布的非公開發行股票公司股票信託登記準則辦理信託過戶或公示。至於無目的事業主管機關的有價證券，由於信託法並未授權本部統一訂定此類有價證券信託公示之記載方式[91]，解釋上應可比照公開發行股票公司股務處理準則第28條或非公開發行股票公司股票信託登記準則的規定辦理，但為免滋生疑義，自應由法務部擬訂相關規定，以資適用的準繩。至於如以政府公債為信託標的時，究應以何者為信託登記機關，亦值重視。本文以為，理論上應以發行政府公債的中央或地方機關為登記機關，較為允當。應注意者，乃因政府公債一般皆為無記名，且皆以無實體方式發行，故在技術上如何辦理信託公示，則尚費思量[92]。

　　又就營業信託而言，信託業的有價證券交易頻繁，且信託業對信託財產與自有財產負分別管理義務，信託業法第51條並規定其刑事責任，其會計帳務及實體保管均分別為之。因此，若該信託財產係以信託業的信託財產名義表彰，即已對外產生公示效果。其對抗效力的發生，不以於證券或其他表彰權利之文件上載明信託財產為其要件。有鑑於此，我國特別參考日本於平成10年（1998年）修正「信託業法」第10條第1項的立法例[93]，簡

---

[91] 參閱法務部民國91年8月19日法律字第0910031515號函：「關於信託法第4條第2項有價證券信託公示事宜，本部已於91年6月21日以法律字第0910700300號函，請各目的事業主管機關就所主管之各種有價證券儘速訂定信託公示之記載方式，俾利信託業務之發展，此一部分，仍請依上開函意旨辦理。至關於『無目的事業主管機關之有價證券』，信託法並未授權本部統一訂定此類有價證券信託公示之記載方式，故得否由本部本於信託法主管機關之立場而予規定，本部將再行研究。另鑒於信託法自85年間公布施行以來，該法相關條文與信託業法及信託課稅相關規定與實務運作容有扞格或窒礙難行之處，本部刻正辦理修法期前作業意見徵詢，貴部如有修正意見或建議事項，請惠予提供，俾憑研辦。請查照。」

[92] 參閱王志誠，論有價證券信託之發展與課題，集保月刊，第38期，1997年1月，頁14-15。

[93] 應注意者，日本「信託業法」於平成16年（2004年）2月30日修正公布後，有關有價證券信託公示的規定，則係於第3條規定：「信託公司將信託財產所屬之有價證

化有價證券信託的公示方法，排除信託法第4條第2項規定的適用。亦即，信託業法第20條第2項規定：「信託業之信託財產為有價證券，信託業將其自有財產與信託財產分別管理，並以信託財產名義表彰，其以信託財產為交易行為時，得對抗第三人，不適用信託法第四條第二項規定。」又保險法第138條之2第6項規定，亦設有類似規定。亦即，保險金信託的信託財產為有價證券者，保險業設置信託專戶，並以信託財產名義表彰；其以信託財產為交易行為時，得對抗第三人，不適用信託法第4條第2項規定。

三、以股票或公司債為信託者

按股票或公司債乃有價證券的一種，因此如以股票或公司債為信託者，首應踐行我國信託法第4條第2項的公示程序，始能對抗第三人。惟就公司的角度而言，公司法第165條第1項及第260條雖分別就記名股票及公司債的轉讓，規定須將受讓人的姓名或名稱及住所或居所記載於公司股東名簿或公司債存根簿，否則不得以其轉讓對抗公司，但並未要求須將以記名股票或公司債為信託的信託意旨通知公司，因此我國信託法第4條第3項遂規定：「以股票或公司債券為信託者，非經通知發行公司，不得對抗該

券與自有財產之有價證券分別管理者，即生對抗第三人之效力（第1項）。信託公司將信託財產所屬之登錄公司債（指昭和17年第11號法律之公司債登錄法第3條第1項規定登錄之公司債，以及同法第14條準用同法第3條第1項規定之登錄債權。本項以下皆同），以同法第5條規定之移轉登錄及其他內閣府令、法務省令規定之登錄等方法，明示其為信託財產者，於適用同條及信託法（大正11年第62號法律）第3條第1項之規定時，視為已為信託登錄。信託公司違反信託意旨處分該登錄公司債者，該處分相對人及轉得者明知或重大過失不知該處分違反信託意旨時，受益人得撤銷該處分（第2項）。信託公司將信託財產所屬之登錄國債（指明治39年第34號法律之國債法第2條第2項規定登錄之國債。本項以下皆同），以同法第3條規定之移轉登錄及其他內閣府令、財務省令規定之登錄等方法，明示其為信託財產者，於適用信託法第3條第1項之規定時，視為已為信託登錄。信託公司違反信託意旨處分該登錄國債者，該處分相對人及轉得人明知或因重大過失不知該處分違反信託意旨時，受益人得撤銷該處分（第3項）。」

公司。」以使公司知悉何種股票或公司債係信託財產。又該條項既係規定以通知的方式即為已足，因此不必再將信託意旨記載於公司股東名簿或公司債存根簿，即得對抗發行公司。

又既然股票或公司債為有價證券，故依信託業法第20條第2項及保險法第138條之2第6項規定，若信託業或保險業將其自有財產與為信託財產的股票或公司債分別管理，並以信託財產名義表彰，其以股票或公司債為交易行為時，即得對抗第三人，而不適用信託法第4條第2項有關信託公示的規定。

此外，信託業法第20條第3項尚規定：「信託業之信託財產為股票或公司債券，信託業以信託財產名義表彰，並為信託過戶登記者，視為通知發行公司。」以排除信託法第4條第3項規定的適用，庶免適用公司法第165條第1項及第260條有關記名股票及公司債的轉讓應辦理股東名簿或公司債存根簿變更記載，否則不得對抗發行公司的規定。

四、以無法定公示方法的財產權為信託者

如係以應登記或註冊的財產權及有價證券以外的其他財產權為信託者，因我國信託法並未規定其公示方法，因此如以此類財產權為對象設立信託，是否亦得對抗第三人？誠有疑問[94]。例如以動產或金錢為信託財產而設立信託，此時因無法定的公示方法，則其究否可據以對抗第三人？實值深論。

本文認為，依我國信託法第18條第1項及同條第2項第3款的規定，如信託財產係屬無法定公示方法的財產權，則受託人違反信託本旨處分信託財產時，須相對人及轉得人明知或因重大過失不知受託人的處分違反信託

---

[94] 關於以無法定公示方法的財產權為信託者，是否得對抗第三人，在日本有肯定說（積極說）與否定說（消極說）的爭論，目前係以肯定說為通說。四宮和夫，信託法（新版），有斐閣，1994年，頁169；田中實、山田昭，信託法，學陽書房，1989年，頁68。

本旨者，受益人始得行使撤銷權，以聲請法院撤銷受託人的處分。由此可知，如第三人係善意或無重大過失時，則受益人不得以該財產為信託財產對抗該第三人，而不得行使信託法第18條第1項所規定的撤銷權。

至於受益人得否以無法定公示方法的信託財產對抗受託人個人或其他惡意債權人？本文認為，如依我國信託法第11條及第12條的文義解釋，應持肯定見解，較為妥適。蓋信託法第12條第1項既已明定對信託財產不得強制執行，且信託法第11條並明定受託人破產時，信託財產不屬於受託人的破產財團，故如受益人能舉證受託人名下的某特定財產為信託財產或其他債權人為惡意時，自應許其得對抗受託人個人或其他惡意債權人，以免對受益人之權益過於不利，有違利益衡平的法理。

應注意者，如就金錢信託，受託人設有所謂的信託專戶；或係就動產設備信託，在該動產設備上標示或烙印「信託財產——委託人○○○」字樣，似可增加辨明是否為信託財產的可能性或容易度，對避免紛爭的發生而言，或有所助益。

貳、信託公示的效力

對於有公示必要的信託財產，如未履行公示的方法，即不得以信託對抗第三人。蓋就委託人與受託人的內部關係言，受託人固應受委託人所授與權利範圍之限制，但因信託關係既係因委託人信賴受託人代其行使財產的管理權或處分權而成立，如為未經登記或公示的信託，僅具有內部效力，不得對抗善意第三人，以確保交易安全。申言之，委託人依信託契約，將信託財產的所有權登記為受託人所有後，該信託財產的法律上所有人即為受託人，而非委託人，且受託人即負有依信託目的管理信託財產的義務與責任。至於受託人與委託人內部分擔關係的約定，雖不得對抗善意第三人，但並不影響受託人登記為信託物所有人的對外公示效力[95]。

---

[95] 參閱臺灣高等法院108年度上字第941號民事判決。

　　所謂對抗，係指如信託財產的權利關係發生糾紛時，如信託具備公示要件，則信託關係人對於第三人得主張信託關係存在；相反地，如信託不具備公示要件，信託關係人就不得對於第三人主張信託關係存在。具體而言，如以不動產、專利權等應登記或註冊之財產權為信託者，非經信託登記，不得對抗第三人（信託法第4條第1項）。此外，如以有價證券為信託者，非依目的事業主管機關規定於證券上或其他表彰權利之文件上載明為信託財產，不得對抗第三人（信託法第4條第2項）。由此可知，信託財產如經信託登記、註冊或經表彰為信託財產者，即得據以對抗第三人，而取得對世效力。此外，如以股票或公司債券為信託者，尚應通知發行公司，否則不得對抗該公司（信託法第4條第3項）。相反地，如以有價證券為信託者，而因目的事業主管機關未就該有價證券為信託公示記載方式之規定，致信託當事人間無從依其規定之方式記載或自行為簡單之記載者，宜解為僅得對抗有惡意或重大過失之第三人[96]，而不得對抗善意第三人。

　　應注意者，基於實質課稅原則，如信託財產為不動產，而未辦理信託登記時，鑒於稅捐稽徵機關就登記為被繼承人名下的土地核課稅捐，乃在行使稅捐稽徵之職權，並非取得土地權利，不能以形式上的登記內容作為認定權利歸屬之依據。質言之，稅捐稽徵機關不得以該不動產未經信託登記，即認為該不動產信託不得對抗稅捐稽徵機關，逕依土地法第43條規

---

[96] 參閱法務部民國91年6月21日法律字第0910700299號函：「二、首揭疑義經本部於91年6月13日邀集學者專家及相關目的事業主管機關研商獲致結論略以：(一)信託法第4條第2項宜解釋為各目的事業主管機關得分別以法規命令就其主管之各種有價證券規定信託公示記載方式之授權依據。又上開條文及同法第18條第2項第2款所稱之『有價證券』，係指『記名式有價證券』，不包括『無記名式有價證券』，如此在適用上方不致產生障礙。(二)各目的事業主管機關應即依信託法第4條第2項規定，分別就其主管之各種有價證券儘速規定信託公示之記載方式，俾利信託業務之發展。至是否尚有『無目的事業主管機關之有價證券』，而需法務部本於信託法主管之立場另行規定此類有價證券信託公示之記載方式？請法律事務司另行研究。(三)以有價證券為信託者，如因目的事業主管機關未就該有價證券為信託公示記載方式之規定，致信託當事人間無從依其規定之方式記載或自行為簡單之記載者，宜解為僅得對抗有惡意或重大過失之第三人。」

定：「依本法所為之登記，有絕對效力。」以不動產之形式上登記內容作為認定該不動產之權利歸屬[97]。

---

[97] 參閱最高行政法院91年度判字第1633號判決：「但查土地法第43條規定：『依本法所為之登記，有絕對效力』，係為保護因信賴登記取得土地權利之第三人而設。稽徵機關就登記為被繼承人名下之土地核課遺產稅，乃在行使稅捐稽徵之職權，並非在於取得土地權利，不能主張依該條規定登記之絕對效力，以形式上之登記內容作為認定該土地為遺產之根據。基於核實課稅及公平課稅之原則，繼承人如能證明以其被繼承人名義登記之土地，實質上非屬於其被繼承人所有之財產者，稽徵機關不得猶依登記之形式認作遺產而併課遺產稅。85年1月26日制定公布信託法第10條規定，受託人死亡時，信託財產（受託人因信託行為取得之財產權）不屬於其遺產，即此之故。信託法制定前成立之信託關係，基於相同之法律上理由，亦應如是。系爭土地於上訴人之被繼承人韓○平死亡時，登記在韓○平名下，為原審確定之事實。原審未經詳查上訴人主張系爭土地有韓○平之兄弟姊妹八人信託登記部分之事實是否為真，僅因系爭土地在土地登記簿上登記為韓○平所有，即認於韓○平死亡時，由上訴人繼承而屬於上訴人所有，於回復登記為韓○平之兄弟姊妹各委託人所有以前，被上訴人據登記形式，將系爭土地認作韓○平之遺產而併課遺產稅，為無不合等等，按諸前述說明，其法律上之見解，尚有未洽。」相反地，高雄高等行政法院89年度訴字第261號判決則認為：「所謂信託，乃委託人為自己或第三人之利益，以一定財產為信託財產，將其移轉於受託人，使其成為權利人，以達到當事人間一定目的之法律行為而言。又信託人依信託契約將信託物之所有權移轉登記為受託人所有後，該信託物之法律上所有人即為受託人而非信託人。再者，信託契約之成立以當事人相互間之信用為基礎，雖信託關係因受託人死亡而消滅，則受託人之繼承人固負有返還信託物予信託人之義務，然在未將信託物回復登記為委託人名義所有以前，該信託物仍應屬受託人之繼承人所有，此為實務上向來之見解。茲查本件系爭土地於韓○平生前既登記為其所有，縱認原告之主張屬實，即系爭土地於韓○平之先父韓○泉逝世後，韓○平與其兄弟姐妹九人基於手足之情而將該土地信託登記在韓○平名下，然韓○平死亡後，該系爭土地即應由原告繼承，惟原告在未將系爭土地回復登記為韓○平之其餘兄弟姊妹等委託人以前，該系爭土地仍應屬原告所有，韓○平之其餘兄弟姐妹尚不得對該信託登記之系爭土地直接行使物權法上之權利。準此，被告原核定以系爭土地於土地謄本上登記為韓○平名義而為形式審查，並據此作為認定所有權人之基礎，而將系爭土地全部併入被繼承人韓○平之遺產總額，並以此對原告核課遺產稅，洵無不合。」即採取與最高行政法院不同的見解。又參閱臺中高等行政法院91年度訴字第7號判決：「於信託法施行後，依該法第4條第1項規定，不動產之信託，非經信託登記，不得對抗第三人，是如未為信託

　　至於在信託關係人間，縱然信託未經公示，只要為信託標的物的財產權移轉或其他處分有效，信託財產的受讓人當然可主張其為受託人。職此之故，對抗效力所及的第三人應限於信託關係人以外者，而不包括委託人、受託人、受益人、信託監察人及信託當事人的繼承人在內。

登記，自不得於稽徵機關課徵贈與稅時，主張其係基於信託所為，而非贈與行為。」亦採取與最高行政法院不同的見解。

第四章　信託財產

第一節　信託財產的概念

壹、信託財產的意義

　　所謂信託財產，依我國信託法第9條第1項規定的立法解釋，係指「受託人因信託行為取得之財產權」。由此可知，得為信託財產者，係以財產權為限。又所謂財產權，依一般的解釋，係指包括金錢及可依金錢計算價值的權利在內[1]，諸如動產、不動產、股票、公司債、有價證券、銀行定存單、現金等具有財產價值的權利固屬之，其他如屬於準物權的礦業權、漁業權，以及屬於無體財產權的著作權、專利權、商標權、營業秘密及積體電路電路布局權等，亦包括在內。又未經保存登記之不動產或違章建築物既均得為交易之標的並取得其處分權，自亦得為信託財產[2]。至於一般所謂的人格權，例如身分權、名譽權及姓名權等，因其性質為一身專屬權，且難以論斷其財產價值，故不能成為信託財產。應注意者，依法務部的解釋，即認為信託財產具有其獨立性，名義上雖屬受託人所有，但並非

---

[1]　參閱法務部民國92年9月25日法律字第0920037183號函：「二、信託係以使他人管理或處分財產為目的，其成立必要一定財產權之存在為前提；所稱財產權，包括金錢及其他可依金錢計算價值之權利在內。委託人以金錢為信託財產設立信託者，須將該金錢交付受託人，由受託人依信託本旨為管理或運用；其因管理或運用取得之財產，仍屬信託財產（信託法第9條第2項規定參照），而該取得之財產權為不動產者須依法為信託之登記，始得以其信託對抗第三人，合先敘明。」

[2]　參閱最高法院92年度台上字第1594號民事判決：「信託乃委託人為自己或第三人之利益，將信託財產移轉於受託人，由受託人管理或處分，以達成一定經濟上或社會上之目的之行為，於信託關係消滅後，受託人始負返還信託財產與信託人之義務。此項信託之財產，不以經登記之不動產為限，未經保存登記之不動產或違章建築物既均得為交易之標的並取得其處分權，自亦得為信託財產，由原取得人或取得處分權之人與受託人成立信託關係。」

受託人的自有財產，而係與受託人的自有財產分別獨立，且受託人須依信託本旨管理或處分信託財產，故受託人似不宜自為委託人而將信託財產之全部或一部再設定信託[3]。亦即，依法務部的解釋，似不承認二重信託的

---

[3]　參閱法務部民國90年11月26日（90）法律字第000727號函：「二、按信託法第1條規定：『稱信託者，謂委託人將財產權移轉或為其他處分，使受託人依信託本旨，為受益人之利益或為特定之目的，管理或處分信託財產之關係。』信託係以當事人間之信賴關係為基礎，受託人既基於信賴關係管理他人之財產，自須依信託行為所定意旨，積極實現信託之目的（信託法第22條立法理由一參照）。是以，依信託法第1條及第22條規定，受託人須依信託本旨管理或處分信託財產，並須以善良管理人之注意處理信託事務，故消極信託並非我國信託法所認定之信託，前經本部88年6月17日法88律字第021755號函釋在案。本件原信託財產之受託人王○進自為委託人，將信託財產信託給○○區中小企業銀行股份有限公司，則原受託人王○進實際上就信託財產已無管理權限，依上開說明，即屬消極信託，且非為我國信託法所認定之信託。三、至信託法第25條規定：『受託人應親自處理事務。但信託行為另有訂定或有不得已之事由者，得使第三人代為處理。』查其立法意旨，係指受託人無法親自處理信託事務，而於信託行為另有訂定或有不得已之事由時，例外得使第三人代為處理信託事務，受託人與第三人間並未有財產權之移轉。準此，信託法第25條尚不得解釋為受託人得自為委託人就原信託財產再為信託之依據。併予敘明。」另參閱法務部民國88年6月17日（88）法律字第021755號函：「二、本部意見如次：(一)按信託法（以下簡稱本法）第1條規定：『稱信託者，謂委託人將財產權移轉或為其他處分，使受託人依信託本旨，為受益人之利益或為特定之目的，管理或處分信託財產之關係。』信託係以當事人間之信賴關係為基礎，乃委託人、受託人與受益人間所存在之一種以財產權為中心之法律關係（本法第1條立法理由一參照）。受託人既基於信賴關係管理他人之財產，自須依信託行為所定意旨，積極實現信託之目的（本法第22條立法理由一參照）。依本法第1條及第22條規定，受託人須依信託本旨管理或處分信託財產，並須以善良管理人之注意處理信託事務，故消極信託並非我國信託法所認定之信託。準此，以清償債務為目的所為之消極信託，似非本法之所許，合先敘明。(二)次按，信託財產有其獨立性，名義上雖屬受託人所有，惟並非其自有財產，係與受託人之自有財產分別獨立（本法第10條、第11條立法理由一參照），且受託人須依信託本旨管理或處分信託財產，故受託人似不宜自為委託人而將受託財產之全部或一部再為信託。(三)再按，本法第34條前段規定：『受託人不得以任何名義，享有信託利益。』受託人為負有依信託本旨，管理或處分信託財產義務之人；受益人為享有信託利益之人，如受託人兼為同一受託利益之受益人，則其應負之管理義務將與受益權混為一體，易使受託人為自己之利

有效性。

　　此外，得為信託財產者，應限於積極財產，如以債務等消極財產設定的信託，受益人不但無收益可言，反而因信託關係而負擔債務，有違信託制度本來的意旨，應認為無效。但如係其財產權上所設定的擔保物權或法定負擔，則不在此限。至於如同時以積極財產及消極財產設定信託，其可否為信託財產？誠有疑問。有學者認為，如將包括積極財產與消極財產的概括財產設定信託，應解為無效[4]。反之，亦有學者認為，若同時將積極財產與消極財產設定信託，而積極財產的價值超過消極財產時，應解為有效[5]。本文以為，若同時將積極財產與消極財產設定信託，並非當然無效。例如若積極財產的價值超過消極財產時應為有效；至於若積極財產的價值低於消極財產時，應解為僅以消極財產設定信託的部分無效，而以積極財產所設定的信託仍為有效。但如依當事人的意思，該積極財產與消極財產具有不可分的關係時，即應解為全部無效[6]。

　　又信託行為既為法律行為的一種，故為信託標的物的財產權必須可能、確定、合法，而以具有存在可能性及特定可能性為必要。因此，如屬抽象的利益，例如商譽、事業經營控制權、主顧客等營業上的利益，因非可能確定的獨立財產，尚難成為信託財產。應注意者，如為將來債權，因金融資產證券化條例施行細則第2條規定：「本條例第四條第一項第二款所定資產，包括創始機構與債務人簽訂契約約定，於該契約所定條件成就

益而為違背信託本旨之行為，故原則上，受託人不得兼為受益人，更不得假管理或處分財產之便，以任何名義享有信託利益（本法第34條立法理由一參照）。(四)綜上所述，本件受託人以部分信託土地再辦理信託登記，宜請貴部參酌前述意見審酌之。另依本法規定及信託法理，委託人將其財產權移轉，涉及贈與稅、土地增值稅或契稅等稅捐之課徵（本法總說明參照），宜請一併注意有關稅法之規定，併此敘明。」

4　參閱四宮和夫，信託法（新版），有斐閣，1994年，頁132-133。
5　參閱新井誠，信託法（第3版），有斐閣，2008年，頁246-247。
6　參閱松本崇、西內彬，信託法・信託業法・兼營法〈特別法コンメンタール〉，第一法規，1977年，頁12。

時，得向債務人請求金錢給付之將來債權。依促進民間參與公共建設法參與公共建設興建營運，民間機構於營運期間依投資契約取得公共建設營運收入之金錢債權辦理證券化者，得不受前項創始機構與債務人簽訂契約約定之限制。」因此，將來之金錢債權亦得成為特殊目的信託的信託財產。

　　綜上所言，得成為信託財產的財產權，似應具備得以金錢計算價值、積極財產性、移轉或處分的可能性及存在或特定的可能性等四項要件。

貳、表決權信託與有價證券信託

　　表決權信託與有價證券信託並不相同。蓋表決權信託，委託人雖亦將其股份的名義所有權移轉給受託人，但其主要目的僅在於使受託人得依該表決權信託契約所約定的方式行使表決權，而委託人仍可取得股息紅利的分派或剩餘財產的分配，享有股份的實質經濟利益；相對地，所謂有價證券信託，是指以有價證券為信託財產而設定之信託。其特點在於信託設定時，委託人所交付的信託財產須為有價證券，至於信託成立後，則未必應保持有價證券的形式。

一、表決權信託的性質及效力

(一) 美國法

　　美國所盛行的「表決權信託」（voting trust），在我國是否亦得解為有效？所謂的表決權信託，並非僅以表決權為標的物所設立的信託，而是以移轉股份為手段所設立的信託，其目的則在於統一行使表決權[7]。質言之，所謂表決權信託，乃信託的一種類型，其通常是由一人或二人以上的公司股東或表決權信託的委託人，將其股份的名義所有權（legal title）移轉給受託人，使受託人得依該表決權信託契約所約定的方式行使表決權；

---

[7]　參閱吉本健一，議決權信託に關する若干の法的問題點，阪大法學，第95號，1975年8月，頁69。

委託人則以該可轉讓的表決權信託憑證（voting trust certificates）證明其為該股份的實質所有權人（the beneficial or equitable owners of the shares），而仍可獲得該股份之實質權益（the beneficial interests in the shares），例如股息紅利的分派或剩餘財產的分配。另外，在公開發行公司的實務上，公司股東亦得藉由成立表決權信託，以促使金融中介機構等債權人，願意繼續提供資金貸與公司，尤其是公司遭遇財務問題時，因慮及可能無法回收其投資，故債權人通常不願再放款給公司，除非其對公司的經營管理取得相當程度之控制權[8]。換言之，公司為募集足夠的資金以維持公司營運，因此由股東移轉公司股份與債權人，並設定表決權信託，使提供資金給公司的債權人成為受託人，而得行使該股份的表決權，藉以參與公司的經營，直至公司業務經營轉趨穩定而清償債務為止。應注意者，美國1999年的「模範商業公司法」第7.30條並創設表決權信託，而規定其成立的基本要件如下：1.該表決權信託契約需以書面為之；2.該表決權信託契約的存續期間最長為十年，且在其存續期間內不得撤回信託；3.表決權信託的受託人應備妥載明此信託中具有實質所有權的受益人名單，並將該名單及契約複本送交公司主事務所，以供任何股東或信託憑證持有人查閱[9]。應注意者，美國「模範商業公司法」第7.30條於2016年修正後，其主要內容已變更如下：「(a)一名或一名以上股東得藉由簽署具信託條款之契約（契約中得包括任何與信託目的相符之約定），並將股份移轉予受託人，成立表決權信託，以賦予受託人投票或為其他行為之權限。簽署表決權信託契約時，受託人應準備一個清單記載所有信託受益人之姓名、住址、交付信託之股份種類與數量，並將該清單及契約之複本提交予公司主要營業所。(b)表決權信託於第一批信託股份登記於受託人名下時開始生效。(c)表決權信託之期限若設有限制，應在表決權信託中規定。本法規定表決權信託受有本條十年有效期間限制時已生效之表決權信託，仍受其拘

8　*See* Robert Charles Clark, Corporate Law 777 (Little, Brown and Company, 1986).

9　*See* Revised Model Business Corporation Act §7.30 (1999).

束，除非表決權信託經表決權信託全體當事人同意修正。」[10]因此，已廢止表決權信託之有效期間原則上不得超過十年之限制。

(二) 日本法

日本「會社法」雖未明文承認表決權信託制度，但有學者認為，雖然日本「會社法」第310條第2項是基於行使表決權的代理權限，經常遭公司派濫用而成為控制公司經營權的手段，而特設嚴格規範，但其規範效力並無當然及於表決權信託的理由，故以行使表決權為目的，並以轉讓股份為手段所設立的信託，並非「會社法」第310條第2項的脫法行為，應解為有效[11]。至於日本早期司法實務的見解則認為，如表決權信託是用以不當限制小股東或社員的表決權，依日本舊「商法」第239條第3項的規範精神，應認為無效[12]。

(三) 我國法

在我國信託法下，既然得以股份為信託財產而設立信託，因此如係以移轉股份為手段而設立表決權信託，雖其信託目的在於表決權的行使，苟其未違反公序良俗，應解為有效[13]。至於如單純以表決權為標的物而設立信託，因我國公司法第177條第1項業已明定股東得出具公司印發的委託書載明授權範圍，以委託代理人出席股東會，且表決權雖為股東的固有權及共益權，但其性質上並非財產權，因此單純以表決權本身為標的物設立信託，非僅無其實益，亦有違信託制度的意旨，應解為無效。

應注意者，我國於2002年2月6日制定公布的企業併購法，同時引進美國表決權契約（企業併購法第10條第1項）及表決權信託（企業併購法第

---

[10] *See* Revised Model Business Corporation Act §7.30 (2016).

[11] 參閱江頭憲治郎，株式會社法，有斐閣，2006年12月，頁310；鈴木竹雄，議決權信託の效力，收錄於氏著，商法研究III，有斐閣，1971年，頁102。

[12] 參閱大阪高決，昭和58.10.27，高民第36卷第3號，頁250；大阪高決昭和60.4.16，判例タインズ，第561號，頁159。

[13] 參閱四宮和夫，信託法（新版），有斐閣，1994年，頁133。

10條第2項、第3項）的法制，實為企業法制的一大改革。觀諸企業併購法第10條的規範內容，顯然過於簡化，而有美中不足之處。

首先，就企業併購法第10條的適用範圍而言，依其法條的文義，似僅限於「公司進行併購時」始有適用的餘地。然而在公司實務運作上，通常均於實際併購交易前，即計畫進行企業併購的預備階段，持股未過半數的股東即可透過表決權契約，一致行使其股東表決權，以強化其參與公司經營的影響力，此時是否仍有該條的適用，誠有疑義。

其次，如最後企業併購無法完成或交易條件無法成就時，則為進行企業併購所簽訂的表決權契約，是否仍然有效，亦不無疑義。從體系解釋的觀點而論，由於企業併購法係基於便利企業進行併購，為排除公司法及證券交易法等各種法律而制定的特別法，解釋上自應受其特定立法目的所拘束，而不宜做過度擴張解釋，惟就其規範目的而言，鑑於其立法目的在於「鼓勵公司或股東間成立策略聯盟或進行併購，並穩定公司決策」[14]，因此其適用範圍應為擴張解釋，而及於所有與進行企併購有關的行為[15]。

事實上，我國企業併購法第10條第2項及第3項所規定的表決權信託者，乃源於美國表決權信託的概念，性質上為信託行為。因此，股東成立表決權信託時，必須將其股份移轉與受託人。相反地，我國現行公司法及證券交易法所規定的委託書制度（公司法第177條、證券交易法第25條之1），則係由受任人代理行使委任人所持股份的表決權，性質上屬於代理行為（民法第103條），並無股份所有權的移轉，二者顯屬不同的法律制度。職是之故，企業併購法所規範的表決權信託，應無公司法第177條的適用；且解釋上受託人應依表決權信託的約定內容行使表決權，應不限於

---

[14] 參閱經濟部商業司，企業併購法第10條之立法說明，2002年2月。

[15] 有學者認為，為使本條規定能達到其立法理由所期望之功能，應以目的性解釋，將其適用範圍擴張，只要公司有併購計畫，或董事會已決議通過併購，具有進行併購之外觀，即得援用該條之規定。參閱王文宇，企業併購法總評，月旦法學雜誌，第83期，2004年4月，頁82；王文宇，表決權契約與表決權信託，法令月刊，第53期，2002年2月，頁38。

僅及於一次企業併購行為的表決[16]。表決權契約及表決權信託雖可能有助
於企業併購的進行，但在實務運用上，應不宜僅限於企業併購始得利用，
故立法論上，應將表決權契約與表決權信託規定於公司法中，符合立法體
系的正軌，並減少解釋適用上的疑義。此外，企業併購法並未針對表決權
契約的成立要件、公示要件、效力及變更程序等事項詳為規定，致使該條
於實際適用時，難免產生爭議。按表決權契約性質上為股東書面協議的一
種類型，因此在立法論上，美國「模範商業公司法」的立法例具有參考
價值[17]，宜於公司法中明定表決權契約的成立要件、公示要件及效力等事

---

[16] 有學者認為，公司法第177條第1項要求股東會之代理出席，應就每次股東會分別為
之，而企業併購法第10條第2項所規定之表決權信託，並未排除該條規定之適用。
因此，此處之表決權信託，不僅僅限於併購行為時，尚僅能就一次併購行為進行表
決，如大規模企業因混合運用合併、股份轉換或分割等二項以上機制，而有必要召
開二次以上股東會進行表決時，即需成立二次以上之表決權信託。參閱黃銘傑，企
業併購法之檢討與省思（下），月旦法學雜誌，第97期，2003年6月，頁214。

[17] 1984年美國法曹協會（American Bar Association）於模範商業公司法（Revised
Model Business Corporation Law）中將表決權契約另行立法，而與表決權信託相區
別，並明文賦予其執行力。此外，美國法曹協會並於模範法定閉鎖公司法補編
（Statutory Close Corporation Supplement）中，承認閉鎖性公司得以股東協議授權
董事以委託書投票或賦予其經加權之表決權（weighted voting rights）。*See* Revised
Model Business Corporation Act, section 7.31 (1999).按模範商業公司法第7.31條規
定：「(a)二或二以上之股東得簽署表決權契約，以約定其股份表決權之行使方
式。依本條所簽署之表決權契約不受本法第7.30條之規範。(b)依本條所簽署之表決
權契約具有特別地執行力（即具有對物之執行力）。」應注意者，模範商業公司法
於1999年修正，於就股東協議（shareholder agreements）增設第7.32條之同時，尚
一併於第7.32條第(a)項第(4)款將表決權契約納入股東協議之約定事項中。亦即，
1999年「模範商業公司法」第7.32條不僅擴大列舉股東書面協議之類型，並承認表
決權拘束契約及股份轉讓限制協議之效力，且更詳細規定股東書面協議之公示方
法、有效期限及效力。*See* Revised Model Business Corporation Act, section 7.32
(1999).其後「模範商業公司法」於2016年修正時，不僅刪除第7.32條第(b)項第(3)款
有關股東書面協議十年有效期間之限制，並刪除第7.32條第(d)項有關股東書面協
議於公司公開發行後失效之規定。*See* Revised Model Business Corporation Act,
section 7.32 (2016).

項，始為妥適。此外，企業併購法雖對表決權信託的成立要件及對抗要件設有規定，但並未設有存續期間的限制，故在立法論上，是否宜參考美國1999年「模範商業公司法」第7.30條及德拉瓦州「一般公司法」第218條的立法例[18]，於公司法中加以適度限制[19]；抑或宜參考美國「模範商業公司法」第7.30條於2016年修正時，廢止表決權信託有效期間的限制規定，實屬政策選擇的問題。

其後，我國公司法於2015年7月1日修正時，為使閉鎖性股份有限公司之股東得以協議或信託之方式，匯聚具有相同理念之少數股東，以共同行使表決權方式，達到所需要之表決權數，鞏固經營團隊在公司之主導權，參照企業併購法第10條第1項及第2項規定，於公司法第356條之9第1項明定閉鎖性股份有限公司股東得訂立表決權拘束契約及表決權信託契約。但

---

[18] *See* Delaware General Corporation Law, section 218(a), (b) (2003).按德拉瓦州一般公司法第218條第(a)項及第(b)項之中文譯文為：「(a)一或二個以上之股東得以書面協議約定，為了將行使表決權之權利移轉與特定之個人或公司，將原始發行之股票寄存或移轉予被授權為受託人之個人或公司，使得該受託人得於約定之期限內，依據協議之約定行使表決權。此協議中得包含其他非與此目的之相違之合法條款（lawful provisions not inconsistent with such purpose）。將協議複本歸檔登記於公司之州主管機關後，應將該複本於每日之營業時間公開供該公司之股東及該信託之受益人查閱，任何移轉予受託人之股票或無實體證券應與回收並註銷（surrendered and cancelled），另發行新的股票或無實體證券予受託人，以代替原寄存於受託人之原始發行股份。於此情形所發行之股份及公司之分類帳（in the stock ledger of the corporation）上，應載明（stated）其係基於該表決權信託協議而發行者。表決權信託之受託人，於協議所載之期間內，得行使所發行或移轉股份之表決權。受託人就登記為其名義之股份，得親自行使或委由他人代理行使表決權，於行使股份之表決權時，受託人無須負擔股東、受託人等之責任，除非其本身之不法行為。如被指定為受託人有二人或二人以上，且就登記於受託人名義之股份表決權行使之權限及方式，該協議中並無指定者，則於會議中該表決權之行使及行使之方式，應由受託人之多數決定，或協議中約定在特別情形下應平均分配受託人得行使之股份表決權及行使方式時，則受託人應平均分配該股份之表決權。(b)表決權信託協議之修正應以書面為之，並將協議之複本登記於公司之州主管機關。」

[19] 參閱王志誠，優質企業併購法之建構：效率與公平之間，台灣本土法學，第60期，2004年7月，頁89-91。

受託人之資格，除章程另有規定者外，以股東為限（公司法第356條之9第2項）。又股東非將公司法第356條之9第1項書面信託契約、股東姓名或名稱、事務所、住所或居所與移轉股東表決權信託之股份總數、種類及數量於股東會五日前送交公司辦理登記，不得以其成立股東表決權信託對抗公司（公司法（舊法）第356條之9第3項）。應注意者，公司法於2018年8月1日修正時，鑒於股東成立表決權信託契約後（股東為委託人），股東名簿將變更名義為受託人，與股份轉讓無異，為利股務作業之處理，參酌公司法第165條規定，業將第356條之9第3項「股東會五日前送交公司辦理登記」修正為「股東常會開會三十日前，或股東臨時會開會十五日前送交公司辦理登記」。

再者，公司法於2018年8月1日修正時，對於非閉鎖性股份有限公司亦明定股東得以書面契約約定共同行使股東表決權之方式，亦得成立股東表決權信託，由受託人依書面信託契約之約定行使其股東表決權（公司法第175條之1第1項）。股東非將第1項書面信託契約、股東姓名或名稱、事務所、住所或居所與移轉股東表決權信託之股份總數、種類及數量於股東常會開會三十日前，或股東臨時會開會十五日前送交公司辦理登記，不得以其成立股東表決權信託對抗公司（公司法第175條之1第2項）。但為避免股東透過協議或信託方式私下有償轉讓表決權，且考量股務作業亦有執行面之疑義，爰排除公開發行股票公司之適用，明定公司法第175條之1第1項及第2項規定於公開發行股票之公司，不適用之（公司法第175條之1第3項）。簡言之，就非閉鎖性股份有限公司所適用的表決權信託而言，其規範內容雖與適用於閉鎖性股份有限公司的表決權信託相近，但有下列二項不同：1.受託人的資格並無限制。亦即，表決權信託的受託人得為股東以外之人，不以章程另有規定排除為必要；2公開發行股票之公司，不適用表決權信託的相關規定[20]。

---

20 參閱王志誠，股東書面協議法制—公開化或閉鎖化之判定基準，收錄於曾宛如主編，股東協議—論表決權拘束契約及表決權信託，2021年6月，元照出版公司，頁130-131。

　　應注意者，公司法於2018年8月1日修正時，雖針對非公開發行股票公司承認表決權信託的有效性，但為避免股東透過協議私下有償轉讓表決權，且考量股務作業亦有執行面的疑義，爰於公司法第175條之1第3項將表決權信託排除公開發行股票公司之適用。有疑義者，公開發行股票公司進行併購時，其股東得否將其所持有股票移轉予信託公司或兼營信託業務的金融機構，成立股東表決權信託？本文以為，由於企業併購法第10條為公司法第175條之1的特別規定，依特別法優於普通法之原則，公開發行股票公司進行併購時，股東仍得依企業併購法第10條第2項規定成立股東表決權信託，不受公司法第175條之1第3項的限制。又觀諸企業併購法第10條第2項規定的立法理由，即為鼓勵公司或股東間成立策略聯盟或進行併購行為，藉由書面信託契約之約定成立股東表決權信託，透過受託人行使表決權而有一致之投票行為，擴大影響公司決策力，對於公司形成穩定決策有所助益。企業併購法第10條第2項既然未限制其適用對象，從該條項的規範目的而言，解釋上應認為公開發行股票之公司進行併購時，股東仍得將其所持有股票移轉予信託公司或兼營信託業務的金融機構，成立股東表決權信託，並由受託人依書面信託契約的約定行使其股東表決權。

二、有價證券信託的意義

　　一般而言，有價證券信託依信託目的的差異，尚可分為有價證券管理信託、有價證券處分信託及有價證券運用信託等三種[21]。至於何種有價證券得成為有價證券信託的標的，不論是資本市場有價證券（如股票或公司債）、支付工具或信用交易有價證券，乃至於物品流通有價證券等，皆無不可。實務上如國內企業赴海外發行美國存託憑證（ADR）、全球存託憑證（GDR）或國際存託憑證（IDR）時，而必須由企業與存託銀行簽訂的存託契約，其性質即為有價證券管理信託。

　　至於如委託人是以股票為有價證券信託的標的，則為股票信託。實務

---

[21] 參閱王志誠，論有價證券信託之發展與課題，集保月刊，第38期，1997年1月，頁10-13。

上，仍得由委託人保留對信託財產的運用決定權，並約定由委託人本人或其委任的第三人，對信託財產的營運範圍或方法，就投資標的、運用方式、金額、條件、期間等事項為具體特定的運用指示，並由受託人依該運用指示為信託財產的管理或處分（信託業法施行細則第7條第2款）。又一旦委託人保留運用決定權的信託股票，其在法律名義上仍屬受託人所有。因此，股票信託的受託人若欲擔任股東會委託書之徵求人者，受託人自應符合公開發行公司出席股東會委託書規則所定的徵求人相關規範，如持股條件、徵求股數上限等規定，與其他股東擔任徵求人的情形，並無不同[22]。

---

[22] 參閱金融監督管理委員會民國93年7月19日金管證三字第0930127131號函：「二、依信託法第1條及第9條規定，受託人因委託人移轉財產取得信託財產之所有權，並取得對信託財產之管理或處分權限。股東持股信託，即便為『委託人保留運用決定權之信託股票』，於法律上仍屬受託人所有。因此信託股票之受託人若欲擔任股東會委託書之徵求人者，受託人自應符合委託書規則所定之徵求人相關規範，如持股條件、徵求股數上限等規定，與其他股東擔任徵求人之情形，並無不同。而貴銀行前次所詢委託人擔任徵求人之情形，亦依上述原則於93年5月11日以台財證三字第0930117411號函復在案。三、貴銀行本次再就受託人擔任股東會徵求人之情形函詢委託書規則適用疑義乙事，本會說明如左：(一)委託人可否指示受託人擔任股東會委託書之徵求人乙節，此屬雙方間契約問題，惟受託人若以該信託股票之股東身分欲徵求委託書者，仍須符合委託書規則所定之徵求人相關資格規定。(二)委託書規則第21條第2項明定，支持他人競選董事或監察人者，其代理股數不得超過該公司已發行股份總數之百分之一，故受託人以其持有之信託股票擔任徵求人且支持委託人為董事或監察人之被選舉人者，即屬該項規定支持他人競選董事或監察人之情形，故其得徵求股數上限為百分之一。(三)至於股東若有將持股分別信託予不同信託機構之情形時，各受託人仍得以信託股票之股東身分，分別擔任股東會委託書之徵求人，而其得徵求股數限制仍應依委託書規則第21條第2項規定辦理。(四)委託書規則第5條或第6條規定徵求委託書者之最低『持股期間』計算，於股票信託，若委託人對信託股票保留運用決定權，則受託人之『持股期間』計算得合併計算委託人原持股期間。(五)另信託股票係受託人所屬金控母公司股票，則受託人以持有之信託股票擔任徵求人是否有委託書規則第6條之1規定適用乙節，因委託書規則已明文規定，金控子公司於金控母公司召開股東會時，不得擔任徵求人，故即便為信託情形者，亦有該規定適用。四、按證券交易法第25條之1規定，公開發行股票公司使用委託書應予限制、取締或管理，其立法意旨乃係為杜絕委託書被不當人士濫

　　應注意者，股東如具有二個以上之表決權時，通常對股東會之議案雖係以全部表決權表示贊成或反對，但股東若因信託、共有或出借名義等原因，而有為他人持有股份的情事，為反應他人的意見，則有承認不統一行使表決權的必要。然而若股東得不統一行使表決權，其缺點在於將導致公司辦理計票事務的複雜化[23]。因此，即使理論上應承認股東得不統一行使表決權，亦有必要加以適當限制。我國公司法並未明定股東得不統一行使表決權，且依經濟部的解釋，亦認為同一議案的表決，除依公司法第198條及第227條關於選舉董事監察人得按董監事人數集中選舉一人或分配選舉數人外（累積投票制），同一股東應為同一意見的表示，不得部分投票贊成，而部分投票否決[24]。又依公司法第181條第1項及第2項規定：「政府或法人為股東時，其代表人不限於一人。但其表決權之行使，仍以其所持有之股份綜合計算。前項之代表人有二人以上時，其代表人行使表決權應共同為之。」故當政府或法人為股東時，應統一行使表決權，並不得分別行使表決權。因此，立法論上似應參考日本「會社法」第313條第1項及第3項規定，明定股東得不統一行使其享有的表決權。但若股東非為他人享有股份者時，公司得拒絕該股東不統一行使其享有的表決權。

　　至於若信託業辦理股票信託業務，而分別接受不同委託人之股票信託時，因信託業負有分別管理義務，本應分別依其信託本旨管理信託財產；且若委託人對股票表決權之行使保留指示權時，信託業亦應依其指示行使表決權為妥，故當信託業係因信託關係而持有股票時，實有承認其得分別行使表決權之必要。

　　首先，觀諸我國於2008年1月16日修正公布的信託業法第20條之1第1項規定，即明定信託業之信託財產為股票者，其表決權之行使，得與其他

用，期以導正委託書功能，促使股東會順利召開，並達穩定公司經營及維護股東權益等目的，故為落實委託書之管理，委託書規則第5條第2項訂有徵求人消極資格限制之規定。基於上述原則，信託股票之受託人若欲擔任股東會徵求人者，委託人及受託人本身皆須符合委託書規則所定之消極資格條件。」

[23] 參閱江頭憲治郎，株式會社法，有斐閣，2006年，頁311。

[24] 參閱經濟部民國69年3月31日經商字第10149號函。

信託財產及信託業自有財產分別計算，不適用公司法第181條但書規定。至於信託業行使表決權時，則應依信託契約的約定為之（信託業法第20條之1第2項）。由此觀之，若欲依信託業法第20條之1規定分割行使表決權，其要件如下：（一）信託財產為股票；（二）受託人為信託業。又若委託人所持有的股份係屬無表決權股份，則因設定信託而移轉給受託人的股份，當然亦屬無表決權股份[25]。

其次，2012年1月4日尚增訂公司法第181條第3項規定：「公開發行公司之股東係為他人持有股份時，股東得主張分別行使表決權。」又依公司法第181條第4項規定：「前項分別行使表決權之資格條件、適用範圍、行使方式、作業程序及其他應遵行事項之辦法，由證券主管機關定之。」顯係將公開發行公司分別行使表決權之具體規範，授權證券主管機關訂定法規命令。具體而言，目前得主張分別行使表決權之股東，係指為二人以上持有股份，並具備下列資格條件之一：（一）依華僑及外國人投資證券管理辦法規定投資國內證券之各類基金，依當地政府法令及契約或公司章程規定，得依各實質投資人之指示分別行使表決權者，或因投資策略委請二人以上外部經理人操作、授權外部經理人代為行使表決權且經臺灣證券交易所股份有限公司完成交易帳戶登記者；（二）依華僑及外國人投資證券管理辦法規定投資國內證券之國外金融機構，依當地政府法令及契約規定得以其名義受託投資，並依各實質投資人之指示分別行使表決權者；（三）海外存託憑證之存託機構，依當地政府法令及存託契約規定得依各存託憑證持有人之指示分別行使表決權者（公開發行公司股東分別行使表決權作業及遵行事項辦法第3條）。亦即，目前僅限於基金保管機構、受

---

[25] 參閱經濟部民國95年8月25日經商字第09502110340號函：「依公司法第179條第2項第2款規定，被持有已發行有表決權之股份總數或資本總額超過半數之從屬公司，所持有控制公司之股份，無表決權。又信託法第1條規定：『稱信託者，謂委託人將財產權移轉或為其他處分，使受託人依信託本旨，為受益人之利益或為特定之目的，管理或處分信託財產之關係。』及第9條第1項規定：『受託人因信託行為取得之財產權為信託財產。』準此，如委託人所持有之股份係屬『無表決權』股份，則其移轉給受託人之股份，當亦屬『無表決權』股份。所詢請依上開規定辦理。」

託機構（信託機構）及存託機構名義下保管專戶或信託專戶的股份，其表決權行使，得依其實質投資人的個別指示，分別為贊成或反對的意思表示。

第二節　信託財產的特性

信託設立時，委託人須移轉信託財產的所有權給受託人，其後受託人因運用該項信託財產而獲得的收益，亦以受託人本身的名義取得，故從外表觀察，信託財產幾與受託人的固有財產難以識別。職是之故，為確保委託人與受託人的權益，並謀交易的安全，在信託制度上必須特設一些規定，使信託財產得與受託人的固有財產互相區別，並使受託人依信託目的而盡其管理義務。我國信託法中，就信託財產的物上代位性及獨立性設有若干規定，即本於斯旨。

壹、信託財產的物上代位性（同一性）

信託財產於信託設立時，其範圍或內容固係依信託行為而特定，但在信託設立以後，每因受託人的管理、處分、滅失、毀損或其他事由的發生，而變化成各種形態。但無論信託財產係因受託人的法律行為、事實行為或其他法律事實，而致其形態發生變化，其發生變動所取得的代位物仍應屬信託財產，始符信託本旨。

觀諸我國信託法第9條第2項規定：「受託人因信託財產之管理、處分、滅失、毀損或其他事由取得之財產權，仍屬信託財產。」縱然信託財產有所變形，仍具有屬於信託設立時信託財產的本質，兩者同一，尚應與受託人的固有財產及其他信託財產相互區別。例如受託人因信託財產發生火災而受領的保險金，在信託目的仍然具有實現可能性的範圍內，仍應納

入信託財產之中[26]。此外，若信託業依信託契約有交付保險費義務者，保險費固然應由信託業代為交付之（保險法第22條第1項），而保險人依保險契約應給付之保險金額，屬該信託契約之信託財產（保險法第22條第2項）。

應注意者，若信託財產因他人之詐欺行為或侵權行為而受有損害，受託人對於詐欺行為或加害人之損害賠償請求權仍屬信託財產。因此，在信託關係存續中，仍應由受託人向詐欺行為人或加害人請求賠償，而不得由委託人或受益人以自己名義請求詐欺行為人或加害人賠償款項[27]。

又例如受託人因信託財產的運用而取得的有價證券、貸款債權、擔保物權、利息，或受託人自信託財產而獲得的天然孳息及法定孳息，因花費信託財產所購買的財物、出賣信託財產而取得的對價、因信託財產滅失所取得的賠償請求權等，皆為信託財產的代位物。此外，受託人為開發、改良信託財產而借入的金錢債務，如其係為達成信託目的所需者，亦不妨解為信託財產的代位物。再者，依司法實務的見解，受託人如因受信託土地被政府徵收，除所得之補償費仍為受託財產外，受託人因徵收可自政府獲配的其他期待權，及由期待權所得的財產，亦為信託財產[28]。又例如

---

26 參閱新井誠，信託法（第3版），有斐閣，2008年，頁354。

27 參閱臺灣高等法院105年度重訴字第11號民事判決：「按信託關係成立後，於信託關係存續中，委託人既已將財產權移轉於受託人，受託人即取得信託之財產權，對於信託財產擁有管理、處分權能。而信託人因已非信託財產之權利主體，縱基於內部關係得對受託人加以指示，仍不能自己行使信託財產上之權利。是委託人已將其財產權以信託方式交予公司管理，則詐欺集團雖係經由駭客侵入委託人電子信箱，並冒用委託人名義指示公司轉帳，輾轉不法取得詐騙之款項，然因詐欺行為而受有損害之人，應為信託關係之公司即受託人。從而委託人縱依信託之內部關係得對公司加以指示或屬最終信託財產受益人，然在信託關係存續中，委託人仍不得以自己名義請求詐欺行為人賠償詐騙款項。亦即因詐欺集團之詐欺行為而受有損害之直接被害人，仍應為受託人」

28 參閱最高法院78年台上字第2062號判例：「受託人因受信託土地被政府徵收，除所得之補償費仍為受託財產外，受託人因徵收可自政府獲配之其他期待權，及由期待權所得之財產，亦為信託財產。至受託人因配得財產所支出之金錢，為信託人於終

受託機構運用依不動產證券化募集或私募之不動產投資信託基金所購買的
不動產，仍屬信託財產[29]。

　　應注意者，如委託人與受託人訂立有價證券信託契約，以甲公司股票
為信託財產，並進而由受託人以「信託專戶」名義當選甲公司的董事，因
於信託關係存續期間，信託財產的權利義務移轉於受託人，由受託人以自
己的名義管理或處分信託財產，而因管理或處分財產所生的權利義務，係
直接對受託人本人發生效力，並不及於委託人或受益人，因此應認為受託
人為甲公司的董事[30]。問題在於，如係受託人因處理信託事務而藉其地位

止信託關係，請求返還信託物時之如何償還問題。尚不能因此謂該財產非信託財
產。」另參閱最高法院91年度台上字第1049號民事判決：「次按信託人依信託契約
將信託土地之所有權移轉與受託人，使其成為權利人，以達到當事人間契約所定之
目的，受託人在法律上為受託財產之所有人，而受信託土地被政府徵收，所得之補
償費仍為受託財產，於終止信託關係之前，仍屬受託人所有。又寺廟之不動產及法
物，非經所屬教會之決議，並呈請該管官署許可，不得處分或變更，監督寺廟條例
第8條定有明文。原審既認定上訴人為寺廟登記，系爭土地係被上訴人出資買受，
信託登記上訴人名下，嗣經政府徵收發放系爭補償費，由當時之管理人潘○茂收
受，則上訴人於將受託系爭土地移轉被上訴人以前，該土地仍屬上訴人所有之不動
產。而其前任管理人潘○茂因政府徵收而收受系爭補償費，乃受託系爭土地之變
價，在終止信託關係之前，仍屬上訴人所有，為其寺廟之財產，潘○茂將系爭補償
費返還與被上訴人之處分行為，能否謂無監督寺廟條例第8條規定之適用？非無研
求之餘地。」

29　參閱法務部民國94年5月17日法律字第0940015215號函：「三、次按信託法第9條規
　　定：『受託人因信託行為取得之財產權為信託財產。受託人因信託財產之管理、處
　　分、減失、毀損或其他事由取得之財產權，仍屬信託財產。』故本件受託機構運用
　　依不動產證券化募集或私募之不動產投資信託基金所購買之不動產，仍屬信託財
　　產，倘貴部基於公示作用以保障交易安全起見，擬於土地登記簿其他登記事項欄記
　　明『不動產投資信託基金信託財產』字樣者，並無不可；惟本件另涉及不動產證券
　　化條例施行細則第7條之適用問題，貴部既已同時函請該條例主管機關財政部表示
　　意見，仍請再參酌該部意見為宜。」

30　參閱法務部民國86年11月10日（86）法律字第040714號函：「二、依信託法第1條
　　規定：『稱信託者，謂委託人將財產權移轉或為其他處分，使受託人依信託本旨，
　　為受益人之利益或為特定之目的，管理或處分信託財產之關係。』可知，信託關係

所獲取的利益，是否亦為信託財產的代位物？例如受託人因受託管理委託人所信託的甲公司股票，而據以當選甲公司的董監事時，其所支領的董監事酬勞是否為信託財產的代位物，實有疑問。本文以為，其可能成為信託財產者，並非董監事酬勞本身，至於可否對受託人主張不當得利返還請求權，則為另一問題。蓋受託人受領的董監事酬勞並非因信託財產所直接發生，而係因受託人基於董事地位而生，因此在解釋上不宜逕認為其係信託財產的代位物。至於受益人是否得請求受託人將所受領的董監事酬勞納入信託財產，則應依信託本旨判定之。

又信託財產的代位物，如其取得定有一定的登記及公示方法者，解釋上受託人仍應依我國信託法第4條有關信託公示的規定辦理，始能就該代位物取得對抗效力，以確保交易安全。蓋信託成立時，如信託財產屬於應登記或註冊之財產權或有價證券者，受託人應將該信託財產辦理信託登記或信託公示，固無疑義；但於信託成立後，經由受託人管理、處分或其他事由取得之財產權，如亦屬應登記或註冊之財產權或有價證券者，解釋上受託人亦應將該信託財產辦理信託登記或信託公示，始能生信託法第4條第1項及第2項規定的對抗效力。申言之，不論原始信託財產及信託財產之代位物，如其屬應登記或註冊之財產權或有價證券者，受託人均應將該信託財產辦理信託登記或信託公示。觀諸我國於2008年1月16日修正公布的信託業法，為免誤解為僅應將原始信託財產辦理信託登記，即明定信託業之信託財產為應登記之財產者，應依有關規定為信託登記（信託業法第20條第1項）。

存續期間，信託財產之權利義務移轉於受託人，由受託人以自己之名義管理或處分信託財產，而因管理或處分財產所生之權利義務，係直接對受託人本人發生效力，並不及於委託人或受益人。本件既係甲法人以其持有乙銀行之股票為信託財產，由受託人丙銀行以『丙銀行信託部專戶』之名義行使對乙銀行之股東權並擔任董事，則於信託契約成立及依規定轉讓股票後，該股票上之權利義務即已移轉於丙銀行，故於信託關係消滅前，自得認定丙銀行為乙銀行之董事。」

貳、信託財產的獨立性

　　信託財產在法律關係上歸屬於受託人，名義上亦為受託人所有，但信託財產仍應受信託目的或信託本旨的拘束，並為受益人的利益而獨立存在。換言之，信託財產具有與各信託當事人相互獨立的地位，實際上自應與委託人、受託人及受益人的固有財產分別管理，使其個別獨立，以實現信託目的，稱為信託財產的獨立性。理論上，信託財產的獨立性，得分別從信託財產自委託人、受託人及受益人的觀點分析之，而我國信託法則自受託人的角度，就信託財產的獨立性揭示若干原則。

一、信託財產的非繼承性

　　信託財產名義上雖屬受託人所有，惟其並非受託人的自有財產，故於受託人死亡，繼承開始時，不能將信託財產列入其遺產，使成繼承的標的。我國信託法第10條規定：「受託人死亡時，信託財產不屬於其遺產。」即明示信託財產不得成為受託人死亡時的應繼財產，繼承人不得繼承受託人的地位。亦即，受託人死亡時，除信託行為另有約定外，信託關係並未消滅，且因信託財產具有獨立性，非屬受託人的自有財產，故於受託人死亡時，信託財產並非受託人的遺產，受託人的繼承人並未因繼承而取得信託財產的所有權[31]。

　　惟若稅捐稽徵機關對於該信託財產是否為受託人所有而有所爭議時，依目前司法實務的見解，即認為基於核實課稅及公平課稅的原則，應由受託人的繼承人積極舉證證明該信託財產確非受託人所有，始得免於被課徵遺產稅[32]。

---

[31] 參閱法務部民國107年11月14日法律字第10703517610號函。

[32] 參閱最高行政法院91年度判字第1633號判決：「但查土地法第43條規定：『依本法所為之登記，有絕對效力』，係為保護因信賴登記取得土地權利之第三人而設。稽徵機關就登記為被繼承人名下之土地核課遺產稅，乃在行使稅捐稽徵之職權，並非在於取得土地權利，不能主張依該條規定登記之絕對效力，以形式上之登記內容作

　　又受託人死亡時，依我國信託法第45條第1項的規定，受託人的任務
因而終了；同時並應依同條第2項所定準用第36條第3項的規定，由委託人
指定新受託人，如不能或不為指定者，法院得因利害關係人或檢察官的聲
請選任新受託人，以維信託的存續。至於受託人為法人時，如其經合併、
解散、撤銷設立登記而消滅，信託財產亦不得列入其存續公司或新設公司
承受的財產或應清算的財產。其處理方式，與受託人死亡時相同，茲不贅
述。

　　為認定該土地為遺產之根據。基於核實課稅及公平課稅之原則，繼承人如能證明以
其被繼承人名義登記之土地，實質上非屬於其被繼承人所有之財產者，稽徵機關不
得猶依登記之形式認作遺產而併課遺產稅。85年1月26日制定公布信託法第10條規
定，受託人死亡時，信託財產（受託人因信託行為取得之財產權）不屬於其遺產，
即此之故。信託法制定前成立之信託關係，基於相同之法律上理由，亦應如是。系
爭土地於上訴人之被繼承人韓○平死亡時，登記在韓○平名下，為原審確定之事
實。原審未經詳查上訴人主張系爭土地有韓○平之兄弟姊妹八人信託登記部分之事
實是否為真，僅因系爭土地在土地登記簿上登記為韓○平所有，即認於韓○平死亡
時，由上訴人繼承而屬於上訴人所有，於回復登記為韓○平之兄弟姊妹各委託人所
有以前，被上訴人據登記形式，將系爭土地認作韓○平之遺產而併課遺產稅，為無
不合等等，按諸前述說明，其法律上之見解，尚有未洽。」另參閱最高行政法院89
年度判字第308號判決：「原告主張：系爭股票係日商鑽石公司信託予被繼承人，
僅為被繼承人之信託財產，依信託法第10條之規定，應免計入被繼承人之遺產總額
云云。並提出借貸契約、信託契約、董事會議紀錄及匯款流向紀錄等為證。然查，
上開證據僅足以證明原告之被繼承人曾與鑽石投資公司間，有約定借貸、信託或資
金來往之事件，惟尚不足以證明被繼承人持有之系爭股票確為鑽石投資公司信託被
繼承人之『信託財產』。況原告自行申報被繼承人遺產時，亦填明風土公司股票
49,994股，並將之列入遺產申報；而被告於85年8月6日以財北國稅審貳字第
85034977號函，請原告提示日商鑽石公司（該公司之代表柳○良夫即原告之父）經
我國駐日單位認證之79年以後各年度向日本稅捐機關申報之資產負債表及損益表、
被繼承人收取日商鑽石公司匯款50,000,000元之流向，及被繼承人購入風土公司股
票之付款證明，原告迄今未能提示，亦未提出其他具體事證以實其說，則其主張，
核無足採。」

二、破產財團的排除

　　依我國破產法第82條第2項規定：「專屬於破產人本身之權利及禁止扣押之財產，不屬於破產財團。」另查我國信託法第12條第1項規定，原則上對信託財產不得強制執行，因此信託財產本即不屬於破產財團，其理甚明。觀諸我國信託法第11條規定：「受託人破產時，信託財產不屬於其破產財團。」即本於斯旨，以避免爭議。又解釋上，若受託人經法院依消費者債務清理條例裁定開始清算程序時，信託財產亦應不屬於其清算財團。且受託人經目的事業主管機關依銀行法第62條第1項、信託業法第15條第2項及保險法第149條第3項等法令規定，命令銀行、信託業或保險業限期清理時，信託財產亦應解為不屬於其清理財產。

　　至於受託人不論為自然人或法人，其經破產宣告，任務即告終了（信託法第45條第1項），從而必須依我國信託法第45條第2項的規定，準用第36條第3項，指定或選任新受託人，而由該新受託人依破產法第110條的規定，不依破產程序，向破產管理人取回信託財產。此外，新受託人於行使取回權時，如其所取回的信託財產有一定的公示方法者，仍應依我國信託法第4條的規定，辦理信託公示手續，以取得對抗效力。

三、強制執行的禁止

　　按信託財產與受託人的固有財產分離，信託財產並非受託人債務的共同擔保，亦即，不論係受託人個人固有財產的債權人，亦是受託人所管理的其他信託財產的債權人，均不應許其對信託財產聲請強制執行。我國信託法第12條第1項規定：「對信託財產不得強制執行。但基於信託前存在於該財產之權利、因處理信託事務所生之權利或其他法律另有規定者，不在此限。」即明白揭示禁止對信託財產強制執行的原則[33]。所謂不得強制執行，應係指第三人對信託財產聲請強制執行，致該信託財產有移轉於他

---

[33] 參閱臺灣嘉義地方法院87年度訴字第344號民事判決。

人所有，或受託人因而喪失占有，信託目的將無法達成者而言。

　　依法務部的解釋，尚認為信託法第12條第1項所稱對信託財產不得強制執行，除查封拍賣外，解釋上包括假扣押及假處分等保全程序在內[34]。反之，司法實務上亦有認為強制執行程序與保全程序最根本之差異，在於強制執行係為滿足自己對受執行人或債務人之債權；而保全程序之假處分僅為防止債務人或對標的物有處分權之人，改變標的物之現狀，致未來有不能或甚難執行之虞者，尚非以該處分滿足債權人之債權。故信託法雖規定不得就信託財產為強制執行，自不得據此主張信託財產亦禁止債權人保全執行標的物之現狀[35]。

　　應注意者，為解決上開疑義，最高法院似採折衷見解，認為信託法第12條第1項規定除但書之情形外，對信託財產不得強制執行，乃係因信託財產存有信託利益而獨立存在，以確保信託本旨之實現。但信託若係以詐害債權人為目的，即與信託本旨不符，應無上開禁止強制執行規定之適

---

[34] 參閱法務部民國90年12月21日法律字第040486號函：「按信託法第12條第1項規定：『對信託財產不得強制執行。……』核其立法意旨，係因信託財產名義上雖屬受託人所有，但受託人係為受益人之利益管理處分之，故受託人之債權人對信託財產不得為強制執行。至於委託人之債權人亦不得對信託財產為強制執行，因信託財產移轉為受託人所有後，該財產形式上已屬受託人財產而非委託人財產，是委託人之債權人當然不得對已登記為受託人名義之財產聲請強制執行（臺灣高等法院90年度抗字第2444號裁定參照）。惟為防止委託人藉成立信託脫產，害及其債權人之權益，信託法爰參考民法第244條第1項之規定，對該法第6條第1項規定信託行為有害於委託人之債權人權利者，債權人得聲請法院撤銷之，以保障委託人之債權人，並期導引信託制度於正軌。本件納稅義務人欠繳稅捐，經稅捐稽徵機關通知繳納，繳款通知書業經合法送達，逾期未繳，於繳款期限屆至後，將所有土地乙筆信託予受託人，並已辦妥財產權移轉登記，似已符合上開撤銷權之行使要件，稅捐稽徵機關自得聲請法院撤銷此一信託行為。至稅捐稽徵機關行使其撤銷權時，亦請一併注意同法第7條關於撤銷權行使除斥期間之規定。又上揭『對信託財產不得強制執行』，解釋上包括假扣押、假處分（『法務部信託法研究制定委員會第二十一次會議紀錄』，頁221參照，收錄於『法務部信託法研究制定資料彙編』）。從而，稅捐稽徵機關似不得依稅捐稽徵法第24條規定，對信託財產為假扣押。」

[35] 參閱臺灣高等法院96年度抗字第540號民事裁定。

用，以利債權人達成撤銷權之行使[36]。

　　為保障信託關係發生前已生的權利，以及因信託財產所生或處理信託事務發生的稅捐、債權等，爰設有三種例外，茲分別說明如下：

(一) 信託前存在於該財產的權利

　　所謂「信託前」，在解釋上應指信託關係發生以前，而非僅指信託行為以前。因此其於信託行為前，信託財產上所設定的抵押權或存在的法定抵押權，固係信託前存在於該信託財產的權利，惟如係因信託當事人辦理信託事務而於信託財產上所設定的抵押權，亦應屬信託前存在於該財產的權利[37]。至於抵押權的設定有無瑕疵，債權人能否為強制執行，應由委託人、受益人或受託人於強制執行程序終結前，提起異議之訴以資解決，法院不得因該抵押物業經為信託登記，即依信託法第12條第1項規定裁定駁回債權人之聲請[38]。

---

[36] 參閱最高法院98年度台抗字第41號民事裁定：「信託法第12條第1項規定除但書之情形外，對信託財產不得強制執行，乃係因信託財產存有信託利益而獨立存在，故原則上任何人對之不得強制執行，以確保信託本旨之實現。又為防止委託人藉成立信託脫產，害及其債權人之權益，信託法第6條第1項規定債權人得聲請法院撤銷詐害之信託行為。準此，倘信託係以詐害債權人為目的，即與信託本旨不符，應無上開禁止強制執行規定之適用，俾利債權人達成撤銷權之行使。」其他類似之司法實務見解，參閱最高法院98年度台抗字第503號民事裁定。

[37] 參閱四宮和夫，信託法（新版），有斐閣，1994年，頁183。

[38] 參閱最高法院89年度台抗字第555號民事裁定：「聲請拍賣抵押物，屬非訟事件，祇須其抵押權已經登記，且債權已屆清償期而未受清償，法院即應為准許拍賣之裁定。信託法第12條第1項雖規定對信託財產不得強制執行，惟同項但書規定『但基於信託前存在於該財產之權利、因處理信託事務所生之權利或其他法律另有規定者，不在此限』，同條第2項復規定『違反前項規定者，委託人、受益人或受託人得於強制執行程序終結前，向執行法院對債權人提起異議之訴』，同法第35條第1項亦規定受託人於一定情形下，得於信託財產設定權利，可見信託財產非絕對不得受強制執行，而受託人以信託財產設定抵押權者，亦非當然無效。故受託人如以信託財產設定抵押權，並經依法登記者，債權人於債權屆期而未受清償時，即得聲請法院拍賣抵押物。至於該抵押權之設定有無瑕疵，債權人能否為強制執行，應由委

　　若委託人於將標的財產設定信託給受託人之前，先以該標的財產向受託人（債權人）辦理擔保借款，其後再將該標的財產設定信託，交由受託人管理或處分，則當委託人無法清償債務時，因該信託財產的名義所有權人為受託人，則受託人得否逕行以債權人的地位，對於其名義下的信託財產，向執行法院聲請強制執行？司法實務上有所爭議。亦即，受託人向執行法院聲請對該擔保標的強制執行時，是否應先終止信託關係，以免因欠缺執行當事人的對立性，而致執行程序無從進行？茲整理分析我國司法實務見解的更迭，以供參考。

1. 早期實務見解

　　依早期司法實務的見解，曾認為民事執行程序與民事判決程序相同，有請求執行者與被執行者相對立的當事人存在。若受託人以執行債權人身分，對因信託關係而登記為其名義之不動產聲請強制執行，有違執行當事人對立性的要求。又受託人如同時任執行債務人時，難認不會危及委託人的利益，斯時其信託目的已難能完成，應俟信託消滅或終止並完成所有權變更登記後，再聲請強制執行[39]。

2. 近期實務見解

　　依近期司法實務的見解，主要基於下列理由，認為受託人以抵押權人的身分，得逕行對信託財產向執行法院聲請強制執行，而不必俟信託關係消滅或終止：

(1) 在信託關係下，系爭土地的抵押權人與信託登記的所有權人雖均為相對人，但相對人以抵押權人的身分行使系爭抵押權，而以受託登記的所有權人為相對人向法院聲請拍賣抵押物，應認已具備有形式上對立

託人、受益人或受託人於強制執行程序終結前，提起異議之訴以資解決，法院不得因該抵押物業經為信託登記，即依信託法第12條第1項規定裁定駁回債權人之聲請。」

[39] 參閱臺灣高等法院暨所屬法院民國93年11月26日93年法律座談會民事執行類提案第33號。

的當事人[40]。

(2) 信託財產有其獨立性,名義上雖屬受託人所有,惟並非其自有財產,
而與其自有財產分別獨立。此從信託法第10條規定信託財產不屬於受
託人遺產、第11條規定信託財產不屬於受託人之破產財團、第12條規
定對信託財產不得強制執行、以及第24條第1項規定受託人應將其自有
財產與信託財產分別管理自明。故信託財產形式上雖登記為受託人所
有,實際上與其自有財產仍有區別。況且,依信託法第25條以下規
定,受託人管理處分信託財產,仍受有法律相當的限制。且強制執行
係執行機關即法院行使國家強制力,藉由公權力強制債務人履行義
務,則該拍賣抵押物之所有人或執行債務人已難以左右拍賣程序之進
行,並無因欠缺執行當事人對立性而執行程序無從進行的問題[41]。

　　又若債務人於債權人取得拍賣抵押物裁定後,始將不動產信託登記予
受託人,為聲請拍賣抵押裁定事件繫屬後為信託人的繼受人,依強制執行
法第4條之2第1項第1款及第2項規定,該拍賣抵押物的裁定,對信託關係
的受託人亦有效力[42]。反之,若債權人於聲請強制執行前,債務人業依信
託契約將信託財產移轉登記為受託人所有,使受託人成為信託財產產的權

---

[40] 參閱臺灣高等法院97年度非抗字第50號民事裁定:「系爭土地雖登記為相對人所
有,然土地登記謄本上『登記原因』欄已載明為『信託』,故系爭土地僅係信託登
記為相對人所有,與相對人自有財產為分離之獨立財產,相對人就受託之系爭土地
之地位有如『破產管理人』、『遺產管理人』之性質一樣,非可認相對人即為系爭
土地之實際所有權人。故系爭土地之系爭抵押權人與信託登記所有權人雖均為相對
人,然相對人以抵押權人之身分行使系爭抵押權,而以受託登記之所有權人為相對
人向法院聲請拍賣抵押物,應認已具備有形式上對立之當事人。另查抵押權人依民
法第873條第1項規定聲請拍賣抵押物,係屬非訟事件,法院所為准駁之裁定,無確
定實體法上法律關係存否之性質,於系爭抵押債權是否發生於信託契約成立後及相
對人是否違反信託本旨處分信託財產,亦無既判力。」
[41] 參閱臺灣高等法院臺南分院99年度重抗字第8號民事裁定。另參閱臺灣高等法院暨
所屬法院民國99年11月10日99年法律座談會民事執行類提案第39號。
[42] 參閱臺灣高等法院暨所屬法院民國93年11月26日93年法律座談會民事執行類提案第
34號。

利人，則委託人的債權人自不得對該信託財產聲請強制執行[43]。

(二) 因處理信託事務所生的權利

所謂因處理信託事務所生的權利，一般係指受託人因管理、處分信託財產，而由他人取得的權利。例如受託人與承攬人簽訂承攬契約，約定由承攬人修繕屬於信託財產的房屋，承攬人因其修繕行為完成時所取得的修繕費的報酬請求權（民法第491條、第505條）。又例如受託人在信託契約授權的範圍內，為達成信託目的而對外借款，貸與人因其借款所取得的借款債權等，即是因處理信託事務所生的權利。再例如受託人依信託契約之約定，有權將信託財產為自益信託委託人之利益提供物上擔保，設定擔保物權給債權人，則債權人所取得之擔保物權，性質上亦屬於因處理信託事務所生之權利。

又委託人將信託財產移轉登記予受託人後，該財產名義上即屬受託人所有，受託人於信託關係終止後，信託登記塗銷前，仍處理信託事務而對善意第三人負擔債務者，第三人仍得聲請執行法院對信託財產為強制執行[44]。

應注意者，信託法第12條第1項但書規定之「因處理信託事務所生的權利」與信託法第9條第2項規定有別，二者係不同概念[45]。

---

[43] 參閱臺灣高等法院暨所屬法院民國90年11月22日90年法律座談會民事執行類提案第6號。

[44] 參閱最高法院108年度台上字第1908號民事判決、最高法院110年度台上字第2589號民事判決。

[45] 參閱臺灣高等法院101年度上字第1271號民事判決：「依信託法第9條第1項、第2項規定：『受託人因信託行為取得之財產權為信託財產。』、『受託人因信託財產之管理、處分、滅失、毀損或其他事由取得之財產權，仍屬信託財產。』其立法理由並明揭：『信託財產構成特別財產，具有獨立性，故受託人因信託財產之管理、處分、滅失、毀損或其他事由所得之財產權，理應屬於信託財產，爰於本條第2項明定之。而此種「變形之信託財產」中，如有應登記或註冊之財產權或有價證券等，而欲以之對抗第三人時，仍應依第4條有關公示之規定辦理信託登記，以確保交易安全。』等情（見本院卷第2宗第204頁），可知受託人因信託財產之管理、處分、

　　由此觀之，受託人如依信託法第35條第1項所設的例外規定，以信託財產設定抵押權，並經依法登記者，債權人於債權屆期而未受清償時，即得聲請法院拍賣抵押物。應注意者，信託業不得以信託財產借入款項。但以開發為目的之土地信託，依信託契約之約定、經全體受益人同意或受益人會議決議者，不在此限（信託業法第26條第2條），故營業信託的受託人，除以開發為目的之土地信託外，原則上不得以信託財產借入款項。

　　問題在於，受託人即使依信託契約的授權，得以信託財產為自益信託委託人的利益，提供物上擔保，且債權人所取得的擔保物權，屬於因處理信託事務所生之權利，但若受託人基於信託契約的約定，已事先將信託財產出租給承租人占有，則債權人為確保債權的實現，是否應要求委託人先終止信託關係後，再將該標的財產設定擔保物權？以抵押權的設定為例，依民法第866條第1項規定：「不動產所有人設定抵押權後，於同一不動產上，得設定地上權或其他以使用收益為目的之物權，或成立租賃關係。但其抵押權不因此而受影響。」因此，若不動產所有人（受託人）將信託財

　　減失、毀損或其他事由所得之財產權（例如受託人因信託財產之運用而取得之利息、擔保物權、有價證券、放款債權、財物等財產權，即屬之。見本院卷第2宗第196頁反面），屬於『變形之信託財產』，仍為信託財產。又依信託法第12條第1項規定：『對信託財產不得強制執行。但基於信託前存在於該財產之權利、因處理信託事務所生之權利或其他法律另有規定者，不在此限。』參以其立法理由：『信託財產名義上雖屬受託人所有，但受託人係為受益人之利益管理處分之，故原則上「任何人」對信託財產不得強制執行。但為保障信託關係發生前已生之權利及因信託財產所生或處理信託事務發生之稅捐、債權，依下列權利取得之執行名義可例外對信託財產強制執行：一、就信託財產因信託前存在於該財產之權利（例如抵押權）；二、因處理信託事務所生之權利（例如修繕信託財產之修繕費債權）；三、其他法律有特別規定得對信託財產強制執行之權利（例如有關稅法中明定之稅捐債權）。爰設第1項規定』等情（見本院卷第2宗第204-1頁），足徵任何人對於信託法第9條第1項、第2項依序規定之『信託財產』、『變形之信託財產』，均不得強制執行，例外於信託法第12條第1項但書規定之三種情形，始得強制執行。其中所謂『因處理信託事務所生之權利』，應指受託人因處理信託事務，本身所取得之權利，此際受託人之債權人得對之強制執行，顯然與信託法第9條第2項規定之權利有別。」

產設定抵押權給債權人後，不動產所有人（受託人）始於同一不動產上成立租賃關係，則依民法第866條第2項規定：「前項情形，抵押權人實行抵押權受有影響者，法院得除去該權利或終止該租賃關係後拍賣之。」當抵押權人實行抵押權受有影響者，抵押權人應可聲請執行法院除去受託人與承租人間的租賃關係，併付拍賣信託財產。反之，若不動產所有人（受託人）將信託財產設定抵押權給債權人之前，不動產所有人（受託人）已事先於同一不動產上成立租賃關係，則抵押權人即無法依民法第866條第2項規定，聲請執行法院除去受託人與承租人間之租賃關係。由此觀之，關鍵應在於受託人將信託財產設定抵押權給債權銀行的時間點，是否先於租賃關係的成立，而與是否應要求委託人先終止信託關係無絕對必然的關係。當然，若受託人基於信託契約的約定，已事先將信託財產出租給承租人占有，而受託人再依委託人的指示提供信託財產作為物上擔保，債權人為確保融資債權的實現，應可採取下列二種方法：

1. 要求受託人先終止租賃關係，再由受託人依委託人之指示，以信託財產設定抵押權給債權銀行，以擔保委託人之債務。

2. 要求委託人先終止信託關係（當然受託人於信託關係終止時，亦應設法終止與承租人租賃關係），俟信託財產移轉給委託人後再設定抵押權給債權銀行，其後委託人再與受託人重新成立信託關係，由受託人出租該信託財產。

此外，從廣義來看，所稱因處理信託事務所生的權利，尚應包括下列權利：

1. 信託財產本身所生的權利。例如受託人出賣有權利瑕疵的信託財產而應負的擔保責任（民法第349條、第350條、第353條）；信託財產與他人財產添附而生的不當得利返還責任（民法第816條），其相對人因此所取得的權利。

2. 受益人的給付請求權。按受益人對信託財產雖無優先受償權，但如

與處理信託事務而生的權利相比較，似應為相同的處理，始為合理[46]。

3. 因信託財產所生之房屋稅或地價稅。在信託關係存續中信託財產所生之地價稅、房屋稅，因係以受託人為納稅義務人，若受託人不繳納者，稅捐稽徵機關自得對欠稅之信託財產強制執行[47]。

(三) 其他法律另有規定者

例如我國所得稅法第110條之1、稅捐稽徵法第39條等，就稅捐債權所規定的強制執行程序，即屬其他法律另有規定的事項，仍得對有關信託財產的稅捐，移送法院強制執行。至於稅捐稽徵法第24條第1項雖規定：「納稅義務人欠繳應納稅捐者，稅捐稽徵機關得就納稅義務人相當於應繳稅捐數額之財產，通知有關機關，不得為移轉或設定他項權利；其為營利事業者，並得通知主管機關，限制其減資或註銷之登記。」而授權稅捐稽徵機關得就納稅義務人相當於應繳稅捐數額之財產，通知有關機關為禁止處分，但如為納稅義務人的委託人已將其財產權為信託移轉，因法律名義上已為受託人所有，解釋上即不得再適用上開規定[48]。

應強調者，如與信託財產無關的稅捐，而係受託人固有財產所生的稅捐，則仍不得就信託財產為強制執行。至於如依房屋稅條例第4條第5項、土地稅法第3條之1第1項及第5條之2第1項等規定，乃鑑於信託關係存續中，受

---

[46] 參閱松本崇、西內彬，信託法・信託業法・兼營法〈特別法コンメンタール〉，第一法規，1977年，頁114-115。

[47] 參閱法務部民國95年1月27日法律字第0950002187號函。

[48] 參閱法務部民國90年12月21日法律字第040486號函：「二、本部意見如下：次按稅捐稽徵法第24條第1項前段係規定納稅義務人欠繳應納稅捐者，稅捐稽徵機關得就納稅義務人相當於應繳稅捐數額之財產，通知有關機關，不得為移轉或設定他項權利。本件納稅義務人已將其財產權為信託移轉，似已無得否適用上開規定問題。又本件信託之委託人為不同之法人，其所信託之財產雖為同一地號土地，惟係各以其所有之應有部分信託，故如欲為自益信託，須分別與受託人訂定信託契約，各自移轉其財產權。然而，二委託人係以共同委託方式為信託行為，而信託條款欄中之『受益人』記載為『即委託人』，其間又未約定受益權比例，則二委託人（共同受益人）交叉受益部分，須視同無償取得，應依法核課其應納稅額。併此敘明。」

託人對於信託財產負有管理義務，為簡便稅捐的徵繳程序，降低稽徵成本等考量，而明定受託人為納稅義務人，且受託人就信託財產所支出之稅捐得以信託財產充之，並有求償之保障規定（信託法第39條至第41條），以期衡平，故信託法如無不得對受託人的自有財產強制執行的例外規定時，自不宜將受託人的自有財產排除於得強制執行財產範圍之外。換言之，如於信託關係存續中因信託財產所產生的稅負，法律明定受託人為納稅義務人而未繳納者，稅捐稽徵機關應得就受託人的自有財產為強制執行[49]。

　　此外，如債權人違反我國信託法第12條第1項的規定，對信託財產強制執行時，同條第2項並規定：「違反前項規定者，委託人、受益人或受託人得於強制執行程序終結前，向執行法院對債權人提起異議之訴。」亦即，使信託關係人中的委託人、受益人或受託人，得依強制執行法第15條的規定，提起第三人異議之訴，主張該財產係信託財產，請求撤銷強制執行程序。其中，委託人將信託財產移轉與受託人後，委託人雖已非名義上的權利人，但其係信託設定者，就信託財產具有利害關係，為賦予其保護信託財產及受益人之權能，我國信託法特別規定其得提起異議之訴，而得

---

[49] 參閱法務部民國91年4月3日法律字第0910012048號函。另參閱財政部民國91年3月27日台財稅字第0910451666號函：「信託關係存續中信託財產之地價稅或房屋稅依土地稅法第3條之1第1項，及房屋稅條例第4條第5項規定，係以受託人為納稅義務人，而該納稅義務人對於應納稅捐逾期未繳，依稅捐稽徵法第39條規定移送強制執行時，依行政執行法第11條規定得就納稅義務人之財產強制執行，而該納稅義務人（即受託人）之財產自包括自有財產在內。又依信託法第39條規定：『受託人就信託財產或處理信託事務所支出之稅捐、費用或負擔之債務，得以信託財產充之。前項費用，受託人有優先於無擔保債權人受償之權。……』，同法第40條及第41條對受託人就信託財產所支出之稅捐等費用，亦訂有得向受益人求償及受償之權利未獲滿足前，得拒絕將信託財產交付受益人等保障規定。綜上，受託人依上揭規定既為納稅義務人，且其就信託財產所支出之稅捐得以信託財產充之，並有求償之保障規定，信託法如就納稅義務人（即受託人）之自有財產強制執行之例外規定時，似不宜將納稅義務人（即受託人）之自有財產排除於得強制執行財產範圍外，以維稅捐之徵收。」

依強制執行法第12條第1項規定聲明異議[50]。

　　依我國信託法第12條第3項規定：「強制執行法第十八條第二項、第三項之規定，於前項情形，準用之。」職是之故，委託人、受益人或受託人如具有足以排除強制執行的權利，即得依強制執行法第18條第2項的規定，向法院聲請為停止強制執行的裁定，俾保全信託財產，免受難以回復的損害。而且，異議之訴的當事人，對於法院所為准駁停止強制執行的裁定，不得提出抗告。至於所謂足以排除強制執行的權利，係指所有權或其他足以阻止轉讓、交付之權利而言，是因強制執行致侵害該權利人的所有權或占有者，始得提起異議之訴排除強制執行[51]。

　　又信託財產既具有獨立性，且信託法第12條第1項前段有關對於信託財產不得強制執行的規定，無論從立法條次的體系編排及規範目的而言，均不能解為以受託人的債權人為限，則除有該條項但書情形外，委託人、受益人及受託人的債權人皆不得聲請強制執行。就委託人的債權人對信託財產聲請強制執行而言，鑒於委託人依法終止信託關係，而由受託人將信託財產移轉登記或交付給委託人所有以前，委託人尚不得主張信託財產為其所有，則於移轉登記或交付給委託人所有以前，委託人的債權人應無法主張為委託人所有而對之聲請強制執行。又如受託人的一般債權人對信託財產聲請強制執行而論，如委託人、受益人或受託人欲對受託人的一般債權人主張異議，就應為信託公示的信託財產，係以已為信託公示者為必要[52]，否則縱使主張異議，亦無法對抗受託人的善意債權人或第三人。

50　參閱最高法院91年度台抗字第279號民事裁定：「信託法第12條第2項規定，有違反同條第1項對信託財產不得強制執行規定者，委託人得於強制執行程序終結前，向執行法院對債權人提起異議之訴，其立法意旨，係以委託人將信託財產移轉與受託人後，該財產名義上即屬受託人所有，委託人雖已非權利人，惟其係信託設定者，就信託財產具有利害關係，為賦予其保護信託財產及受益人之權能，爰特別規定其得提起異議之訴，非謂其不得依強制執行法第12條第1項之規定聲明異議。」

51　參閱臺灣嘉義地方法院87年度訴字第344號民事判決。

52　參閱松本崇、西內彬，信託法・信託業法・兼營法〈特別法コンメンタール〉，第一法規，1977年，頁115。另參閱臺灣高等法院高雄分院92年度上字第145號民事判

　　有疑問者，如受益人的債權人對信託財產聲請強制執行時，應如何處理？按我國信託法並未明文規定信託利益全部歸受益人享有時，如有非以信託財產不能清償債務時，受益人得終止信託，使信託關係消滅，而僅於第64條第1項規定：「信託利益非由委託人全部享有者，除信託行為另有訂定外，委託人及受益人得隨時共同終止信託。」因此，解釋上應認為，若委託人係設定自益信託而自為受益人時，其債權人得以受益人非以信託財產不能清償債務的理由，聲請法院命受益人終止信託或由其債權人依民法第242條規定聲請代位受益人終止信託，而於信託財產歸復委託人後，始得就該信託財產聲請強制執行[53]，以排除信託的破產隔離功能。質言之，如於他益信託的情形，受益人的債權人只能對受益人的受益權聲請強制執行，而不得逕行對信託財產聲請強制執行。

　　至於如對於信託財產聲請強制執行時，受託人發生變更，本來依我國強制執行法第30條之1有關強制執行程序準用民事訴訟法的規定，即可根據民事訴訟法第254條第1項所規定的當事人恆定原則，續行其強制執行。為避免爭議，我國信託法第49條並規定：「對於信託財產之強制執行，於受託人變更時，債權人仍得依原執行名義，以新受託人為債務人，開始或

決：「上訴人另主張系爭房地為其所有，僅信託登記於黃○仁名下，屬信託財產，依信託法第12條之法理，被上訴人對系爭房地不得強制執行云云。惟上訴人與黃○仁間係成立借名登記契約，而非信託契約，業如前述，自無適用信託法第12條之餘地。且信託法第12條係限制第三人行使權利，自不宜擴張解釋，故借名登記契約不得依信託法第12條之法理，而認對於借名登記物不得強制執行。再按以應登記或註冊之財產權為信託者，非經信託登記，不得對抗第三人，85年1月公布施行之信託法第4條第1項定有明文。準此，於信託法公布生效後，以應登記或註冊之財產權為信託者，不論其信託關係成立於信託法生效前或生效後，均應依照信託法之規定辦理信託登記，始能對抗第三人。而如前所述，系爭房地並未為信託登記，是即便上訴人與黃○仁間就系爭房地成立信託契約，將上訴人所有之系爭房地信託登記於黃○仁名下，亦因未於信託法公布後，變更登記為信託登記而不得對抗被上訴人，上訴人自無從依信託法第12條規定之法理，主張被上訴人對系爭房地不得強制執行。」

[53] 參閱能見善久，現代信託法，有斐閣，2004年，頁40。

續行強制執行。」殊值注意。

四、抵銷的禁止

　　倘受託人對同一相對人，同時保有信託財產上的債權及負有屬於其固有財產上的債務，因信託財產在名義上係受託人所有，因此如其給付種類相同，且均屆清償期時，依民法第334條有關抵銷的規定，則雙方本各得主張抵銷。問題在於，由於屬於信託財產的債權與受託人個人的債務及其他信託財產的債務，在名義上雖同為受託人的名義，但實質上其歸屬的主體互異，因此如允許其抵銷，則受託人將以信託財產清償自己的債務，實有違信託制度的旨趣[54]。職是之故，我國信託法第13條乃規定：「屬於信託財產之債權與不屬於該信託財產之債務不得互相抵銷。」以免減損該信託財產而害及受益人的權益。例如委託人甲將現金1,000萬元及房屋一筆設定信託給受託人乙，受託人乙則依信託條款的約定，將1,000萬現金存入丙銀行，且表明該筆存款為信託財產；其後，受託人乙除再以其自有房屋向丙銀行抵押借款500萬元外，又以屬於信託財產的房屋向丙銀行抵押借款500萬元。若存款債權及借款債務均屆清償期，而乙未清償借款債務時，丙銀行即不得以受託人乙自有房屋的抵押借款與存放於丙銀行的存款，互相抵銷。相對地，丙銀行則得以存放於該銀行的存款與信託財產的抵押借款，互相抵銷。又例如受託人管理處分信託財產所生的稅款，受託人雖得以信託財產或自有財產支付之，但倘以信託財產為支付，則稅務機關因故須退還該稅款予受託人時，該應退還的稅款係屬信託財產的債權，應不得抵繳受託人自身積欠的稅捐債務，方符合信託法第13條規定的意旨[55]。

　　又同屬於同一信託財產的債權與債務，依我國信託法第13條的反面解

---

[54] 參閱許耀東，信託制度之研究──兼論我國信託事業之回顧與前瞻，中國文化大學法律研究所碩士論文，1984年6月，頁98。

[55] 參閱法務部民國108年9月4日法律字第10803511830號函。

釋，自得互相抵銷，固無疑問。問題在於，屬於信託財產的債務與不屬於信託財產的債權間，可否互相抵銷？例如受託人請工人修繕屬於信託財產的房屋，受託人所負修繕費用的債務，因係處理信託事務所負擔的債務，自屬於信託財產的債務，但如該工人前曾向受託人借貸時，受託人對該工人所享有的借貸債權，即係不屬於信託財產的債權，此際如兩者均屆清償期時，其雙方當事人可否主張抵銷，誠有疑問。觀諸我國信託法第13條的立法意旨，似主要在避免以信託財產清償受託人本身的債務，故其如符合民法上抵銷的要件，似無禁止的必要。果不然，對抵銷制度所具有的擔保功能，似已過度限制。至於受託人就屬於信託財產的債務與受託人個人的債權相互抵銷後，則得依信託法第39條第1項規定，主張以信託財產充之，而向信託財產求償。

此外，在信託實務上，如受託銀行對其受益人以受益權為擔保進行放款，此時該受託銀行對受益人的消費借貸債權性質上為不屬信託財產的債權，而受益人對信託財產的受益權，即為屬於信託財產的債務，兩者可否抵銷，亦有疑問。本文以為，似無禁止受託銀行主張互相抵銷的必要，且受託銀行亦可能於辦理授信放款時，在授信契約中特別規定抵銷條款，而以特約迴避此等問題[56]。再者，若依日本大阪高等法院的見解，即認為受益人對受託人的剩餘財產返還請求權與受託銀行的貸款債權，其抵銷雖不在日本2007年9月30日修正前「信託法」第17條的射程範圍，但因其與日本「民法」第505條第1項所規定債權目的的種類不一致，故依當時「信託法」第36條及第37條的立法意旨及反面解釋，該二條所規定的費用、損害及報酬等以外債權的貸款與信託財產間，並不得進行法定抵銷。惟於信託關係消滅後，撥入受益人存款帳戶中的存款或剩餘財產返還請求權與受託銀行的貸款債權間，得由受託銀行與受益人合意抵銷[57]。亦即，肯定受託銀行得以受益人對受託人的剩餘財產返還請求權作為擔保，以合意約定抵

---

56 參閱田中實、山田昭，信託法，學陽書房，1989年，頁74-75。
57 參閱大阪高決，平成12.11.29，判例時報，第1741號，頁92。

銷，以謀求貸款債權的優先受償[58]。

又違反禁止抵銷的規定者，應認為違反強制禁止的規定，當然無效。因此，如第三人主張抵銷，則屬於信託財產的債權，並不因而消滅。但如欲向行使抵銷權的第三人主張抵銷無效時，必須該信託財產已辦理信託公示或第三人並非善意時始得為之，否則恐過度損及交易安全。

五、混同的限制

信託財產若為所有權以外的權利，例如為地上權、抵押權或質權等時，若受託人以其個人名義或以其他信託財產受託人的身分，因繼承或買賣關係等事由，而取得該權利標的物的所有權時，本來依我國民法第344條及第762條的規定，該其他物權即應因混同而消滅。惟由於在信託關係上，信託財產與受託人的固有財產及其他信託財產，其彼此的實質歸屬主體實不相同，受託人雖為形式上的權利主體，但實質上僅於信託目的範圍內為受益人的利益而保有該信託財產。是故，民法混同的法理，於信託關係中，其適用應予以限制。我國信託法第14條規定：「信託財產為所有權以外之權利時，受託人雖取得該權利標的之財產權，其權利亦不因混同而消滅。」即明文排除民法有關混同的規定。舉例而言，在授信實務上，地主為與建商合建，若提供土地供建商（借款人）向融資公司辦理土地融資及建築融資，並設定抵押權予融資公司作為擔保，而非向銀行辦理土地融資及建築融資。其後，由於建商辦理預售屋買賣，依規定必須將土地及預售屋買賣價金等信託予銀行，成立不動產開發信託及買賣價金信託。然而當該建案完工後，承購戶要向其往來銀行辦理分戶貸款時，鑒於國內有若干銀行的內規規定，如前順位抵押權人為銀行以外之融資公司或民間債權人時，該銀行不得進行代償的作業，縱使融資公司願出具承諾書表示於收到代償款項後，無條件塗銷抵押權，銀行礙於其內規規定，並無法進行代償，以致於承購戶無法取得銀行貸款。由於前順位抵押權人是否為銀行，

---

[58]　參閱新井誠，信託法（第3版），有斐閣，2008年，頁342。

貸款銀行都僅是進行形式審查，完全依土地、建物登記謄本上所記載之抵押權人名義是否為斷，為解決上開困境，實務上可由融資公司將其對建商之融資債權及抵押權設定信託予受託銀行，以解決承辦分戶貸款之銀行僅從形式審查前順位抵押權人是否為銀行之問題。因此，當建案完工後，因土地及地上物的所有權為建商所交付的信託財產，而融資公司將其對建商的融資債權及抵押權設定信託予受託銀行後，融資債權與抵押權則為融資公司所交付之另一信託財產。因此，雖然形式上，上開二筆信託財產的受託銀行同一，但均非受託銀行的自有財產，依信託法第14條規定，融資債權與抵押權即不因混同而消滅。

問題在於，如受託人取得以該信託財產為標的的權利時，是否得因混同消滅？按我國信託法第35條第1項的規定，原則上禁止受託人於信託財產上設定或取得權利，因此苟係法律明文規定受託人可於信託財產上設定或取得權利時，自無許其可因混同消滅的道理，否則即無特設規定的實益。

此外，受託人如係因繼承、合併或其他法定事由，概括承受信託財產上的權利時，依我國信託法第35條第2項後段的規定，於此情形，並準用第14條的規定，即如該信託財產為所有權人以外的權利時，受託人雖因合併、繼承或其他法定原因而取得該權利標的的財產，其為信託財產的權利，亦不適用民法混同的法理而歸於消滅。

屬於信託財產的權利為須公示的財產權者，若未為信託公示，則受託人於取得該權利標的的財產權後，再讓與第三人時，該信託關係的受託人、受益人或其他有利害關係人等，即不得主張該權利不因混同而消滅，以對抗第三人。例如，信託財產為地上權，而未為信託登記，受託人嗣後取得該地上權所附麗的土地所有權，其為信託財產的地上權，雖不因混同而消滅，但如受託人將土地所有權讓與第三人時，則委託人、受益人或其

他利害關係人，則不得以地上權信託為理由，對抗善意的第三人[59]。

第三節　信託公示與信託財產的獨立性

　　我國信託法除承認信託財產的獨立性外，亦明定受益人在一定條件下，對於受託人的違反信託本旨的處分，得行使具有物權追及效力性質的撤銷權。又因受託人為信託財產的名義所有權人，為使與受託人從事交易的第三人得以知悉受託人名下財產是否為信託財產，乃至於其所交易的客體為信託財產，以維交易安全，我國信託法則建構有信託的公示機制。換言之，信託財產如經信託登記、註冊或經表彰為信託財產者，即得據以對抗第三人，而取得對世效力。

　　有爭議者，乃信託財產之獨立性是否與信託公示制度具有絕對的必要關係，特別是我國信託法第12條第1項對信託財產強制執行的限制，是否以信託財產必須依信託法第4條辦理信託公示為前提要件？主張肯定說者認為，在信託法公布後，既已就信託財產的公示設有明文，依信託法第4條第1項及第2項的規定，信託財產為應登記或註冊的財產權者，非經信託登記，不得對抗第三人，信託財產為有價證券者，非依目的事業主管機關規定於證券或其他表彰權利文件上載明為信託財產者，亦同。因此，最高法院過去對於信託財產強制執行的判決，在信託法公布後，似應略為修正。亦即信託財產已依信託法第4條規定為公示者，任何人均可得知該財產為信託財產，已無信賴該財產係受託人自有財產可言，故對該財產的強制執行悉依信託法第12條為準據。惟如信託財產未經公示者，不論其信託關係成立於信託法施行前或施行後，均無信託法第12條的適用[60]。

59　參閱王寶蒞，信託關係上受託人義務之研究，國立中興大學法律學研究所碩士論文，1976年5月，頁131。

60　參閱詹森林，信託之基本問題——最高法院判決與信託法規定之分析比較，律師通訊，第204期，1986年9月，頁66。另採取相同見解者，參閱葉張基，信託法與民法之調和，國立中興大學法律學研究所碩士論文，1998年7月，頁60。

　　反之，主張否定說者則以為，無論信託財產是否得為信託登記，受託人的債權人原則上均不得追及信託財產。換言之，享有信託利益的受益人，就信託財產其地位優於受託人的一般債權人，此亦趨近物權之優先性[61]。此外，亦有從法學方法論的觀點，解釋我國信託法第4條與第12條的關係，而贊同否定說的看法者，亦即依信託法第4條的文義，係以應經登記或註冊的財產權為規範對象，此類財產若未經登記或註冊即無對世效力，反面推之，若以「非應」經登記或註冊的財產權為信託者，未經登記時，似仍可對抗第三人。另從目的性解釋而言，登記或註冊制度的目的不外是易於舉證、保護交易安全，而信託法第12條的規定，目的則在於保護委託人與受益人的權益，而非受託人的債權人，雖然在立法考量上，可讓債權人的利益優先於委託人或受益人的利益，但在現行法下，由於信託財產獨立性的要求，加上受益人利益先於債權人利益受保護，故信託法第12條的立法目的應優先於第4條的立法目的而考量，就未經登記或公示的非應登記或註冊的信託財產，仍應尊重其獨立性，進而賦予其對抗第三人的效力。換言之，即使信託財產未經公示，並不影響信託財產的獨立性[62]。

　　本文以為，信託財產的獨立性雖與信託公示並無絕對的必要關係，但如信託財產未經公示，應就有關信託財產獨立性的各個規定與交易安全的保護，分別予以利益衡量，其結果，善意第三人的權益自應適度加以尊重。首先，如受託人死亡時，即使信託財產未經信託公示，因不涉及交易安全的保護，故受託人的繼承人仍不得對信託財產主張繼承權。換言之，信託財產縱然未經信託公示，我國信託法第10條的規定仍有其適用。其次，於受託人破產時，因受託人的任務終了（信託法第45條第1項），信託財產自不應屬於受託人的破產財團，而視為於原受託人任務終了時，移轉於新受託人或歸屬於其他受託人（信託法第47條），並於新受託人接任處理信託事務前，由破產管理人保管信託財產（信託法第45條第3項）。

---

[61]　參閱方嘉麟，信託法之理論與實務，月旦出版公司，1994年，頁230。

[62]　參閱王文宇，信託法原理與信託業法制，月旦法學雜誌，第65期，2000年10月，頁29。

新受託人或其他受託人欲行使我國破產法第110條所規定的取回權時，鑒於破產法上取回權的發生，是基於民法或其他實體法的規定，且破產管理人對於取回權人權利的行使，亦僅能依據破產人所得行使的抗辯權，對抗取回權人，今我國信託法第11條既已明定：「受託人破產時，信託財產不屬於其破產財團。」故即使信託財產未經信託公示，破產管理人亦無從對新受託人或其他受託人主張抗辯[63]。質言之，於受託人破產時，不論信託財產有無經信託公示，應解為新受託人或其他受託人對信託財產有取回權[64]。次按，受託人的債權人如違反信託法第12條第1項的規定，而聲請法院對信託財產強制執行時，委託人、受託人或受益人雖得依信託法第12條第2項的規定提起異議之訴，為使信託公示制度與私法體系上其他公示制度取得法制功能的衡平性，並維交易安全，應認為如信託財產未經辦理信託登記或公示，則委託人、受益人或受託人縱使提起異議之訴，亦無法對抗善意第三人。再按，如受託人的債權人違反我國信託法第13條的規定，而主張抵銷時，則屬於信託財產的債權，並不因而消滅，但如信託財產未經信託公示，則不得向行使抵銷權的善意第三人主張抵銷無效[65]。最後，若信託財產為所有權以外的權利時，受託人雖取得該權利標的的財產權，其權利亦不因混同而消滅（信託法第14條），因其規定主要在排除民法第344條及第762條有關混同的規定，並不涉及交易安全的保護問題，故不論信託財產有無經信託公示，受託人皆不同主張信託財產因混同而消滅。惟如受託人於取得該權利標的的財產權後，再讓與善意第三人時，基於交易安全的保護，則委託人、受託人、受益人或其他利害關係人，即不得主張

---

63 有論者以為，如信託財產欠缺信託公示，新受託人於行使取回權時，將不得對抗受託人之債權人，概其為信託法第4條所稱之第三人，故債權人得主張將信託財產列入破產財團。參閱葉張基，信託法與民法之調和，國立中興大學法律學研究所碩士論文，1998年7月，頁56。

64 另與本文採取類似見解者，參閱陳計男，破產法論，三民書局，1984年，頁201。

65 參閱葉張基，信託法與民法之調和，國立中興大學法律學研究所碩士論文，1998年7月，頁61。

該權利不因混同而消滅[66]。

第四節　信託財產管理方法的變更

　　信託財產的管理方法，應依信託行為而定，斯為當然。而信託行為本屬私法自治的範疇，原則上由當事人自行決定內容，故信託財產的管理方法，乃由委託人與受託人決定。換言之，就信託財產管理方法的變更而言，依私法自治原則，信託財產的管理方法本得由信託行為的當事人自由決定，惟信託關係成立後，受益人因而享有信託利益，一旦信託財產的管理方法有所變更，勢將影響受益人所能享有的信託利益。因此，受益人雖非信託行為的當事人，而於信託設定時未能參與決定信託財產的管理方法，但於信託關係成立後，如欲變更信託財產的管理方法，則應徵得受益人的同意，以保護受益人的權益。職是之故，我國信託法第15條規定：「信託財產之管理方法，得經委託人、受託人及受益人之同意變更。」亦即明定信託財產的管理方法變更時，除應經信託行為的當事人同意外，尚應經受益人同意，以衡平委託人的意思與受益人的既得權利。

　　有疑義者，乃在遺囑信託的情形，因信託成立後，委託人已死亡，此時委託人的繼承人可否代委託人行使同意權？本文以為，如信託行為未明定委託人的繼承人有同意變更的權限，依信託本旨，似不宜賦予委託人的繼承人有同意權。至於委託人死亡時，是否得解釋為僅須受託人與受益人同意即可，誠有疑問。本文以為，信託契約或遺囑中所規定的管理方法，乃由委託人與受託人雙方或由委託人單方所訂定，且管理方法的變更，每涉及信託目的或信託本旨能否有效實現，故即使委託人死亡，亦不容僅由受託人與受益人二者同意變更。當然，解釋上亦宜認為如信託行為或信託契約另有規定者，自應從其所定。

　　問題在於，如非變更信託財產的管理方法，而僅是變更信託利益的分

---

[66] 參閱葉張基，信託法與民法之調和，國立中興大學法律學研究所碩士論文，1998年7月，頁63。

配方法或給付方式時，是否仍必須由委託人、受託人及受益人三者同意始得變更。解釋上，我國信託法第15條雖僅就信託財產管理方法的變更設有規定，但其他信託條款的變更，理應類推適用之。惟如信託利益的分配方法或給付方式縱有變更，如未增加或加重受託人之管理成本或管理責任，解釋上宜認為受託人不得拒絕同意，否則即有違背誠信原則之虞。

至於若有特別情事發生，為信託行為成立時，信託當事人所不能預見，以致使其管理方法實際上不能符合受益人的利益時，如委託人、受託人及受益人間又不能依合意變更，應許信託關係得依民法情事變更的法理，聲請法院變更管理方法，以符實際。我國信託法第16條第1項規定：「信託財產之管理方法因情事變更致不符合受益人之利益時，委託人、受益人或受託人得聲請法院變更之。」即本於斯旨。此外，就法院所定之管理方法而言，本於私法自治原則，解釋上亦得依我國信託法第15條規定，由全體信託關係人同意變更之[67]。應注意者，依我國信託法第38條規定：「受託人係信託業或信託行為訂有給付報酬者，得請求報酬。約定之報酬，依當時之情形或因情事變更顯失公平者，法院得因委託人、受託人、受益人或同一信託之其他受託人之請求增減其數額。」質言之，即規定信託條款所約定的報酬，亦有情事變更原則的適用。應注意者，如為私益信託，鑑於情事變更原則為私法上的一大原則（民法第227條之2、民事訴訟法第397條），故信託關係成立後，如發生信託行為當時所不能預見的情事，而依其原有效果顯失公平者，信託行為的當事人得聲請法院增、減其給付或變更其他原有的效果，本應有民法上有關情事變更原則的適用問題。惟因信託法第16條及第38條就情事變更原則的適用，已另有規定時，依特別法優先適用普通法的法律適用原則，自應優先適用信託法的相關規定。換言之，由於我國信託法對於信託財產管理方法的變更及受託人報酬的增減，已對於情事變更原則的聲請主體、適用要件及行使方式另有規

---

[67] 應注意者，日本舊「信託法」雖未設有類似我國信託法第15條的規定，但四宮和夫則認為應由全體信託關係人同意後始得變更信託條款。參閱四宮和夫，信託法（新版），有斐閣，1994年，頁214。

定，故應優先適用信託法的相關規定。

有疑問者，如為信託財產之管理方法及受託人報酬以外的信託條款或信託事項，究應如何適用情事變更原則，理論上似有二種解釋模式可資解決。其一為類推適用信託法第16條或第38條的規定，其二為回歸適用我國民法第227條之2的規定。惟由於民法上有關情事變更原則規定的適用，僅明定當事人得提出聲請，而受益人並非信託行為的當事人，故受益人對於信託財產的管理方法及受託人報酬以外的信託條款或信託事項，如認為有情事變更原則的適用時，是否得依民法的規定提出聲請，解釋上即有疑問。本文以為，在解釋論上，或可認為得類推我國信託法第16條或第38條的規定，如受益人認為信託條款因情事變更致不符合受益人的利益或顯失公平者，得聲請法院變更之。至於在立法論上，基於信託關係與一般私法上的債權債務關係，在性質上有其特殊性，故宜統合我國信託法第16條或第38條的規定，擴大情事變更原則的適用範圍，以杜爭議[68]。

此外，如法院依信託關係人的聲請所訂定的管理方法，其後亦因情事變更而不符合受益人的利益時，依我國信託法第16條第2項的規定，仍準用同條第1項的規定，而許信託關係人得再度聲請法院變更。

應注意者，如在公益信託的情形，於公益信託成立後發生信託行為當時不能預見的情事時，為使信託得以存續，我國信託法第73條則規定目的事業主管機關得參酌信託本旨，變更信託條款。亦即，如公益信託的管理方法不符合受益人的利益時，應由目的事業主管機關依職權變更，受託人即應依目的事業主管機關所變更的管理方法，行使其管理信託財產的權限，殊值注意。此外，既然公益信託的受益人為不特定的多數人，故理論上自不可能由委託人、受益人及受託人以三方同意的方式，而變更信託財產的管理方法，自不待言。

---

[68] 參閱王志誠，信託之基礎性變更，政大法學評論，第81期，2004年10月，頁172-175。

第五節　信託財產占有瑕疵的承繼

　　由於信託財產有其獨立性，在理論上甚至可認為其具有實質的法律主體性[69]，因此如依民法的一般原則，其可能選擇不主張合併委託人的占有，而主張其自己的占有（民法第947條）。同時，如係以動產所有權、動產質權或留置權為信託財產而設立信託者，縱然委託人為無處分權人，就信託財產而言，亦有可能成立善意取得（民法第801條、第886條、第948條）。雖然受託人基於信託行為而完全取得信託財產，但是其既非因該財產享有利益，故無使其較委託人享有更佳保護的必要。因此，我國信託法第33條第1項規定：「受託人關於信託財產之占有，承繼委託人占有之瑕疵。」以防止惡意的委託人將其財產信託於善意的受託人，而侵害真正的權利人，從中使自己或他人收受不當的利益。問題在於，我國信託法第33條的適用範圍，是否同時包括自益信託與他益信託？抑或僅及於自益信託？誠值探討[70]。本文認為，如從該條的文義來看，因其並未區別自益信託與他益信託的不同，故應認為適用於兩者。而且，如從該條的立法意旨來觀察，係在防止委託人濫用信託制度，以保護真正權利人，因此亦應解為不論自益信託或他益信託，均有信託法第33條規定的適用，較為恰當[71]。

　　至於如係以金錢、其他代替物或有價證券為給付標的之有價證券的占有，依我國信託法第33條第2項的規定，必須準用第1項的規定，故受託人仍承繼委託人占有的瑕疵。所謂以金錢為給付標的的有價證券者，如支票、匯票、本票、公債、公司債等，皆為適例。其所謂以其他代替物為給

---

[69] 參閱四宮和夫，信託法（新版），有斐閣，1994年，頁195。

[70] 日本早期學界就舊「信託法」第13條（相當於我國信託法第33條）的適用範圍，亦有爭論。主張應同時適用於自益信託與他益信託者如：青木徹二，信託法論，財政經濟時報社，1926年，頁169；三淵忠彥，信託法通釋，大岡山書房，1926年，頁91；遊佐慶夫，信託法制評論，巖松堂書店，1924年，頁236。至於主張應限定適用於自益信託者如：四宮和夫，信託法（新版），有斐閣，1994年，頁196；田中實、山田昭，信託法，學陽書房，1989年，頁64。

[71] 應補充說明者，臺灣士林地方法院101年度重訴字第79號民事判決亦採相同見解。

付標的的有價證券者，如倉單、提單或載貨證券等，即屬之。亦有進者，所謂以有價證券為給付標的的有價證券，如新股認購權利證書或價款繳納憑證等，皆係以股票為給付標的，是為顯例。然而，股票因不是以金錢、其他代替物或有價證券為給付標的，本不包括在該條第2項的適用範圍內，惟由於股票與上述所列舉的有價證券，亦具有其流通性，本質上並無不同，故解釋上似應與該條第2項所規定的有價證券等同視之[72]，而類推適用該條項的規定。本文以為，從文義解釋的觀點，我國信託法第33條第2項似刻意將股票排除於適用範圍外。蓋依我國目前的公司實務，公司所發行的股票，咸為記名股票，而記名股票因非以占有為公信力的判斷標準，故宜認為得類推適用信託法第33條第2項規定之股票，應以無記名股票為限。但須注意者，乃如屬記名公債或記名公司債等記名證券，因非以占有為公信力的判斷標準，故應無我國信託法第33條第2項的適用問題[73]。

此外，如為信託行為時，已存在於信託財產構成物上的瑕疵（例如委託人的權利不存在、附有抗辯權或撤銷權、因清償而消滅等），雖可能因民商法中為保護交易安全而特設的時效取得制度（民法第768條）、善意取得制度（票據法第14條）或基於有價證券的無因性（票據法第13條、民法第716條第3項），致真正的權利人或債務人無法對善意的受託人主張信託財產構成物上的瑕疵，但解釋上宜類推適用我國信託法第33條的規定，以避免委託人濫用信託制度，侵害真正的權利人或剝奪債務人行使抗辯權及撤銷權的權利[74]。換言之，受託人應承繼信託成立時已存在於信託財產上的

---

[72] 參閱四宮和夫，信託法（新版），有斐閣，1994年，頁198。惟亦有持反對見解者，參閱許耀東，信託制度之研究——兼論我國信託事業之回顧與前瞻，中國文化大學法律研究所碩士論文，1984年6月，頁93；何孝元，信託法之研究，中興法學，第10期，1976年5月，頁88。

[73] 參閱四宮和夫，信託法（新版），有斐閣，1994年，頁198；松本崇、西內彬，信託法・信託業法・兼營法〈特別法コンメンタール〉，第一法規，1977年，頁101。

[74] 應補充說明者，法務部民國103年7月7日法律字第10303507580號函亦採相同見解。

權利瑕疵，不得主張善意取得或以有價證券的無因性為抗辯[75]。例如委託人取得票據時具有惡意或重大過失，其後委託人再將票據設定信託予善意不知情的受託人，此時受託人不得主張其係善意取得或原因關係的抗辯事由已切斷，而享有票據上的權利。申言之，解釋上應認為票據債務人仍得依票據法第14條第1項規定對善意受託人主張其仍應繼受委託人具有惡意或重大過失的抗辯，或依票據法第13條但書規定主張惡意抗辯。又例如甲因被乙詐欺而出售其古董乙批，乙其後將該批古董設定信託給丙，此時丙即使是善意，若甲撤銷其意思表示時，仍得以其撤銷對抗善意的受託人丙，而無我國民法第92條第2項規定的適用。

---

[75] 參閱四宮和夫，信託法（新版），有斐閣，1994年，頁198；中野正俊，信託判例研究，酒井書店，1985年，頁148。

第五章　受益人

第一節　受益人的意義及分類

　　所謂受益人，係指委託人欲使其享有信託利益者或其權利的繼受人而言[1]。換言之，係指直接享有信託所生經濟利益的法律主體，而得請求受託人依信託本旨，給付信託財產及其管理或處分利益的全部或一部者而言。受益人與受託人皆為信託關係上所不可或缺的重要構成要素，學理上尚可將受益人區分為於信託存續期間享有利益的受益人與信託關係消滅時享有利益的受益人（歸屬權利人）二者。至於信託實務上，則從信託利益的受領對象及內容差異，而將受益人區分為本金受益人與孳息受益人二者[2]。

第二節　受益人的適格性及變更

壹、受益人的適格性

　　受益人既享受由信託關係所生的信託利益，自應有權利能力，故自然人、法人、受監護或輔助宣告人、破產人、未成年人等均可成為受益人。私益信託之成立，必須於信託條款中規定一位或數位受益人，以享有信託利益，並促使受託人履行義務[3]。相對地，如為公益信託，因其係以不特定多數人的利益為目的，嚴格來說，係以一般社會大眾為受益人，其受益人於信託設立時，並非必須已確定或可得確定。

1　參閱四宮和夫，信託法（新版），有斐閣，1994年，頁307。
2　例如金融資產證券化條例第31條第1項規定：「持有本金持分總數百分之三以上之受益人，得為受益人之共同利益事項，以書面請求信託監察人行使其權利。」
3　*See* George G. Bogert, Dallin H. Oaks, H. Reese Hansen and Stanley D. Neeleman, Case and Text on the Law of Trusts 78 (Foundation Press, 7th edition, 2001).

　　依英美的信託法理，信託成立時，受益人雖應確定或可得確定，但實務上得僅定義其範圍或條件，而非意指信託成立時即應明確記載受益人的姓名。例如記載受益人為具有血親關係之人[4]或於一定期間任職某公司的受僱人[5]，並無不可。申言之，若法院本於相關事實及環境的通念，可從信託當事人在信託文件上對於受益人的記載，認定受益人已合理確定（reasonable certainty），則可認為已於信託條款中定義受益人，而並無記載特定受益人姓名的必要。又若信託利益開始分配時，得以確認受益人為何人，即符合受益人特定或可得特定之原則，並不以於信託生效時即應知悉或得知悉受益人之姓名為必要[6]。反之，若信託條款規定受益人為世界上之任何人，而由受託人所指定，則因受益人的範圍過於模糊及難以確定，即非有效的私益信託[7]。此外，若受託人具有動用信託財產及分配信託利益權限，而完全不受任何限制，解釋上應認為委託人的真正意思係成立贈與或遺贈，並非設定信託，而認為受託人已享有完全所有權[8]。

　　因此，如為私益信託，應於信託成立時，即已確定或可得確定，否則信託行為不能生效。又即使信託成立時受益人不特定或尚未存在，只要其後可依一定條件的成就或事實的發生而確定，皆屬可得確定的情形。

　　所稱受益人不特定，係指受益人已存在但尚不能確定孰為受益人而言。如為集團信託，因其受益人為多數人，且得因受益權的轉讓而經常變動，亦得認為其受益人不特定[9]。若信託條款規定受益人應依委託人所設定的固定標準，而授權受託人從某特定類別或團體之成員中選出[10]，則於受託人選出特定的受益人前，亦屬受益人不特定的情形。所謂確定受益人

---

[4] See Heilig v. Daniel, 203 Or. 123, 275 P.2d. 854 (1954).

[5] See Board of Directors of Ajax Electrothermic Corp. v. First at. Bank, 33 N.J. 456, 165 A.2d 513 (1960).

[6] See George T. Bogert, Trusts 123 (West Group, 6th edition, 1987).

[7] See Inland Rev. Com'rs v. Broadway Cottages Trust, (1954) 3 All Eng.R.120.

[8] See Weiss v. Broadway Nat. Bank, 204 Tenn. 563, 322 E.W.2d 427 (1959).

[9] 參閱中野正俊，信託法講義，酒井書店，2005年，頁50。

[10] See Hughes v. Jackson, 125 Tex. 130, 81 S.W.2d. 656 (1936).

的固定標準，例如公司基於激勵員工的目的而設定信託，其於信託條款明定表現優異員工的條件及範圍。至於若信託條款僅規定受益人為委託人的友人、密友或摯友，則於實際認定上，容易發生信託條款所描述的受益人是否明確或可得確定的疑義[11]。

　　所稱受益人尚未存在，係指在信託設立之時，受益對象尚未出生（自然人）或尚未設立完成（法人）而言。應注意者，固然我國信託法承認受益人尚未存在之信託為有效，但信託條款中仍應規定確定受益人之固定標準、條件或範圍。至於若以死亡者為受益人時，並非受益人尚未存在，而係受益人已不存在，信託行為應解為不生效力。例如在遺囑信託，其所指定的受益人先於遺囑人死亡時，則該遺囑信託即無效。又例如若遺囑信託未指定受益人，且委託人業已明示其遺產不為繼承人的利益，以致受益人無法決定者，其信託行為無效[12]。

　　依法務部的解釋，所稱受益人不特定，是指受益人已存在但尚不能確定孰為受益人之情形；所稱尚未存在，則指在信託設立之時，受益對象尚未出生的自然人或尚未設立完成的法人[13]。質言之，私益信託的設立，其受益人必須在法律上為權利主體的自然人、法人或特定或可得特定的多數人。又因胎兒以非死產者為限，有權利能力（民法第7條），仍可取得未受限制的權利，故其原則上亦可成為受益人。至於非法人團體、設立中的公司等，亦應解為可為受益人[14]。

---

[11] *See* George T. Bogert, Trusts 123 (West Group, 6th edition, 1987).

[12] *See* J. G. Riddall, The Law of Trusts 11-17 (Butterworths, 5th edition, 1996).

[13] 參閱法務部民國93年3月18日法律字第0930010466號函：「二、按旨揭條文所稱『受益人不特定』，係指受益人已存在但尚不能確定孰為受益人之情形，如公益信託或信託行為訂定以校內成績最佳者為受益人，而成績尚未計算出，或以身心障礙者為受益人等是；所稱『尚未存在』，係指在信託設立之時，受益對象尚未出生（自然人）或尚未設立完成（法人），如以胎兒為受益人，或以籌設中之財團法人為受益人，屬之。至於所得稅法第3條之2第4項及第3條之4第3項相同用語之解釋，請貴部參酌該法相關條文之立法意旨審認之。」

[14] 參閱三菱信託銀行信託研究會編著，信託の法務と實務，金融財政事情研究會，1990年，頁95。

應注意者，在英美信託法發展上，尚承認動物信託（animal trust）或寵物信託（pet trust），而認為委託人如以動物為受益對象的信託仍為有效。例如美國統一州法委員全國會議（National Conference of Commissioners on Uniform States Laws, NCCUSL）於2000年所草擬的「統一信託法典」（Uniform Trust Code）第408條[15]，即明定動物信託的有效性、受託人的指定及法院監督[16]。

貳、受益人的變更

依信託法第3條規定：「委託人與受益人非同一人者，委託人除信託行為另有保留外，於信託成立後不得變更受益人或終止其信託，亦不得處分受益人之權利。但經受益人同意者，不在此限。」可知在他益信託時，一經成立信託，委託人除於信託行為時另有保留或經受益人同意外，不得任意變更受益人。反之，在自益信託時，依信託法第3條規定的反面解釋，委託人於信託關係存續中，自可變更受益人為非委託人。

所稱受益人的變更係指享有信託利益主體的變更，解釋上為無償行為，性質上與受益權的轉讓並不相同。當委託人將自益信託變更為他益信託或共益信託，而導致受益人變更時，依遺產及贈與稅法第5條之1第2項規定：「信託契約明定信託利益之全部或一部之受益人為委託人，於信託

---

[15] *See* Uniform Trust Code, Section 408 (2000) (amended 2001 and 2003) (Trust for Care of Animal): (a) A trust may be created to provide for the care of an animal alive during the settlor's lifetime. The trust terminates upon the death of the animal or, if the trust was created to provide for the care of more than one animal alive during the settlor's lifetime, upon the death of the last surviving animal. (b) A trust authorized by this section may be enforced by a person appointed in the terms of the trust or, if no person is so appointed, by a person appointed by the court. A person having an interest in the welfare of the animal may request the court to appoint a person to enforce the trust or to remove a person appointed.

[16] *See* David Favre, Integrating Animal Interests into Our Legal System, 10 ANIMAL L. 87, 93-94 (2004).

關係存續中，變更為非委託人者，於變更時，適用前項規定課徵贈與稅。」原則上應依規定課徵贈與稅。若共益信託約定其中一位受益人死亡時，信託受益權歸屬其他生存受益人，因信託行為係約定以死亡作為變更受益人的要件，並經雙方同意，該死亡受益人未領受的剩餘受益權，應依遺產及贈與稅法第3條之2第2項規定，課徵遺產稅[17]。

第三節　受益權的性質

信託設立後，受託人雖取得信託財產的所有權，但並不能享受所有權的全部權能，而必須依信託行為所設定的信託目的，為受益人的利益或特定的目的，管理或處分信託財產。相對地，受益人雖享有信託財產的信託利益，但在信託存續期間，卻無法直接行使管理或處分信託財產的權能及取得信託財產的所有權。因此，在信託財產同一標的物上，同時存有名義上的權利人與信託利益的享有人等兩個不同的權利主體。問題在於，受益人雖非信託財產的所有權人，但我國信託法中除賦予受益人得享有撤銷權外（信託法第18條），並承認信託財產的獨立性，故受益權的性質為何？誠值探討[18]。國內學者有以為，受益權係類似以信託財產為擔保的法定留

---

[17] 參閱財政部臺北國稅局民國106年1月17日財北國稅審二字第1060001837號函。

[18] 英美學界對於受益權的性質，向有物權說與債權說的爭論。主張債權說者，係認為受益人的權利內容乃對人權（right in personam），而僅能請求受託人履行信託；相對地，主張物權說者，則受益人的權利本身乃對物權（right in rem），對於信託財產享有衡平法上的所有權。See George T. Bogert, Trusts §37, 132-135 (West Group, 6th edition, 1987). 此外，日本學界就受益權的性質，亦向有債權說與物權說的爭議。主張債權說者，主要係從民法上物權與債權二分的觀點出發，認為受益人對信託財產並無直接的支配利用權，且僅對受託人有作為請求權或對信託財產有給付請求權。參閱新井誠，財產管理制度と民法・信託法，有斐閣，1990年，頁50。至於主張物權說者，乃從受益人享有撤銷權及信託財產具有獨立性等觀點出發，認為受益人不僅對信託財產有給付請求權，同時亦享有物權性的權利，非單純的債權。參閱四宮和夫，信託法（新版），有斐閣，1994年，頁76-77；松本崇、西內

置權或準物權，此乃國家為維持信託制度，賦予受益人的權利，他人不得否認，其性質猶若海商法的船舶優先權（海商法第24條），可以行使物權的追及權及撤銷權。何況此種行為，一經登記公告，確足以保護第三人，第三人不致因之受損[19]。相反地，有學者則認為，受益權係信託受益人對於受託人的債權，同時亦係對於信託財產的一種物權[20]。

　　基本上，如從信託關係的基本結構及功能加以分析，因信託是為他人管理財產的制度，且與其他傳統管理財產制度相比較，信託制度的最大特質即在於不僅賦予受託人廣大的管理處分權限，且對享有信託利益的受益人設有諸多保障措施。亦即，一方面創設信託財產獨立性的概念，使委託人、受益人及受託人的債權人，原則上均不得對信託財產有所請求或主張；另一方面則賦予受益人得對信託財產主張具有物權性質的追及權，而於受託人違反信託本旨處分信託財產，乃至於不當添附或混同信託財產時，得訴請法院以回復信託財產。因此，在界定受益權的性質時，似不容忽視現行法制的基礎前提。質言之，如將受益權解釋為債權，理論上即不宜賦予受益人過多的保障，以免過度破壞債權平等原則。反之，如將受益權解釋為物權，雖較符合保障受益人的立法政策，但卻與傳統物權法的法制體系，略有扞格。

　　本文以為，雖然從受益權的內容來看，受益人對受託人違反信託本旨的處分行為，得行使撤銷權，從而或可認為受益權具有物權之追及性；此外，受益權的內容，亦隨信託財產構成物的變動而發生變動，因此似可解為受益權不僅是單純的債權，而具有某程度的物權效力。但是，在我國現行民法體系下，原則上是將物權與債權二分，如從受益人對信託財產並無直接支配力來觀察，受益權實際上尚未具備物權應有的全部特性，而僅對

彬，信託法‧信託業法‧兼營法〈特別法コンメンタール〉，第一法規，1977年，頁59-60。

[19] 參閱何孝元，信託法之研究，中興法學，第10期，1976年5月，頁17。

[20] 參閱許耀東，信託制度之研究——兼論我國信託事業之回顧與前瞻，中國文化大學法律研究所碩士論文，1984年6月，頁84。

受託人得主張作為請求權及給付請求權（信託法第1條、第17條第1項），乃至於得對於受託人所為違反信託本旨的處分行為聲請法院撤銷（信託法第18條）。由此觀之，在我國現行的私法體系下，似宜將受益權解為債權的性質，而成為名義所有權人的受託人，其對信託財產的管理處分權，只不過應受債權性的拘束[21]。應注意者，乃受益權性質究為債權或物權的爭議，在我國是否有其實益，誠值懷疑[22]。蓋我國信託法中既已明定許多保障受益權的規定，甚至於賦予受益人享有物權救濟的手段，且在實定法中創設其法律效力，似毋庸再從物權與債權的分類中去探索其效力。亦即，思考重點應在於，向來我國民法上物權與債權二分的基本理念，可能隨著現代生活中諸多新型權利的大量出現，而必須重新加以檢討，至於晚近學理上從債權的社會性或債權物權化等角度，來思考新種權利的定性問題，似未必能完全釋疑。換言之，若從財產權的功能來分析，可將財產權之內容分為管理權能與收益支配權能，前者歸屬於受託人，後者則歸屬於受益人。換言之，移轉財產權給受託人，乃在於賦予其管理權能；至於財產權的支配收益權能，則仍應歸受益人享有[23]。例如就不動產信託而言，受託人可依出租的方法管理信託財產，而受益人則享有因信託財產的出租所收取租金的利益。其結果，由於受託人僅享有管理權能，因此就信託課稅而言，如信託財產有所收入，依實質所得課稅原則的理念，原則上應向實際享有受益權的受益人課徵所得稅（所得稅法第3條之4），乃事理的當然結論。

---

[21] 日本學者道垣內弘人，亦從日本私法體系與日本「信託法」之關係分析，而採行相似的見解。參閱道垣內弘人，信託法理と私法體系，有斐閣，1996年，頁222-223。

[22] 應注意者，美國信託法學界雖對於受益權的性質究為債權或物權仍有爭議，但事實上，研究方向已著重於債權說與物權說所生的實際差異及風險，且實務上並不重視債權說與物權說的爭論，而是注重在應視為動產或不動產的問題。參閱樋口範雄，フィヂュシセリー（信認）の時代，有斐閣，1999年，頁59-60。

[23] 參閱王志誠，信託：私法體系的水上浮油？（上），台灣本土法學，第46期，2003年5月，頁14-15。

第四節　受益權的發生與取得

　　信託行為乃委託人依一定的目的，以信託財產移轉於受託人或為其他處分，使受託人為財產的管理及處分的行為。信託行為一旦生效，即發生具有目的性拘束的反射效果，受益權亦隨而發生[24]。質言之，就他益信託而言，信託行為的受益人雖未參與信託行為，而非信託當事人，但一經信託行為的指定，除信託行為另有規定外，即當然享有信託利益，受益人不必為享受利益的意思表示，有別於民法上第三人利益契約（利他契約）的受益人（民法第269條）。蓋固然以契約訂定向第三人為給付者，要約人得請求債務人向第三人為給付，其第三人對於債務人，亦有直接請求給付之權，但第三人利益契約的受益人，於未表示享受其利益的意思前，當事人得變更契約或撤銷契約，且受益人對於當事人一方表示不欲享受其契約的利益者，視為自始未取得其權利。又利他契約，乃要約人與債務人間的契約，在要約人與第三人之間，固常有其原因關係（對價關係）的存在，但此原因關係，與利他契約的成立，並不生影響，第三人無須證明其原因關係的存在[25]。

　　觀諸我國信託法第17條第1項規定：「受益人因信託之成立而享有信託利益。但信託行為另有訂定者，從其所定。」因此，除非信託行為另有約定被指定為受益人者應對信託行為的當事人為享受利益的意思表示，否則於信託成立時，受益人即享有信託利益，對於受託人自有信託利益給付請求權存在[26]。又同一信託之受益人有數人時，分別依信託行為所定比例或期間，享受其信託利益；信託行為中未訂定比例或期間者，依民法第831條規定，準用民法第817條第2項規定，各共有人之應有部分不明者，推定其為均等，故信託行為未訂比例或期間之數受益人，則按人數平均享受其信託利益[27]。

---

[24] 參閱四宮和夫，信託法（新版），有斐閣，1994年，頁317。
[25] 參閱最高法院58年台上字第3545號判例。
[26] 參閱最高法院96年度台上字第844號民事判決。
[27] 參閱法務部民國100年1月31日法律字第0999039141號函。

此外，依我國信託法第3條的規定，在他益信託，委託人除另有保留或經受益人同意者外，於信託成立後不得變更受益人或終止信託，亦不得處分受益人的權利。亦即，一旦於信託行為中指定受益人，受益人即取得受益權，除信託行為另有保留者外，否則委託人與受託人不得任意變更受益人及受益權的內容。又基於私法自治原則，若委託人成立受益人不特定的信託，而於信託行為保留指定受益人的權利，雖無不可，但於信託課稅實務上，依實質課稅原則，解釋上並不適用遺贈稅法規定課徵贈與稅；且信託財產發生之收入，仍屬委託人的所得，應由委託人併入其當年度所得額課徵所得稅。必須俟信託利益實際分配予非委託人時，方屬委託人以自己的財產無償贈與他人，始能應依遺贈稅法第4條規定課徵贈與稅[28]。由此觀之，信託關係的受益人與第三人利益契約的受益人，兩者的地位明顯不同。

就受益權的取得時點來看，如係自益信託或生前信託，除非信託行為另有訂定，其於信託行為發生效力時，受益人即同時取得受益權。相對地，信託契約明定信託利益的全部或一部的受益人非委託人者，性質上為學理上所稱的他益信託，則於信託契約成立時，受益人即取得受益權；且在信託課稅實務上，依法應課徵所得稅或贈與稅（所得稅法第3條之2第1項、遺產及贈與稅法第5條之1第1項）。又即使以緩課股票為他益信託的信託財產，仍應依法申報所得稅或贈與稅[29]。至於遺囑信託，解釋上應於

---

[28] 參閱財政部民國94年2月23日台財稅字第09404509000號函。

[29] 參閱財政部民國93年7月7日台財稅字第0930451434號函：「一、核釋以88年底修正前促進產業升級條例第16條及第17條規定適用緩課之記名股票為信託，相關課稅資料填發與申報之規定：(一)信託契約明定信託利益之受益人為委託人，於信託關係存續中，受託人處分信託財產者，證券商或發行公司於辦理該項股票之移轉、過戶時，應依同條例施行細則第46條第2項規定期限，填發以受託人為所得人之『緩課股票轉讓所得申報憑單』，並將相關資料申報所在地稅捐稽徵機關；上開憑單之所得金額，不計入受託人之所得額課稅，但受託人應於處分上開信託財產之次年1月底前，依前開所得金額填發處分年度以委託人為所得人之『緩課股票轉讓所得申報憑單』，並將有關資料申報所在地稅捐稽徵機關。(二)信託契約明定信託利益之受益人為委託人，於信託關係中，變更為非委託人者，受託人應即將信託契約變更情

遺囑人死亡時，受益人始取得受益權，其信託財產依法應課徵遺產稅（遺產及贈與稅法第3條之2第1項）。

　　既然受益權為受益人的權利，受益人如不欲享受信託利益，法律上自應許其得拋棄其受益權。職此之故，我國信託法第17條第2項規定：「受益人得拋棄其享有信託利益之權利。」有疑問者，鑒於該條項並未明文規定受益人何時得拋棄其受益權？本文以為，宜解為受益人得隨時拋棄，亦即受益人可於享受信託利益一段時期後再拋棄，但如有於享受信託利益的時期內所負的債務負擔，因其非權利，故不得拋棄之。例如受益人於享受信託利益後，受託人對其如可請求給付報酬，則受益人雖可拋棄其受益權（信託法第40條第3項），但對受託人已發生的債務，仍然存在。另外，就受益權附有負擔的情形，應解為受益人於信託成立後，即當然享有信託利益，仍有我國信託法第17條第1項的適用。至於如受益人並不願享有信託利益時，則可依信託法第17條第2項的規定，拋棄其受益權。

形通知該項股票之證券商或發行公司，證券商或發行公司應依同條例施行細則第46條第2項規定期限，填發變更年度委託人之『緩課股票轉讓所得申報憑單』，並將有關資料申報所在地稅捐稽徵機關。(三)信託契約明定信託利益之受益人為非委託人者，證券商或發行公司於辦理該項股票之移轉、過戶時，應依同細則第46條第2項規定期限，填發信託成立年度以委託人為所得人之『緩課股票轉讓所得申報憑單』，並將有關資料申報所在地稅捐稽徵機關。二、信託關係存續中，追加同條例第16條及第17條規定適用緩課之記名股票為信託財產，致增加非委託人享有信託利益之權利者，證券商或發行公司於辦理該項股票之移轉、過戶時，應依同條例施行細則第46條第2項規定期限，填發追加年度以委託人為所得人之『緩課股票轉讓所得申報憑單』，並將有關資料申報所在地稅捐稽徵機關。三、第一點及第二點之信託，如係以獎勵投資條例第13條規定適用緩課之記名股票為之者，證券商、發行公司及信託契約受託人應依前述各點規定原則，辦理相關課稅資料之填發與申報事宜。」

第五節　受益權的內容、行使及時效

壹、受益權的內容及行使

　　受益人的受益權係基於信託當事人的信託行為而授與，但如欲貫徹受益權的保護，尚必須仰賴諸多法律規定。在英美的信託法理下，除受益人因信託成立而享有信託利益外，並認為每賦予受託人一分義務，即授與受益人一分權利。蓋受託人既對受益人負有衡平法上的信任義務，本於權利與義務相對的理念，即應賦予受益人相對應的權利，以監督受託人是否忠實履行其義務。一般而言，除受益人就受託人所應給付的金錢及動產等信託利益，得提起普通法上的訴訟外[30]，通常為監督受託人是否善盡管理處分信託財產的職責，亦肯認受益人得主張衡平法上的各種救濟方法。依信託條款的內容，受益人有權促使受託人忠實處理信託事務，以管理信託財產及公平分配信託利益[31]。又受益人為確保其受益權，並得採取適當的手段，以制止受託人違反其義務及請求受託人負民事責任。同時為判斷信託事務是否確實地執行，受益人亦有權要求受託人提供有關管理或處分信託財產的資訊。應注意者，受益人所享有的種種權利，應僅具消極性質（negative nature），主要在於確定受託人是否違背其職務。質言之，受益人只能單純地享受信託利益，原則上不得參與信託事務的處理[32]。

　　觀諸我國現行信託法制，主要是繼受日本及韓國的立法例，而明定受益人享有諸多權利，主要包括有撤銷權（信託法第18條）、異議權（信託法第12條第2項）、監督權（信託法第16條、第23條、第24條第3項、第35條第3項、第36條第2項、第38條第2項、第50條、第58條、第68條）、同意權（信託法第3條、第15條、第28條第2項、第35條第1項第1款、第36條第1項、信託業法第26條第2項、第27條）、資訊取得權（信託法第31條第

---

[30]　See Restatement (Second) of Trusts (1959)　§197, §198.

[31]　See J. G. Riddall, The Law of Trusts 391 (Butterworths, 5th edition, 1996).

[32]　See J. G. Riddall, The Law of Trusts 391-392 (Butterworths, 5th edition, 1996).

2項、信託業法第19條第2項、第25條第2項、第27條第2項、第3項）、帳簿閱覽權（信託法第32條第1項、信託業法第32條之2）及終止權（信託法第64條第1項）等[33]。

首先，就我國信託法的規定而言，受益人除可向受託人主張給付信託利益的請求權外，尚可行使諸多保全受益權、監控受託人及保護信託財產的權限，凡此種種，皆為受益權的內容，茲臚列分析如下：

一、債權人如有以非於信託前存在於信託財產的權利、非因處理信託事務所生的權利或法律未設有特別規定，而對信託財產為強制執行者，除有信託法第12條第1項但書的情形外，自不應允許委託人、受託人及受益人的債權人，對信託財產聲請強制執行，故受益人得向法院對債權人提起異議之訴（信託法第12條第2項）[34]。

二、信託財產的管理方法欲變更時，除應經信託當事人的同意外，尚必須徵得受益人的同意（信託法第15條）。

三、信託財產的管理方法因情事變更致不符合受益人的利益時，受益人即得聲請法院變更其管理方法（信託法第16條第1項）。

四、受託人違反信託本旨處分信託財產時，受益人即得於符合信託法第18條第2項所規定的要件下，聲請法院撤銷其處分（信託法第18條第1項）。

五、受託人因管理不當致信託財產發生損害或違反信託本旨處分信託財產時，受益人即得請求該受託人以金錢賠償信託財產所受損害或回復原狀，並得請求減免該受託人的報酬（信託法第23條）。

六、受託人如未將信託財產與其自有財產及其他信託財產分別管理，或信託財產為金錢時，未分別管理或分別記帳，因而獲得利益者，受益人得請求將其利益歸於信託財產，又如信託財產因而致受損害，並得向該受

---

[33] 參閱王志誠，跨越民事信託與商事信託之法理──以特殊目的信託法制為中心，政大法學評論，第68期，2001年12月，頁86。

[34] 參閱臺灣高等法院暨所屬法院民國92年11月26日92年法律座談會民事執行類提案第31號，臺灣高等法院暨所屬法院92年法律座談會彙編，2004年4月，頁278-284。

託人請求損害賠償（信託法第24條第3項）[35]。

　　七、多數受託人共同處理有關經常事務、保存行為或信託行為定有得由任一受託人單獨為之以外的信託事務時，若其意思不一致，應徵得受益人全體的同意（信託法第28條第2項）。

　　八、受益人得請求閱覽、抄錄或影印受託人所造具或作成的帳簿、信託財產目錄及收支計算表等文書，並得請求受託人說明信託事務的處理情形（信託法第32條）。

　　九、受託人將信託財產轉為自有財產，或於該信託財產上設定或取得權利時，除法律明文許可者外，受益人除得請求該受託人以金錢賠償信託財產所受損害或回復原狀，乃至於請求減免該受託人的報酬，並得請求將其所得的利益歸於信託財產，且於受託人有惡意時，尚得附加利息一併歸入（信託法第35條第3項）。

　　十、受益人對於受託人請求辭任時，得表示同意。又受託人如有違背其職務或其他重大事由時，受益人得向法院聲請解任該受託人（信託法第36條第1項、第2項）。

　　十一、受益人如認為受託人的報酬，依當時的情形或因情事變更顯失公平者，得請求法院增減其數額（信託法第38條第2項）。

　　十二、受託人變更時，受益人須到場參與新舊受託人的移交，並判定是否承認原受託人所作成的結算書及報告書（信託法第50條）。

　　十三、信託利益非由委託人全部享有者，除信託行為另有訂定外，委

---

[35] 參閱法務部民國93年7月9日法律決字第0930027063號函：「二、查信託法第1條規定：『稱信託者，謂委託人將財產權移轉或為其他處分，使受託人依信託本旨，為受益人之利益或為特定之目的，管理或處分信託財產之關係。』是以，如委託人依信託契約，將信託物之所有權登記為受託人所有後，該信託物之法律上所有人即為受託人，而非委託人或受益人（最高法院84年8月11日84年度台上字第2038號判決意旨參照），準此，信託財產土地之土地使用同意書無須經委託人或受託人（應為受益人之誤）同意；至委託人與受益人倘因受託人管理不當致信託財產發生損害或受託人違反信託本旨處分信託財產時，自得向受託人請求損害賠償（信託法第23條規定參照）。」

託人如欲終止信託，須與受益人共同為之，不得單獨行使終止權（信託法第64條第1項）[36]。

其次，就我國信託業法的規定而論，受益人得行使下列諸多監督受託人及保護信託財產的權限：

一、信託業辦理信託業務，應依照信託契約之約定及主管機關的規定，分別向委託人、受益人作定期會計報告，如約定設有信託監察人者，亦應向信託監察人報告（信託業法第19條第2項）。因此，受益人得請求信託業定期向其提出會計報告。

二、信託契約如約定信託業對信託財產不具運用決定權者，雖得不受信託業法第25條第1項規定的限制，而得以信託財產與信託業或其利害關係人為利益相反或利益衝突程度較高的行為，但信託業應就信託財產與信託業本身或利害關係人交易的情形，充分告知委託人，如受益人已確定者，並應告知受益人（信託業法第25條第2項）。又信託契約約定信託業對信託財產不具運用決定權者，固然亦得不受信託業法第27條第1項規定的限制，而得以信託財產與信託業或其利害關係人為某些利益衝突程度較低的行為，然而信託業應就信託財產與信託業本身或利害關係人交易的情形，充分告知委託人，如受益人已確定者，並應告知受益人（信託業法第27條第2項）。且若信託業以信託財產與其銀行業務部門為外匯相關的交易，除應符合外匯相關法令規定外，並應就外匯相關風險充分告知委託人，如受益人已確定者，並應告知受益人（信託業法第27條第3項）。因此，受益人得依上開規定，就信託業依委託人本人或其委任之第三人的具體指示而對信託財產所為的管理或處分，向信託業行使資訊取得權。

---

[36] 參閱最高法院86年度台上字第588號民事判決：「委託人與受益人非同一人者，委託人除信託行為另有保留或經受益人同意外，於信託成立後不得變更受益人或終止其信託（參看信託法第3條）。原審既認定系爭信託契約之委託人為林○，受託人為被上訴人，上訴人為受益人，則林○自不得擅自終止系爭信託契約。次查受益人因信託之成立而享有信託利益，其信託利益倘為信託財產之自身，則須於信託關係消滅時，始得請求給付，其請求權之消滅時效，應自信託關係消滅時起算。」

　　三、受益人對於信託業辦理以開發為目的的土地信託，得同意信託業以信託財產借入款項。蓋信託業原則上雖不得以信託財產借入款項，但如係以開發為目的的土地信託，依信託契約的約定、經全體受益人同意或受益人會議決議者，不在此限（信託業法第26條第2項）。

　　四、信託資金集合管理及運用或共同信託基金的受益人，雖得行使帳簿閱覽權，但其行使則受有一定條件的限制。申言之，由於營業信託的受益人眾多且業務範圍大，有關信託財產的文書，性質上為非公開的書類，為避免受益人濫用帳簿閱覽權，我國信託業法對於其權利的行使設有一定條件的限制。亦即，信託業辦理信託資金集合管理及運用，或募集共同信託基金，持有受益權百分之三以上的受益人，得以書面附具理由，向信託業請求閱覽、抄錄或影印其依信託法第31條規定編具的文書（信託業法第32條之2第1項）。至於信託業對於持有受益權百分之三以上的受益人所提出的書面請求，除有下列情事之一者外，信託業不得拒絕：(一)非為確保受益人之權利；(二)有礙信託事務之執行，或妨害受益人之共同利益；(三)請求人從事或經營之事業與信託業務具有競爭關係；(四)請求人係為將閱覽、抄錄或影印之資料告知第三人，或於請求前二年內有將其閱覽、抄錄或影印之資料告知第三人之紀錄（信託業法第32條之2第2項）。

　　應注意者，營業信託如涉及多數委託人或受益人時，性質上為集團信託，一旦直接適用信託法有關民事信託的規定，難免有窒礙難行之處。例如信託法第15條有關信託財產管理方法的變更或第64條有關共同終止信託的問題，有時不易取得每一個委託人或受益人的同意。因此，我國現行金融資產證券化條例、不動產證券化條例、證券投資信託及顧問法、期貨信託基金管理辦法、共同信託基金管理辦法及依信託資金集合管理運用管理辦法訂定的信託資金集合管理運用帳戶約定條款，均設有受益人會議制度或受益人大會制度，採用多數決原理，以解決集體行使權利的問題[37]。至於其他信託關係如有多數委託人或受益人的情形，關於委託人及受益人權

37　參閱王志誠，信託之基本法理，元照出版公司，2005年11月，頁291-292。

利的行使，亦有必要採取多數決原理之必要。有鑑於此，我國信託業法於
民國97年1月16日修正公布時，即針對集團信託的特性，明定信託業辦理
信託資金集合管理及運用、募集共同信託基金，或訂定有多數委託人或受
益人的信託契約，關於委託人及受益人權利的行使，得於信託契約訂定由
受益人會議以決議行之（信託業法第32條之1第1項），而就受益人會議之
召集及議事原理，明定得依私法自治原則及契約自由原則，由信託契約訂
定其具體內容。又受益人會議的召集程序、決議方法、表決權的計算、會
議規範及其他應遵行事項，應於信託契約中訂定（信託業法第32條之1第2
項）。至於信託契約中之受益人會議應遵行事項範本，則由信託業商業同
業公會擬訂，報請主管機關核定（信託業法第32條之1第3項）。又鑑於以
開發為目的的土地信託，性質上具有事業經營功能，其受益人可能人數眾
多，具有集團信託的特性，如必須徵得全體受益人同意方能借入款項，恐
有事實上困難，以致無法取得資金而影響開發進度。因此，我國信託業法
特別規定以開發為目的的土地信託，依信託契約的約定、經全體受益人同
意或受益人會議決議者，信託業仍得以信託財產借入款項（信託業法第26
條第2項）。至於受益人會議的決議方法，則必須以受益人會議的特別決
議為之，應經受益權總數三分之二以上之受益人出席，並經出席表決權數
二分之一以上同意行之（信託業法第26條第3項）。又信託業法第26條雖
對該受益人會議之召集程序、決議方法、表決權的計算、會議規範及其他
應遵行事項，並未設有明文，但解釋上應於信託契約中訂定其具體內容。

貳、受益權的時效

　　受益人的受益權，在法律上具有債權性質，當受益權歸屬於受益人
後，如於契約原定存續期間內發生受益人得主張享受信託利益之事由，其
具體受益內容的給付請求權，除其他法律另有規定外，應有民法第125條
所規定十五年消滅時效適用。該具體受益內容的給付請求權自可行使之時
起算，有十五年的消滅時效，依民法第147條規定，不得以特約減短或預

先拋棄之[38]。

至於信託契約成立後，得終止時而不終止，並非其信託關係當然消滅，必待信託關係消滅後，始得請求返還信託財產，故信託財產之返還請求權消滅時效，應自信託關係消滅起算[39]。

應注意者，在商業信託之情形，不動產證券化條例及證券投資信託及顧問法則對於時效設有下列特別規定：

一、受益證券持有人之收益分配請求權，自發放日起五年間不行使而消滅。該時效消滅之收益併入信託財產（不動產證券化條例第41條第1項）。除第1項規定外，基於受益證券所為之其他給付，其請求權之消滅時效為十五年（不動產證券化條例第41條第2項）。

二、受益人之收益分配請求權，自收益發放日起五年間不行使而消滅，因時效消滅之收益併入該證券投資信託基金（證券投資信託及顧問法第37條第1項）。受益人買回受益憑證之價金給付請求權，自價金給付期限屆滿日起，十五年間不行使而消滅（證券投資信託及顧問法第37條第2項）。基金清算時，受益人之賸餘財產分配請求權，自分配日起，十五年間不行使而消滅（證券投資信託及顧問法第37條第3項）。受益人於證券投資信託及顧問法第37條所定消滅時效完成前行使第1項至第3項之權利時，不得請求加計遲延利息（證券投資信託及顧問法第37條第4項）。

除此之外，若為特殊目的信託、不動產投資信託、不動產資產信託、證券投資信託、期貨信託，因金融資產證券化條例、不動產證券化條例、

---

38 參閱法務部民國97年4月1日法律字第0970004416號函：「按受益人之受益權，在法律上具有債權性質，當受益權歸屬於禮券持有人後，如於契約原定存續期間內發生禮券持有人得主張享受信託利益之事由，其具體受益內容之給付請求權，應有民法第125條規定之15年消滅時效適用。又依民法第147條規定：『時效期間，不得以法律行為加長或減短之。並不得預先拋棄時效之利益。』換言之，具體受益內容之給付請求權自可行使之時起算，有15年之消滅時效，不得以特約減短或預先拋棄之。」

39 參閱最高法院83年度台上字第2780號民事判決、最高法院86年度台上字第588號民事判決。

證券投資信託及顧問法、期貨信託基金管理辦法皆已對受益人會議或受益人大會設有特別規定，自應優先適用之，而不再適用信託業法第32條之1規定。

第六節　受益權的轉讓及繼承

壹、民事信託的受益權轉讓

受益權為財產權的一種，原則上似無不許其轉讓及融通的理由，故我國為使受益權讓與的法律關係明確，爰於信託法第20條規定：「民法第二百九十四條至第二百九十九條之規定，於受益權之讓與，準用之。」明定受益權的讓與準用民法有關債權讓與的相關規定，俾發揮受益權的經濟功能。依信託法第20條規定，受益人於轉讓其受益權時，準用民法第294條至第299條有關債權讓與的規定，因此受益權轉讓雖以自由為原則，但仍受一定程度的限制。

一、受益權的轉讓自由及限制

我國信託法第20條規定：「民法第二百九十四條至第二百九十九條之規定，於受益權之讓與，準用之。」亦即，受益人得將受益權讓與於第三人。但下列受益權，不在此限：（一）依受益權之性質，不得讓與者；（二）依當事人之特約，不得讓與者；（三）受益權禁止扣押者（信託法第20條準用民法第294條第1項）。此外，若信託行為設有受益權不得讓與之特約，不得以之對抗善意第三人（信託法第20條準用民法第294條第2項）。

首先，信託若係以具有一定身分者始得為受益人時，則受益人所享有的受益權，即為依受益權的性質而不得讓與。所稱依其性質而不得讓與的受益權，一般雖解為一身專屬的權利，但其範圍為何，則有疑義。解釋上，信託若明示專為受益人的教育、扶養或類似目的而成立者，其受益權

應不得讓與第三人。至於實務上常見的不動產開發信託，其受益權雖可能是因委託人（地主），提供土地參與合建所生，然因該受益權僅係分配信託財產的利益，尚難認與合建契約不可分或具有專屬性[40]，故其受益權的債權性質，除依當事人的特約不得讓與者外，非屬不得讓與。

其次，如信託行為的當事人明白表示非受益人本人即不得享有信託利益時，即屬依當事人的特約而不得讓與受益權。

再者，若受益人的受益權，係維持受益人及其家屬生活所必需時，依我國強制執行法第122條的規定，乃屬法律所禁止扣押者，亦不得讓與該受益權。

問題在於，在我國現行信託法的法制架構下，是否容許英國法上的保護信託（protective trust）或美國法上浪費信託或禁止揮霍信託（spend-thrift trust）的成立，誠值討論。

其一，就英國的保護信託而言，乃是以英國1925年「受託人法」第33條的規定為首要依據。觀諸其主要規範內容，雖明定信託條款如完全禁止受益權不得轉讓，應屬無效，但在一定條件下，亦承認保護信託的存在。亦即如受益人所得享有的信託利益，其存續期間如相當於受益人的生存期間或短於受益人的生存期間，則在該期間屆滿前，如有受益人破產、受益權讓與、設定擔保或其他類似事由（event）發生者，其受益權提前消滅。惟該受益權消滅的受益人，仍得在如未發生上開事由而存續的期間內，成為裁量信託（discretionary trust）的受益人。由此觀之，英國的保護信託，乃是運用附解除條件的法理，規定受益人失權的條件。同時即使條件成就，則受益人仍可成為裁量信託的受益人。反觀我國現行的信託法制，既得允許委託人得特約受益權不得轉讓，故理論上自無不許委託人特設解除條件的理由。換言之，委託人如於信託契約或遺囑中特設受益權失權的條件，則於該解除條件成就時，受益人即喪失其受益權（民法第99條第2項）。

---

[40] 參閱臺灣高等法院107年度上字第1290號民事判決。

其二，就美國的浪費信託而論，其在實務上的信託條款或各州的制定法上，並不如英國保護信託所採取的複雜邏輯結構，而是直接禁止受益權的轉讓，以及禁止或限制受益人的債權人對受益權採取強制執行程序。應注意者，觀諸美國統一州法委員全國會議所草擬的「統一信託法典」第五編第501條至第503條的規定，亦承繼美國信託法制的傳統，明文承認浪費信託條款有效。換言之，即規定禁止受益人任意移轉或強制移轉受益權的浪費信託條款，應屬有效，受益人自不得違反有效的浪費信託條款而移轉受益權；且除美國「統一信託法典」第五編另有規定外，受益人的債權人或受益權的受讓人，不得強制執行受益權及尚未受領的信託利益（美國「統一信託法典」第502條第(a)項、第(c)項）[41]，故就受益人的債權人而言，其對受益人的權利行使，在委託人設定浪費信託的情形，即受法律上的限制[42]。應注意者，乃美國晚近有關浪費信託的理論發展，則認為當委託人為受益人或可能為受益人時，則浪費信託之法理應予以適度修正，且

[41] 事實上，依美國「統一信託法典」第501條的規定，在未設有浪費信託條款的情形下，受益人的債權人就受益權本得聲請強制執行，而不受限制。See Uniform Trust Code, Section 501 (2000) (amended 2001 and 2003) (Rights of Beneficiary's Creditor or Assignee): To the extent a beneficiary's interest is not protected by a spendthrift provision, the court may authorize a creditor or assignee of the beneficiary to reach the beneficiary's interest by attachment of present or future distributions to or for the benefit of the beneficiary or other means. The court may limit the award to such relief as is appropriate under the circumstances.

[42] 應注意者，依美國最近的司法實務，則不乏對於浪費信託法理提出挑戰者，亦即認為如為受益人因故意或重大過失（intentional or gross negligence）所為的不法侵權行為，則損害賠償請求權人仍得對受益人的受益權聲請強制執行。See Sligh v. First National Bank of Holmes County, 704 So. 2d 1020 (Mississippi 1997).另關於Sligh v. First National Bank of Holmes County乙案對美國浪費信託法理的影響及立法政策的探討，See Jeremy M. Veit, Self-Settled Spendthrift Trusts and the Alaska Trust Law: Has Alaska Moved Offshore?, 16 ALASKA L. REV. 269, 269-295 (1999); see also David M. English, The Uniform Trust Code (2000): Significant Provisions and Policy Issues, 67 MISSOURI L. REV. 155, 180-186 (2002).

如委託人在信託條款就其權限有所保留時，浪費信託應不生效力[43]。至於美國司法實務上，早於19世紀即正面肯定浪費信託之有效性，其代表判例則為麻薩諸塞州最高法院於1882年就*Broadway National Bank v. Adams*乙案所為之判決[44]。反觀我國現行的信託法制，雖然委託人得特約受益權不得轉讓，但並不容許委託人亦得以私法契約的方式，以取得對世效力，亦即委託人並無法以契約的約定，取得禁止或限制第三人所得行使的強制執行權利。故解釋上應認為如委託人特設禁止或限制受益人的債權人對受益權的強制執行權利，似有違公序良俗而無效。

二、受益權轉讓的效力

依信託法第20條準用民法債權讓與的相關規定，受益權轉讓的效力主要如下：

（一）受益人將信託當事人約定不得讓與的受益權轉讓給第三人時，如第三人為善意，受託人不得以之對抗該善意第三人（信託法第20條準用民法第294條第2項）。

（二）受益權讓與時，不但及於受益權本身，且原則上及於從權利。又如有尚未分配的信託利益，推定隨同移轉於受讓人（信託法第20條準用民法第295條）。

（三）如有證明受益權的文件，受益人應一併交付受讓人，並告以關於主張該受益權所必要的一切情形（信託法第20條準用民法第296條）。

（四）受益權的讓與，非經受益人或受讓人通知受託人，對於受託人不生效力。又如受讓人將受益人所立的讓與字據提示於受託人者，與通知有同一效力（信託法第20條準用民法第297條）。

（五）受益人如已將受益權的讓與通知受託人者，縱未為讓與或讓與

---

[43] *See* Restatement (Third) of Trusts 58 comment. e. (tentative draft no. 2, 1999); *see also* Edward C. Halbach, Significant Trends in the Trust Law of the United States, 32 VAND. J. TRANSNAT'L L.. 541-542 (1999).

[44] *See* 133 Mass, 170, 43 Am. St. Rep.504 (1882).

無效，受託人仍得以其對抗受讓人的事由，對抗受益人。且受益人所為的通知，非經受讓人同意，不得撤銷（信託法第20條準用民法第298條）。

（六）受託人於受通知時，所得對抗受益人的事由，皆得以之對抗受益權的受讓人。且受託人於受通知時，對於受益人有屬於信託財產的債權者，如其清償期先於受益人所讓與的受益權或同時屆至時，受託人得對於受讓人主張抵銷，以免受益人藉受益權的讓與，而使受託人及信託財產陷於不利益的地位（信託法第20條準用民法第299條）。

有疑問者，乃在自益信託，如信託條款明文禁止受益權的轉讓，受讓人是否仍可取得該受益權？本文以為，依我國信託法第3條規定的反面解釋，如為自益信託，因委託人得變更受益人或處分受益人的權利，若受益人轉讓其受益權，或可解為委託人的真意係在變更受益人，受益權的受讓人應認為係新的受益人。此外，縱信託條款明文禁止受益權的讓與，此時雖然受益權不得轉讓，但仍得依強制執行程序扣押受益權，而由執行法院依強制執行法第115條第1項及第2項的規定，對受託人發禁止命令、收取命令或支付轉給命令。除此之外，因自益信託的委託人得隨時終止信託（信託法第63條），故委託人的債權人自亦得先訴請法院命委託人終止信託或代位委託人終止信託（民法第242條、第243條），再就信託財產採取強制執行的程序。

貳、營業信託的受益權轉讓

一、已證券化的受益權

就信託實務而言，營業信託與集團信託每由受託人以受益權為標的，而發行受益憑證等有價證券，其就信託資金的流通、利用上，具有相當的功能，而為我國信託法第37條明文承認。因此，如受益權係以有價證券的方式表彰者，其受益權的讓與，即應依有價證券得轉讓方式辦理，亦即除應由雙方當事人意思合致外，原則上尚必須依背書及交付的方式為之。舉

例而言，依我國信託業法第30條規定：「共同信託基金受益證券應為記名式。共同信託基金受益證券由受益人背書轉讓之。但非將受讓人之姓名或名稱通知信託業，不得對抗該信託業。」可知如屬信託業依信託業法第29條規定所發行的受益證券，因屬記名式有價證券，即應以記名背書的方式轉讓。此外，金融資產證券化條例及不動產證券化條例對於受益證券的轉讓方式及效力，亦設有特別規定（金融資產證券化條例第19條、第21條、不動產證券化條例第39條、第40條）。

二、未證券化的受益權

基本上，信託業僅於依信託業法第29條、金融資產證券化條例或不動產證券化條例等規定擔任受託機構時，始得依信託契約發行受益證券。因此，信託業辦理信託業務，除於信託契約、交易報告書或對帳單載明受益權外，不得有製作交付受益權證書、受益證券、受益憑證、或用以證明其受益權的其他書面文件予受益人致他人誤認其為有價證券之行為（信託業營運範圍受益權轉讓限制風險揭露及行銷訂約管理辦法第18條）。

應注意者，若信託業辦理信託業務，除非依信託業法第29條、金融資產證券化條例或不動產證券化條例等規定發行受益證券者外，則應於信託契約約定除受益權的轉讓係因繼承、受益人的無償讓與、依法所為的拍賣或每一受益人僅將其受益權全部讓與一人外，其受益權之轉讓應符合下列規定：（一）受益權之受讓人需符合不動產證券化條例第13條第1項第1款及第2款所定之對象；（二）受益人分割讓與後之每一受益人所持有之受益權，其表彰之單位金額不得低於新臺幣1,000萬元，且受益人總數合計不得逾三十五人；（三）受益人應於轉讓其受益權前，提供受讓人之身分資料、轉讓之受益權單位數及轉讓契約等相關資料予信託業，經信託業同意其轉讓後，受益人始得轉讓其受益權（信託業營運範圍受益權轉讓限制風險揭露及行銷訂約管理辦法第19條）。由於信託業營運範圍受益權轉讓限制風險揭露及行銷訂約管理辦法性質上為法規命令，信託業與委託人所簽訂的信託契約必定約定有受益權轉讓限制的特約條款。因此，一旦受益

人轉讓其受益權未事先取得信託業之同意，受讓人如欲主張其為善意第三人，而依信託法第20條準用民法第294條第2項規定：「前項第二款不得讓與之特約，不得以之對抗善意第三人。」認為信託業不得據以對抗，因受益權轉讓限制之特約條款及是否構成善意第三人，均屬法院解釋契約職權行使之範疇[45]，顯非易事。

參、受益權的繼承

受益權的性質既為財產權，若信託關係存續中受益人死亡時，就其享有信託利益的權利未領受部分，除信託行為另有訂定或依其性質為一身專屬的權利者外，原則上得由其繼承人所繼承。觀諸我國信託課稅實務，信託關係存續中受益人死亡時，應就其享有信託利益之權利未領受部分，依遺產及贈與稅法的規定課徵遺產稅（遺產及贈與稅法第3條之2第2項）。應注意者，就自然人為委託人所成立的受益人連續性信託而言，若於信託條款設有第一順位受益人及第二順位受益人的情形，則當第一順位受益人死亡時，是否有受益權繼承的問題？本文以為，因他益信託設定時，已課徵贈與稅或遺產稅，故信託條款如已設有第二順位受益人，則於第一順位受益人死亡時，信託利益之權利未領受部分，並非第一順位受益人的遺產，應無課徵遺產稅的問題。

---

[45] 參閱最高法院110年度台上字第854號民事判決：「次按信託法第20條明定民法第294條至第299條規定，於受益權之讓與，準用之；債權人得將債權讓與於第三人。但左列債權，不在此限：一、依債權之性質，不得讓與者。二、依當事人之特約，不得讓與者。三、債權禁止扣押者。前項第二款不得讓與之特約，不得以之對抗善意第三人。此為民法第294條所明定。又契約解釋，以探求當事人間訂約之正確內容為目的，屬於事實認定之範圍。苟其解釋不違背法令，當事人自不得任意指摘解釋不當。原審以系爭信託契約第1條第4項與第9條第8項第3款之約定，前者係約定非經委託人全體同意，不得變更受益人，後者則係約定非經被上訴人同意，受益權益不得轉讓，二者並無衝突，至上訴人是否為善意第三人，亦經原審認定上訴人受讓時，既知系爭信託受益權之讓與須得被上訴人之同意，顯非善意第三人，此為原審解釋契約職權行使之範疇，核未違背法令。」

第七節　受益權的設質

壹、受益權設質的限制

依民法第900條規定：「稱權利質權者，謂以可讓與之債權或其他權利為標的物之質權。」若性質上屬於不得讓與或禁止扣押的受益權，法律上既已明定不得轉讓，解釋上亦不得設定權利質權。若信託當事人設有特約，約定受益權不得讓與者，雖不得以之對抗善意第三人（信託法第20條準用民法第294條第2項），但因債權人於接受受益人以受益權辦理擔保借款前，理應審查信託條款的內容，以判定受益人得否以受益權設定權利質權，債權人似不易主張其為善意第三人。

貳、受益權設質的方法

信託受益權之性質究為債權或物權，學理上有所爭論。在我國私法體系下，宜解為債權之性質。若依法務部之解釋，亦認為受益人乃因信託行為而享有信託利益之人，受益人無須為任何意思表示，即得於信託成立時當然享受信託利益，且此一權利，兼具對受託人給付請求權之債權性質，而為財產權之一種[46]。

依民法第904條規定：「以債權為標的物之質權，其設定應以書面為之。前項債權有證書者，出質人有交付之義務。」因此，若受益人將具有

---

[46] 參閱法務部民國100年1月31日法律字第0999039141號函：「二、按『受益人因信託之成立而享有信託利益。但信託行為另有訂定者，從其所定（第1項）。受益人得拋棄其享有信託利益之權利（第2項）。』、『民法第294條至第299條之規定，於受益權之讓與，準用之。』分別為信託法第17條及第20條所明定。準此，受益人乃因信託行為而享有信託利益之人，受益人無須為任何意思表示，即得於信託成立時當然享受信託利益，且此一權利，兼具對受託人給付請求權之債權性質，而為財產權之一種，原則上應許其融通（信託法第17條及第20條立法理由、最高法院96年度台上字第844號判決參照）。」

讓與性的受益權設定質權給債權人，應以書面為之。若無書面，其質權自不成立。然書面的形式，法未明定其一定格式，由出質人與質權人同意將設定權利質權的意旨，載明於書面者，即為已足[47]。

應注意者，若信託受益權以有價證券表彰其權利者，依民法第908條規定：「質權以未記載權利人之有價證券為標的物者，因交付其證券於質權人，而生設定質權之效力。以其他之有價證券為標的物者，並應依背書方法為之。前項背書，得記載設定質權之意旨。」因此，若以無記名有價證券表彰信託受益權者，其設定質權得以交付為之；若以記名有價證券表彰信託受益權者，其設定質權應以背書方法及交付為之。例如金融資產證券化條例第19條規定之受益證券、不動產證券化條例第39條規定之受益證券、證券投資信託及顧問法第32條之受益憑證等，均要求應為記名式。此外，如以記名有價證券表彰信託受益權，其以背書方法設定質權時，並得記載設定質權之意旨。

第八節　受益人的撤銷權

受託人違反信託本旨處分信託財產時，其違反信託本旨處分信託財產的效果，仍有效地歸屬於信託財產以維交易安全，受託人僅係須負債務不履行責任或侵權行為責任[48]。例如受託人以不當的廉價出售信託財產的構成物，或以應存入銀行的款項為高風險投資而喪失本金，雖係違反信託本旨處分信託財產，但其效果仍歸屬於信託財產。惟如信託財產已辦理信託登記或交易相對人並非善意時，似不宜強使受託人違反信託本旨處分信託財產的效果仍歸屬於信託財產。我國信託法第18條第1項前段規定：「受託人違反信託本旨處分信託財產時，受益人得聲請法院撤銷其處分。」即明文規定受益人為保護信託財產以達成信託目的，得行使撤銷權。換言

---

[47] 參閱最高法院64年台上字第68號判例。

[48] 參閱松本崇、西內彬，信託法・信託業法・兼營法〈特別法コンメンタール〉，第一法規，1977年，頁189。

之，受益人得自由決定是否選擇行使撤銷權，以撤銷受託人所為的處分行為。

　　惟為保護交易安全，以保障善意的交易相對人，受益人行使撤銷權不應毫無限制。依信託法第18條第2項的規定，受益人於行使撤銷權時，應以下列三款情形為限：

　　一、信託財產為已辦理信託登記的應登記或註冊的財產權者。亦即，如信託財產其應登記或註冊而未為登記或註冊，受益人即不得撤銷。例如以土地或房屋為信託財產，如未為信託登記，縱受託人違反信託本旨處分信託財產，受益人亦不得以該財產為信託財產，而撤銷受託人的處分行為。

　　二、信託財產為已依目的事業主管機關規定於證券上或其他表彰權利的文件上載明其為信託財產的有價證券者。按以有價證券為信託者，依我國信託法第4條第2項的規定，須依目的事業主管機關規定於證券上或其他表彰權利的文件載明為其信託財產，始得對抗第三人。故如未具備對抗要件，即使受託人違反信託本旨處分信託財產，受益人亦不得撤銷其處分行為。問題在於，如信託財產為上市或上櫃的有價證券時，依臺灣證券交易所股份有限公司營業細則第55條及財團法人中華民國證券櫃檯買賣中心證券商營業處所買賣有價證券業務規則第35條的規定，其買賣係採電腦輔助交易或以等價或等值自動成交的方式，一旦受託人違反信託本旨予以處分，則受益人行使撤銷權的結果，是否會影響證券市場的交易秩序或構成違約交割的情事，誠值討論。本文以為，若屬於集中保管的有價證券，臺灣結算交易所應於電腦中註記該有價證券為信託財產，以控管受託人有無處分該有價證券的權限，防範於未然。至於若信託財產為尚未集中保管的有價證券，則證券經紀商應於辦理交割時加以控管，若確認受託人處分該有價證券違反信託本旨，宜以違約交割處理，以免事後因受益人行使撤銷權，而致法律關係複雜化。

　　應注意者，我國信託業法為降低有價證券信託的公示成本，明定信託業的信託財產為有價證券，信託業將其自有財產與信託財產分別管理，並

以信託財產名義表彰，其以信託財產為交易行為時，得對抗第三人，不適用信託法第4條第2項規定（信託業法第20條第2項）。觀諸其立法理由，即認為如信託財產為有價證券，且係以信託業的信託財產名義表彰，即已對外產生公示效果。其對抗效力的發生，不以於證券或其他表彰權利的文件上載明信託財產為其要件。換言之，有價證券信託對抗第三人的要件，應包括分別管理及以信託財產名義表彰二者。解釋上，信託業法第20條第第2項所稱的有價證券，並不以實體證券為限；若為無實體證券，而已依主管機關規定洽證券集中保管事業機構登錄，亦包括在內。又因信託法第4條第2項所稱的有價證券，僅指記名式有價證券[49]，則無記名式有價證券自無信託業法第20條第2項規定的適用。因此，若信託業違反信託本旨處分符合信託業法第20條第2項有關對抗第三人要件的有價證券時，受益人應得行使信託法第18條第1項的撤銷權。蓋信託業的信託財產為有價證券時，信託業將其自有財產與信託財產分別管理，並以信託財產名義表彰，其以信託財產為交易行為時，得對抗第三人，則如信託業違反信託本旨處分信託財產時，應解為已符合信託法第18條第2項第2款規定的要件，不論相對人是否為善意，受益人皆得行使撤銷權。至於該有價證券為實體證券或已登錄的無實體證券[50]，在所不問。

---

[49] 參閱法務部民國91年6月21日法律字第0910700299號函。

[50] 應注意者，依日本信託業法第3條第2項及第3項規定：「信託公司將信託財產所屬之登錄公司債（指昭和17年第11號法律之公司債登錄法第3條第1項規定登錄之公司債，以及同法第14條準用同法第3條第1項規定之登錄債權。本項以下皆同），以同法第5條規定之移轉登錄及其他內閣府令、法務省令規定之登錄等方法，明示其為信託財產者，於適用同條及信託法（大正11年第62號法律）第3條第1項之規定時，視為已為信託登錄。信託公司違反信託意旨處分該登錄公司債者，該處分相對人及轉得者明知或重大過失不知該處分違反信託意旨時，受益人得撤銷該處分（第2項）。信託公司將信託財產所屬之登錄國債（指明治39年第34號法律之國債法第2條第2項規定登錄之國債。本項以下皆同），以同法第3條規定之移轉登錄及其他內閣府令、財務省令規定之登錄等方法，明示其為信託財產者，於適用信託法第3條第1項之規定時，視為已為信託登錄。信託公司違反信託意旨處分該登錄國債者，該處分相對人及轉得人明知或因重大過失不知該處分違反信託意旨時，受益人得撤

　　三、信託財產為信託法第18條第2項第1款及第2款規定以外的財產權時，則必須相對人及轉得人明知或因重大過失不知受託人的處分違反信託本旨者。換言之，如以未規定須辦理信託登記的財產權為信託財產時，即依與受託人為交易行為的相對人及轉得人是否善意為判定基準，若相對人及轉得人均為不知且無重大過失不知受託人的處分違反信託本旨，則受益人不得行使撤銷權。又該條款既係規定「相對人及轉得人」均須為惡意或有重大過失始得撤銷，因此如受託人出賣動產的相對人為惡意，而該動產的轉得人為善意，或相對人為善意，而轉得人為惡意，受益人即不得行使撤銷權。

　　此外，受益人如有數人時，依信託法第18條第1項後段的規定，得由其中一人行使撤銷權。亦即，在有共同受益人時，不以受益人共同以多數決的方式行使撤銷權為必要，僅由一個受益人單獨為之，並無不可。而且，受益人行使撤銷權後的效果，不論對其他受益人是否有利，其效力均及於受益人全體。例如受益人甲將受託人乙違反信託本旨以1萬元處分有價證券的行為予以撤銷，雖於撤銷時價格已下跌至7,000元，如命受託人返還價值僅7,000元的有價證券，顯對其他受益人不利，但其他受益人仍不得有所主張[51]。

　　另外，為使相對人或轉得人的地位早日確定，免於長久處於不安定的狀態，信託法第19條特別參酌民法第245條的規定，明定撤銷權的除斥期間，自受益人知有撤銷原因時起，一年間不行使而消滅。自處分時起逾十年者，亦同。換言之，自受益人知有撤銷原因時起，其撤銷權的除斥期間為一年；自受託人為處分行為時起，其撤銷權的除斥期間為十年。至於所謂撤銷原因，係指構成撤銷權成立要件的事實而言。

銷該處分（第3項）。」不僅就登錄公司債及登錄國債另設其對抗第三人之要件，且亦另設受益人行使撤銷權之要件。

[51] 參閱松本崇、西內彬，信託法・信託業法・兼營法〈特別法コンメンタール〉，第一法規，1977年，頁197。

第六章　受託人

第一節　受託人的地位與管理權限

壹、受託人的地位

　　論及受託人的地位，可從二方面來說明，其一為受託人本於其是信託財產管理機關的地位，其二為受託人個人的地位。受託人如係以前者的資格為法律行為時，信託財產自受其所為法律行為效果的拘束；反之，如受託人係本於後者的資格為法律行為時，則僅受託人個人受其所為法律行為效果的拘束。由於在信託關係中，受託人為對信託財產具有絕對性、排他性管理處分權限的機關，因此基於保護受益人的目的及避免受託人濫用權限，信託法對受託人的義務及責任設有諸多規定[1]。又受託人於任務終了時，其居於信託財產管理機關所具有的權限，雖亦隨之消滅，但受託人個人所享有的權利及義務，並不因而當然消滅[2]。

　　再者，如從信託的效力來觀察，可知信託關係中最主要的內容，乃是受託人與受益人的權義關係。蓋信託關係雖係基於委託人的信託行為而成立，一旦信託設定後，縱然在委託人死亡，原則上信託關係仍得繼續維持（信託法第8條第1項），因此委託人的存否在信託關係成立後，就信託關係的存續而言似失其重要性[3]。

　　反觀受託人在信託關係成立後，即成為信託財產的名義所有權人，且實質上享有信託財產的管理處分權。申言之，在信託關係成立後，委託人立即喪失其對信託財產的實質所有權[4]，除非有信託法第12條第1項但書所

---

[1] 參閱新井誠，信託法（第3版），有斐閣，2008年，頁241。

[2] 參閱四宮和夫，信託法（新版），有斐閣，1994年，頁277。

[3] 參閱田中實、山田昭，信託法，學陽書房，1989年，頁76。

[4] 參閱最高法院68年台上字第3190號判例：「強制執行法第15條所謂就執行標的物有足以排除強制執行之權利者，係指對於執行標的物有所有權、典權、留置權、質權

規定的情形外，委託人的債權人自不得逕行對該信託財產強制執行。若有違反，委託人、受益人或受託人得依信託法第12條第2項規定，於強制執行程序終結前提起異議之訴。應注意者，受託人雖在實質上享有管理處分權，但其亦負有依信託目的或信託本旨管理處分信託財產的義務及責任，因此其所具有的管理處分權，事實上是在管理處分義務及責任的基礎下所生成的權限。

貳、受託人的管理處分權限

一、受託人的權限範圍

受託人因信託關係的成立，即基於信託財產管理機關的地位，而對信託財產具有管理處分權。且依私法自治的原理，信託當事人得於不違反公序良俗或強制禁止規定的條件下，自由約定管理處分權的內容。換言之，受託人的管理處分權，基於私法自治原則及遺囑自由原則，主要應依由委託人與受託人所共同簽訂的信託契約或委託人的遺囑內容，以判定其權限範圍。事實上，受託人除具有信託條款所規定的明示權限外，如信託條款未能明確規定受託人的具體權限，則應本於法律行為的解釋原則，以判定受託人是否具有其他默示權限及其實際範圍（implied powers）。問題在於，如信託條款未能明定受託人的權限範圍，而是依法律行為的解釋方法，以判定受託人具有的其他默示權限及其實際範圍，則受託人行使信託財產運用決定權時，即較易發生違反信託的風險，因此亦應注意防止或避

存在情形之一者而言。上訴人（道教會團體）主張訟爭房屋係伊所屬眾信徒捐款購地興建，因伊尚未辦妥法人登記，乃暫以住持王某名義建屋並辦理所有權登記，由王某出其字據，承諾俟伊辦妥法人登記後，再以捐助方式將房地所有權移轉登記與伊各節，就令非虛，上訴人亦僅得依據信託關係，享有請求王某返還房地所有權之債權而已，訟爭房地之所有權人既為執行債務人王某，上訴人即無足以排除強制執行之權利。」

免受託人發生違反信託條款或信託本旨的情事。質言之，信託當事人除得就信託財產的管理方法加以約定外，亦得約定受託人對信託財產有無運用決定權，乃至於受託人對信託財產運用決定權的具體範圍。

此外，若法令對受託人的權限範圍設有明文或限制，其權限行使自應依法令規定為之。例如依信託業法第26條第2項規定：「信託業不得以信託財產借入款項。但以開發為目的之土地信託，依信託契約之約定、經全體受益人同意或受益人會議決議者，不在此限。」如為營業信託，信託業原則上即不得以信託財產借入款項。但若依不動產證券化條例規定，受託機構得依不動產投資信託契約或不動產資產信託契約之約定，以信託財產借入款項。但借入款項之目的，以不動產或不動產相關權利之取得、開發、營運，或以配發利益、孳息或其他收益所必需者為限（不動產證券化條例第19條第1項、第36條）；受託機構並應於借款契約生效日起二日內，於受託機構本機構所在地之日報或依主管機關規定之方式辦理公告（不動產證券化條例第19條第3項、第36條）。且受託機構得於借入款項之範圍，就信託財產為不動產抵押權或其他擔保物權之設定；該擔保物權之權利人於不動產抵押權或其他擔保物權之設定範圍內，僅得對信託財產聲請法院裁定後強制執行（不動產證券化條例第19條第2項、第36條）。

事實上，為避免受託人逾越或濫用其管理處分權限，乃至於為防止利益衝突的情事發生，而損及委託人或受益人的權益，英美信託法制亦從防弊的觀點，對於受託人對信託財產得運用、管理、處分或分配等權限，設有諸多法令上的限制。例如依美國1964年所制定公布的「統一受託人權限法」（Uniform Trustees Powers Act of 1964）第3條第(c)項的規定，即明定如信託條款未有規定，原則上受託人具有所列舉的二十六項權限。另依美國統一州法委員全國會議（National Conference of Commissioners on Uniform States Laws, NCCUSL）於2000年所研擬的「統一信託法典」（Uniform Trust Code），即為使受託人具有更積極及更明確的權限，除於第815條明定受託人的一般權限外，並沿用美國1964年「統一受託人權限法」的規定，而於第816條列舉受託人具有二十六項個別性權限。換言

之，依美國信託法制的發展，如法令明定有受託人所得行使權限的範圍，受託人除能行使信託條款所規定的權限外，在不違反信託條款及信託目的的前提下，並得行使法令所列舉的各種權限[5]。

相對地，英國1925年的「受託人法」（The Trustee Act of 1925）亦明文列舉受託人具有諸多法定權限（statutory powers），諸如出售、保險、改良、保存、僱用代理人等。此外，英國1961年的「受託人投資法」（Trustees Investments Act of 1961）更明定受託人的投資權限及範圍[6]。

受託人對信託財產所具有的管理處分權，既是其權限，亦是其義務，因此受託人一方面應享有行使信託財產運用決定權的權限，一方面亦負有不得違背職務或逾越權限的義務。換言之，受託人在外部關係上所得行使的信託財產運用決定權，應不得違反在內部關係上所應負的義務，而具有本質上的限制。

二、信託型態與受託人的權限範圍

就非營業信託或民事信託而論，如信託條款就受託人對信託財產運用決定權未設有規定時，解釋上受託人本於信託行為所規定的職務權限，不僅得對信託財產為保存、利用或改良等管理行為，且如為達成信託目的的所需，亦得對信託財產為處分行為[7]。又其他諸如債務承擔行為、取得權利行為或為保護信託財產所從事的訴訟上或訴訟外行為，即使本質上屬於廣義上的管理權行為，解釋上受託人亦得為之[8]。換言之，受託人的管理

---

[5] 參閱王志誠，信託財產運用同意權之探討，月旦法學雜誌，第90期，2002年9月，頁51。

[6] *See* J. G. Riddall, The Law of Trusts 385-388 (Butterworths, 5th edition, 1996).

[7] 如信託行為未有規定，原則上受託人不得為買賣、租賃或設定擔保等處分行為，但如為達成信託目的所為的處分行為，解釋上應屬於受託人的權限範圍。參閱四宮和夫，信託法（新版），有斐閣，1994年，頁218。有鑒於此，我國信託業法第26條第2項爰原則上禁止信託業以信託財產借入款項。

[8] 參閱四宮和夫，信託法（新版），有斐閣，1994年，頁207、217-218。

處分權，如信託當事人未另有約定，似應從寬解釋，舉凡有關信託財產的法律行為或事實行為，均得包括在內。

　　反之，就營業信託而言，如屬於委託人不指定營運範圍或方法的金錢信託，為避免信託業從事過度的財務操作及導引信託業務能朝正常發展，信託業法第32條第1項特別規定：「信託業辦理委託人不指定營運範圍或方法的金錢信託，其營運範圍以下列為限：一、現金及銀行存款。二、投資公債、公司債、金融債券。三、投資短期票券。四、其他經主管機關核准之業務。」蓋就營業信託而言，信託財產的運用範圍或方法應以於信託條款中指定為原則，而由委託人或受益人本於自己責任原則，承擔其投資風險，故如信託業辦理不指定營運範圍或方法的金錢信託時，為保護委託人或受益人的權益，自應嚴格限制信託業的管理處分權限。

三、受益權證券化的權限基礎

　　依我國信託法第37條規定：「信託行為訂定對於受益權得發行有價證券者，受託人得依有關法律之規定，發行有價證券。」即明文規定受託人如欲行使其管理處分權而將受益權發行有價證券時，必須信託行為另有訂定時，始得為之。依信託法第37條的反面解釋，受託人是否得對於受益權發行有價證券，並非管理處分權的當然範圍，如信託行為未有約定，受託人不得本其管理處分權限，任意將受益權發行有價證券。應注意者，信託法第37條所稱「依有關法律之規定，發行有價證券」，觀諸我國現行法律制度，最典型者應是指依我國信託業法第29條、金融資產證券化條例及不動產證券化條例的相關規定，而發行受益證券。若法律未明文規定得將受益權證券化，解釋上受託人即不得以發行證券的方式表彰受益權。詳言之，信託業辦理信託業務時，除於信託契約、交易報告書或對帳單載明受益權外，不得有製作交付受益權證書、受益證券、受益憑證、或用以證明其受益權之其他書面文件予受益人致他人誤認其為有價證券之行為。但信託業依信託業法第29條、金融資產證券化條例或不動產證券化條例發行受

益證券者，不在此限（信託業營運範圍受益權轉讓限制風險揭露及行銷訂約管理辦法第6條）。

四、信託財產的管理方法

　　基本上，與受託人的管理權限關係至為密切者，首推信託財產的管理方法。蓋管理方法如明確，則不僅可防止受託人濫用其管理處分權，亦可使受託人有所遵循，免於與受益人發生爭執；相反地，管理方法如設計不當，則對信託目的的達成，每有不利的影響。職是之故，信託法除於第15條明文規定受託人對於信託財產管理方法的變更，須經受益人同意外，更於第16條規定信託財產的管理方法，如因情事變更致不符合受益人的利益時，受託人得聲請法院變更，使受託人得基於客觀的事實，透過法院調整信託財產的管理方法。其結果，即可能擴張或縮減受託人管理處分權的範圍，乃至於改變其行使管理處分權限的方式。

　　由此觀之，受託人的管理處分權限雖係依信託當事人的信託行為而訂定，但於信託成立後，仍有變動的可能性；且其具體範圍，應按各個信託的具體內容，依個案分別認定，而無統一的範圍。若信託行為未具體約定者，應從廣義解釋，即在不違反公序良俗或強制禁止的規定下，應認為一切符合信託本旨的法律行為與事實行為，均包括在內。應注意者，就我國信託業務的發展而言，實務上委託人與受託人是成立特定金錢信託或特定有價證券信託，而由委託人對於信託財產的管理或處分保留運用決定權，受託人是依委託人的指示進行信託財產的管理或處分。

第二節　共同受託人

　　基於私法自治的原則，委託人如指定二人以上為受託人時，自非法所禁止。通常委託人基於受託人的誠實性或財產管理能力等情事的考量，即可透過指定數人為受託人的方式，提高其整體的信用度，以達相互牽制或專業互補的目的，期使信託目的得以確實達成。此外，如委託人為避免受

託人死亡而致信託事務的處理發生中斷，亦可利用多數受託人的方式，以達成其目的。

問題在於，究竟委託人應指定多少受託人始為允當，應依具體的信託個案而定，如信託財產具有高度價值或信託事務複雜性高者，即可指定較多的受託人，並無上限的限制[9]，但無論如何，至少必須指定一人始可，否則信託無法成立。

壹、共同受託人的法律關係

受託人乃委託人設立信託的相對人，而自委託人接受信託財產的移轉或其他處分，法律上成為該財產權的名義所有權人。若有二人以上為共同受託人時，該共同受託人在法律上均應成為該信託財產的名義所有權人。問題在於，共同受託人間就該信託財產的法律關係，究竟為何？

依我國民法上所設置的共有制度，可分為分別共有及公同共有兩種。所謂分別共有，係指數人按其應有部分，對於標的物共同享有所有權的型態（民法第817條第1項）。所稱公同共有，係指數人依法律規定、習慣或法律行為，成一公同關係，並基於其公同關係，而對標的物共同享有所有權的型態（民法第827條第1項）；且各公同共有人的權利，及於公同共有物的全部（民法第827條第3項）。

觀諸共同受託人間的法律關係，因共同受託人對信託財產並無應有部分，且應共同處理信託事務，故其在形式上似乎對信託財產形成一個公同共有關係。我國信託法第28條第1項規定：「同一信託之受託人有數人時，信託財產為其公同共有。」即本斯旨，而以法律明文的方式，揭示共同受託人對信託財產為一公同共有關係。其結果，共同受託人既係依法律規定對信託財產處於公同共有人的關係，故其權利義務即應受所由規定法律的限制，非可由共同受託人任意行使（民法第828條）。

9　*See* J. G. Riddall, The Law of Trusts 268-270 (Butterworths, 5th edition, 1996).

應強調者，信託財產的公同共有與民法上所謂的公同共有（民法第668條、第827條至第831條、第1151條），在實質上似有不同。蓋如以我國民法上的合夥為例，各合夥人依其出資比例而受利益，其權利亦可成為繼承的對象，同時各合夥人在一定的限制內亦得處分或轉讓其股份（民法第683條）；反觀共同受託人對信託財產，並不能自信託財產受利益，且受託人的地位亦不能成為繼承的標的，故如共同受託人中有人死亡，亦不生信託財產繼承的問題，僅生信託財產應歸屬於其他受託人的效果（信託法第47條第2項），而由其他共同受託人或新指定或選任的共同受託人繼續管理信託財產。因此，我國信託法上所使用的「公同共有」乙語，其名稱雖與民法上的「公同共有」相同，但實質上，其性質與內容誠有所差異。

又如委託人係將其財產分別指定受託人而設立信託時，則係成立數個信託關係，即非指定共同受託人。縱然委託人將與不同受託人所成立的數個信託契約合併書立於同一書面中，實質上僅為信託契約的聯立，各個信託契約的受託人應分別對受益人負其責任，而對各個信託行為所負擔的債務，並無負連帶清償責任的問題。應注意者，若將數個信託契約合併書立於同一書面中，因形式上易被誤認為單一信託契約，而形成共同受託人的外觀，在信託實務上應儘量避免之。

貳、共同受託人的行動原則

由於共同受託人對信託財產係立於公同共有關係，因此有關信託財產的處分行為、管理行為或訴訟行為，除非信託行為另有規定，原則上應由共同受託人全體共同為之，而不得以多數決的方式或以推選受託人代表的方式來處理信託事務。惟如信託行為另有指定共同受託人中得單獨處理信託事務時，自應尊重信託當事人的意思；又如信託行為規定共同受託人就信託事務的處理，由受託人以過半數決定，亦無不可。

問題在於，若所有信託事務的處理皆須由全體共同受託人共同為之，有時並不符合信託財產的利益及經濟效率，而恐造成窒礙難行的情況，因

此如對信託財產的維持不會造成重大影響，以及係為防止信託財產發生重大損失的行為，似宜允許受託人單獨為之，始符實際需要。我國信託法第28條第2項前段規定：「前項情形，信託事務之處理除經常事務、保存行為或信託行為另有訂定外，由全體受託人共同為之。」即將經常事務、保存行為或信託行為另有訂定等三種情形，明定為共同行動原則的例外。

所謂的保存行為，一般係指以防止信託財產滅失、毀損或其權利喪失、限制等為目的，維持信託財產現狀的行為。例如信託財產的簡易修繕、受領信託財產的交付，就出典的信託財產行使回贖權或將時效予以中斷的行為等，固屬保存行為。惟如以起訴請求塗銷他人在信託財產上的所有權登記時，雖係維持信託財產的行為，但因其在性質上屬於本於所有權對於第三人行使請求權，似不宜解為保存行為。

至於所謂的經常事務，應指保存行為、利用行為、改良行為、處分行為及本於所有權對於第三人的請求等以外的事務，其具體內容宜於信託行為中予以約定，以免發生爭議。

此外，如共同受託人的意思不一致時，為使信託能繼續運行，宜有解決方法，以取代共同受託人的共同行動。我國信託法第28條第2項後段規定：「受託人意思不一致時，應得受益人全體之同意。受益人意思不一致時，得聲請法院裁定之。」即本斯旨。亦即，受託人的意思未能取得一致時，首應徵求受益人的同意，而如受益人有二人以上，且亦不能取得一致的意思時，則由法院為最後的裁定。又得向法院聲請裁定者，解釋上應包括委託人、受託人、受益人及其他利害關係人。惟如因受益人不特定或尚未存在而設有信託監察人時，則應取得信託監察人同意；若信託監察人有數人時，因我國信託法第55條就複數信託監察人執行職務設有特別規定，因此如由複數信託監察人行使第28條第2項後段所規定的同意權時，除法院另有指定或信託行為另有訂定外，自得由數信託監察人以過半數的多數決，以決定是否同意。

共同受託人共同行動的原則，乃是共同受託人應共同遵守的義務要求，實不應拘束第三人，因此第三人如對受託人的其中一人為意思表示，

即為已足,故我國信託法第28條第3項規定:「受託人有數人者,對其中一人所為之意思表示,對全體發生效力。」有疑義者,如對受託人中的一人為解除契約的意思表示,其是否亦對全體受託人發生效力?依我國民法第258條第2項的規定,契約當事人之一方有數人者,解除權行使的意思表示,應由其全體或向其全體為之。此即所謂解除權不可分原則,其立法意旨係在避免法律關係的複雜化。相反地,如依我國信託法第28條第3項的規定,並不以向受託人全體表示解除為必要,只要向受託人其中的一人為行使解除權的意思表示即可。職是之故,在法律適用上究應如何處理,誠值推敲[10]。本文認為,從信託法乃民法的特別法來觀察,自應優先適用信託法的規定,且事實上共同受託人相互間本具有密切的連繫關係,因此即使認為一位受託人受領意思表示的效力及於全體受託人,並無不妥,且因信託法中亦設有特別規定,故應不致造成法律關係的複雜化。

參、共同受託人的連帶責任

按受託人係依信託本旨,為受益人管理或處分信託財產,對於信託財產的增減,既不承受其利益,亦不負擔其損失,亦即其因信託行為對受益人所負擔的債務,僅在信託財產範圍內負有限的履行責任(信託法第3條)。惟如受託人有數人時,其為信託行為處理信託事務原則上應由全體受託人共同為之,則共同受託人因信託行為對受益人所負擔的債務,自應連帶負責,以保護受益人的權益。我國信託法第29條前段規定:「受託人有數人者,對受益人因信託行為負擔之債務負連帶清償責任。」即本於加

---

[10] 日本早期學界就日本舊「信託法」第24條第2項但書與「民法」第544條第1項間的適用關係,亦有爭議。主張民法優先適用說者,如入江真太郎,全訂信託法原論,巖松堂·大同書院,1933年,頁346;遊佐慶夫,信託法制評論,巖松堂書店,1924年,頁90。至於主張信託法優先適用說者,如四宮和夫,信託法(新版),有斐閣,1994年,頁244-245;松本崇、西內彬,信託法·信託業法·兼營法〈特別法コンメンタール〉,第一法規,1977年,頁163。

強保護受益人的意旨而明定連帶債務的成立。足見，共同受託人對受益人因信託行為負擔之債務，為各共同受託人連帶責任發生之要件，若受益人對於受託人行使信託利益給付請求權時，共同受託人應連帶負責。問題在於，若共同受託人中一人，因違反義務或信託條款而對受益人應負賠償責任或利益返還責任時，是否亦屬於「因信託行為負擔之債務」，則有疑義。從解釋論的觀點，依信託法第29條前段的文義及規範目的，似應採取肯定解釋。惟若從未參與違反義務或信託條款的受託人必須與其他實際從事違法行為的受託人連帶負責，似又違背民事賠償責任的一般法律原則，因此在立法論上[11]，實應僅由實際為意思決定或執行行為的共同受託人，就其違反義務或信託條款的違法行為負連帶責任，較為合理。

　　所謂負連帶清償責任，應與我國民法上所規定的連帶債務為相同的解釋[12]，其結果，就共同受託人間的內部關係而言，如信託當事人並未另有約定各受託人所應分擔的部分，則應平均分擔之（民法第280條）。而且，就共同受託人的對外關係（對受益人）而言，應就因信託行為負擔之債務對受益人負連帶責任，即無所謂其就受益人所請求部分，祇應按其分擔比例對債權人負責之理。受益人並得對於受託人中的一人或數人或其全體，同時或先後請求全部或一部的給付（民法第273條第1項）。

　　此外，依我國信託法第29條後段規定：「其因處理信託事務負擔債務

---

[11] 例如日本「信託法」第85條第1項規定：「在有二以上受託人之信託中，二以上之受託人為違反其任務之行為，而負第四十條規定之責任時，為該行為之各受託人為連帶債務人。」

[12] 日本學界就日本舊「信託法」第25條所規定的「連帶」，是否應與「民法」第432條上的連帶債務為相同的解釋，時有爭論。其早期的通說係採取肯定說，認為「信託法」第25條乃是為強化受益權的保護而設的規定，「民法」第432條有關連帶債務的規定於共同受託人仍有其適用。參閱遊佐慶夫，信託法制評論，巖松堂書店，1924年，頁91；三淵忠彥，信託法通釋，大岡山書房，1926年，頁135。應注意者，亦有不少學者認為日本舊「信託法」第25條乃是為便利受益權的行使及責任的履行而設，不得完全適用「民法」上有關連帶債務的規定。參閱四宮和夫，信託法（新版），有斐閣，1994年，頁202；松本崇、西內彬，信託法・信託業法・兼營法〈特別法コンメンタール〉，第一法規，1977年，頁164-166。

者,亦同。」亦即,共同受託人對於因其處理信託事務所負擔的債務,亦
負連帶清償責任。問題在於,所謂「因處理信託事務負擔債務」,其究何
所指?按我國信託法中所使用的「處理信託事務」乙詞,皆係指適法的處
理信託事務,故應認為所謂的「因處理信託事務負擔債務」與第12條第1
項所規定的「因處理信託事務所生之權利」係屬相對應的概念[13],質言
之,應指受託人因管理、處分信託財產,而對他人所負擔的債務。例如受
託人僱人修繕屬於信託財產的房屋,而須負擔給付修繕費用的債務;或者
如受託人為達成信託目的而對外借款,因而負擔返還借款的債務,皆為適
例。

第三節　受託人的權利及義務

壹、受託人的義務

　　受託人的首要義務即是依信託行為的具體內容,因信託關係的成立,
負有依信託目的及為受益人的利益,以管理處分信託財產的義務。為使受
託人履行其基本義務,在制度設計上實有必要將其義務內容加以具體化,
而分別規定其各個義務內容。依英美的信託法理,受託人雖因信託關係的
成立,負有管理運用信託財產義務,但為防止受託人濫用權限,犧牲受益
人的利益,而追求自己的利益,尚負有衡平法上的諸多義務[14]。至於受託

---

[13] 日本學界對於日本舊「信託法」第25條後段所規定的「因處理信託事務所負擔之債務,亦同」乙語,究應如何解釋,亦有爭議。有認為係指因處理信託事務而對第三人負擔債務者,如四宮和夫,信託法(新版),有斐閣,1994年,頁204;松本崇、西內彬,信託法・信託業法・兼營法〈特別法コンメンタール〉,第一法規,1977年,頁166。反之,亦有認為係指受託人因違反信託義務,而依「民法」或「信託法」的規定,對受益人所負的損害賠償責任者,如三淵忠彥,信託法通釋,大岡山書房,1926年,頁134以下。

[14] See Robert Pearce & John Stevens, The Law of Trusts and Equitable Obligations 678 (Butterworths, 2nd edition, 1998).

人的義務範圍，如觀諸英美信託法的教科書，則各有不同的分類[15]。換言之，在信託關係下，受託人所應負的義務，傳統上雖認為是以善管義務（注意義務）及忠實義務為主，但因善管義務並非僅存在於信託關係，亦存在於委任等法律關係，故在學理的探討上，通常以受託人的忠實義務為核心[16]。且依當前英美信託法學界的主流見解，受託人之所以負有上開衡平法上的信任義務或信賴義務（fiduciary duty），其主要源自受託人與受益人間所存在的信任關係或信賴關係（fiduciary relationship），而非普通法上的契約關係[17]。具體而言，在英美法上，所謂的信任義務，約可分為「忠實義務」（duty of loyalty）[18]及「注意義務」（duty of care）。所謂的忠實義務，係指受託人必須只能以受益人的利益、而非受

---

[15] 例如學者A. W. Scott及W. F. Fratcher即將受託人的義務，分為十七項，包括管理運用信託義務、忠實義務、自己管理義務、設置帳簿義務、資訊提供義務、善管義務、控制信託財產義務、保全信託財產價值義務、行使請求權義務、抗辯義務、分別管理義務、存放銀行義務、增值義務、分配信託利益義務、公平義務、共同受託人的共同行動義務及尊重監督機構義務等。*See* A. W. Scott & W. F. Fratcher, The Law of Trusts, Volume IIA, §§169-185, at 310-580 (Aspen Law & Business, 4th edition, 1987). 相對地，學者D. J. Hayton則將受託人的義務簡化為八項義務，主要包括分別管理義務、保全信託財產價值義務、公平義務、書類備置義務、審慎行使裁量權義務、忠實義務、注意義務及共同受託人的共同行動義務等。*See* D. J. Hayton, The Law of Trusts 130-145 (Sweet & Maxwell, 2nd edition, 1993).

[16] 參閱樋口範雄，續アメリカ信託法ノート(3)，信託第206號，2001年11月，頁26-27。

[17] *See* Robert Pearce & John Stevens, The Law of Trusts and Equitable Obligations 681-687 (Butterworths, 2nd edition, 1998); Tamar Frankel, Fiduciary Duties as Default Rules, 74 OREGON L. REV. 1215-1231 (1995); R. Goff & G. Jones, The Trusts of Restitution 642-644 (Sweet & Maxwell, 4th edition, 1993). 另依日本信託法學界的見解，亦認為受託人負有忠實義務或善管義務等信任義務的法理基礎，主要是受託人與受益人間所存在的信任關係。參閱樋口範雄，フィヂュシセリー（信認）の時代，有斐閣，1999年，頁178；道垣內弘人，信託法理と私法體系，有斐閣，1996年，頁21-23。

[18] 關於Fiduciary Duty，謝哲勝教授譯為忠實義務；而Duty of Loyalty，則譯為忠誠義務。其詳細介紹，參閱謝哲勝，忠實關係與忠實義務，收錄於氏著：財產法專題研究（三），元照出版公司，2002年3月，頁121-154。

託人自己的利益，來處理信託事務。所謂的注意義務，則指受託人係基於個別之信任關係，為受益人之利益，管理、處分信託財產，故其應盡相當高程度之注意義務，處理信託事務，以實現信託之目的[19]。基本上，所有受託人應盡之義務，原則上皆為忠實義務及注意義務所派生而來。

反觀我國現行信託法的規定，雖認為受託人除於信託行為另有保留或訂定外，應對受益人負有公平分配信託利益義務（信託法第1條、第17條、第3條），並應善盡善管注意義務、分別管理義務、自己管理義務、共同受託人的共同行動義務、書類備置義務及資訊提供義務等（信託法第22條、第24條、第25條、第28條第2項、第31條、第32條），但因未明文規定受託人應負忠實義務，形式上似未能充分反應受託人與受益人間存在著信任關係。惟由於我國信託法已設有禁止受託人自己獲利及避免利益衝突等規定（信託法第34條、第35條），在法理上應可導出受託人在我國信託法下，仍應負忠實義務。此外，如為營業信託，因我國信託業法已明定信託業處理信託事務應負忠實義務（信託業法第22條第1項），自無疑義。且依保險法第22條第1項後段規定：「信託業依信託契約有交付保險費義務者，保險費應由信託業代為交付之。」信託業尚負有依信託契約有交付保險費義務。

綜上所言，似得認為不論是英美或我國的信託法理，皆強調受託人與受益人間存在著的信任關係或信賴關係，而受託人應負公平分配信託利益義務（公平義務）、善盡善管注意義務、忠實義務、分別管理義務、自己管理義務、共同受託人的共同行動義務、書類備置義務及資訊提供義務等信任義務。

基本上，就受託人的義務而言，其性質有部分屬於積極的作為義務，有部分屬於消極的不作為義務。同時，基於信託法為民事特別法，因此如受託人違反其義務，因信託法另定其應負的民事責任，故不完全適用民法

---

[19] 參閱王文宇，信託法原理與信託法制，收錄於氏著：新金融法，元照出版公司，2004年11月，頁213。

上債務不履行的規定。應強調者，乃受託人雖每因其是為民事信託、公益信託或營業信託處理信託事務，而導致其所應盡的義務略有差異，但基本上，則以善良管理人的注意義務、分別管理義務、直接管理義務、忠實義務及書類設置義務等五大義務為主。另就中應特別注意者，乃如為營業信託，因信託業法第19條第2項、第20條、第21條、第22條、第23條、第25條、第26條及第27條等規定，更特別設有諸多法定義務及禁止規範，殊值於研究營業信託時，深入分析。

　　從受託人義務的性質而言，信託法就受託人對於信託財產與其自有財產所應負的分別管理義務、書類備置義務（資訊提供義務）及忠實義務的特定類型，設有若干強行規定，不得由當事人以特約調整。相對地，信託法針對受託人對於不同信託財產間的分別管理義務、自己管理義務及忠實義務的特定類型等，在立法政策上，係定位為任意規定，得由當事人以特約調整之。理論上，信託法對於受託人義務定性為任意規定者，主要考量私法自治、財產性質、歸責事由及利益衝突程度高低等因素，並設有相對應的調整事由或方法。至於受託人的善管注意義務，信託法第22條雖未明定得由當事人以特約調整，但在民事信託關係下，究竟應解為強行規定或任意規定，實有疑義。

　　至於信託業法及金融消費者保護法對於信託業所應負之善管注意義務、忠實義務及資訊提供義務，除法有明文得調整外，不得任意以特約減輕或免除，性質上應屬強行規定。惟信託業法對於信託業的忠實義務、分別管理義務及資訊提供義務，則基於私法自治、信託業對信託財產有無運用決定權、交易標的性質及業務特性等因素，設有相對應的調整事由或方法。特別是基於信託業務的實際需要及降低成本，信託業法尚明定若干具體事由或要件，對於受託人的義務內容加以調整，不僅調整忠實義務以放寬利害關係人交易，並對於共同基金及信託資金集合管理運用帳戶，調整分別管理義務及資訊提供義務的內容。

　　茲就受託人所應負的各種具體義務，分別說明如下。

一、善管注意義務

(一) 民事信託與善管注意義務

我國民法對於過失的責任,原則上係依事件之特性而有輕重,如其事件非予債務人以利益者,應從輕酌定(民法第220條第2項)。若債務人受有報酬或利益,即應負較高的注意義務,反之則應從輕酌定其注義義務或過失責任。例如就委任關係的受任人而言,則依其是否受有報酬或利益,而分別酌定其須負有善良管理人的注意義務或與處理自己事務同一的注意義務(民法第535條)。又依司法實務的見解,亦認為僱傭關係之適用,因受僱人給付勞務,應服從僱用人之指示,且因其受有報酬,故應盡善良管理人之注意義務[20]。應注意者,若依法律之特別規定或契約之特別訂定,債務人就事變亦應負責時,則事變亦為可歸責於債務人之事由[21]。

觀諸信託法第22條規定:「受託人應依信託本旨,以善良管理人之注意,處理信託事務。」並未區分受託人是否受有報酬,以分別規定其注意義務的標準。其立法理由在於,受託人既基於信賴關係管理他人的財產,自須依信託行為所定意旨,積極實現信託目的,從而其注意義務不能以與處理自己事務同一注意為已足,應課以善良管理人的注意義務,以處理信託事務。

基本上,我國在信託制度的啟蒙階段,以法律明文揭示受託人應盡善

---

[20] 參閱臺灣高等法院94年度重上字第217號民事判決:「按稱僱傭者,謂當事人約定,一方於一定或不定之期限內為他方服勞務,他方給付報酬之謂。上訴人擔任被上訴人公司行員,為被上訴人服勞務,被上訴人並給付薪資作為報酬,兩造間自有民事上僱傭關係之適用,因受僱人給付勞務,應服從僱用人之指示,且因其受有報酬,故須盡善良管理人之注意義務,如因受僱人之故意或過失致生損害於僱用人,仍應負債務不履行之責任。」

[21] 參閱最高法院83年度台上字第2273號民事判決:「債務人就其故意或過失之行為,應負責任,民法第220條第1項定有明文。故所謂不可歸責於債務人之事由,即指債務人無故意或過失之情形而言。且依法律之特別規定或契約之特別訂定,債務人就事變亦應負責時,則事變亦為可歸責於債務人之事由。」

良管理人的注意義務，有助於促進受託人謹慎行使信託財產的管理處分權，似值肯定。所謂受託人應以善良管理人之注意處理信託事務，係指行為人注意之程度，依一般社會上之觀念，認為具有相當知識及經驗之人對於一定事件所能注意者，客觀的決定其標準；至行為人有無盡善管注意義務之知識或經驗，在所不問[22]。申言之，善管注意義務的內容或程度的判斷，並非以受託人個人具體的能力為基準，而應考量受託人所屬社會及經濟之地位或職業，對屬於該類型之人一般上或客觀上所要求之注意能力為基準。因此，就信託業所經營之營業信託而言，應課以較一般私人為高之專業及高度之注意義務。

本文以為，我國信託法第22條的規定，應解為並非強行規定，而可由信託當事人以信託行為加重或減輕其責任。但如約定免除受託人的故意或重大過失的責任，依我國民法第222條及第71條的規定，應認為違反強行禁止規定而無效。其結果，我國信託法第22條的規定，僅是訓示規定，而不排除可以信託行為加重或減輕受託人責任的可能性。又受託人處理信託事務未必受有報酬，依我國現行民法第535條的規定，受有報酬的受任人應盡善良管理人注意義務，負抽象輕過失責任；而未受報酬的受任人，則僅須負與處理自己事務同一的注意義務即可，負具體輕過失責任，且具體輕過失責任相較於抽象輕過失責任，其責任又較為減輕。揆諸受託人未必受有報酬的實際情形，若一律要求受託人應以善管注意義務之標準管理信託財產或處理信託事務，或有過於嚴苛及欠缺彈性之缺失，故立法論上應參考日本平成18年（2006年）12月15日修正公布的「信託法」第29條第2項規定，明定除信託行為另有訂定外，受託人應以善良管理人之注意義務處理信託事務，而明確將受託人之善管注意義務任意化，明定得由信託行

---

22 參閱最高法院79年度台上字第1203號民事判決：「行為人過失責任之最重者，莫過於『應以善良管理人之注意為之』，亦即學者所謂『抽象的輕過失』，申言之，行為人注意之程度，依一般社會上之觀念，認為具有相當知識及經驗之人對於一定事件所能注意者，客觀的決定其標準；至行為人有無盡此注意義務之知識或經驗，在所不問。」

為加重或減輕之。問題在於，若以受託人所屬社會及經濟之地位或職業為考量因素，而就其注意標準加以分級，最低層級者為剛滿二十歲無業之成年人，最高層級者為經驗豐富之著名會計師或律師，則信託行為對於受託人之注意義務加以減輕，究竟得減輕至何種程度？是否得減輕至普通人處理事務之注意標準或處理自己事務為同一之注意標準，乃至低於普通人處理事務之注意標準（例如無業二十歲成年人之注意標準）？基本上，縱然將信託法第22條明定為任意規定，亦非概括減輕受託人之注意義務，而應解為信託行為得區分信託事務之具體情況，減輕受託人處理各種信託事務之具體範圍，故信託行為自得另有訂定，以減輕至最低層級者之注意標準[23]。亦即注意之程度應視受託人之職業性質、社會交易習慣及法令規定等情形而定，而專門職業人員，基於與當事人之信賴關係，並本於其專業能力、工作經驗及職業責任，對於相對人或利害關係人應負有保護、照顧或防範損害發生之注意義務[24]。

又只要受託人處理一切的信託事務，即應本其善良管理人的注意義務為之。例如受益人有數人時，除信託行為另有約定外，受託人即應公平地分配信託的利益；共同受託人相互間應彼此監督，如有受託人從事違反信託的行為，即應立即加以阻止；如信託財產有毀損或滅失之虞時，受託人應立即採取適當的保存行為；如第三人侵害信託財產時，受託人應採取訴訟或其他適當的保全行為；受託人管理信託財產時，應注意風險分散原則及投資法則。凡此種種，均為受託人應盡善良管理人注意義務的典型例。

(二) 營業信託與善管注意義務

就營業信託或商業信託而言，應課以受託人較一般私人為高之專業及高度之注意義務。以美國法為例，即就商業信託發展出受託人的謹慎義務（duty of prudence），要求商業信託的受託人在處理信託事務時，除應善

---

[23] 參閱新井誠，信託法（第3版），有斐閣，2008年，頁246-247。

[24] 參閱臺灣臺南地方法院101年度金字第4號民事判決。

盡注意義務之外，更由於其負有為信託財產作妥適的理財規劃，以獲取更高的信託收益，故自1830年*Harvard College v. Amory*一案中[25]，即發展出來所謂的「謹慎之人原則」（prudence man rule），並明定於信託法第二次整編（Restatement of Trust, Second），使受託人在為信託財產進行「保本」之外，兼能達成為受益人「求利」的目標。因此，「謹慎之人原則」是用以評鑑專業受託人管理或處分信託財產時，是否有盡其客觀上的謹慎投資義務，而達到為受益人追求較高收益之目的。「謹慎之人原則」於歷經百年的發展後，美國法律學會（American Law Institute）於1990年所公布的「信託法第三次整編」（Restatement of Trust, Third），將「信託法第二次整編」中所規定的「謹慎之人原則」予以修訂，獨立成為「謹慎投資人法則」（prudent investor rule）[26]，除了保留原有「謹慎之人原則」的精神及彈性外，更增加財務管理上的投資組合理論（portfolio theory）、當時的市場情況及信託法的發展等因素，以作為商業信託受託人在管理運用投資大眾的資金時，所須遵守的規範原則。依「謹慎投資人法則」的要求，受託人必須遵守下列五種義務：（一）就信託財產之風險管理面而言，受託人必須為妥適之投資分散；（二）由於風險與報酬呈現高度正相關性，故受託人有義務去分析當前的風險水準是否符合信託目的及收益分配要求；（三）受託人有義務去避免投資那些會被信託投資契約認為是不必要且不符合信託目的之投資；（四）公平分配的信任義務係要求於現在收益的生產力報酬及購買力的保護間，均得妥適的平衡點；（五）受託人有義務及權限去指派一個同樣謹慎之人處理信託事務[27]。

　　觀諸我國信託業法第22條第1項規定：「信託業處理信託事務，應以善良管理人之注意為之，並負忠實義務。」即明定信託業必須以善良管理

---

[25] Harvard College v. Amory, 26 Mass. 446, 461 (1830).

[26] 關於謹慎投資人法則之發展、形成及實質內涵，參閱陳惠如，「謹慎投資人原則」之研究——兼論我國受託人投資權限之規範，國立中正大學法律學研究所碩士論文，2005年2月，頁19-139。

[27] *See* American Law Institute, Restatement of Trust (Third), Prudent Investor Rule, at 5-6.

人的注意，為委託人或受益人的利益，管理或處分信託財產。又因信託業法的規定，性質上均屬強行規定，從而不得任由委託人與信託業以特約方式，減輕信託業所應負的義務。

二、分別管理義務

　　由於信託財產具有獨立性，因此受託人本應將其自己的固有財產與信託財產分別管理，同時如受託人受託管理數個信託財產時，該各個信託財產既係分別獨立，自亦應分別管理。所謂分別管理，不僅是一種觀念上的區別，而是實際上須分別加以管理[28]。正由於受託人原則上負有分別管理義務，因其執行分別管理的結果，對未規定有公示方法的信託財產而言，在某程度上似具有一定的公示效力。

　　我國信託法第24條第1項前段規定：「受託人應將信託財產與其自有財產及其他信託財產分別管理。」其立意在於受託人個人的財產與信託財產的管理，如混合而未分開，將有損信託財產的特定性及獨立性，且為防止受託人濫權或在不同信託財產間有不公平管理的情事，應特設分別管理義務的規定。蓋信託財產雖在法律上已移轉為受託人所有，但仍受信託目的之拘束，並為實現信託目的而獨立存在。易言之，信託關係成立後，信託財產名義雖屬受託人所有，實質上並不認屬受託人自有財產，受託人仍應依信託本旨，包括信託契約之內容及委託人意欲實現之信託目的，管理或處分信託財產[29]。

　　基本上，從實際面來看，所謂分別管理，其方法為何？在信託法中並無明文規定，因此究應如何判斷受託人有無履行其分別管理的義務，誠有疑問。例如，如屬土地、房屋等非代替物，在分別管理上固無問題，但如為代替物，因其種類、品質、數量可相互代替，究應在物理上予以分開保管或在物體上加註信託標示，始為允當，恐有爭議。本文以為，在制度面

---

[28] 參閱田中實、山田昭，信託法，學陽書房，1989年，頁82。

[29] 參閱法務部民國99年3月9日法律字第0999005722號函。

上，分別管理義務並非信託制度本質上的要求，實係善良管理人注意義務的具體表現，只不過為期能達到保護受益人利益的目的，始特別予以例示[30]。因此，在判斷受託人是否善盡分別管理的義務時，應依信託目的及當時社會的一般通念，加以綜合判斷。

另外，信託財產的標的物如為金錢者，因金錢乃是表彰價值的財貨，如欲分別管理，有其事實上的困難。我國信託法第24條第1項後段規定：「信託財產為金錢者，得以分別記帳方式為之。」即為受託人分別管理義務的例外規定。此外，有價證券亦具有類似金錢的性質，並具有高度的流通性，因此應解為得類推適用第24條第1項後段的規定，以分別記帳的方式管理[31]。

基於私法自治原則，如信託當事人另有約定不必分別管理，似應尊重其意思。我國信託法第24條第2項規定：「前項不同信託之信託財產間，信託行為訂定得不必分別管理者，從其所定。」即明定受託人同時或先後接受二個以上信託時，關於信託財產間的管理，得由信託當事人以信託行為約定排除受託人的分別管理義務。換言之，受託人原則上應將不同信託的信託財產分別管理，但信託行為另有約定及以金錢為信託財產者，得以共同管理或以分別記帳之方式來代替分別管理。應注意者，依信託法第24條第2項的文義解釋，受託人如僅接受一個信託時，即不得以信託行為約定受託人得將信託財產與其自有財產混合管理，否則即有違第24條第1項前段的強制禁止規定。

就營業信託而言，依信託業法第28條第1項規定：「委託人得依契約之約定，委託信託業將其所信託之資金與其他委託人之信託資金集合管理及運用。」委託人與信託業如就信託資金的管理或處分，特別以契約約定得與其他信託資金集合管理及運用，即屬於信託法第24條第2項所稱「信

---

30 參閱田中實、山田昭，信託法，學陽書房，1989年，頁82。

31 惟如信託財產係有參加集中保管劃撥制度的有價證券，因在分別管理上並不致造成事實上的困難，即無類推有關信託財產為金錢者規定的必要。參閱四宮和夫，信託法（新版），有斐閣，1994年，頁224。

託行為訂定得不必分別管理」的情形,而成為分別管理義務的例外規定。此外,如信託業違反信託法第24條的規定,未將信託財產與其自有財產或其他信託財產分別管理或分別記帳者,依信託業法第51條第1項的規定,信託業的行為負責人,將可能被科處六個月以上五年以下有期徒刑,並得併科新臺幣300萬元以下罰金。

三、自己管理義務(直接管理義務)

(一) 受託人自己處理信託事務

　　信託係以當事人間的信任關係或信賴關係為基礎,因此原則上受託人處理信託事務,應親自為之,俾能盡心竭力,不負委託人的信賴。我國信託法第25條規定:「受託人應自己處理信託事務。但信託行為另有訂定或有不得已之事由者,得使第三人代為處理。」即本斯旨。質言之,受託人原則上應自己執行職務,以直接處理信託事務,僅於信託行為另有訂定或有不得已的事由等二種情形,始例外得使第三人代為處理信託事務。

　　所謂「使第三人代為處理」,其意義為何?誠有疑問。本文以為,應指受託人與第三人係立於委任關係,而使第三人得以其自己的意思,獨立代為處理信託事務而言[32],但受託人與第三人間並未有信託財產的移轉。

　　若受託人係利用代理人或使用人等履行輔助人,以輔助其處理信託事務,因履行輔助人非以其自己的意思,獨立代為處理信託事務,是以並不構成使第三人代為處理的情形。例如受託人本於自己的責任,而利用律師、銀行或仲介人等,以輔助其管理信託財產,即非屬所謂的使第三人代為處理。另應說明者,乃金融主管機關鑒於金融市場日益競爭,為使我國金融業能專注於發展金融核心業務,遂參考美國銀行委外作業的相關法

32　參閱松本崇、西內彬,信託法・信託業法・兼營法〈特別法コンメンタール〉,第一法規,1977年,頁168;四宮和夫,信託法(新版),有斐閣,1994年,頁238;三菱信託銀行信託研究會編著,信託の法務と實務;金融財政事情研究會,1990年,頁78。

令，頒訂「金融機構作業委託他人處理應注意事項」，容許銀行得將信託業務的後勤業務或帳務處理事務，委託其他機構代為處理，並向金融主管機關申請核准。由於受託銀行並未將有關管理或處分信託財產的權限，委託其他機構代為處理，而僅是將相關的後勤業務或帳務處理等非核心事務委託其他機構代為處理，解釋上應不構成直接管理義務或自己管理義務的違反。

又受託人應親自處理信託事務，固為基本原則，但如信託當事人另有訂定得使第三人代為處理，即應尊重其意思；同時如受託人有不得已的事由，而無法親自處理時，例如受託人有重病或長期旅行等情形，為使信託事務的處理得以順利進行，應容許受託人得使第三人代為處理，始為合理。受託人雖因信託行為另有訂定或有不得已的事由，而可合法使第三人代為處理，但若其選任不誠實的第三人代為處理或怠於監督第三人的業務執行，致信託財產發生損害時，在本質上乃信託財產管理不當，理應負損害賠償責任。我國信託法第26條第1項規定：「受託人依前條但書規定，使第三人代為處理信託事務者，僅就第三人之選任與監督其職務之執行負其責任。」即明定受託人僅於選任或監督第三人而有過失時，始負責任。換言之，受託人於選任第三人或監督其職務的執行，仍必須盡相當的注意義務，否則若信託財產因第三人的行為致生損害，受託人即應負賠償責任。以美國 *Shriner's Hospitals for Crippled Children v. Gardiner*[33]一案為例，受託人Mary Jane本身不懂得如何投資，遂將委託人Laurabel Gardiner之信託財產全數交給具有經紀人身分之第三人Charles去管理、投資該筆財產，不料Charles卻因而侵吞盜用該筆信託財產。雖然受託人援引「謹慎之人原則」抗辯其選任具有專業知識的Charles作為財產管理人並無過失，但法院認為受託人幾乎沒有參與任何投資決策而將所有權限均授權給第三

---

[33] Shriner's Hospitals for Crippled Children v. Gardiner, 152 Ariz. 527, 733 P.2d 1110 (Ar.1987).

人，並且沒有對第三人為適度地監督，自應對信託財產之損害負其責任。

又依金融資產證券化條例第35條規定：「受託機構得將信託財產之管理及處分，委任服務機構代為處理。但以資產信託證券化計畫有載明者為限。服務機構應定期收取信託財產之本金、或其利益、孳息及其他收益，提供受託機構轉交受益人並將信託財產相關債務人清償、待催收與呆帳情形及其他重大訊息，提供受託機構。服務機構無法履行其服務義務時，得依資產信託證券化計畫規定或報經主管機關核准後，由備位服務機構繼續提供資產管理處分之服務。」即規定受託機構得委任服務機構代為管理及處分信託財產，而不必自己管理或處分信託財產。應注意者，受託機構一旦依特殊目的信託契約的規定，將該財產委任服務機構管理及處分者，即屬於信託法第25條但書所規定得使第三人代為處理信託事務的情事，而依信託法第26條的規定，受託機構應就服務機構的選任或監督其職務的執行負其責任。

此外，不動產投資信託及不動產資產信託的受託機構於購買或受託具有穩定收入的不動產後，除自行管理外，若受託機構並非以經理管理不動產為專業，亦得依不動產投資信託契約或不動產資產信託契約的約定，委託不動產管理機構管理，且依不動產證券化條例第4條第4項規定，受託機構應選任符合一定條件的不動產管理機構，並於委任契約書記載該不動產管理機構的職權、義務、責任及應遵行事項。至於不動產管理機構，則限定於不動產投資業、營造業、建築經理業、不動產買賣租賃業或其他經主管機關核定的機構（不動產證券化條例第4條第1項第12款）。

再者，代受託人處理信託事務的第三人，雖與受益人、委託人無直接的法律關係，但其所代為處理信託事務的結果，對受益人或信託財產影響重大，其地位實與受託人相當，自應負與受託人處理信託事務的同一責任。我國信託法第26條第2項規定：「前條但書情形，該第三人負與受託人處理信託事務同一之責任。」應屬正確。又信託契約固然可約定受託人得使第三人代為處理信託事務，惟由於受託人乃信託財產對外唯一有管理處分權之人，故其約定僅具內部關係的性質，並不影響受託人對外所為法

律行為的效力，受託人自不能以信託契約設有約定而免除其對外之法律責任[34]。

反之，若受託人違反信託法第25條規定，使第三人代為處理信託事務者，應就該第三人之行為，負完全責任；且若受託人違反親自處理信託事務之義務而使第三人代為處理者，為確保委託人及受益人之權益，自應使該第三人與受託人負連帶責任。因此，我國信託法第27條規定：「受託人違反第二十五條規定，使第三人代為處理信託事務者，就該第三人之行為與就自己之行為負同一責任。前項情形，該第三人應與受託人負連帶責任。」例如該第三人就信託事務之處理有故意或過失時，受託人亦應與第三人連帶負責。

(二) 第三人代為處理信託事務的類型

信託既係以當事人間具有信賴關係或信任關係為基礎，原則上受託人處理信託事務，自應親自為之，但本於私法自治或契約自由，如當事人基於專業分工或成本效益之理由，而特別訂定得使第三人代為處理者，即應尊重其意思；又如受託人有不得已之事由者，為使信託事務得以順利進行，亦得使第三人代為處理（信託法第25條但書）。應注意者，觀諸美國法律學會於1990年所公布的「信託法第三次整編」，則立於投資組合理論的背景下導入「謹慎投資人法則」，明定受託人有義務及權限去指派一個同樣謹慎之人處理信託事務[35]，而建立所謂「他己執行義務」的概念。

又從受益人最大利益的觀點而言，若受託人依信託本旨，應使第三人代為處理信託事務，較為允當時，縱然信託行為未有規定，在立法論上，亦應容許受託人即可授權第三人為之。

---

[34] 參閱法務部民國103年5月12日法律字第10303506000號函。

[35] *See* American Law Institute, Restatement of Trust (Third), Prudent Investor Rule, at 5-6.

基本上，受託人使第三人代為處理信託事務之情事，主要包括下列五種可能類型，而受託人與第三人的義務及責任亦有所差異：

1. 信託契約規定得使第三人代為處理。
2. 受託人有不得已事由而必須使第三人代為處理。
3. 受託人非利用第三人無法處理信託事務。例如受託人為信託業，實際上必須由其員工處理信託事務。
4. 受託人本於自己責任而使第三人處理。
5. 受託人違反信託契約而使第三人代為處理。

就第1種及第2種類型而言，依信託法第26條規定，則受託人僅就第三人的選任與監督其職務的執行負其責任；至於該第三人則負與受託人處理信託事務同一之責任。

就第3種類型而論，依民法第224條規定，除當事人另有約定外，受託人應就其使用人或代理人等履行輔助人的故意或過失，負同一責任；且就履行輔助人的事務處理，受託人仍應負選任及監督的責任。

就第4種類型來說，受託人係以自己責任而使用第三人處理，第三人等同於受託人的使者或工具，受託人自應就第三人的行為負其全部責任。

至於如為第5種類型，依信託法第27條規定，不僅受託人應就該第三人的行為與就自己的行為負同一責任；且該第三人亦應與受託人負連帶責任。

(三) 二重信託的爭議

在信託關係下，受託人原則上固應自己處理信託事務，但受託人得否以其名義上所有之信託財產，再設定信託與第三人，而成立另一個信託關係，理論上容有爭議。又依法務部的解釋，觀諸信託法第25條規定的規範意旨，係指受託人無法親自處理信託事務，而於信託行為另有訂定或有不得已之事由時，例外得使第三人代為處理信託事務，受託人與第三人間並

未有財產權之移轉，自不宜再將信託財產設定信託與第三人[36]。

　　有學者以為，如成立再信託（二重信託），再信託受託人並非僅為業務受託人，而應係代原信託受託人處理信託事務之人，故再信託受託人應與原信託受託人負同一責任。此外，原信託受託人應依原信託契約的內容，定其責任的內容及範圍，但如原信託契約未有特別約定時，應就再信託受託人的選任及監督其職務執行負其責任[37]。本文以為，如信託契約明定受託人得為二重信託，依私法自治或契約自由，並無禁止二重信託之理。但如信託契約未明文承認，則得否藉由解釋以承認二重信託之合法性，涉及我國信託法第22條、第25條、第34條及第35條等規定的解釋問題，非可全盤肯定或否定之。具體而言，受託人如將信託財產再設定信託，交由第三人管理或處分，是否違反其注意義務或違反不得在信託財產上設定或取得權利的禁止規定，非無討論的空間。又受託人如將信託財產再設定信託，而成為二重信託的受益人時，是否違反受託人不得以任何名義享有信託利益的禁止規定，亦有解釋上的遐想空間。

---

[36] 參閱法務部民國90年11月26日（90）法律字第000727號函：「二、按信託法第1條規定：『稱信託者，謂委託人將財產權移轉或為其他處分，使受託人依信託本旨，為受益人之利益或為特定之目的，管理或處分信託財產之關係。』信託係以當事人間之信賴關係為基礎，受託人既基於信賴關係管理他人之財產，自須依信託行為所定意旨，積極實現信託之目的（信託法第22條立法理由一參照）。是以，依信託法第1條及第22條規定，受託人須依信託本旨管理或處分信託財產，並須以善良管理人之注意處理信託事務，故消極信託並非我國信託法所認定之信託，前經本部88年6月17日法88律字第021755號函釋在案。本件原信託財產之受託人王○進自為委託人，將信託財產信託給○○區中小企業銀行股份有限公司，則原受託人王○進實際上就信託財產已無管理權限，依上開說明，即屬消極信託，且非為我國信託法所認定之信託。三、至信託法第25條規定：『受託人應親自處理事務。但信託行為另有訂定或有不得已之事由者，得使第三人代為處理。』查其立法意旨，係指受託人無法親自處理信託事務，而於信託行為另有訂定或有不得已之事由時，例外得使第三人代為處理信託事務，受託人與第三人間並未有財產權之移轉。準此，信託法第25條尚不得解釋為受託人得自為委託人就原信託財產再為信託之依據。併予敘明。」

[37] 參閱友松義信，集團投資スキームにおける信託と會社の比較，收錄於道垣內弘人、大村敦志、澤昌彥，信託取引と民法法理，有斐閣，2003年，頁46-47。

應注意者，就金融資產證券化之架構設計而言，在跨國發行實務上，經常採用多層架構進行。例如第一層是採取信託型架構，創始機構即成為第一層信託的受益人，第二層再由受益人以所取得之受益權信託或出售給特殊目的機構，而由特殊目的機構以該受益權為基礎，發行受益證券或資產基礎證券；反之，亦可能第一層先採取公司型架構，由特殊目的公司以所發行資產基礎證券設定信託或出售給特殊目的機構，第二層再由特殊目的機構以該資產基礎證券為基礎，發行受益證券或資產基礎證券。我國金融資產證券化條例雖明定創始機構得以汽車貸款債權、房屋貸款債權、租賃債權、信用卡債權、應收帳款債權或其他金錢債權與信託業成立信託契約所生之受益權，作為金融資產證券化之資產組合[38]，但如再採取特殊目的信託架構進行金融資產證券化，因特殊目的信託之委託人為原信託之受益人，並以其所享有之受益權設定特殊目的信託，而非原信託之受託人，故性質上並非二重信託。

四、書類備置義務

受託人應依信託本旨，以善良管理人的注意，處理信託事務，且信託財產與受託人的自有財產及其他信託財產，原則上應明確劃分，以免混淆。因此，為保護受益人的利益，就信託事務的處理，應以正確、明白為必要。職是之故，我國信託法第31條及第32條分別規定受託人於處理信託事務時，應善盡書類備置義務（書類設置義務、資訊提供義務），以期信託關係人能取得有關信託事務的正確資訊，同時達到監督受託人的目的。茲就其規定內容，分別說明如下：

（一）受託人就各信託，應分別造具帳簿，載明各信託事務處理的狀況（信託法第31條第1項）。質言之，受託人不論其係分別管理或混合管理各信託財產，抑係以分別記帳的方式管理各信託財產，受託人仍應就各個信託分別造具帳簿，俾使各個信託的委託人及受益人瞭解信託事務的狀

---

[38] 參閱金融資產證券化條例第4條第1項第2款第4目。

況。問題在於，我國信託法雖對受託人的信託事務，設有與會計處理有關的若干規定[39]，但對於民事信託事務處理的會計原則，則付之闕如。因此，受託人於造具信託帳簿時，所應遵循的會計原則為何，實有疑義。若為受託人應將其處理信託事務的結果加以會計處理，而對受益人、委託人或信託監察人等報告，是為受託人會計；若為受益人應對其所享有信託利益的狀況加以會計處理，而對稅捐稽徵機關、股東或債權人等，提供會計資訊，則為受益人會計。基本上，受託人在會計處理上，應依一般公認允當之會計慣例，以真實原則、正規簿記原則、明確性原則、繼續性原則及保守主義原則為基礎，考量信託商品之特性而為之[40]。因此，受託人會計應依信託之種類，因應受益人之會計處理所為經營管理之實況而有所差異，理論上並無統一性之受託人會計[41]。

至於如為營業信託，依信託業法第37條規定：「信託業之會計處理原則，由信託業同業公會報請主管機關核定之。」可見信託業應依中華民國信託業商業同業公會所訂定的信託業會計處理原則辦理。申言之，信託帳會計科目分為信託資產與信託負債兩類；信託資產總額應等於信託負債總額（信託業會計處理原則第6條）。且信託資產之定義與一般公認會計原則之資產定義相同；信託負債包括依一般公認會計原則觀念下之負債、投入本金及損益（信託業會計處理原則第7條）。

（二）受託人除應於接受信託時作成信託財產目錄外，每年至少定期一次作成信託財產目錄，並編製收支計算表，送交委託人及受益人（信託法第31條第2項）。亦即受託人除於信託成立時須製作信託財產目錄，以確定信託財產的範圍外，爾後更應定期製作信託財產目錄及收支計算表，分送委託人及受益人，使其定期取得相關資訊。此外，如為營業信託，信

---

[39] 例如信託法第24條第1項、第31條、第39條第1項、第50條第1項、第68條第1項、第81條、第82條。

[40] 參閱小野傑、深山雅也，新しい信託法解說，三省堂，2007年，頁90。

[41] 參閱鯖田豐則，信託の會計と稅務，稅務經理協會，2007年，頁90。

託業則應依信託業法第19條第2項的規定，依照信託契約的約定及主管機關的規定，分別向委託人、受益人作定期會計報告，且如約定設有信託監察人者，亦應向信託監察人報告。

（三）委託人或受益人得請求閱覽、抄錄或影印帳簿、信託財產目錄及收支計算表等文書，並得請求受託人說明信託事務的處理情形（信託法第32條第1項）。換言之，即委託人及受益人為能充分發揮其監督功能，得向受託人行使文書閱覽權，並可請求受託人說明，故如從反面加以觀察，受託人則負有設置文書供閱覽及說明的義務。

（四）利害關係人於必要時，得請求閱覽、抄錄或影印帳簿、信託財產目錄及收支計算表等文書（信託法第32條第2項）。所謂利害關係人，如委託人及受益人的債權人等，即屬顯例。蓋信託財產管理的良莠，每影響委託人或受益人的清償能力，因此基於公益上的理由，應許其得閱覽、抄錄或影印相關文書。又如對是否有必要的認知發生爭議時，應由法院為最終的判斷。

應注意者，就信託業辦理特殊目的信託、不動產投資信託、不動產資產信託、信託資金集合管理及運用或募集共同信託基金等商業信託或集團信託而言，因其受益人的人數眾多，且有關信託帳簿、信託財產目錄及收支計算表，性質上並非公開書類，若所有受益人皆得隨時向信託業行使帳簿閱覽權，請求閱覽、抄錄或影印上開文書，一旦受益人濫用其權利，不僅可能導致信託業的營運成本大幅提高，亦可能損害其他受益人的利益，而不利於我國商業信託的業務發展。為兼顧受益人行使帳簿閱覽權的權益及避免權利濫用，我國金融資產證券化條例、不動產證券化條例及信託業法則明定受益人僅於符合一定條件時，始可閱覽、抄錄、影印上開文書，殊值注意。例如我國金融資產證券化條例第42條規定：「持有本金持分總數百分之三以上之受益人，得以書面附具理由，向受託機構請求閱覽、抄錄或影印其依本條例及信託法第三十一條規定編具之帳簿、文書及表冊。前項請求，除有下列事由外，受託機構不得拒絕：一、非為確保受益人之

權利者。二、有礙特殊目的信託事務之執行，或妨害受益人之共同利益者。三、請求人從事或經營之事業與特殊目的信託業務具有競爭關係者。四、請求人係為將閱覽、抄錄或影印之資料告知第三人，或於請求前二年內有將其閱覽、抄錄或影印之資料告知第三人之紀錄者。」又依不動產證券化條例第47條規定：「不動產證券化所發行或交付之受益證券，準用金融資產證券化條例第二十條、第二章第三節及第四十二條之規定。但信託契約另有約定，且於公開說明書或投資說明書中載明者，從其所定。」此外，依信託業法第32條之2第1項及第2項規定：「信託業辦理信託資金集合管理及運用，或募集共同信託基金，持有受益權百分之三以上之受益人，得以書面附具理由，向信託業請求閱覽、抄錄或影印其依信託法第三十一條規定編具之文書。前項請求，除有下列情事之一者外，信託業不得拒絕：一、非為確保受益人之權利。二、有礙信託事務之執行，或妨害受益人之共同利益。三、請求人從事或經營之事業與信託業務具有競爭關係。四、請求人係為將閱覽、抄錄或影印之資料告知第三人，或於請求前二年內有將其閱覽、抄錄或影印之資料告知第三人之紀錄。」明定信託業得拒絕受益人行使帳簿閱覽權之事由。

五、忠實義務

(一) 忠實義務的性質及內涵

　　受託人既係基於委託人的高度信賴，以管理信託財產，故其應忠實地處理信託事務，始不悖於信託關係所依存的信賴基礎。亦即受託人應本於信託財產及受益人的利益，以處理信託事務，始符合忠實義務的要求。

　　觀諸英美的信託法理，所謂忠實義務，係指受託人在管理信託事務時，只能為受益人之利益，而不得兼考量自己或第三人之利益[42]，即禁止為利益衝突的行為（no conflict rule）；又受託人除了法律所允許或委託人

---

[42] *See* George Gleason. Bogert, Handbook of the Law of Trusts 343 (West Publish Co., 5th edition, 1973).

所約定的報酬外，禁止從信託關係中獲取報酬以外的其他利益（no profit rule）[43]。因此，受託人若因處理信託事務，而自第三人處獲得佣金或紅利等利益，均應歸入信託財產[44]。一般而言，違反忠實義務之類型主要包括：受託人將信託財產賣給自己、將自己財產賣給信託、將信託財產貸予自己或以任何方式使自己從該信託財產中獲得利益[45]。受託人於處分信託財產時，亦應為受益人追求最高之交易價格[46]。若係與受託人具有利益衝突之交易，原則上僅於經受益人事先同意時，始可為之[47]。由此觀之，忠實義務固然為受託人應遵守的重要義務，但並非強行規定或硬性規定，理論上得以信託行為加重或減輕受託人的責任，乃至於經由受益人的同意以減輕或免除受託人的責任。

　　我國現行信託法並未對忠實義務設有一般性規定，但就信託關係的內涵而言，學理上認為大抵上可包含下列三項原則。第一，受託人不得置身於信託財產利益與受託人個人利益彼此相互衝突的地位；第二，受託人於處理信託事務時，不得自己得利；第三，受託人處理信託事務時，不得使第三人獲得不當利益[48]。簡言之，受託人不得利用信託財產為自己或第三人謀取不當利益。既然忠實義務乃受託人應盡的重要義務，在立法論上，信託法應增設忠實義務的一般性規定，明定受託人應為受益人之利益，忠實處理信託事務。至於忠實義務之實質內涵，除有待學說及司法實務見解繼續拓深外，亦可參酌英、美、日等國的實務判解及學理分析，加以具體化。

---

[43] *See* Betty Linn Krikorian, Fiduciary Standards in Pension and Trust Fund Management 1-7 (Butterworth Legal Publishers, 2nd edition, 1995).

[44] Uniform Trust Code (2005), Section 1003, comment.

[45] *See* Betty Linn Krikorian, Fiduciary Standards in Pension and Trust Fund Management 1-7 (Butterworth Legal Publishers, 2nd edition, 1995).

[46] *See* Restatement of Trust (Third) §170.

[47] *See* Restatement of Trust (Second) §216.

[48] 參閱四宮和夫，信託法（新版），有斐閣，1994年，頁231。

(二) 信託法的具體規定

　　我國現行信託法雖未正面就受託人的忠實義務加以規定，但如從第34條及第35條的規定來觀察，亦可能導出受託人負有忠實義務的結論。

　　依信託法第34條前段規定：「受託人不得以任何名義，享有信託利益。」即基於受託人為負有依信託本旨管理或處分信託財產義務的人，而受益人為享有信託利益的人，若受託人兼為同一信託的受益人，則其應負的管理義務與受益權混為一體，易使受託人為自身的利益而從事違背信託本旨的行為，故原則上受託人不得兼為受益人，更不得直接或間接享有信託利益，實為上開第一原則的具體表現。又信託法第34條但書所稱的他人，解釋上自包括委託人以自己為受益人的情形在內[49]。又如違反信託法第34條規定而設定的信託，依信託法第5條第1款的規定，應屬無效[50]；惟

---

[49] 參閱法務部民國91年11月26日法律字第0910042147號函：「二、按信託法第34條規定：『受託人不得以任何名義，享有信託利益。但與他人為共同受益人時，不在此限。』其立法理由係因受託人為負有依信託本旨，管理或處分信託財產義務之人；受益人為享有信託利益之人，如受託人兼為同一信託利益之受益人，則其應負之管理義務將與受益權混為一體，易使受託人為自己之利益而為違背信託本旨之行為，故原則上，受託人不得兼為受益人，更不得假管理或處分財產之便，以任何名義享有信託利益。合先敘明。三、又信託行為中訂定，信託關係存續期中，信託財產孳息由特定受益人享有，信託關係消滅時，信託財產原本由其他受益人享有之情形，該享有信託財產孳息之人，稱為『孳息受益人』；享有信託財產原本之人，稱為『原本受益人』。本件受託人係委託人之母親，就信託本旨而言，應無脫法行為之意圖，且受託人僅為孳息為受益人中之一人，其雖享有孳息利益之百分之九十九，惟尚無受益比例顯不相當問題（參照附件之土地登記申請書，本件之孳息受益權利價值為新臺幣陸拾參萬貳仟壹佰玖拾玖元整，本金受益權利價值則為新臺幣壹佰陸拾參萬貳仟陸佰參拾肆元整）。至信託法第34條但書之『他人』，自包括委託人以自己為受益人之情形在內。」

[50] 參閱高雄高等行政法院97年度訴字第734號判決：「信託法第34條之立法意旨係受託人為負有依信託本旨，管理或處分信託財產義務之人；受益人為享有信託利益之人，如受託人兼為同一信託之受益人，則其應負之管理義務將與受益權混為一體，易使受託人為自身之利益而為違背信託本旨之行為，故原則上，受託人不得兼為受益人，更不得假管理或處分信託財產之便，以任何名義享有信託利益。另於受託人

如信託財產業已登記為受託人所有，登記機關是否能逕行予塗銷信託登記及所有權移轉登記，應依法律具體規定及個案判定之[51]。

此外，依我國信託法第35條第1項規定：「受託人除有左列各款情形之一外，不得將信託財產轉為自有財產，或於該信託財產上設定或取得權利：一、經受益人書面同意，並依市價取得者。二、由集中市場競價取得者。三、有不得已事由經法院許可者。」即禁止受託人將信託財產轉為自有財產或於該信託財產上設定或取得權利，以避免發生信託財產的利益與受託人個人利益發生衝突的情事。故若受託人無信託法第35條所規定的例外情形，受託人不得自該信託財產取得權利。由此觀之，信託法第35條第1項亦為上開第一原則的具體表現。至於在設立信託之際，債務人將其設定抵押於債權人的不動產，再信託予該債權人為管理或處分，則並無違反信託法第35條第1項的問題。申言之，如委託人將不動產交付信託給受託銀行前，業已將該不動產設定抵押權予受託銀行，則與信託法第35條第1項禁止受託人將信託財產轉為自有財產或於該信託財產上設定或取得權利的情形，兩者並不相同[52]。反之，若委託人與受託人先辦理信託後，再由受託人設定抵押權於自己，則仍有信託法第35條第1項的適用，除非有信託法第35條第1項除外規定情形之一者，否則受託人不得同時以擔保物提供人兼抵押權人身分申辦抵押權設定登記。

與另一受益人為共同受益人之情形，若受託人受益比例較鉅，與另一受益人受益之比例相差懸殊時，亦顯與信託法第34條前述之立法意旨有違，而屬有違信託法第5條第1款所定其目的違反強制或禁止規定之情形，則其信託行為即屬無效甚明。」

[51] 參閱法務部民國91年10月8日法律字第0910036555號函。

[52] 參閱法務部民國91年8月27日法律字第0910030114號函：「四、又按信託法第35條係有關受託人忠實義務之規定，乃為避免受託人在『信託關係存續中』，圖謀自身或第三人利益而設；至在『設立信託之際』，債務人將其設定抵押於債權人之不動產，信託予該債權人為管理或處分，尚無違反信託法第35條之問題。從而，本件華南商業銀行來函所述，委託人將不動產交付信託前，業已將該不動產設定抵押權予該行之情形，與信託法第35條規定乃禁止受託人將信託財產轉為自有財產或於該信託財產上設定或取得權利者，容有不同。」

　　若以第一商業銀行於2011年辦理潤成投資控股股份有限公司（以下簡稱「潤成投資控股公司」）取得南山人壽百分之九十七點五七股權信託案為例，潤成投資控股公司即是先以南山人壽股票設定質權予聯貸銀行團（擔保品管理銀行為兆豐國際商業銀行），其後經質權人的同意，再由潤成投資控股公司將南山人壽百分之九十七點五七的股權與第一商業銀行（聯貸銀行團之成員）成立股權信託。此外，潤成投資控股公司的上層股東潤泰新公司、潤泰全公司、寶成工業公司、長春投資公司、宜泰投資公司及匯弘投資公司就其所持有潤成投資控股公司的百分之一百股權，分別與第一商業銀行簽訂信託契約。問題在於，依民法第908條規定：「質權以未記載權利人之有價證券為標的物者，因交付其證券於質權人，而生設定質權之效力。以其他之有價證券為標的物者，並應依背書方法為之。前項背書，得記載設定質權之意旨。」則潤成投資控股公司（出質人）若欲以南山人壽的記名股票設定質權，應以背書方法（設質背書）為之，並交付南山人壽的記名股票給擔保品管理銀行的兆豐國際商業銀行。其次，潤成投資控股公司因以南山人壽的記名股票設定信託，又必須依公司法第164條規定，在南山人壽的記名股票上背書，並記載受讓人（受託人為第一商業銀行）後，將股票交付給受託人。因此，尚必須經質權人同意將南山人壽的記名股票交付信託。再者，當質權解除時，理論上必須經質權人背書後，將南山人壽的記名股票返還潤成投資控股公司（出質人）。最後，於信託關係消滅後，再由第一商業銀行（受託人）依公司法第164條規定，將南山人壽的記名股票上為記名背書，以交付返還給潤成投資控股公司（委託人）[53]。

　　應特別補充者，如受託人為信託業或兼營信託業務的金融機構，一旦違反信託法第35條的規定，而將信託財產轉為自有財產，或於信託財產上設定或取得權利者，依信託業法第51條第2項的規定，其行為負責人可能被科處一年以上七年以下有期徒刑，並得併科新臺幣1,000萬元以下罰金。換言之，信託業法對於營業信託，更透過科處刑事責任的方式，責成

---

[53] 參閱經濟日報2011年6月10日，頭版。

信託業或兼營信託業務的銀行應嚴格遵守其忠實義務，以防止利益衝突的情事發生。

至於上開第二原則與第三原則，我國信託法中雖未明文規定，但如從我國民法第106條禁止自己代理及雙方代理的法理來看，受託人於處理信託事務時，應不得使自己獲利或第三人獲利，以免有違民法上禁止利益衝突的法理。解釋上，上開第二原則與第三原則雖可能從民法上禁止利益衝突的基本原理導出，而成為忠實義務內容的一環，但立法論上，一則應受忠實義務規範的當事人範圍，不僅應從「受益人與受託人」間的關係擴大到「受益人與受託人及其利害關係人」間的關係，尚應從「受益人與受託人」間的關係擴大到「受益人與其他信託之受益人」間的關係；二則應受忠實義務規範的交易對象，亦應從「直接交易」擴大到「直接交易」及「間接交易」二者，以具體化忠實義務的內涵。

所謂受託人處理信託事務時，不得使第三人獲得不當利益，例如信託財產乃受益人受益權之所繫，並非受託人的自有財產，倘受託人欲以受託人名義為捐贈，縱為信託契約所約定，其約定亦與信託的本旨有違。故受託人無論如何均不得將受託財產捐贈予他人[54]。

應注意者，如受託人身兼受益人之一時，並不致於發生利益衝突的情

54 參閱法務部民國92年8月20日法律字第0920031754號函：「按贈與乃財產所有人以自己之財產無償給予他人，經他人允受而生效力之行為（遺產及贈與稅法第4條第2項、民法第406條規定參照），其對各級政府、財團法人、公益信託等為贈與者，一般稱為『捐贈』。信託財產乃受益人受益權之所繫，非為受託人之自有財產，倘受託人欲以『受託人名義』為捐贈，縱為信託契約所約定，其約定亦與信託之本旨有違。次依信託法第1條規定，受託人須為受益人利益或特定目的管理、處分信託財產；其因管理、處分信託財產取得之財產權，仍屬信託財產（同法第9條第2項規定參照）。單純之拋棄或捐贈，未能取得任何對價，殊難解為係為受益人之利益（本部92年4月11日法律字第0920011607號函說明二參照），況且是以『受託人名義』為捐贈，縱稅法對個人或營利事業之捐贈有得列舉扣除或得列為當年度費用等優惠（所得稅法第17條、第36條規定參照），受益人或委託人（自益信託之情形）亦不能享有。而本件信託若係為使受託人假信託之方式而遂行其節稅或其他脫法之目的，其信託行為自是無效。」

事，或者受託人係經由法定原因或基於公正價格及程序，而取得信託財產或於該信託財產上設定或取得權利，因不致於發生弊端，故實無禁止的必要。且就某些利益衝突的行為而言，若信託行為另有訂定或事先取得受益人或受益人會議的同意，似亦得減免受託人應負忠實義務的義務，以促進忠實義務的合理化及增進信託財產的管理效率。茲將各種得排除忠實義務適用的例外情形，臚列於下：

1. 受託人與他人為共同受益人時（信託法第34條但書）。蓋如受託人僅是受益人之一時，其他受益人仍得監督受託人，尚不致生利益衝突的情事，應可防止弊端的發生。

2. 共同受託人中一人為受益人時。按我國信託法中對共同受託人中一人為受益人的情形，雖未明文承認，但基於信託事務的處理須由共同受託人全體共同為之的原則，如信託行為未約定由身兼受益人身分的受託人可單獨處理信託事務，則應可類推適用我國信託法第34條但書的規定，認為以共同受託人中一人為受益人的信託，亦有效成立[55]。

3. 受託人經受益人書面同意，並依市價取得信託財產或於該信託財產上設定或取得權利者（信託法第35條第1項第1款）。按受託人既經受益人書面同意，且其係依市價取得，即無悖於其所應盡的忠實義務，自無再予禁止的道理。

4. 受託人係經由集中市場競價取得信託財產或於該信託財產上設定或取得權利者（信託法第35條第1項第2款）。例如信託財產為上市或上櫃的有價證券時，如受託人係本於處分信託財產的意思，而出售有價證券，同時又以自己的固有財產，於有價證券集中市場或店頭市場買入同種類的有價證券時，因有價證券集中市場或店頭市場的有價證券買賣，係以公開競價方式為之，故亦不致違背忠實義務，而無禁止的必要。至於如受託人明知某有價證券的價格將上漲，而故意出售以該有價證券為標的物的信託財

---

[55] 參閱松本崇、西內彬，信託法・信託業法・兼營法〈特別法コンメンタール〉，第一法規，1977年，頁76。

產時，即係違反善良管理人的注意義務，應屬另一問題。

5. 受託人有不得已事由經法院許可取得信託財產或於該信託財產上設定或取得權利者（信託法第35條第1項第3款）。所謂的有不得已事由，例如受託人基於信託事務的處理，而有處分信託財產的急迫需要時，因無法覓得適當的買主或告貸無門，即為適例。又為避免發生利益輸送或受託人圖利自己等弊端，乃規定須經法院許可，由法院認定是否真有不得已的情事，以及是否有相當、合理的對價，來確保受益人的權益。

6. 受託人因繼承、合併或其他事由，概括承受信託財產上的權利時（信託法第35條第2項前段）。按受託人取得信託財產上的權利，如係基於繼承、法人的吸收合併或營業受讓等法定原因，概括承受權利、義務而來者，即與受託人任意違反忠實義務所為信託財產或其他權利的特定繼受有所不同，殊無禁止的必要。同時，如信託財產為所有權以外的權利時，受託人雖取得該權利標的的財產權，其權利亦不因混同而消滅（信託法第35條第2項後段），殊值注意。

(三) 信託業法的具體規定

至於如為營業信託，依信託業法第22條第1項規定：「信託業處理信託事務，應以善良管理人之注意為之，並負忠實義務。」則設有忠實義務的一般性規定；且信託業法第25條、第27條及信託業法施行細則第14條亦設有若干忠實義務的具體規定。

首先，信託業法第25條第1項為落實信託業所應盡的忠實義務，更明文禁止信託業以信託財產購買本身或其利害關係人所發行的有價證券或票券、購買本身或其利害關係人的財產、讓售與本身或利害關係人、購買本身銀行業務部門承銷的有價證券或票券。如有違反者，依信託業法第50條的規定，其行為負責人可能被科處三年以下有期徒刑，拘役或科或併科新臺幣1,000萬元以下罰金。問題在於，委託人如於信託契約明定受託人就信託財產並無運用決定權，亦即運用方法、範圍已經由委託人具體確定，受託人依委託人指示辦理，尚不至濫用信賴關係而違反委託人或受益人的

利益，理論上並無禁止必要。因此，我國信託業法第25條於2008年1月16日修正前，主管機關即透過解釋認為信託業對信託財產不具有運用決定權的信託，不受信託業法第25條第1項之限制[56]。為杜疑義，我國信託業法第25條於2008年1月16日修正時，即明定免除信託業所應負忠實義務之要件及告知義務，一則規定信託契約約定信託業對信託財產不具運用決定權者，不受第25條第1項規定之限制；二則規定信託業應就信託財產與信託業本身或利害關係人交易之情形，充分告知委託人，如受益人已確定者，並應告知受益人（信託業法第25條第2項）。又信託業法第25條第3項並規定，政府發行之債券，不受第25條第1項規定之限制。舉例而言，兼營信託業務的銀行如欲推動自行或同一金融集團的員工持股信託，以促進員工財產的形成，本來因信託業法第25條第1項第1款明文禁止信託業不得購買本身所發行的有價證券或票券，故該兼營信託業務的銀行似不得辦理自行或同一金融集團的員工持股信託業務；但因員工持股信託性質上為委託人保留運用決定權的信託，受託人對信託財產並不具運用決定權者，依信託業法第25條第2項規定，即得排除信託業法第25條第1項規定的適用。又例如就受託銀行所辦理的特定金錢信託投資國內基金業務而言，若該國內證券投資信託基金係由與受託銀行具有利害關係的證券投資信託事業發行時，而受託銀行係依委託人的指示購買該證券投資信託事業發行的受益憑證，並不違法。

　　其次，信託業法第27條於2008年1月16日修正前，原規定信託業以信託財產購買其銀行業務部門經紀的有價證券或票券，以信託財產存放於其銀行業務部門或其利害關係人處作為存款或以信託財產與其本身或其利害關係人為其他交易的行為，明定應先取得受益人的書面同意。如有違反，依信託業法第54條第7款的規定，可處新臺幣180萬元以上900萬元以下的行政罰鍰。問題在於，營業信託的受益人可能人數眾多或尚未存在，如信託業所為利害關係人交易，皆必須徵得全體受益人同意，似有事實上的困

56　參閱財政部民國92年7月8日台財融（四）字第0924000579號函。

難。又依主管機關的解釋，亦認為信託業辦理公益信託，於受益人不特定或尚未存在的情形，得免依信託業法第27條規定，事前取得受益人書面同意，但應以信託契約的約定為之[57]。因此，信託業法於2008年1月16日修正時，則於第27條第1項規定：「信託業除依信託契約之約定，或事先告知受益人並取得其書面同意外，不得為下列行為：一、以信託財產購買其銀行業務部門經紀之有價證券或票券；二、以信託財產存放於其銀行業務部門或其利害關係人處作為存款或與其銀行業務部門為外匯相關之交易；三、以信託財產與本身或其利害關係人為第二十五條第一項以外之其他交易。」應注意者，觀諸信託業法第27條第1項的修正理由，尚指明信託業於該信託契約應具體指明信託業得辦理之利害關係交易，不得概括授權。此外，信託業法第27條第1項規定，若信託契約約定信託業對信託財產不具運用決定權者，亦不受同條第1項規定之限制；信託業應就信託財產與信託業本身或利害關係人交易之情形，充分告知委託人，如受益人已確定者，並應告知受益人。

另外，信託業法第27條第1項第2款所定外匯相關之交易，應符合外匯相關法令規定，並應就外匯相關風險充分告知委託人，如受益人已確定者，並應告知受益人（信託業法第27條第3項）。又為降低利害關係人交易所可能衍生的弊端，信託業尚應就利害關係交易之防制措施，訂定書面政策及程序（信託業法第27條第4項）。

再者，依信託業法施行細則第14條規定，信託業法第22條第1項所定的忠實義務，包括信託業對於其客戶之往來、交易資料，除其他法律或主管機關另有規定外，應保守秘密之義務。且保密義務，應依信託業法第19條第1項第13款規定載明於信託契約中。

(四) 金融消費者保護法的具體規定

鑑於金融服務業對於所提供的金融商品或服務不僅掌控關鍵資源

---

[57] 參閱金融監督管理委員會民國94年6月3日金管銀（四）字第0944000336號函。

（critical resource）及重要資訊（critical information），且其通常強調其在金融領域的專業地位，對金融消費者提供專業性的金融商品或服務，以創造金融消費者的財富或保全其資產價值，處於弱勢地位的金融消費者則因信賴其專業性而順從其建議。因此，金融服務業應對金融消費者負有受任人義務或受託人義務（fiduciary duties），不僅應負有專業的注意義務，且應負有忠實義務，以防範或揭露利益衝突，並避免獲得不正利益。據此，金融消費者保護法第7條第3項規定：「金融服務業提供金融商品或服務，應盡善良管理人之注意義務；其提供之金融商品或服務具有信託、委託等性質者，並應依所適用之法規規定或契約約定，負忠實義務。」俾有效保障金融消費者的權益。因此，部論是信託業或兼營信託業務的銀行，既屬於金融消費者保護法第3條第1項所稱的金融服務業（金融消費者保護法第3條、金融監督管理委員會組織法第2條第3項），若其提供之金融商品或服務具有信託性質者，亦應負忠實義務。

貳、受託人的權利

受託人兼有信託財產管理機關及其個人本身的雙重地位。基於前者的地位，受託人對於信託財產具有管理處分權，亦即舉凡有關信託財產的法律行為或事實行為，包括權利取得行為、債務負擔行為、設定擔保物權、訴訟行為、保存行為及利用行為等，受託人均得依信託本旨為之；至於受託人因處理信託事務而發生的稅捐、費用、所受的損害或所負擔的債務，乃至於勞務的對價等，本可基於受託人的個人地位，向信託財產請求償還或請求給付報酬。我國信託法為促使有能力的人願意擔任受託人，並以積極態度處理信託事務，乃設有若干規定，保障受託人本於其個人地位所得行使的權利，以求其權利與義務兩者間的平衡。

一、費用償還請求權

由於受託人係為他人管理或處分信託財產，因此對於信託財產所負擔

的稅捐、費用或債務，實無令其自行吸收的道理，否則對受託人不僅過苛，亦會造成無人願意擔任受託人的結果。因此，我國信託法第39條第1項規定：「受託人就信託財產或處理信託事務所支出之稅捐、費用或負擔之債務，得以信託財產充之。」使受託人得直接向信託財產求償其就信託財產或處理信託事務所支出的稅捐、費用或負擔的債務。應注意者，如委託人將不動產信託移轉與受託人，嗣後又變更受託人，則該信託房屋之房屋稅納稅義務人仍應以原受託人為準。蓋房屋稅於房屋典賣移轉致納稅義務人有變動時，雖得按其持分所有權的月份分別計徵，惟之所以分別計徵，乃是基於房屋實質所有權變動而予以劃分歸屬前後所有權人的租稅負擔；信託行為因僅屬所有權的形式移轉，故同一課稅年期的房屋稅負擔，自應與房屋實質所有權的變動為不同處理[58]。

　　有疑問者，乃受託人應如何行使其求償權？依我國信託法第39條第1項所定「得以信託財產充之」的文義來看，似應解為受託人得直接自信託財產扣除其所支出的稅捐及費用，或直接以信託財產清償其所負擔的費用。蓋受託人既為信託財產的名義上所有人，因此受託人於自信託財產請求償還時，自宜允其以便宜的方法行使其權利，以保障受託人的費用償還請求權。

　　又為貫徹保護受託人的費用償還請求權，我國信託法第39條第2項規定：「前項費用，受託人有優先於無擔保債權人受償之權。」賦予受託人

---

[58] 參閱財政部民國91年12月10日台財稅字第0910457611號函：「二、按貴市房屋稅徵收細則第17條規定，房屋稅於房屋典賣移轉納稅義務人有變動時，雖得按其持分所有權之月份分別計徵，惟上述分別計徵，係基於房屋實質所有權變動而予以劃分歸屬前後所有權人之租稅負擔；信託行為因僅屬所有權之形式移轉，故同一課稅年期之房屋稅負擔，宜與房屋實質所有權之變動做不同處理。從而鄭○章君倘於房屋稅之法定徵收時點，符合房屋稅條例第4條規定之納稅義務人之法定構成要件，則依據信託法第22條『受託人應依信託本旨，以善良管理人之注意，處理信託事務。』及同法第39條第1項『受託人就受託財產或處理信託事務所支出之稅捐、費用或負擔之債務，得以信託財產充之。』稽徵機關使鄭君負擔該信託房屋90年全年期房屋稅繳納義務，應屬適法。」

享有優先於一般債權人受清償的權利。蓋事實上，原本依據債權人平等原則，對於同一債務人，債權人皆以平等分配債務人的責任財產為原則，但有時基於公平原理、社會政策、當事人間意思的推測等理由，乃以法律明文承認各種各樣的優先受償權[59]。我國信託法第39條第2項即本於公平原理，為免受託人置於過於不利的地位，乃明定受託人享有優先受償權，使受託人得優先於一般債權人受清償其所支出的費用。

至於此等優先受償權的法律性質[60]，究竟為何？則有疑義。本文以為，如從物權的特性來看，優先受償權並未具有完全的追及性及特定性；反之，如從擔保物權性來看，已具備從屬性、不可分性及物上代位性等特性。由於此等優先受償權的物權性密度尚非百分之百，如欲勉強論斷其性質，則應先意識及我國物權法政策上所要求的物權密度究竟要多濃，以及何為物權的核心特質，始可能為正確解釋[61]。職是之故，倒不如認為此等優先受償權乃國家基於公平原理或立法政策上的考量，適度介入私人生活而設的制度，至於在理論上爭執其法律性質究為物權或債權，似無實益。

又信託的成立係為達成信託目的，故如受託人行使其費用償還請求權時，如不符合信託目的，即應限制其行使權利。我國信託法第39條第3項規定：「第一項權利之行使不符信託目的時，不得為之。」即本於斯旨。

---

59 參閱王志誠，優先取償權制度之研究，收錄於蘇永欽主編，民法論文選輯，國立政治大學法律研究所，1991年，頁209。

60 日本學界對於該國信託法第26條第1項就受託人的費用補償請求權所規定的優先權，在論斷其性質時，有先取特權說（物權說）與特殊優先權說（絕對權說）的爭論。主張先取特權說者，如遊佐慶夫，信託法制評論，巖松堂書店，1924年，頁106；入江真太郎，全訂信託法原論，巖松堂、大同書院，1933年，頁323。至於主張特殊優先權說者，如青木徹二，信託法論，財政經濟時報社，1926年，頁284；四宮和夫，信託法（新版），有斐閣，1994年，頁292。

61 參閱王志誠，優先取償權制度之研究，收錄於蘇永欽主編，民法論文選輯，國立政治大學法律研究所，1991年，頁211。

二、費用補償請求權

按受益人既享有信託關係所生的信託利益，故如信託財產不足清償受託人就信託財產或因處理信託事務所支出的稅捐、費用或負擔的債務，或受託人行使前揭費用償還請求權不符信託目的時，為衡平受益人與受託人間的利益，應使受託人得向受益人有所請求，始為公允。我國信託法第40條第1項前段規定：「信託財產不足清償前條第一項之費用或債務，或受託人有前條第三項之情形時，受託人得向受益人請求補償或清償債務或提供相當之擔保。」其立意即在確保受託人的費用補償請求權，以衡平受益人與受託人間的利益，而使受託人得向受益人行使費用補償請求權。

又基於私法自治的原理，如信託行為訂有受託人不得向受益人行使費用補償請求權或得先對受益人行使費用補償請求權時，自應從其所定（信託法第40條第1項但書、第2項）。

相反地，受益人如拋棄受益權時，自難強求其負擔義務，此時受託人即不得向受益人行使費用補償請求權（信託法第40條第3項）。另外，受託人所得行使的費用補償請求權，其消滅時效期間為二年，以期權利義務關係早日確定（信託法第40條第4項）。

三、拒絕交付權

受託人於行使費用償還請求權或費用補償請求權後，如其權利尚未獲得滿足前，為確保受託人得順利行使其權利，我國信託法第41條特別規定：「受託人有第三十九條第一項或前條之權利者，於其權利未獲滿足前，得拒絕將信託財產交付受益人。」使受託人享有拒絕交付信託財產的抗辯權，以平衡受託人與受益人間的利益。

四、損害補償請求權

　　受託人如就管理信託財產或處理信託事務而受損害時，在法益衡量上，應與其就信託財產或處理信託事務而支出費用、稅捐或負擔債務的情形，為相同的處理，始為公允。我國信託法第42條第1項規定：「受託人就信託財產或處理信託事務所受損害之補償，準用前三條之規定。」應值肯定。其結果，受託人得自信託財產扣除相當的金額，以彌補其損害，同時亦可向受益人請求補償其損害或提供擔保，且於其損害未獲補償前，得主張拒絕交付信託財產的抗辯權。此外，受託人對其所受損害，有優先於無擔保債權人受償的權利。

　　惟如受託人受有損害，其亦有過失時，應準用我國民法第217條過失相抵的規定，由法院斟酌情形，減免其補償金額，以為衡平（信託法第42條第2項）。

五、報酬給付請求權

　　依私法自治原則，受託人處理信託事務是否得請求報酬，本應由信託當事人自行約定。惟如受託人係以經營信託為業的信託業者，其處理信託事務係以營利為目的，即不可能無約定報酬。我國信託法第38條第1項規定：「受託人係信託業或信託行為訂有給付報酬者，得請求報酬。」即本於斯旨。應注意者，如受託人與委託人間的信託契約設有保本保息的約定，因委託人的利息收益係屬於儲蓄性質信託資金的收益，其有虧損時，由受託人負擔；其有盈餘時，受託人仍應給付委託人利息，其餘盈餘仍歸受託人，故受託人性質上為自負風險的實際投資者，而與信託法所規定受託人僅有因受託行為所得的報酬不同[62]。

---

[62] 參閱最高行政法院93年度判字第307號判決：「查信託業不得承諾擔保本金或最低收益率，固為信託業法第31條所規定，惟同法第60條前段規定：本法施行前依銀行法設立之信託投資公司應於89年7月21日起五年內依銀行法及其他相關規定申請改

應補充說明者，受託人如為信託業，則不得承諾擔保本金或最低收益率（信託業法第31條），若有違反，依信託業法第54條第8款，處新臺幣180萬元以上900萬元以下罰鍰。例如台中商業銀行辦理特定金錢信託投資國內外有價證券業務案，涉有對客戶承諾擔保金融商品之本金或最低收益率情事，而且上開客戶於申購基金贖回入帳金額不足申購金額之差額，由行員以現金墊付或自公基金帳戶領取現金存入各該申購戶之存款帳戶，以補貼其申購基金之虧損，核有違反信託業法第31條規定，依信託業法第54條第8款規定，核處新臺幣180萬元罰鍰[63]。

又基於私法上的情事變更原則，如信託當事人所約定的報酬，依當時的情形或因情事變更而顯失公平時，依我國民法第227條之2及民事訴訟法第397條第1項的規定，當事人得聲請法院依職權公平裁量，為增減給付的判決。因此，我國信託法第38條第2項規定：「約定之報酬，依當時之情形或因情事變更顯失公平者，法院得因委託人、受託人、受益人或同一信託之其他受託人之請求增減其數額。」應僅是再度強調情事變更原則有其適用，而具宣示性意義。

就報酬請求權而言，若相對於信託財產，本質上亦是信託財產費用的一種，故亦有準用有關費用償還請求權及費用補償請求權等規定的必要。職是之故，我國信託法第43條規定：「第三十九條第一項、第三項、第四十條及第四十一條之規定，於受託人得自信託財產收取報酬時，準用

制為其他銀行，或依本法申請改制為信託業。本案行為時係在信託業法施行前，故依當時之銀行法規定，非不得經營保本保息之業務。又原處分及原判決所稱之代為確定用途之信託資金，是否即指保本保息之信託資金，關係該信託資金之性質，將影響有無所得稅法上免稅規定之適用，自有查明之必要。原判決未就此查明並敘明認定理由，已嫌疏漏。次查上訴人在原審一再主張上訴人與信託人間之信託契約有保本保息之約定，故信託人之利息收益係屬於儲蓄性質信託資金之收益，故有虧損時，由上訴人負擔；有盈餘時，上訴人給付信託人利息，餘歸上訴人，足證上訴人係自負風險之實際投資者，與信託法所規定設計之信託關係關於交易所得完全歸於信託人，受託人僅有因受託行為所得之報酬不同。」

[63] 參閱金融監督管理委員會民國106年10月13日金管銀票字第10640003921號裁處書。

之。」即本於斯旨。應注意者，乃受託人的報酬請求權，並無優先於無擔保債權人受償的優先受償權，以免對其他一般債權人過於不利。

六、受託人行使權利的限制

按受託人的費用償還請求權、損害補償請求權及報酬請求權等，乃是受託人基於其個人地位而得向信託財產請求的權利，本應不受信託目的的拘束，惟由於受託人亦具有信託財產管理機關的地位，因此，受託人行使上述權利時，如不受信託目的的限制，則受託人的地位極易混淆，而有濫用其權利的可能性。是以，如受託人行使上述權利不符合信託目的時，即應禁止其行使，始為允當（信託法第39條第3項、第42條、第43條）。

又為確保受託人的權利，我國信託法中除就受託人對信託財產的費用償還請求權及損害補償請求權，賦予受託人有優先受償權外，更使其享有拒絕交付權。但如受託人因管理不當致信託財產受損害或違反信託本旨而處分信託財產，乃至於違反分別管理義務而獲得利益或致信託財產受損害時，如受託人未履行其本身所應負的損害賠償、回復原狀或返還利益的義務，實不宜許受託人得行使其權利，否則似有違法益均衡的理念，對受益人、委託人等，誠過於不公平。為使各方權益有所平衡，我國信託法第44條規定：「前五條所定受託人之權利，受託人非履行第二十三條或第二十四條第三項所定損害賠償、回復原狀或返還利益之義務，不得行使。」以限制受託人權利的行使。例如受託人因管理信託財產不當，而致信託財產受損害時，在其未填補信託財產所受損害或回復信託財產至如同未生損害前，即不得請求給付報酬。

第四節　受託人的責任及風險控制機制

壹、受託人對受益人的有限責任

按受託人既係依信託本旨，為受益人管理或處分信託財產，故信託財

產的利益或損失，俱應歸於受益人，乃當然的道理。換言之，信託財產如有增加，其利益亦不由受託人承受，仍由受益人享有；反之，信託財產如有減少，苟受託人未違反其管理或處分信託財產所應負的義務，其損失亦不由受託人負擔，仍由受益人吸收。我國信託法第30條規定：「受託人因信託行為對受益人所負擔之債務，僅於信託財產限度內負履行責任。」即明示受託人對於受益人的責任為有限責任，僅於信託財產現存的範圍內，負其履行給付信託利益的責任。至於如受託人因管理不當或其他違反義務的事由，致信託財產減少而損害受益人，而應依信託法第23條規定對受益人或委託人負民事賠償責任時，並無信託法第30條規定的適用。亦即，受託人仍應以自己的固有財產賠償[64]，對受益人或委託人負無限責任，殊值注意。

所謂受託人的責任，僅限於信託財產的限度內，乃是對受益人的債務而言。至於對於受益人以外第三人所負的債務，則因信託財產並不具有法人格，無法直接導入有限責任原則的法理，故受託人應就其因處理信託事物而對第三人所負的債務負其責任，若信託財產無法清償時，第三人仍得依其與受託人的債權債務關係，向受託人的自有財產提出請求。例如接受房屋信託的受託人，如其請第三人修繕該房屋時，即使後來該房屋因火災而全部燒毀，致信託財產全部喪失，受託人對從事修繕工作者所負的修繕費債務，仍應以其自己的固有財產負無限的清償責任[65]。因此，如信託關係存續中信託財產所生的地價稅或房屋稅，受託人如未繳納，稅捐稽徵機關仍得就受託人（除信託財產外）的自有財產移送強制執行機關為強制執行[66]。蓋信託法第30條所稱「對受益人所負擔之債務」，係指受託人有

---

[64] 參閱史尚寬編，信託法論，臺灣商務印書館，1972年，頁45。

[65] 參閱史尚寬編，信託法論，臺灣商務印書館，1972年，頁45。

[66] 參閱法務部民國91年4月3日法律字第0910012048號函：「二、案經轉據財政部91年3月27日台財稅字第0910451666號函復略以：『信託關係存續中信託財產之地價稅或房屋稅依土地稅法第3條之1第1項，及房屋稅條例第4條第5項規定，係以受託人為納稅義務人，而該納稅義務人對於應納稅捐逾期未繳，依稅捐稽徵法第39條規定

依信託行為所定，對受益人給付收益及本金之義務，此與受託人基於信託財產管理人之地位，有依法向稅捐稽徵機關繳納各項稅捐之義務，係屬兩事。又同條所稱「僅於信託財產限度內負履行責任」，乃是對受益人的債務而言，至於對受益人以外第三人（包括公法人）所負之債務，受託人仍應以其自有財產負履行或損害賠償等責任[67]。

移送強制執行時，依行政執行法第11條規定得就納稅義務人之財產強制執行，而該納稅義務人（即受託人）之財產自應包括自有財產在內。又依信託法第39條規定：『受託人就信託財產或處理信託事務所支出之稅捐、費用或負擔之債務，得以信託財產充之。前項費用，受託人有優先於無擔保債權人受償之權。……』，同法第40條及第41條對受託人就信託財產所支出之稅捐等費用，亦訂有得向受益人求償及受債之權利未獲滿足前，得拒絕將信託財產交付受益人等保障規定。綜上，受託人依上揭規定既然納稅義務人，且其就信託財產所支出之稅捐得以信託財產充之，並有求償之保障規定，信託法如無不得就納稅義務人（即受託人）之自有財產強制執行之例外規定時，似不宜將納稅義務人（即受託人）自有財產排除於得強制執行財產範圍外，以維稅捐之徵收。』本部贊同財政部之上開意見。三、檢附財政部前開函影本一份。」

[67] 參閱法務部民國93年3月25日法律決字第0930012771號函：「二、本部意見如下：(一)關於財政部前揭函有無牴觸憲法租稅法律主義之精神及不符實質課稅原則部分：案經轉據財政部93年3月18日台財稅字第0930451232號函復略以：『查本部上開函文，係依土地稅法第3條之1第1項、房屋稅條例第4條第5項及行政執行法第11條等規定，所表示之意見，仍請卓酌。』合先敘明。(二)關於本部前揭函有無牴觸信託法及其他法律相關條文規定部分：1.信託法第3條規定：『受託人因信託行為對受益人所負擔之債務，僅於信託財產限度內負履行責任。』所稱『對受益人負擔債務』，指受託人有依信託行為所定，對受益人給付收益及本金之義務，此與受託人基於信託財產管理人之地位，有依法向稅捐稽徵機關繳納各項稅捐之義務，係屬兩事。又所稱『僅於信託財產限度內負履行責任』，乃是對受益人的債務而言，至於對受益人以外第三人（包括公法人）所負之債務，受託人仍應以其自有財產負履行或損害賠償等責任（王志誠著『現代信託法論』，頁120參照）。另該法第48條第1項關於受託人變更時，由新受託人承受原受託人因信託行為對受益人所負擔債務之規定，係揭示在受託人變更而發生承繼之情形，基於信託同一性，原受託人因信託行為對受益人所負擔之債務，自應由新受託人概括承受。然而，稅捐債務乃受託人基於繳納義務人對於國家所負擔之公法上金錢給付義務，非為對受益人所負擔之債務，尚不發生由新受託人承受之問題，並無該條之適用。故倘引據上開二條文

應注意者，乃依信託法第39條第1項的規定，受託人就信託財產或處理信託事務所支出的稅捐、費用或負擔的債務，除其權利的行使不符合信託目的時，原則上得以信託財產抵充。且如信託財產不足以清償第39條第1項的費用或債務，或受託人有因不符合信託目的而不得行使權利的情事時，除信託行為另有訂定者外，受託人得向受益人請求補償或清償債務或提供相當的擔保（信託法第40條第1項）。質言之，受託人對於受益人以外第三人所負的債務，仍為無限責任，只不過受託人就其因處理信託事務所生的費用或負擔的債務，原則上得自信託財產抵充；其有不足時，在信託行為未有禁止或限制的情形下，尚得向受益人請求補償或清償債務或提供相當的擔保。

問題在於，若受託人因處理信託事務而與第三人締結契約時，以特約條款規定受託人對該契約所負擔之債務，僅於信託財產限度內負履行責任，則該特約條款是否有效，則有疑義。鑒於受託人並非為自己的利益而管理或處分信託財產，得認為該執行限致契約的特約條款具有合理性，依

作為受託人得不以自有財產繳納地價稅、房屋稅等稅捐債務之依據，恐係誤解法律。2.查稅捐客體（如所得等）應歸屬於經濟所有權人而非法律名義上所有權人，亦即對自益信託而言乃委託人，他益信託乃受益人。惟繳納義務人（行為義務人）與稅捐債務人（金錢給付義務人）有別。換言之，稅捐實際負擔者，未必於納稅義務發生時即為繳納義務人，僅稅捐最後歸其負擔。在尚未歸其負擔之前，鑒於信託關係存續中，受託人對信託財產負管理義務，為簡便徵繳程序，降低稽徵成本，而由受託人為繳納義務人，以維稅捐之徵收，此為土地稅法第3條之1第1項及房屋稅條例第4條第5項規定之由來。惟為期衡平，信託法第39條至第41條定有受託人就信託財產支出之稅捐得以信託財產充之，並向受益人求償，以及該受償之權利未獲滿足前，得拒絕將信託財產交付受益人等保障規定，而使稅負最後仍歸實質上取得經濟利益之受益人負擔。此項課稅之設計尚無不妥，且土地稅法及房屋稅條例並未定有受託人未繳納者，稅捐稽徵機關不得就納稅義務人（即受託人）之自有財產強制執行之例外規定，則受託人自不得主張僅以信託財產為執行之客體。此與海難救助之貨物所有人，僅以救助之貨物負『有限責任』，以及限定繼承之繼承人僅以繼承之財產，對被繼承人之債權人負清償責任之情形，尚屬有間；且亦與信託財產具獨立性及同一性（或稱物上代位性），並無關連。」

私法自治原則及契約自由原則，應解為有效[68]。

　　應注意者，日本於平成18年（2006年）12月15日修正公布的「信託法」，即為使高科技事業、存續期間限定事業、計畫事業能樂於活用信託制度的彈性，以因應市場及科技的變化，乃至於促進資產流動化或資產證券化，則引進限定責任信託制度（日本「信託法」第2條第12項、第216條至第247條）[69]。所謂限定責任信託，係指受託人就該信託所有的信託財產責任負擔債務，僅以屬於信託財產的財產為限，負履行責任的信託（日本「信託法」第2條第12項）。換言之，所稱限定責任信託，指在信託行為中，訂定受託人對所有的信託財產責任負擔債務僅以信託財產為限負履行責任，並按第232條規定登記生效（日本「信託法」第216條第1項）。申言之，若所成立者為限定責任信託，第三人不得對於受託人的自有財產強制執行（日本「信託法」第217條）。但受託人對信託事務的處理有故意或重大過失時，受託人仍應對第三人所生的損害負賠償責任（日本「信託法」第224條）。又就限定責任信託的成立要件而言，除應於信託行為表明受託人僅以屬於信託財產的財產為限對全部信託財產責任負擔債務的意旨外，尚應將信託目的、名稱、受託人姓名、名稱及住所、處理信託事務的處所等事項於二週內辦理登記（日本「信託法」第232條）。此外，限定責任信託不僅應於其名稱中使用限定責任信託的文字（日本「信託法」第218條第1項），且為保護交易相對人，並規定受託人尚負有依法製作、報告及保存會計帳簿的義務（日本「信託法」第222條）。我國未來是否有必要參考日本的立法例，引進限定責任信託，實應先就法人制度與限定責任信託的特性及優劣進行實證分析，並分析限定責任信託的成立要件、公示制度、會計制度、交易安全的保障及可能產生的負面效果，審慎評估之。

---

[68] 參閱小野傑、深山雅也，新しい信託法解說，三省堂，2007年，頁308；中西英人，第三者にする受託者責任の限定，信託法研究第20號，1996年6月，頁59。應注意者，觀諸日本於平成18年（2006年）12月15日修正的「信託法」第20條第2項第4款規定則明文承認該特約條款的有效性。

[69] 參閱新井誠，信託法（第3版），有斐閣，2008年，頁385。

貳、信託違反的責任

一、信託違反的意義

　　受託人負有依信託本旨管理或處分信託財產的義務，如其違反應盡的義務，即係信託的違反，受託人自應負責。亦即，受託人若有違背信託目的的作為或不作為，即構成信託違反。事實上，所謂信託違反，可從廣義與狹義兩個角度來觀察。

　　就廣義來看，舉凡受託人違背其就信託所負的一切義務，均可稱為信託的違反。受託人不僅負有依信託本旨，為受益人的利益或為特定目的，管理或處分信託財產的基本義務（信託法第1條），同時依我國信託法的規定，尚負有善管注意義務、分別管理義務、自己管理義務、書類設置義務及忠實義務等，如其違反上開任何本質上的義務，即是信託違反。其結果，受託人可能因違反信託而構成民法上的債務不履行或侵權行為，而應依民法的相關規定負責[70]。

　　就狹義而言，我國信託法中，為保護受益人或委託人的利益，特別就下列五種情形明定受託人負違反信託的責任。且由於其係信託法中所特有者，而與民法上的債務不履行或侵權行為具有相當差異。

　　（一）受託人因管理不當致信託財產發生損害或違反信託本旨處分信託財產時，委託人、受益人或其他受託人得請求以金錢賠償信託財產所受損害或回復原狀，並得請求減免報酬（信託法第23條）。例如委託人將房地因信託移轉登記予受託人，受託人經委託人請求其提起異議之訴，就他人對該房地的抵押權及所擔保債權存否的質疑予以爭執，然受託人未予置理，足認其違反信託本旨、對其所受託的房地管理不當，致有礙該房地所有權完整的抵押權設定登記繼續存在，委託人或受益人對受託人即有信託法第23條所規定的損害賠償債權存在[71]。

---

[70] 參閱田中實、山田昭，信託法，學陽書房，1989年，頁88-89。

[71] 參閱臺灣高等法院高雄分院110年度上字第44號民事判決。

　　（二）受託人違反分別管理義務獲得利益者，委託人或受益人得請求將其利益歸於信託財產。如因而致信託財產受損害者，受託人雖無過失，亦應負損害賠償責任；但受託人證明縱為分別管理，而仍不免發生損害者，不在此限（信託法第24條第3項）。又上開請求權，自委託人或受益人知悉之日起，二年間不行使而消滅。自事實發生時起，逾五年者，亦同（信託法第24條第4項）。

　　（三）受託人違反自己管理義務，使第三人代為處理信託事務者，就該第三人的行為與就自己的行為負同一責任，同時該第三人應與受託人負連帶責任（信託法第27條）。

　　（四）受託人依信託法第25條但書規定，使第三人代為處理信託事務者，僅就第三人之選任與監督其職務之執行負其責任（信託法第26條第1項）。但若受託人就第三人之選任與監督其職務的執行未盡善管注意義務，則應對第三人因處理信託事務所生的損害，負其責任。

　　（五）受託人違反忠實義務，使用或處分信託財產者，委託人、受益人或其他受託人，除準用第23條的規定外，並得請求將其所得的利益歸於信託財產；於受託人有惡意者，應附加利息一併歸入（信託法第35條第3項）。換言之，委託人、受益人或其他受託人尚得向違反忠實義務的受託人行使歸入權。又該請求權，自委託人或受益人知悉之日起，二年間不行使而消滅。自事實發生時起逾五年者，亦同（信託法第35條第4項）。

　　觀諸上開五種信託違反的情形，不僅其構成要件，甚至於法律效果，皆與民法上的債務不履行或侵權行為，顯不相同。

二、信託違反的複合性質

　　信託的違反，雖亦是違法行為的一種，但其性質上究應歸屬於債務不

履行或特殊侵權行為，誠值深論[72]。如從債權說的觀點出發，信託的法律
關係是一種債權債務關係來觀察，信託財產雖移轉於受託人的名義下，但
受託人負有依信託本旨管理或處分信託財產的義務，其與民法上的債務相
同，因此受託人的義務違反性質上為債務不履行，應與民法上的債務不履
行等同視之。換言之，受託人僅對委託人或受益人負契約責任，如有違反
信託的情事，應為債務不履行的損害賠償問題[73]。

　　反之，如從受託人違反管理處分權限所生的義務，係屬逾越權限的行
為來看，其所為違反信託的行為，即是侵害委託人或受益人權利的侵權行
為。尤其是從信託的本質是物權說的觀點來觀察，受託人的義務違反行
為，對信託財產實已構成物權的侵害。

　　事實上，如自英美信託法的歷史發展過程及特質來看，信託違反
（breach of trust）乃與契約違反（breach of contract）及侵權行為（tort）
並列，而成為特殊的民事責任體系。蓋民法上的債務不履行與侵權行為，
雖係損害賠償債權的最主要發生原因，但信託法上的信託違反不僅其構成
要件與債務不履行及侵權行為不同，且在法律效果上亦有差異，因此未必
應勉強套用民法上的民事責任制度，而為統一性解釋。

　　本文以為，受託人違反信託的行為，一則為違反其依信託本旨對信託

---

[72] 日本學界對於信託違反的法律性質，有債務不履行說、侵權行為說、兼具債務不履
行及侵權行為說、個別民事責任說（獨立民事責任說）的爭論。主張債務不履行說
者，如入江真太郎，全訂信託法原論，巖松堂、大同書院，1933年，頁378。主張
侵權行為說者，如岩田新，信託法新論，有斐閣，1933年，頁87。主張兼具債務不
履行及侵權行為說者，如四宮和夫，信託法（新版），有斐閣，1994年，頁280；
四宮和夫，信託法の研究，有斐閣，1965年，頁155-178。主張個別民事責任說
者，如田中實、山田昭，信託法，學陽書房，1989年，頁91-92；田中實，信託法
入門，有斐閣，1992年，頁122-125。

[73] 參閱最高法院89年度台上字第1525號民事判決：「信託契約之受託人在法律上為信
託財產之所有人，其就信託財產所為之一切處分行為完全有效，倘其違反信託本旨
處分信託財產，僅對委託人或受益人負契約責任而發生債務不履行之損害賠償問
題，自無不當得利可言。」

財產所應履行的義務，應負債務不履行的責任；二則係逾越其管理或處分信託財產的權限，本質上為一種無權處分，而侵害委託人、受益人的權利或其他受託人的管理處分權限。質言之，受託人因其違反信託的行為，而依信託法所應負的民事責任，實兼具債務不履行與侵權行為兩種的複合性質。委託人、受益人或其他受託人對於受託人，得以債務不履行或侵權行為理由，依信託法的上開規定，向受託人請求損害賠償[74]。

三、信託違反的效果

受託人違反信託，如其構成刑法上的背信或侵占，乃至於信託業法的刑罰規定，自應負刑事責任。至於民事上的效果，除受益人得對受託人違反信託本旨處分信託財產的行為，依我國信託法第18條所規定的要件行使撤銷權外，我國信託法中更設有下列特殊的規定，應值注意。

（一）我國民法上所規定的損害賠償方法，係以回復原狀為原則，金錢賠償為例外。亦即，負損害賠償責任者，除法律另有規定或契約另有訂定外，應回復他方損害發生前之原狀。若因回復原狀而應給付金錢者，自損害發生時起，加給利息。又債權人亦得請求支付回復原狀所必要之費用，以代回復原狀（民法第213條）。相對地，受託人如因管理不當致信託財產發生損害或違反信託本旨處分信託財產，以及違反忠實義務時，委託人、受益人或其他受託人則可自由選擇請求金錢賠償或回復原狀。此外，委託人或受益人並得請求減免報酬（信託法第23條、第35條第3項）。由此觀之，我國民法與信託法對於信託違反行為的救濟制度，似略有差異。

（二）受託人違反分別管理義務而獲得利益時，委託人或受益人得請求將其利益歸於信託財產（信託法第24條第3項前段）。此外，受託人違反忠實義務，而將信託財產轉為自有財產，或於該信託財產上設定或取得權利時，委託人、受益人或其他受託人，得請求將其所得的利益歸於信託

---

[74] 參閱史尚寬編，信託法論，臺灣商務印書館，1972年，頁48。

財產，且受託人有惡意時，應附加利息一併歸入（信託法第35條第3項）。此即所謂歸入權制度，其目的在避免受託人為獲取不正當的利益，而破壞信託制度的根本精神。

（三）受託人如違反分別管理義務，因而致信託財產受損害者，更加重受託人的責任，使受託人負無過失責任。然而為免受託人責任過重，乃納入「修補因果關係」的理論[75]，如受託人能證明縱為分別管理，仍不免發生損害者，則認定其不當管理與損害間並無因果關係，受託人即無庸負賠償責任（信託法第24條第3項但書）。

（四）受託人違反自己管理義務，使第三人代為處理信託事務者，受託人就該第三人的行為與就自己的行為負同一責任，同時該第三人與受託人更應負連帶責任（信託法第27條）。其結果，除使受託人的責任明確化外，受託人與第三人並應負連帶負責，以確保委託人及受益人的權益。

（五）另為尊重現有秩序及維護交易安全，信託法中並設有短期消滅時效的規定，以限制請求權行使的期間，俾使信託關係人間的權利義務關係早日確定（信託法第24條第4項、第35條第4項）。

（六）固然受託人在名義上對信託財產為完全權人，為確保交易安全，一般應認為受託人的處分行為應屬有效。但受託人違反信託本旨處分信託財產時，為保護信託財產，以達信託目的，我國信託法第18條第1項特別規定，受益人得聲請法院撤銷其處分。又鑒於撤銷權的行使，固在維護信託財產，以保障受益人，但亦不應使不知有信託存在的第三人受不測的損害，以兼顧交易安全的保障。因此，我國信託法第18條第2項規定：「前項撤銷權之行使，以有左列情形之一者為限，始得為之：一、信託財產為已辦理信託登記之應登記或註冊之財產權者。二、信託財產為已依目的事業主管機關規定於證券上或其他表彰權利之文件上載明其為信託財產之有價證券者。三、信託財產為前二款以外之財產權而相對人及轉得人明

---

[75] 關於修補因果關係的介紹，參閱曾世雄，損害賠償法原理，中國學術著作獎助委員會，1986年，頁132-157。

知或因重大過失不知受託人之處分違反信託本旨者。」以適度限制撤銷權的行使。此外，受益人的撤銷權，自受益人知有撤銷原因時起，一年間不行使而消滅。自處分時起逾十年者，亦同（信託法第19條）。

應特別說明者，如為營業信託，依信託業法的規定，信託業如有因違反法令或信託契約，或因其他可歸責於信託業的事由，致委託人或受益人受有損害者，其應負責的董事及主管人員應與信託業負連帶損害賠償的責任（信託業法第35條第1項）。亦即，透過加重信託業的董事及主管人員責任的方式，以強化委託人或受益人的保護。此外，如應負責的董事及主管人員，已卸職超過二年，為免其權利義務關係長期處於不確定的狀態，特別規定委託人或受益人對其所得行使的請求權消滅（信託業法第35條第2項）。

參、受託人責任風險的控制

一、免除或減輕責任條款之效力

就民事信託而言，由於信託法對於受託人就信託財產與其自有財產間的分別管理義務、書類備置義務（資訊提供義務）及禁止自己得利義務，應解為強行規定，自不得以特約免除或減輕受託人的義務及責任，否則即屬無效。

就營業信託而言，應認為信託業法及金融消費者保護法所規定的資訊提供義務、善管注意義務及忠實義務等，性質上均屬強行規定，除非法有明文，自不得任由委託人與信託業或金融服務業以特約方式，調整信託業或金融服務業的義務內涵及責任。

雖然臺灣信託法對於受託人就不同信託財產間的分別管理義務、善管注意義務、自己管理義務及忠實義務，性質上解為任意規定，可由當事人以特約調整，但若受託人挾其經濟地位的優勢，以附合契約的方式，訂定不公平條款以免除或減輕其責任，依民法第247條之1規定，該約定條款應

屬無效[76]。

此外，依金融消費者保護法第7條第1項及第2項規定：「金融服務業與金融消費者訂立提供金融商品或服務之契約，應本公平合理、平等互惠及誠信原則。金融服務業與金融消費者訂立之契約條款顯失公平者，該部分條款無效；契約條款如有疑義時，應為有利於金融消費者之解釋。」因此，信託業與金融消費者所訂立的契約條款若顯失公平者，該部分條款亦屬無效。

二、受託人的權限設計

(一) 裁量信託

依英美信託的實務發展，信託關係通常是以裁量信託（discretionary trust）的型態成立[77]，而授予受託人極大的權限。所謂裁量信託，亦稱酌情信託，一般係指受益人對信託財產並無固定的信託受益權，而必須取決於委託人成立信託時在信託契據（trust deed）中所設定的條件。若委託人係以遺囑方式成立信託，委託人通常尚會留下一封意願書（a letter of wishes）給受託人，以供受託人得依委託人的意思，行使其分配信託利益或給付信託保護者（protector）報酬的裁量權限；若委託人係於生前成立信託，亦會出具意願書給受託人，且其後仍可能更新意願書的內容。申言之，裁量信託下，受託人具有依委託人的意願，將信託財產分配給潛在受益人的裁量權限[78]。例如裁量信託可規定受託人應運用信託財產支付信託受益人的生活或教育費用，但賦予受託人具有一定的裁量權限，由受託人自由決定如何分配及分配多少金額的信託資金給受益人。

---

[76] 參閱王志誠，信託之基本法理，元照出版公司，2005年，頁97。

[77] See TD Wealth, Family Trusts in Wealth Planning, available at http://advisors.td.com/public/projectfiles/67342a2a-383f-4d2f-88f4-08312d4feeb2.pdfl (last visited on October 12, 2019).

[78] See E. H. Burn & G. J. Virgo, Maudsley & Burn's Trusts & Trustees: Cases & Materials 10 (Oxford University Press, 2008).

應注意者，在英美信託的實務下，意願書本身僅作為指引效用，並非要對受託人建立任何具有約束力的義務，亦非以任何方式抑制受託人行使在信託條款下所具有全權管理或處分信託財產的權力。換言之，意願書並不構成信託契約的一部分，亦非遺囑內容或立遺囑人對於遺產的分配或處分。此外，由於受託人具有較大的裁量權限，通常於信託文件中亦會訂定受託人的保護條款，以確定其責任範圍。例如當事人於信託文件中約定，除非係因受託人的欺詐行為、故意不當行為或重大過失（fraud, wilful misconduct or gross negligence）所造成的損失，否則受託人因行使或不行使裁量權致信託財產造成的任何損失、成本、損害或不利益，概不負責。

(二) 指揮信託

由於裁量信託的受託人對於信託財產的管理、處分或信託利益分配享有極大的權限，不僅致生委託人是否放心將家族資產交由受託人管理或處分的疑慮，亦可能導致受託人承擔不確定的法律風險。因此，實務上亦發展出指揮信託（directed trust）的類型。所稱指揮信託，係指受託人就信託財產的一般經營管理事項雖具有決定權，但於特定範圍內的事項（通常係指涉及投資或分配的事項），僅能依信託文件所規定指揮者的指示進行信託財產的管理或處分，並無自行決定的權限[79]。由於指揮信託的受託人對於涉及投資或利益分配等事項，必須依信託文件所規定指揮者的指示進行經營管理，且通常係由委託人的家族成員或受家族信賴的專業顧問擔任指揮者角色，理論上委託人及其家族成員得以保留更多對信託財產的掌控權[80]。

---

[79] *See* Al W. King III & Pierce H. McDowell, Delegated vs. Directed Trusts, 145 Tʀ. & Esᴛ. 26, 27 (2006).

[80] 參閱范瑞華、洪凱倫、李仲昀，我國辦理家族信託內部委員會機制建置之研究─以美國為例，中華民國信託業商業同業公會委託，2018年10月，頁8。

(三) 事務信託或指示信託

就受託人權限的設計而言，若採用特定有價證券信託或特定金錢信託等事務信託（指示信託）的架構，明定受託人應依委託人本人或信託委員會的指示進行信託財產的管理、處分或分配信託利益，限制受託人的權限及義務範圍，亦可適度控制受託人所面臨的法律風險。在我國信託法下，若受託人未被賦予對於信託財產的裁量權，無須為管理或運用的判斷，僅須依信託條款的訂定，或依他人的指示管理或處分信託財產的信託，稱為事務信託或指示信託。事務信託或指示信託的受託人對信託財產仍具有管理權，與委託人未將信託財產的管理或處分權授予受託人，或受託人對於信託財產完全不負管理或處分義務的消極信託，並不相同，仍為有效的信託[81]。因此，營業信託之個案中，委託人仍不習慣將信託財產的運用決定權全數託付信託業決定，多數委託人仍希望具有信託財產運用的主導權或約定於特殊情形時（如委託人失智或失能），委由第三人（如信託監察人）代為行使委託人於信託契約中約定的相關權利。此外，由於金融消費者保護意識的高漲，信託業為避免業務風險及客訴紛爭，多以承作事務信託為主，即由委託人或其授權的第三人具體指示信託事務執行方式（包括投資標的、受益給付等），受託人則依信託契約約定及書面指示執行信託事務，以避免爭端。

三、第三人代為處理信託事務

依信託法第25條但書規定，若信託行為另有訂定或有不得已之事由者，得使第三人代為處理。又依信託法第26條第1項規定：「受託人依前條但書規定，使第三人代為處理信託事務者，僅就第三人之選任與監督其職務之執行負其責任。」若受託人合法使第三人代為處理信託事務者，其責任可控制在選任第三人與監督其職務的執行。因此，受託人所應負責的

---

[81] 參閱法務部民國96年1月23日法律決字第0960000204號函。

範圍，僅限於對該第三人的選任及監督其職務的執行而已，如其選任與監督並無過失，縱第三人代為處理信託事務致信託財產發生損害，亦僅能由該第三人自負其負。申言之，受託人於選任第三人或監督其職務的執行，應本於善管注意義務為之，若選任不適格的第三人代為處理信託事務或未適當監督其職務之執行，導致信託財產因第三人之行為發生損害，受託人應依信託法第23條規定負其責任[82]。

至於若受託人利用代理人或使用人等履行輔助人協助其處理信託事務，因受託人藉由代理人或使用人的行為輔助以擴大其活動範圍，故原則上其代理人或使用人，關於信託事務的履行有故意或過失時，受託人應與自己的故意或過失負同一責任。但當事人另有訂定者，不在此限（民法第224條）。

四、信託監察人的設置及權限範圍

依英美信託實務的發展，早於1980年代開始出現委託人於信託契據或信託條款中訂定信託保護者條款（trust protector clause），其設置目的主要在於安撫委託人將資產交付受託人管理後的不安全感[83]。信託保護者早期原則上僅是委託人的代理人，以監督受託人是否善盡其管理義務，且通常有權同意或否決受託人對信託財產的投資決定，乃至於解任或選任受託人[84]。委託人決定應授予信託保護者多大的權限時，必須權衡其法律風險。若賦予信託保護者過於廣泛的權力，即使信託保護者並非委託人及受

---

[82] 參閱王志誠，受託人之自己管理義務：從受益人最大利益原則論第三人代為處理信託事務之容許範圍，政大法學評論，第123期，2011年10月，頁325。

[83] *See* Antony Duckworth, Protectors—Fish or Fowl?, 4 J. INT'L TR. & CORP PLAN. 137, 168 (1995).

[84] *See* Arthur Underhill & David J. Hayton, Law Relating to Trusts and Trustees 23-25 (Butterworths, 15th edition, 1995); *see also* Donovan W. M. Waters, The Protector: New Wine in Old Bottles?, in A. J. Oakley ed., Trends in Contemporary Trust Law 63 (Clarendon Press, 1996).

益人,將會增加委託人的債權人希冀揭穿信託面紗的風險。因此,實務上大都僅賦予信託保護者有權否決受託人的決定[85]。反之,若將信託保護者的權力限定於僅能否決受託人的決定,則會降低其設置信託保護者的價值。例如委託人可能期待信託保護者可變更信託的司法管轄地區,以便於利用更有利的信託法作為準據法,並避免原始司法管轄地區的政治及法律不穩定風險[86]。

特別是存續期間較長的家族信託,隨著家族成員的增加,受益人如何有效監督受託人處理信託事務的狀況,維護自身利益,當然成為成立家族信託時應考量的重要議題。在信託法下,委託人得依信託法第52條第1項規定,設置信託監察人。由於信託法所稱的信託監察人,係指於受益人不特定、尚未存在或其他為保護受益人的利益而有必要時,依法選任或依信託行為所定而設置,故委託人於成立信託時,自得基於為保護受益人利益的必要,於信託條款中設置信託監察人。應注意者,依法務部的解釋,信託行為中,如約定由信託監察人擔任指示受託人管理或處分信託財產的指示權人,因信託監察人同時兼具兩種身分,職務上恐有利害衝突,將難以充分發揮信託監察人的設置目的[87]。因此,若於信託條款中設置信託監察

---

[85] *See* Gideon Rothschild, Establishing and Drafting Offshore Asset Protection Trusts, 23 EST. PLAN. 65, 70 (1996).

[86] *See* Stewart E. Sterk, Trust Protectors, Agency Costs, and Fiduciary Duty, 27 CARDOZO L. REV. 2761, 2765 (2006).

[87] 參閱法務部民國106年5月5日法律字第10603506280號函:「次按信託法第75條規定:『公益信託應置信託監察人。』所謂信託監察人,係指於受益人不特定,尚未存在或其他『為保護受益人之利益』而有必要時,依選任或依信託行為所定,代受益人行使其權利之具有權利能力及行為能力之自然人及法人(信託法第52條及其立法理由一、第53條參照)。是信託監察人得以自己名義,為受益人為有關信託之訴訟上或訴訟外行為(本法第52條第2項規定參照),例如受託人違反信託本旨處分信託財產時,信託監察人得依信託法第18條及第23條規定,聲請法院撤銷其處分,並得請求受託人填補損害或減免其報酬。故信託行為中,如約定由信託監察人擔任指示受託人管理處分信託財產之指示權人,因信託監察人同時兼具兩種身分,職務

人，仍不得約定由信託監察人擔任指示受託人管理或處分信託財產的指示
權人，以免發生利益衝突的情事，造成監督制衡關係的混淆。

五、輔助性組織的設置

　　就英美家族信託的實務而言，每鑒於家族資產畢竟係交由家族成員外
的受託人管理或處分，為守護受益人權益及保護家族資產，除常見設置信
託保護者以監督受託人外，亦經常設置受託人顧問（trust advisor）、信託
委員會（trust committee）或信託諮詢委員會（trust advisory committee），
以輔助受託人處理信託事務。通常信託委員會或信託諮詢委員會可由三到
五個人組成，其成員可能包括委託人之父母或其他家庭成員、律師、社會
工作者、會計師、醫師或其他人，甚至有權解任或變更專業受託人[88]。

　　在信託法下，若受託人並無管理或處分權限而僅為信託財產形式上所
有權人者，即屬於消極信託，尚非信託法上所稱之信託[89]。依法務部的解
釋，信託契約訂定受託人處理信託事務須徵詢諮詢委員會意見者，如為貫
徹信託本旨及為達成信託目的所必要，受託人即應受其拘束[90]。又諮詢委

上恐有利害衝突，將難以充分發揮信託監察人之設置目的。」另參閱法務部民國
108年5月7日法律字第10803506290號函。

[88] *See* Thomas D. Begley, Jr., Trustee Advisor, Trust Advisory Committee or Trust Protector
in a Special Need Trust Situation, available at https://www.begleylawgroup.com/2010/09/
trustee-advisor-trust-advisory-committee-or-trust-protector-in-a-special-needs-trust-
situation/ (last visited on Jannary 4, 2020).

[89] 參閱最高法院98年度台上字第1339號民事判決：「倘委託人僅以其財產在名義上移
轉於受託人，受託人自始不負管理或處分之義務，凡財產之管理、使用、或處分悉
由委託人自行辦理時，即為消極信託，除有確實之正當原因外，其助長脫法行為
者，應難認該信託為合法。」

[90] 參閱法務部民國108年6月18日法律字第10803509300號函：「按信託法第84條規
定：『公益信託除本章另有規定外，適用第2章至第7章之規定。』第22條規定：
『受託人應依信託本旨，以善良管理人之注意，處理信託事務。』從而，受託人管
理、處分信託財產及處理信託事務，應依信託本旨為之。信託契約訂定受託人處理
信託事務須徵詢諮詢委員會之意見者，如為貫徹信託本旨及為達成信託目的所必

員會設置目的係在輔助受託人處理信託事務，僅具顧問性質，尚不得代行受託人或信託監察人權限[91]。因此，若信託條款中設置有信託委員會或信託諮詢委員會等輔助受託人處理信託事務的組織，仍不得規定將信託財產運用決定權，全部保留由信託委員會或信託諮詢委員會行使，以免逾越信託法賦予受託人的權限，且有悖於信託委員會或信託諮詢委員會的設置目的。惟若信託契約約定受託人處理特定信託事務須依輔助性委員會的指示者，由於信託契約約定的內容即屬信託法所稱「信託本旨」的內涵，信託受託人本應受信託契約約定條款的拘束，而依輔助性委員會的建議及指示，處理特定信託事務[92]。

要，受託人即應受其拘束。惟由於受託人乃信託財產對外唯一有管理處分權之人，故此項限制僅具內部約定之性質，並不影響受託人對外所為法律行為之效力，而受託人亦不能以有上開限制而免除其對外之法律責任（本部93年10月20日法律字第0930700508號函參照），可供各公益信託契約受託人處理信託事務時之參考。」另參閱法務部民國93年10月20日法律字第0930700508號函。

[91] 參閱法務部民國108年5月7日法律字第10803506290號函：「二、按有關信託行為中，得否約定由信託監察人擔任指示受託人管理處分信託財產之指示權人，本部106年5月5日法律字第10603506280號函及106年8月24日法律字第10603511480號函略以，信託行為中，如約定由信託監察人擔任指示受託人管理處分信託財產指示權人，因信託監察人同時兼具兩種身分，職務上恐有利害衝突，將難以充分發揮信託監察人之設置目的；又有關諮詢委員會得否代行受託人或信託監察人之權限，本部93年10月20日法律字第0930700508號函略以，諮詢委員會設置之目的係在輔助受託人處理信託事務，僅具顧問之性質，尚不得代行受託人或信託監察人之權限，仍請參照。至旨揭申請設立案是否合法妥適，因事涉具體個案之認定，請貴部本於職權審查。」

[92] 參閱范瑞華、洪凱倫、李仲昀，我國辦理家族信託內部委員會機制建置之研究—以美國為例，中華民國信託業商業同業公會委託，2018年10月，頁34。

第五節　受託人的變更

壹、受託人任務終了的事由

一、辭任

　　由於信託當事人間具有高度的信賴關係，除非信託行為自始即約定受託人得自由辭任外，原則上非經委託人及受益人的同意，不得自行辭任，否則恐有損害信託事務的順利處理，從而自應有所限制，始為妥當。我國信託法第36條第1項前段規定：「受託人除信託行為另有訂定外，非經委託人及受益人之同意，不得辭任。」即本於斯理。惟如受託人有不得已的事由，例如重病、出國留學或海外移民等，基於法律不能強人所難的原理，實應許其辭任。職是之故，我國信託法第36條第1項但書規定：「但有不得已之事由時，得聲請法院許可其辭任。」委由法院認定受託人是否有應許可其辭任的原因。

　　應注意者，公益信託的受託人，應經目的事業主管機關的許可，故基於公益的考慮，其辭任的條件應更加嚴格。故我國信託法第74條即規定：「公益信託之受託人非有正當理由，並經目的事業主管機關許可，不得辭任。」以限定公益信託的受託人，僅於有正當理由，並經目的事業主管機關許可的條件下，始得辭任。

二、解任

　　又受託人如已不再適任時，自應允許委託人或受益人在一定條件下，解任受託人，以免不適任的受託人造成信託財產的損害。我國信託法第36條第2項規定：「受託人違背其職務或有其他重大事由時，法院得因委託人或受益人之聲請將其解任。」即本於斯旨。

三、受託人死亡

信託的成立基礎，係存在於信託當事人間主觀的信賴關係，因而受託人的地位具有專屬性質，受託人如死亡，不能由其繼承人繼承。質言之，受託人的任務，即因其死亡而終了（信託法第45條第1項）。

四、受託人受破產宣告

受託人不論是法人或自然人，一經破產宣告，其對於應屬破產財團的財產，喪失其管理及處分權（破產法第75條）。雖然依我國信託法第11條的規定，受託人破產時，信託財產不屬於其破產財團，但是受託人既係因喪失信用而受破產宣告，自不宜再由其管理、處分信託財產，其任務應因破產宣告而終了（信託法第45條第1項）。又消費者債務清理條例施行後，債務人經法院裁定開始清算程序者，與破產人的情形類似，解釋上亦不得為受託人。

五、受託人受監護宣告

受託人一旦受監護或輔助宣告，管理處分信託財產的能力即喪失或受限制，其任務自應終了為宜（信託法第45條第1項）。

六、受託人經解散或撤銷設立登記

受託人為法人者，如其經主管機關依法撤銷登記、命令解散、裁定解散或自行解散時，因其法人人格業已消滅，其任務當然因而終了（信託法第45條第1項）。應注意者，如公司經主管機關勒令歇業者，因其已不得再進行事業經營活動，且依我國公司法第17條之1的規定，中央主管機關並須依原處分機關的通知，廢止其公司登記，因此應解為一經勒令歇業，其任務即終了，始為允當。至於公司經主管機關命令停止營業者，雖命令停止營業通常應定有期限，但信託事務不能一日中斷處理，故亦應解為其

任務終了為宜。因此，法人如經主管機關廢止設立登記，或金融主管機關依銀行法、票券金融管理法及保險法上關於清理程序之規定，命令其限期清理時，受託人的任務亦應解為終了，信託財產亦不得列入清理財產的範圍。

　　有疑問者，如信託行為係以具有特定的律師、會計師等資格始得為受託人者，如受託人喪失其資格，解釋上應認為受託人的任務亦當然終了，不必透過委託人或受益人向法院聲請解任受託人的程序，始符信託當事人的原意。

貳、新受託人的選任與指定

　　受託人如有任務終了的事由時，為使信託事務得以繼續處理，以達成信託目的，自應選任新的受託人。又如信託行為定有新受託人的選任方法時，依私法自治原則，自應尊重其意思，否則即應由委託人重新指定新受託人。惟如委託人不能或不為指定者，應有一套得為公信的選任程序，以選任新受託人。我國信託法第36條第3項規定：「前二項情形，除信託行為另有訂定外，委託人得指定新受託人，如不能或不為指定者，法院得因利害關係人或檢察官之聲請選任新受託人，並為必要之處分。」以及第45條第2項規定：「第三十六條第三項之規定，於前項情形，準用之。」即基於斯理。

　　此外，若在遺囑信託，被指定擔任受託人者，雖然在委託人生前可能與委託人已有某程度的合意，但如在遺囑生效後，拒絕或不能接受信託時，為達遺囑信託的目的，實亦有選任或指定新受託人的必要。故我國信託法第46條乃特別明文規定：「遺囑指定之受託人拒絕或不能接受信託時，利害關係人或檢察官得聲請法院選任受託人。但遺囑另有訂定者，不在此限。」以解決事實上的需要。亦即，如遺囑訂明於受託人拒絕或不能接受信託時，該信託無效，或者另有訂定選任其他受託人的方法或設置備8 屬鐌唭時，即應尊重其意思。否則即由法院依利害關係人或檢察官的聲

請，裁定選任新受託人。

參、受託人變更的效果

一、信託關係的承受

受託人發生變更，如本於信託財產的獨立性，實質上雖可認為是管理處分權人的替換，但在形式上，因信託財產名義上為受託人所有，故一切屬於原受託人在信託上的權利義務關係，即應移轉給新受託人，而由新受託人承受。茲將其要點說明如下：

（一）如受託人不只一人，其中一人有任務終了的事由發生時，依所謂殘存原則及所有權彈力說的理論，信託財產歸屬於其他受託人（信託法第47條第2項）。申言之，此即所謂「殘存者法理」（survivorship）的具體表現[93]。又如欲取得對抗效力，仍應依信託登記及公示的規定，辦理信託財產變更名義的手續。

（二）受託人任務終了後，事實上至新受託人接任信託事務為止，可能尚有一段時日，為避免信託財產的歸屬發生真空的狀態，而生無謂的爭議，我國信託法第47條第1項乃規定：「受託人變更時，信託財產視為於原受託人任務終了時，移轉於新受託人。」使信託財產的移轉時點，溯及至原受託人任務終了時起算，應值肯定。

（三）受託人變更時，原受託人因信託行為對受益人所負擔的債務，基於信託關係的同一性，自應由新受託人承受（信託法第48條第1項）[94]。此外，如共同受託人中一人任務終了時，共同受託人因信託行為對受益人所負的債務，則由其他受託人承受（信託法第48條第4項）。應注意者，信託法第48條第1項關於受託人變更時，應由新受託人承受原受託人

---

[93] 參閱田中實、山田昭，信託法，學陽書房，1989年，頁102。

[94] 參閱王志誠，信託之基礎性變更，政大法學評論，第81期，2004年10月，頁169。

因信託行為對受益人所負擔債務的規定，雖是揭示在受託人變更而發生承繼的情形，基於信託同一性，原受託人因信託行為對受益人所負擔之債務，自應由新受託人概括承受。然而，稅捐債務乃受託人基於繳納義務人對於國家所負擔之公法上金錢給付義務，非為對受益人所負擔的債務，尚不發生由新受託人承受的問題，並無信託法第48條的適用。因此，依房屋稅條例第4條第5項、土地稅法第3條之1第1項及第5條之2第1項等規定，既為簡便稅捐的徵繳程序，降低稽徵成本等考量，而明定受託人為納稅義務人，故即使受託人變更時，稅捐稽徵機關仍得對受託人的自有財產繳納地價稅、房屋稅或土地增值稅[95]。

（四）原受託人因處理信託事務對第三人所負擔的債務，例如僱工修繕屬於信託財產的房屋而負擔的債務，本應由原受託人負其責任，但受託人既發生變更，為保護債權人，自亦應許債權人向新受託人請求履行。惟新受託人僅於所繼受的信託財產範圍內，負履行的責任（信託法第48條第

---

[95] 參閱法務部民國93年3月25日法律字第0930012771號書函：「(二)關於本部前揭函有無牴觸信託法及其他法律相關條文規定部分：1.信託法第3條規定：『受託人因信託行為對受益人所負擔之債務，僅於信託財產限度內負履行責任。』所稱『對受益人負擔債務』，指受託人有依信託行為所定，對受益人給付信託利益及本金之義務，此與受託人基於信託財產管理人之地位，有依法向稅捐稽徵機關繳納各項稅捐之義務，係屬兩事。又所稱『僅於信託財產限度內負履行責任』，乃是對受益人的債務而言，至於對受益人以外第三人（包括公法人）所負之債務，受託人仍應以其自有財產負履行或損害賠償等責任（王志誠著「現代信託法論」，頁120參照）。另該法第48條第1項關於受託人變更時，由新受託人承受原受託人因信託行為對受益人所負擔債務之規定，係揭示在受託人變更而發生承繼之情形，基於信託同一性，原受託人因信託行為對受益人所負擔之債務，自應由新受託人概括承受。然而，稅捐債務乃受託人基於繳納義務人對於國家所負擔之公法上金錢給付義務，非為對受益人所負擔之債務，尚不發生由新受託人承受之問題，並無該條之適用。故倘引據上開二條文作為受託人得不以自有財產繳納地價稅、房屋稅等稅捐債務之依據，恐係誤解法律。」

2項）。申言之，於債權成立後，倘受託人發生變更，我國信託法對債權人設有二重保護，債權人得自由選擇請求原受託人或新受託人清償。亦即，債權人除得選擇繼續向原受託人請求外，亦可選擇向新受託人請求，但對新受託人得請求的範圍，應僅限於該新受託人繼受的信託財產限制內[96]。

（五）如原受託人因管理不當或違反信託本旨處分信託財產，或違反分別管理義務時，為貫徹保護受益人及委託人的利益，新受託人得向原受託人行使信託法第23條及第24條第3項所規定的權利（信託法第48條第3項）。

（六）對於信託財產為強制執行者，於受託人發生變更時，因信託關係仍具有同一性，故我國信託法第49條規定：「對於信託財產之強制執行，於受託人變更時，債權人仍得依原執行名義，以新受託人為債務人，開始或續行強制執行。」以杜爭議。

（七）如受託人係因自行辭任而任務終了者，於新受託人能接受信託

---

[96] 參閱財政部民國91年6月26日台財稅字第0910454102號函：「二、按房屋稅依房屋稅條例規定，每年徵收一次，是於法定徵收之時點，如鄭○章君符合房屋稅納稅義務人之法定構成要件，稽徵機關以之為納稅義務人並對其進行有關之稅款稽徵，乃至強制執行，均屬適法。三、至於信託法第12條及第49條係規定，對於信託財產，原則上不能強制執行，但基於信託前存在於該財產之權利、因處理信託事務所生之權利或其他法律另有規定者，則仍可就信託財產為強制執行，且如受託人有變更，債權人仍可依原執行名義，以新受託人為債務人，對該信託財產開始或繼續強制執行；本案房屋稅並非以信託之房屋為強制執行之標的，故與信託法上開條文規定無關。四、又信託法第39條第1項規定：『受託人就信託財產或處理信託事物支出之稅捐、費用或負擔之債務，得以信託財產充之。』準此，稽徵機關自得以房屋之受託人為房屋稅之納稅義務人（至受託人因此而支出之費用，當依信託法規定與信託人或受益人另行處理）。而同法第48條第2項規定，受託人變更時，『原受託人因處理信託事物負擔之債務，債權人亦得於新受託人繼受之信託財產限度內，請求新受託人履行。』據上，債權成立後，倘受託人變更，債權人除得繼續向原受託人請求外，亦可選擇以新受託人為債務人，但對新受託人得請求之範圍僅限於該新受託人繼受之信託財產限制內；此係法律對債權人之多重保護，非謂債權人僅得對新受託人求償。是以，本案納稅義務人（即原受託人）主張受託人已變更，應以新受託人為債務人，要求退還所繳稅款，係對法條有所誤解。」

事務前，應責成原受託人繼續處理信託事務，使信託事務得以順利進行，不致中斷（信託法第36條第4項）。

（八）受託人變更時，依我國信託法第47條的規定，信託財產視為於原受託人任務終了時，移轉於新受託人。惟為確保原受託人的費用償還請求權、損害補償請求權及報酬請求權等，基於公平原理，應允許原受託人留置信託財產，並得對新受託人就信託財產為請求，始為允當，否則對原受託人似過於不利（信託法第51條第1項）。至於如新受託人提出與各個留置物相當的擔保者，原受託人的法定留置權即應隨之消滅（信託法第51條第2項）。

二、信託事務的移交

新受託人於接任處理信託事務前，為避免在此過渡期間，信託財產陷於無人保管的狀態，而有害於信託事務的移交，故我國信託法第45條第3項規定：「新受託人於接任處理信託事務前，原受託人之繼承人或其法定代理人、遺產管理人、破產管理人、監護人、輔助人或清算人應保管信託財產，並為信託事務之移交採取必要之措施。法人合併時，其合併後存續或另立之法人，亦同。」亦即，在原受託人已不能為保管信託財產、採取移交所需的必要措施等情形下，而新受託人又尚未接任信託事務前，責成原受託人的繼承人、法定代理人或其他法定的執行機關，處理有關信託財產的移交及保管事宜。

至於如原受託人係因自行辭任而任務終了者，因其在新受託人接任前，仍具有受託人的權利及義務，故其須繼續處理信託事務，並為妥善保管。且有關信託事務的移交事宜，應由其自行辦理。此外，如原受託人因法院裁定解任而致任務終了者，應解為仍由原受託人本身保管信託財產及採取有關移交的必要措施。

受託人發生變更時，原受託人應就信託事務的處理，作成結算書及報告書，連同信託財產會同受益人或信託監察人移交於新受託人（信託法第

50條第1項）。惟如原受託人的任務，係因其死亡、受破產或監護或輔助宣告、經解散、撤銷設立登記等事由而終了時，因原受託人的行為能力、權利能力或人格已受限制或消滅，因此本人以為，應擴張解釋我國信託法第45條第3項所規定的「為信託事務之移交採取必要措施」乙語，認為有關第50條第1項所規定的作成結算書及報告書與移交信託財產等義務，均包括在內，而由原受託人的繼承人或法定代理人、遺產管理人、破產管理人、監護人或清算人負履行上開義務的責任。

三、原受託人責任的解除

　　受託人變更時，原受託人有結算及移交義務。又結算書及報告書經受益人或信託監察人承認時，原受託人的責任，以結算書及報告書中所記載的事項為限，視為解除，但原受託人有不正當行為者，不在此限（信託法第50條第2項），以符公平。亦即，若結算書及報告書業經受益人或信託監察人承認時，原受託人就其記載事項，對受益人所負的責任視為解除。所稱不正當行為，例如原受託人所作成的結算書及報告書有偽造或隱匿的記載，即不得解除其責任。

第七章　信託監察人

第一節　信託的監控機制

　　信託法為制衡受託人的權限，避免發生受託人違背職務、濫用或逾越權限的情事發生，保障受益人的利益及確保信託目的的達成，實有必要採取適當的監控機制[1]。例如我國信託法為監控受託人的權限行使，即對委託人及受益人的監督權設有諸多規定，以扮演外部監督的角色。此外，不僅依營業信託與非營業信託的區分，採取司法監督或行政監督的方法（信託法第60條），尚依私益信託與公益信託的區分，分別設有不同的監督機關（信託法第72條）。

　　固然受益人具有監督受託人的權限，但當信託的受益人不特定或尚未存在時，因尚無受益人得實際行使受益人的權利及監督受託人是否適當地履行義務，以維護其已身的權益，自有必要特別設置有能力得代受益人監督受託人及保護受益人利益之機關。相對地，即使特定的受益人已存在，並非無保護受益人的必要，例如受益人為未成年人、高齡者或人數眾多，而難以期待受益人本身得有效地監督受託人，即有必要設置有能力得代受益人監督受託人及保護受益人利益的機關。

　　另外，即使受益人特定，但若其人數眾多，如無法順利為受益人的意思表示，以致於信託事務難以順利處理時，亦有必要設置代受益人為意思表示的機關[2]。

　　再者，基於私法自治原則，理論上委託人亦得於信託條款中採取其他輔助的監控措施，確保受託人得適當地履行義務，以達成信託目的。

---

[1] 關於信託監控機制之整體性討論，參閱王志誠，信託監督機制之基本構造——以信託財產評委員會與信託監察人為中心，臺大法學論叢，第32卷第5期，2003年9月，頁233-270。

[2] 參閱福田政之、池袋真、大矢一郎、月岡崇，詳解新信託法，清文社，2007年，頁367。

　　又基於私法自治原則，在合法的目的範圍內，委託人得在信託條款中，將受託人的權限加以調整或分配，避免受託人專擅或濫權，以達監控受託人行使權限的目的。

　　首先，委託人可與複數受託人（共同受託人）成立信託，藉由受託人的集體執行（perform jointly），達到互相監督制衡的功能或其他特殊目的[3]。簡言之，若同一信託的受託人有數人時，信託事務的處理除經常事務、保存行為或信託行為另有訂定外，由全體受託人共同為之。受託人意思不一致時，應得受益人全體的同意。受益人意思不一致時，得聲請法院裁定之（信託法第28條第2項）。因此，當有共同受託人時，原則上受託人必須共同行使權限，而不得單獨行使。又因信託法第28條第2項為任意規定，故信託設有共同受託人時，若信託條款另有規定，解釋上一受託人亦得委任其他受託人代為處理信託事務[4]。

　　其次，委託人亦得於信託行為中另行訂定受託人得使第三人代為處理信託事務（信託法第25條），而使受託人應就第三人之選任與監督其職務的執行負其責任（信託法第26條第1項）。

　　此外，解釋上，委託人仍得於信託條款中保留一定的權限或限制受託人的權限，諸如保留對於信託財產的運用決定權，以限制及監督受託人權限的行使。

　　再者，委託人於設定信託時，亦得於信託條款中將其本身的監督權限，委任第三人代為行使[5]，以建立有效、精緻的監控機制。

---

[3]　*See* Alan Newman, Elder Law: The Intention of the Settlor Under the Uniform Trust Code: Whose Property Is It, Anyway?, 38 AKRON L. REV. 649, 698-699 (2005).

[4]　依美國「統一信託法典」第703條第(e)項雖明文規定一受託人不得使其他受託人代為處理信託事務，但依「統一信託法典」第105條之規定，其性質上為任意規定，若信託條款另有規定時，則應以委託人之意思為準。*See* Uniform Trust Code, Sec.105, 703 (e) (2004).

[5]　參閱王志誠，信託之基本法理，元照出版公司，2005年11月，頁120、152。

第二節　信託監察人制度的建立

壹、信託監察人制度的立法緣由

　　本於私法自治原則，委託人於設定信託時，得於信託條款中將其本身的監督權限委任第三人行使。觀諸英美信託的實務發展，雖早於1980年代即屢見委託人於信託文件中設有保護者條款（protectorship），但當時原則上僅是委託人的代理人，以監督受託人是否善盡其義務，且通常有權同意或否決受託人對信託財產的投資決定，乃至於解任或選任受託人[6]。觀諸目前英美的信託實務，特別是境外信託（offshore trusts），信託保護者（protector）或保護者會議（protector group）不僅是委託人、受託人或受益人的法律顧問，亦扮演諸多積極監督受託人的角色[7]。就當前信託保護者或保護者會議的主要功能而言，已從僅身為委託人的代理人，而逐漸轉型為受益人的守護者。

　　就英美的信託法理而言，信託目的、信託財產及受益人等三者的確定性（certainty），乃信託成立的基本要素，如受益人不確定或不存在，如同汽車無引擎，將無法順利運作，故私益信託（non-charitable trusts）的受益人如無尚未存在或無法確定時，信託條款必須指定信託執行人（enforcer），以積極監督信託事務的執行，否則該信託將推定為委託人的利益而存在，而成為回復信託（resulting trust）[8]。有鑑於此，信託條款所指定信託執行人，其地位即相當於受益人的代理人，以負責監督受託人。

6　*See* Underhill, A. & Hayton, D. J., Law Relating to Trusts and Trustees 23-25 (Butterworths, 15th edition, 1995); *see also* Donovan W. M. Waters, The Protector: New Wine in Old Bottles?, in A. J. Oakley (General Editor), Trends in Contemporary Trust Law 63 (Clarendon Press, 1996).

7　*See* Edward C. Halbach, Significant Trends in the Trust Law of the United States, 32 VAND. J. TRANSNAT'L L. 531, 553-554 (May, 1999).

8　*See* D. J. Hayton, Hayton & Maxshall Commentary and Cases on The Law of Trusts and Equitable Remedies 209-211 (Sweet & Maxwell, 11th edition, 2001).

　　應注意者，依美國統一州法委員全國會議（National Conference of Commissioners on Uniform States Laws, NCCUSL）於2000年所草擬「統一信託法典」第三章的規定，則創設有代表人制度（representation）[9]。又如從代表人所為行為之效果而言，雖與代理相同，但因即使受益人尚未存在或不特定，亦得設有代表人，故實質上仍不同於代理制度[10]。觀諸美國「統一信託法典」所規定的代表人制度，尚應具備下列各種要件，法院始得裁定選任代表人：一、受益人尚未出生或尚未確定；二、受益人無法自己行使權利或難以採取保護權益的手段；三、為解決「統一信託法典」所定有關受託人的資訊提供義務、受託人對受益人的通知或取得受益人同意、訴訟外和解等信託管理上問題[11]。一般而言，創設代表人制度的主要目的，乃為有效解決信託管理上的問題，包括信託管理地的變更、信託的合併及分割、受託人義務的暫時性承受、受託人辭任或選任、受託人的報告書、信託的變更或終止、新受託人的選任、經受益人同意、免除及追認而解除受託人的責任、訴訟外和解的促進、信託條款的解釋、受託人計算書及結算書的承認、禁止受託人為一定行為或授與受託人必要或適當的權

---

[9]　美國於1936年的「第一次財產法整編」第180條至第186條，曾提及為保護具有將來權人的權益，得就具有將來權的未出生者或未確定者，設置代表人。*See* Restatement (First) of Property, Section180-186 (1936). 但由美國2000年的「統一信託法典」第301條至第305條所創設的代表人制度，則更具完整性及概括性。亦即其適用範圍同時包括具有將來權及既得權之人，且代表人所得為的行為，則包括訴訟上及訴訟外行為。*See* Uniform Trust Code, Section 301-305 (2000) (amended 2001 and 2003), General Comment.

[10]　應注意者，乃依美國「統一信託法典」所規定的代表人制度，雖主要是適用於受益人，但事實上亦得適用於委託人。*See* Uniform Trust Code, Section 301 (c).

[11]　參閱デイヴィド・イングリッシュ（新井誠譯），信託法成文化の必要性──統一信託法案起草の經驗から，信託，第201號，2000年8月，頁58-59；大塚正民、樋口範雄編著，現代アメリカ信託法，有信堂，2002年，頁64-68。

限、受託人報酬的決定或訴追受託人的責任等，皆期能透過代表人制度的引進，而合理有效解決[12]。

反觀我國現行信託法制，則仿造日本舊「信託法」第8條及韓國「信託法」第18條所規定的信託管理者制度，引進所謂信託監察人制度。其立法意旨，乃如受益人尚未存在或不特定，因受益權於信託設定後即已發生，勢將發生受益權無從歸屬的浮動狀態，故為保護將來可得確定的受益人，實有必要就已發生的受益權予以保全。至於究應由何人行使保全受益權的權限，以監督受託人所處理的信託事務，因在現行民法體系內，尚無法有效解決，故應於信託法中特別加以規定[13]。申言之，設定信託的最終目的，在使信託行為的效果能歸屬於受益人，而由受益人享受信託財產所生的信託利益。故即使認為受益人並非信託行為的當事人，而不以信託行為成立時存在或特定為必要，但仍必須將來可得確定始可，否則如受益人現在不存在或特定，而將來亦不可能確定時，不僅該信託行為失其實質意義，且該信託行為的內容因不具備法律行為的確定性，應解為無效。又即使受益人將來可得確定，但由於受益權本身係於信託行為生效時即當然發生，因此在受益權產生後、受益人確定前，仍生受益權無從歸屬的游離狀態。當受益權處於浮動狀態的階段時，為保護將來可得確定的受益人，實有必要就已發生的受益權予以保全。我國信託法於第五章設有信託監察人專章，即本於斯旨，規定由所謂的信託監察人，行使保全受益權的權限，以保護受益人的利益。

應注意者，若比較我國信託法第52條與日本舊「信託法」第8條的規定，二者實略有差異。蓋日本舊「信託法」第8條第1項僅規定受益人不特定或尚未存在時，法院得因利害關係人的請求或依職權，選任信託管理人。但信託行為定有信託管理人者，不在此限。由於日本舊「信託法」第8條並未規定於有保護受益人的必要時，亦得選任信託管理人，遂引發若受益人特定或存在時得否設置信託管理人之疑義。依日本早期的學說，則

---

[12] *See* Uniform Trust Code, Section, UTC Comment.

[13] 參閱王志誠，信託監督機制之基本構造──以信託財產評審委員會與信託監察人為中心，臺大法學論叢，第32卷第5期，2003年9月，頁243-245。

認為所稱「受益人不特定或尚未存在」為設置信託管理人的絕對要件，若有特定受益人存在，即不得選任信託管理人。相對地，晚近日本學界則從信託管理人係為保護受益人權益之觀點，認為即使有特定受益人存在，亦有受益人無法適當行使或保全受益權的情事，而有選任信託管理人的必要[14]。應注意者，日本於2006年12月15日修正公布的新「信託法」，不僅修正原有的信託管理人制度，亦創設信託監督人及受益人代理人等二項新制度。依日本新「信託法」第123條第1項規定，受益人尚未存在時，信託行為得指定應成為信託管理人之人。又當信託行為設有指定信託管理人的規定時，利害關係人得定相當期間，催告其應於該期間內為確答是否就任的承諾。但如定有停止條件或始期者，限於該停止條件成就或始期到來後，始得為之（日本「信託法」第123條第2項）。前項催告，經指定為信託管理人之人未於同項期間內對委託人（若委託人不存在時，則對受託人）確答時，視為不為就任的承諾（日本「信託法」第123條第3項）。此外，於受益人尚未存在，而信託行為未指定應成為信託管理人之人時，或所指定信託管理人未為或無法為就任的承諾時，法院得因利害關係人的聲請，選任信託管理人（日本「信託法」第123條第4項）。因此，日本新修正信託法僅規定受益人尚未存在時，始得由信託行為指定或由法院選任信託管理人；若已有受益人存在而僅係不特定時，縱然僅有一位受益人存在，則不得設置信託管理人[15]。至於信託管理人的權限範圍，除信託行為另有規定外，得以自己名義，為受益人為有關受益人權利的訴訟上或訴訟外之一切行為（日本「信託法」第125條第1項）。

　　問題在於，信託法將名稱定為信託監察人，是否妥適，似有商榷的餘地。蓋如從我國民法就法人所規定的監察人來看，監察人並非法人的必備機關而係任意機關（民法第27條第4項），其職權限於法人的內部關係上，以監督法人事務的執行為主要目的，原則上不代表法人，僅於法律設

---

[14] 參閱新井誠，信託法（第2版），有斐閣，2005年4月，頁140。

[15] 參閱福田政之、池袋真、大矢一郎、月岡崇，詳解新信託法，清文社，2007年，第2刷，頁368。

有例外規定時，始得代表法人。又如從我國公司法就股份有限公司所規定的監察人來看，監察人為公司法定、必備、常設的監督機關（公司法第216條第1項），職司公司業務執行的監督與公司會計的檢查[16]，原則上亦不代表公司。由此觀之，所謂監察人，在我國現行的法律體系中，其權限乃兼具事前監察的監督與事後監察的檢查，在性質上係屬監督權，而非管理權。

　　反觀我國信託法第52條第2項規定：「信託監察人得以自己名義，為受益人為有關信託之訴訟上或訴訟外之行為。」可知信託監察人的地位乃是受益權及信託利益的管理權人[17]，其權限的性質係屬管理權，而非監督權，而與公司法及民法上所規定的監察人不相同。至於信託監察人為期受託人適當管理信託財產，而可行使受益人所具有的監督權限，乃係本於其管理權而生，不應認為其權限的性質係屬監督權。綜上所言，我國信託法第五章將名稱定為信託監察人，似與其權限的本質不符，倒不如定名為「信託管理人」，較為允當。

貳、信託監察人的設置要件

　　我國信託法第52條第1項前段規定：「受益人不特定、尚未存在或其他為保護受益人之利益認有必要時，法院得因利害關係人或檢察官之聲請，選任一人或數人為信託監察人。」乃係就私益信託設置信託監察人的情況，而規定其前提要件。另因公益信託的受益人，乃不特定的多數人，為維護受益人的權益，並確保公共利益，信託法第75條並規定：「公益信託應置信託監察人。」即就公益信託強制設置信託監察人。由此可知，依我國信託法的規定，信託監察人於下列四種情形即有必要設置：

16　參閱王志誠，論股份有限公司之監察機關——兼評我國監察人制度之立法動向，證券管理，第13卷第1期，1995年1月，頁13。

17　參閱四宮和夫，信託法（新版），有斐閣，1994年，頁339；松本崇、西內彬，信託法‧信託業法‧兼營法〈特別法コンメンタール〉，第一法規，1977年，頁71。

一、受益人不特定

所謂受益人不特定，應指委託人雖已指示受益人的範圍，但究竟何者始為該範圍內之受益人，則尚未能具體確定[18]。換言之，係指受益人已存在但尚不能確定孰為受益人的情形。至於受益人不特定的形態，大致上可分為二種。

其一，乃僅設定得成為受益人的資格要件或適格要件，而並未具體指定具備該要件的受益人。例如僅設定某種競賽的優勝者或某種技術的發明人為具備要件的受益人，在優勝者或發明人尚未產生或出現前，其受益人即為不特定。又例如公益信託或信託行為訂定以校內成績最佳者為受益人，而成績尚未計算出，或以身心障礙者為受益人等是[19]。至於若信託條款規定受益人應依委託人所設定的固定標準，而授權受託人從某特定類別或團體的成員中選出[20]，則於受託人選出特定受益人前，亦屬受益人不特定的情形。所謂確定受益人的固定標準，例如公司基於激勵員工的目的而設定信託，其於信託條款明定表現優異員工的條件及範圍。

其二，乃以一定的資格地位作為成為受益人的前提要件，如已成為受益人者的資格地位發生喪失或變更時，則受益人的內容會發生變動，而失其固定性，亦屬受益人不特定[21]。例如以某種團體的成員為受益人的前提要件，雖該團體的既有成員是受益人，但如有人退出或加入時，受益人便生變動[22]。至於若信託條款僅規定受益人為委託人的友人、密友或摯友，則於實際認定上，較易發生信託條款所描述的受益人是否明確或可得確定

---

[18] 參閱三菱信託銀行信託研究會編著，信託の法務と實務，金融財政事情研究會，1990年，頁104。

[19] 參閱法務部民國93年3月18日法律字第0930010466號函。

[20] *See* Hughes v. Jackson, 125 Tex. 130, 81 S.W.2d. 656 (1936).

[21] 參閱松本崇、西內彬，信託法・信託業法・兼營法〈特別法コンメンタール〉，第一法規，1977年，頁69。

[22] 通常易生受益人不特定的私益信託，乃是集團信託及準集團信託兩種，因如欲使其受益人得以一致行使權利恐生困難，故有必要設置信託監察人，以維護受益人的權益。參閱四宮和夫，信託法（新版），有斐閣，1994年，頁337。

的疑義[23]。

又如為集團信託，因其受益人為多數人，且得因受益權之轉讓而經常變動，亦得認為其受益人不特定[24]。

二、受益人尚未存在

所謂受益人尚未存在，係指受益人雖非不特定，而是特定但目前尚未存在[25]。例如以將來出生的子女或未來設立的法人為受益人，即屬受益人尚未存在。應注意者，固然我國信託法承認受益人尚未存在的信託為有效，但信託條款中仍應規定確定受益人的固定標準、條件或範圍。

若信託行為指定胎兒為受益人時，是否亦係受益人尚未存在，誠值討論。按我國民法第7條規定：「胎兒以將來非死產者為限，關於其個人利益之保護，視為既已出生。」亦即採取概括保護主義的立法例，以胎兒活產為條件，就一切法律關係，為胎兒的利益，視為既已出生。換言之，胎兒於未出生前，關於其個人利益之保護，既已取得權利能力而成為法律上之「人」，從而以胎兒為受益人時，在理論上應認為其既已出生，可主張胎兒的權利。至於究應由何人代為主張胎兒的權利，我國民法雖未設一般原則，僅於民法第1166條規定：「胎兒為繼承人時，非保留其應繼分，他繼承人不得分割遺產。胎兒關於遺產之分割，以其母為代理人。」但解釋上實可認為基於貫徹民法第7條保護胎兒利益的意旨，應類推適用民法第1166條及第1086條規定，認為胎兒將來的親權人（即胎兒的父母），為胎兒的法定代理人[26]，得代胎兒主張信託利益或行使受益權，並無再設置信託監察人，以保護胎兒利益的必要。準此，在我國現行民法下，如以胎兒為受益人時，在理論上既應認為其既已出生，則應非受益人尚未存在，而

---

[23] *See* George T. Bogert, Trusts 123 (West Group, 6th edition, 1987).

[24] 參閱中野正俊，信託法講義，酒井書店，2005年11月，頁50。

[25] 參閱三菱信託銀行信託研究會編著，信託の法務と實務，金融財政事情研究會，1990年，頁105。

[26] 參閱王澤鑑，民法實例研習叢書第二冊（民法總則），自版，1983年，頁76。

係已經存在。反觀法務部的解釋，似認為尚未出生的胎兒屬於受益人尚未
存在[27]。

三、其他為保護受益人之利益

我國信託法第52條第1項前段，除規定受益人不特定及尚未存在兩種
情形，宜設置信託監察人外，尚定有一概括規定，亦即於為保護受益人的
利益認有必要時，亦有設置信託監察人的必要，以免掛萬漏一。若受益人
業已存在且特定，實難想像尚有其他情事，可認為受益人的利益有保護的
必要。蓋如受益人怠於行使其受益權時，法律本無干預的必要；又如受益
人難以行使受益權，受益人在現行私法制度下，可藉由委任、代理等制
度，以行使其受益權。理論上，當信託監察人以自己名義為有關信託的行
為時，其固然與明示係為本人所為的代理行為不同，但因信託監察人所為
行為的法律效果應歸屬於受益人，似與間接代理具有相同的性質。因此，
當有受益人存在時，因受益人理論上已得行使受益權，在立法政策上，是
否應限制信託監察人所得行使的權限，而限定其僅得行使監督受託人的權
限，抑或包括其他受益人的權利，非無疑義。又當受益人存在時，信託監
察人行使受益人的權限，雖得以自己名義為之，但其法律效果實際上卻歸
屬於受益人，而具有受益人代理人的性質，因此是否應直接規定其法律地
位為受益人代理人，以符合法律關係的實際狀況，亦有檢討空間。以我國
的員工持股信託或員工福儲信託為例，實務上由員工依員工持股章程或員
工持股辦法所選出的代表人或主任委員，雖非信託監察人，但仍得在其授

---

[27] 參閱法務部民國93年3月18日法律字第0930010466號函：「二、按旨揭條文所稱
『受益人不特定』，係指受益人已存在但尚不能確定孰為受益人之情形，如公益信
託或信託行為訂定以校內成績最佳者為受益人，而成績尚未計算出，或以身心障礙
者為受益人等是；所稱『尚未存在』，係指在信託設立之時，受益對象尚未出生
（自然人）或尚未設立完成（法人），如以胎兒為受益人，或以籌設中之財團法人
為受益人，屬之。至於所得稅法第3條之2第4項及第3條之4第3項相同用語之解釋，
請貴部參酌該法相關條文之立法意旨審認之。」

權範圍內，代理員工行使委託人或受益人的權利，而其法律效果並直接歸屬於員工。

依日本新「信託法」的立法例，即鑒於當受益人存在時，不論受益人係特定或不特定，亦可能有保護受益人權益的必要，故日本新「信託法」尚增設信託監督人及受益人代理人等二項新制度，以資配套。首先，於有受益人存在時，若實際上受益人的年事已高或為未成年人，難以期待其得有效監督受託人，則信託行為得指定應成為信託監督人之人（日本「信託法」第131條第1項）。又當信託行為設有指定信託監督人的規定時，利害關係人得定相當期間，催告其應於該期間內為確答是否就任的承諾。但如定有停止條件或始期者，限於該停止條件成就或始期到來後，始得為之（日本「信託法」第131條第2項）。前項催告，經指定為信託監督人之人未於同項期間內對委託人（若委託人不存在時，則對受託人）確答時，視為不為就任的承諾（日本「信託法」第131條第3項）。此外，於受益人有無法適當監督受託人的特別情事時，而信託行為未指定應成為信託監督人之人時，或所指定信託監督人未為或無法為就任的承諾時，法院得因利害關係人的聲請，選任信託監督人（日本「信託法」第131條第4項）。申言之，法院僅於有下列二種情形時，始得依聲請選任信託監督人：（一）受益人有無法適當監督受託人的特別情事時，且信託行為未指定應成為信託監督人之人者；（二）信託行為所指定信託監督人未為或無法為就任的承諾者。至於信託監督人則得以自己名義，為受益人的利益，而為「信託法」第92條各款（除第17款、第18款、第21款、第23款外）所定有關權利的訴訟上或訴訟外一切行為。但信託行為另有訂定者，從其所定（日本「信託法」第132條第1項）。

其次，若受益人為多數人，且經常變動，而難由受益人行使權利時，為保護受益人的利益及謀求信託事務的順利進行，得依信託行為選任受益人代理人，以代部分或全體受益人行使有關信託受益人的權利[28]。詳言

---

[28]　參閱寺本振透，解說新信託法，弘文堂，2007年3月，頁194-195。

之，信託行為得指定應成為受益人代理人之人，訂定其所代理的受益人（日本「信託法」第138條第1項）。又當信託行為設有指定受益人代理人的規定時，利害關係人得定相當期間，催告其應於該期間內為確答是否就任的承諾。但如定有停止條件或始期者，限於該停止條件成就或始期到來後，始得為之（日本「信託法」第138條第2項）。前項催告，經指定為受益人代理人之人未於同項期間內對委託人（若委託人不存在時，則對受託人）確答時，視為不為就任的承諾（日本「信託法」第138條第3項）。由於一旦設有受益人代理人時，該為受益人代理人所代理的受益人，除「信託法」第92條各款所定權利及信託行為所定權利外，不得行使其權利（日本「信託法」第139條第4項），顯然會對受益人的權利產生重大影響，故原則上不得由法院選任之，而與信託管理人及信託監督人不同。但若原本已設有受益人代理人，而其任務終了時，法院得因委託人或受益人的聲請，選任新的受益人代理人（日本「信託法」第142條第1項、第62條第4項）[29]。至於受益人代理人則得為其所代理的受益人，為有關該受益人權利（除第42條所規定的免除責任者外）的訴訟上或訴訟外一切行為。但信託行為另有訂定者，從其所定（日本「信託法」第139條第1項）。

　　觀諸日本「信託法」的立法發展，係將保護受益人的輔助監督機關，分化為信託管理人、信託監督人及受益人代理人，並分別規定其設置條件及權限範圍，顯然較我國目前僅設有信託監察人的規定，更符合其法律關係的實際狀況。

四、公益信託

　　按公益信託的受益人，理論上應為不特定的多數人，難期其監督受託人，故有必要設置信託監察人，以維護受益人的利益[30]。我國信託法第75

---

[29] 參閱福田政之、池袋真、大矢一郎、月岡崇，詳解新信託法，清文社，2007年4月，頁372。

[30] 參閱四宮和夫，信託法（新版），有斐閣，1994年，頁336。

條明定公益信託應設置信託監察人,即本於斯旨。又依第84條的規定,第
五章有關信託監察人的相關規定,於公益信託的信託監察人當然有其適
用。例如信託監察人得以自己名義,為受益人為有關信託之訴訟上或訴訟
外行為(信託法第52條第2項),受託人若違反信託本旨處分信託財產
時,信託監察人得依信託法第18條及第23條規定,聲請法院撤銷其處分,
並得請求受託人填補損害或減免其報酬。

第三節　信託監察人的選任、辭任與解任

壹、選任

　　觀諸我國信託法第52條第1項本文規定:「受益人不特定、尚未存在
或其他為保護受益人之利益認有必要時,法院得因利害關係人或檢察官之
聲請,選任一人或數人為信託監察人。」因此,從法條文義上來看,利害
關係人與檢察官僅有信託監察人選任的聲請權,法院並無因聲請即有選任
的義務,而仍可斟酌是否有選任的必要性。但如為公益信託時,因屬強制
設置,委託人於設立公益信託時,即應選任信託監察人,法院及目的事業
主管機關並無審酌是否有必要性的權限。

　　問題在於,法院得否依職權自行選任信託監察人?按受益人不特定或
尚未存在時,若無信託監察人的設置,將難以保全受益人的信託利益,因
此在有必要的條件下,即應迅速選任。但由於條文僅規定利害關係人或檢
察官始得聲請,未規定法院得依職權為之,故在解釋上尚難謂法院得依職
權選任信託監察人。

　　此外,法院於選任信託監察人時,固應選任適當之人擔任,但依信託
法第52條第1項但書規定:「但信託行為定有信託監察人或其選任方法
者,從其所定。」則如委託人與受託人間所為的信託行為,業已指定信託
監察人或選任方法時,自應以當事人的意思為優先,法院不得另行選任或
違背其選任方法。至於法院選任信託監察人的程序,我國信託法並未規

定，依非訟事件法第78條規定：「法院選任或解任受託人或信託監察人時，於裁定前得訊問利害關係人。對於法院選任或解任受託人或信託監察人之裁定，不得聲明不服。」法院於選任信託監察人時，得先訊問利害關係人，使法院能獲取受託人或信託監察人人選的正確資訊及正確判斷將彼等解任的必要性。

又由於信託監察人係為保護受益人的利益而設，得為受益人為有關信託的訴訟上或訴訟外行為，事繁責重，因此其資格自應有所限制。我國信託法第53條規定：「未成年人、受監護或輔助宣告之人及破產人，不得為信託監察人。」即本於斯旨，而設有信託監察人消極資格的限制。另鑒於信託監察人除得為受益人的利益行使權利外，尚具有監督受託人的功能，解釋上自不應由受託人擔任。

按無行為能力、限制行為能力的未成年人，固不宜擔任信託監察人，然而已結婚的未成年人，依民法第13條第3項規定，既認其有行為能力，是否仍不許其擔任信託監察人，或依所定已結婚的未成年人擔任信託監察人時，足證其能力足為信託行為的當事人所信賴及肯認，法律似無必要過度介入。再者，法院於選任信託監察人時，必須考量其經驗、能力等因素，如已結婚的未成年人不足以擔任信託監察人，法院自可不選任其擔任。職是之故，似僅限制無行為能力人及限制行為能力人不得為信託監察人即可，已結婚的未成年人依法既有行為能力，又經法院選任的程序，故並無禁止其擔任信託監察人的必要。

另外，禁治產人無行為能力，本不宜擔任信託監察人。應注意者，我國民法尚有關禁治產人的概念，於民國97年5月23日修正民法時，已將禁治產人的概念加以修正，而變更為受監護宣告之人及受輔助宣告之人二者。申言之除於民法第14條第1項規定：「對於因精神障礙或其他心智缺陷，致不能為意思表示或受意思表示，或不能辨識其意思表示之效果者，法院得因本人、配偶、四親等內之親屬、最近一年有同居事實之其他親屬、檢察官、主管機關或社會福利機構之聲請，為監護之宣告。」且依民法第15條規定：「受監護宣告之人，無行為能力。」又依民法第15條之1

第1項規定：「對於因精神障礙或其他心智缺陷，致其為意思表示或受意思表示，或辨識其意思表示效果之能力，顯有不足者，法院得因本人、配偶、四親等內之親屬、最近一年有同居事實之其他親屬、檢察官、主管機關或社會福利機構之聲請，為輔助之宣告。」且受輔助宣告之人為信託、訴訟、和解、調解、調處或簽訂仲裁契約等行為時，則應經輔助人同意（民法第15條之2第1項第2款至第4款）。

此外，信託法第53條規定破產人不得為信託監察人，在立法技術上，似有缺漏。依我國公司法第30條第4款、第192條第5項及第216條第4項的規定，公司的經理人、董事及監察人，其資格的限制，亦僅規定「受破產之宣告尚未復權者」不得擔任，而反觀信託法第53條竟規定「破產人」不得擔任，全面否定破產人的信用，實值商榷。本文以為，解釋上應就「破產人」予以限縮性解釋，認為其僅指受破產宣告尚未復權者而言，始為允當。又為配合消費者債務清理條例的施行，應解為經法院依消費者債務清理條例裁定開始清算程序的債務人尚未復權者，亦不得為信託監察人。

綜上所言，信託法第53條宜修改為：「未成年人、受監護或輔助宣告之人、破產人、債務人經法院依消費者債務清理條例裁定開始清算程序者及該信託之受託人，不得為信託監察人。」

至於信託監察人得否由法人擔任，信託法並未明定，解釋上只要具有權利能力及行為能力的自然人或法人，皆得擔任[31]。應注意者，依我國信

---

[31] 參閱法務部民國85年5月10日（85）法律決字第11348號函：「(一)按信託法所稱之受託人，係指依信託行為就信託財產為管理處分之具有權利能力及行為能力之自然人或法人（該法第1條及其立法理由二之(三)、第21條參照）；所稱信託監察人，係指於受益人不特定，尚未存在或其他為保護受益人之利益而有必要時，依選任或依信託行為所定，代受益人行使其權利之具有權利能力及行為能力之自然人及法人（同法第52條及其立法理由一、第53條參照）。本件來函所謂之『商民』如非自然人或法人，似非屬該法所定得為受託人或信託監察人之範圍。(二)復按信託法僅規範一般民事信託法律關係，至於『營業信託』係屬目的事業主管機關監督範疇（該法第60條第1項及其立法理由一參照）。本件商民如非法人，而其所擬經營之業

託業法第17條第6款規定，信託業亦得擔任信託監察人。

貳、辭任及解任

　　就信託監察人的辭任而言，我國信託法第57條規定：「信託監察人有正當事由時，得經指定或選任之人同意或法院之許可辭任。」其立法意旨乃在於信託監察人如有患病、出國等正當事由發生，而不欲繼續擔任時，自宜許其辭任。故如信託監察人係由法院選任產生者，按理應由法院許可始得辭任；又如係依信託行為產生者，因其乃經指定或選任者的要約而同意擔任，從而其辭任自應事先徵得原指定或選任者的同意，而不論其有無正當事由。縱然無正當事由，只要原指定或選任者同意其辭任，並無不可。

　　問題在於，我國信託法第57條並未區分信託監察人產生方法的不同，而為差異性規定，解釋上恐生爭議。例如信託監察人係依信託行為而產生，若具有正當事由而不欲繼續擔任，但原指定或選任者不同意抑或已無原指定或選任者存在（如死亡或失蹤），則可否經由法院的許可辭任，即有疑問。解釋上，雖可認為因信託法第57條僅規定：「信託監察人有正當事由時，得經指定或選任之人同意或法院之許可辭任。」而未限定其辭任的對象，故亦可經由法院的許可辭任，自立法技術而言，信託法第57條的規定，似欠周密。本文認為，信託法第57條宜修改為：「信託監察人無正當理由，不得辭任。其由法院選任者或依信託行為產生而指定或選任之人不同意其辭任時，得經法院之許可辭任。」

　　就信託監察人的解任而論，信託監察人既係依法為受益人行使權利，如其怠於執行職務或有其他重大事由而影響受益人的權益時，為保護受益人的利益，自應設有解任的規定。我國信託法第58條規定：「信託監察人

務，又係銀行法第29條第1項所定非銀行不得經營之『受託經理信託資金、公眾財產』業務，似不宜准予登記。」

怠於執行其職務或有其他重大事由時，指定或選任之人得解任之；法院亦得因利害關係人或檢察官之聲請將其解任。」即本於斯旨，立意正確。有疑義者，何種事由始構成「重大事由」，似應依具體情況個別判定，尚難一概而論。例如信託監察人若繼續執行職務將與受益人發生利益衝突，即應構成所謂的重大事由。但如一般人不認為重大，而原指定或選任者認為重大而欲解任信託監察人時，解釋上宜認為信託監察人本係基於信賴關係而為原指定或選任者所指定或選任，如其既已為原指定或選任者所不信任，實已構成可解任的重大事由，應認為原指定或選任者得解任之。至於聲請法院解任時，是否構成重大事由，則由法院認定之。又依非訟事件法第77條規定：「法院選任之信託監察人有信託法第五十八條所定解任事由時，法院得依職權解任之，並同時選任新信託監察人。」因此，法院得不待利害關係人或檢察官的聲請，依職權主動解任信託監察人；且法院得同時選任新信託監察人。至於法院解任信託監察人時，於裁定前則得訊問利害關係人。對於法院解任信託監察人的裁定，不得聲明不服（非訟事件法第78條）。

　　另外，我國信託法第59條規定：「信託監察人辭任或解任時，除信託行為另有訂定外，指定或選任之人得選任新信託監察人；不能或不為選任者，法院亦得因利害關係人或檢察官之聲請選任之。信託監察人拒絕或不能接任時，準用前項規定。」乃就信託監察人辭任或解任，或信託監察人拒絕或不能接任時，規定選任新信託監察人的方法，以杜爭議。

　　若信託監察人在選任後，受益人已特定、存在或已無保護受益人的必要時，信託監察人即無存在的必要，其任務即應終了，解釋上應不得繼續執行其職務[32]。

---

[32] 參閱四宮和夫，信託法（新版），有斐閣，1994年，頁338。

第四節　信託監察人的地位及權責

壹、法律地位

一、信託監察人的權限

　　信託監察人乃是受益權及信託利益的管理權人,自宜准其獨立於委託人、受託人或受益人之外,以自己名義,為受益人行使其權利,故舉凡受益人基於受益權所得為者,例如受益人依現行信託法及信託業法等規定,所得享有的撤銷權、異議權、監督權、同意權及終止權,如其直接或間接皆具有監督受託人的效果,原則上信託監察人應可代受益人行使。我國信託法第52條第2項規定:「信託監察人得以自己名義,為受益人為有關信託之訴訟上或訴訟外之行為。」即係本於斯旨而設。按該條項之所以規定「得以自己名義」,乃因信託監察人於受益人係特定且存在時,雖得以受益人名義代受益人行使其權利,但於受益人不特定或尚未存在時,則無法以受益人的名義為之,而僅能以自己名義為之。又信託監察人以自己的名義為受益人行使其權利,其目的並非使自己享有財產上利益,而是為監督受託人,使信託財產得以適當管理,從而其權限的行使,應符合受益人的利益[33]。

　　此外,受益人雖因欠缺固定性而不特定,但已存在的受益人,其受益權自得自己行使,不因有選任信託監察人而受限制。又如受益人難以行使或不願自行行使受益權時,我國信託法第52條第3項並規定:「受益人得請求信託監察人為前項之行為。」至於信託監察人因受益人的請求而為有關信託的訴訟上或訴訟外行為時,應符合受益人的最大利益,除應善盡善管注意義務外(信託法第54條),解釋上亦應包括忠實義務及公平對待義務等。

---

[33] 參閱松本崇、西內彬,信託法・信託業法・兼營法〈特別法コンメンタール〉,第一法規,1977年,頁71。

所謂訴訟上行為，係指有關信託事件在法院所應為的訴訟行為；所稱訴訟外行為，則指一般為監督受託人處理信託事務，所為的法律行為或事實行為[34]。

觀諸我國信託法的規定，信託監察人為保護受益人的利益，解釋上得為下列訴訟上或訴訟外之行為：

一、債權人如有非基於信託前存在於信託財產的權利、因處理信託事務所生的權利或法律的特別規定，而對信託財產為強制執行者，信託監察人得向執行法院對債權人提起異議之訴（信託法第12條第2項）。

二、信託財產的管理方法因情事變更致不符受益人的利益時，信託監察人得聲請法院變更其管理方法（信託法第16條第1項）。

三、受託人違反信託本旨處分信託財產時，信託監察人得聲請法院撤銷其處分（信託法第18條第1項）。

四、受託人因管理不當致信託財產發生損害或違反信託本旨處分信託財產時，信託監察人得請求該受託人以金錢賠償信託財產所受損害或回復原狀，並得請求減免該受託人的報酬（信託法第23條）。

五、受託人未將信託財產與其自有財產及其他信託財產分別管理，或信託財產為金錢時，未分別管理或分別記帳，因而獲得利益者，信託監察人得請求將其利益歸於信託財產，又如信託財產因而致受損害，並得向該受託人請求損害賠償（信託法第24條第3項）[35]。

---

[34] 參閱松本崇、西內彬，信託法・信託業法・兼營法〈特別法コンメンタール〉，第一法規，1977年，頁71。

[35] 參閱我國金融資產證券化條例第34條規定：「受託機構應於本機構，備置特殊目的信託契約書之副本或謄本及受益人名冊。各受益人、信託監察人或因受託機構處理特殊目的信託事務所生債務之債權人，得請求閱覽、抄錄或影印前項之文書。」以及第36條規定：「受託機構應分別於每營業年度終了及資產信託證券化計畫執行完成後四個月內，就特殊目的信託之信託財產作成下列書表，向信託監察人報告，並通知各受益人：一、資產負債表。二、損益表。三、信託財產管理及運用之報告書。前項書表之內容，不得有虛偽或隱匿之情事。」則再度明定信託監察人享有帳簿閱覽權。又我國信託資金集合管理運用管理辦法第20條並規定：「信託業應就各

　　六、多數受託人共同處理有關經常事務、保存行為或信託行為定有得由任一受託人單獨為之以外的信託事務時，若其意思不一致，應得信託監察人的同意（信託法第28條第2項）。

　　七、信託監察人得請求閱覽、抄錄或影印受託人所造具或作成的帳簿、信託財產目錄及收支計算表等文書，並得請求受託人說明信託事務的處理情形（信託法第32條）。

　　八、受託人將信託財產轉為自有財產，或於該信託財產上設定或取得權利時，除法律明文許可者外，信託監察人得請求該受託人以金錢賠償信託財產所受損害或回復原狀，乃至於請求減免該受託人的報酬，並得請求將其所得的利益歸於信託財產，且於受託人有惡意時，尚得附加利息一併歸入（信託法第35條第3項）。

　　九、信託監察人對於受託人請求辭任時，得表示同意。又受託人如違背其職務或有其他重大事由時，信託監察人得向法院聲請解任該受託人（信託法第36條第1項及第2項）。

　　十、信託監察人如認受託人的報酬，依當時的情形或因情事變更顯失公平者，得請求法院增減其數額（信託法第38條第2項）。

　　十一、受託人變更時，信託監察人須到場參與新、舊受託人的移交，並判定是否承認原受託人所作成的結算書及報告書（信託法第50條）[36]。

集合管理運用帳戶分別造具帳簿，載明該帳戶之處理狀況，並定期編製運用狀況報告書。信託業應於會計年度終了後四個月內，就各集合管理運用帳戶分別編具集合管理運用信託財產年度決算報告，經會計師查核簽證後函報財政部備查，並通知委託人及受益人。前項情形，約定條款定有信託監察人者，該決算報告並應先經其認可。」此外，我國共同信託基金管理辦法第27條第2項亦規定：「信託業應將前項之運用狀況及評審結果，以書面通知受益人，共同信託基金設有信託監察人者，並應向信託監察人報告。」

[36] 我國信託資金集合管理運用管理辦法第21條規定：「集合管理運用帳戶終止時，信託業應於財政部核准清算後，三個月內完成集合管理運用帳戶之清算，並將清算後之信託財產依信託受益權之比例分派與各受益人。信託業應將前項清算及分配之方式向財政部申報及公告，並通知受益人，且應於清算程序終結後二個月內，將處理

　　有疑問者，如屬受益人所固有的權利或權限，一旦由信託監察人行使受益人的權限後，將導致信託關係的基礎性變更者，諸如我國信託法及信託業法所定變更信託財產管理方法的同意權（信託法第15條）、受託人辭任的同意權（信託法第36條）、共同終止信託的同意權（信託法第64條第1項）、因受託人變更或信託關係消滅所作成結算書及報告書的承認權（信託法第50條第2項、第68條）、實質信託利益享有權（信託法第17條）、同意受託人對信託財產運用的同意權（信託業法第26條第2項、第27條）或其他專屬於受益人的固有權限，因其行使的結果將重大變動信託關係或解除受託人的責任，對受益人的權益影響至深且鉅，解釋上是否得由信託監察人基於其管理權而行使，誠有疑義[37]。本文以為，因上開權限的行使，將導致信託的基礎性變更或免除受託人的責任，故除非信託行為另有約定[38]，乃至於信託法、信託業法或其他法令另有規定外，信託監察人理應不得行使。特別是在商事信託或集團信託的情形，因受益人為多數人，而非尚未存在或不特定，故即使信託條款訂有信託監察人的設置，以避免任何事項皆應由受益人事必躬親，而提高信託運作的成本或降低信託管理的效率，似應明確界定信託監察人的權限範圍，對於涉及信託關係變動的重大事項，於法令或信託條款中明確規定是否保留由受益人集體

　　結果函報財政部備查並通知受益人。前項情形，約定條款定有信託監察人者，並應先經其認可後，再向財政部申報或函報財政部備查。」

[37] 日本學者四宮和夫則認為，有關限制及補充受託人管理權的權限、受託人辭任的同意權等，信託監察人仍不得行使。參閱四宮和夫，信託法（新版），有斐閣，1994年，頁340。應注意者，有學者以為可借用公司法上有關股東權的概念，而將受益權分為共益權與自益權。所謂自益權是指信託利益分配請求權，而共益權則指其他為維護自益權的監督權能，其中自益權應歸屬於受益人，而共益權則歸屬於信託監察人。參閱潘秀菊、陳重見，信託監察人制度之探討，國防管理學院學報，第17卷第2期，1996年7月，頁59。

[38] 例如就營業信託的實務而言，即得於信託條款中，約定信託監察人的設置，並規定其得代行受益人的固有權利。

行使[39]。

應注意者，依法務部之解釋，則認為信託行為中，如約定由信託監察人擔任指示受託人管理處分信託財產指示權人，因信託監察人同時兼具兩種身分，職務上恐有利害衝突，將難以充分發揮信託監察人之設置目的[40]。

二、多數信託監察人職務的執行

又信託監察人有數人時，如法院未予職務分配的指定或信託行為未有規定時，究應如何執行職務，實應有明確的規定，方為允當。我國信託法第55條規定：「信託監察人有數人時，其職務之執行除法院另有指定或信託行為另有訂定外，以過半數決之。但就信託財產之保存行為得單獨為之。」即為補充法院未指定或信託行為未訂定其職務的執行方法而設，實可贊同。有疑問者，如信託監察人無法以過半數決定時，因我國信託法並未規定可聲請法院決定，解釋上應認為信託監察人只能維持現狀而不執行，不得聲請法院決定。蓋信託法第55條但書已規定保存行為得單獨為之，因此縱使維持現狀亦不致於對受益人更為不利，何況法院並非萬能，其決定未必有利於受益人，一旦為錯誤決定，反而會造成受益人受損害。

此外，如依多數決執行職務而為訴訟的決定時，少數的反對者是否亦須署名或具名？依多數決原理，團體中的少數既應服從多數，其於對外的關係上，似應以全體信託監察人的名義為之，始為允當。

---

[39] 參閱王志誠，信託監督機制之基本構造——以信託財產評審委員會與信託監察人為中心，臺大法學論叢，第32卷第5期，2003年9月，頁257-258。

[40] 參閱法務部民國106年5月5日法律字第10603506280號函、法務部民國108年5月7日法律字第10803506290號函、法務部民國111年7月19日法律字第11103509800號函。

貳、信託監察人的權利及義務

　　信託監察人制度既係為保護受益人的利益而設，自應要求其盡最高的注意義務，始能達其目的。我國信託法第54條規定：「信託監察人執行職務，應以善良管理人之注意為之。」即以法律特別規定信託監察人的過失責任為抽象輕過失，一旦其違反應盡的善管注意義務，則應負損害賠償的責任。

　　又由於信託監察人執行職務必須負善良管理人的注意義務，我國信託法第56條規定：「法院因信託監察人之請求，得斟酌其職務之繁簡及信託財產之狀況，就信託財產酌給相當報酬。但信託行為另有訂定者，從其所定。」以衡平信託監察人的利益。蓋信託行為的當事人，如已在信託行為中訂定報酬給付的規定，依私法自治原則，即應尊重當事人的自主意思，而依其所定。惟如信託行為未予訂定，則應賦予信託監察人享有報酬請求權，始稱公允。又法院並不得依職權主動判定報酬給付的多寡，須待信託監察人提出請求。至於法院於判定報酬的數額時，必須斟酌信託監察人職務的繁簡及信託財產的狀況，力求信託監察人所付出的勞力與時間，能與所得的報酬相當，以求公平。

　　此外，解釋上應認為信託監察人與受益人間具有類似於民法上的委任關係[41]，因此得類推適用民法委任的規定，其權利義務除如我國信託法中所規定者外，尚可臚列如下[42]：

　　一、信託監察人由受託人所收取的金錢、物品及孳息等，應交付於受益人。其以自己名義為受益人取得的權利，應移轉於受益人（民法第541條）。

　　二、信託監察人為自己的利益使用應交付於受益人的金錢或使用應為受益人利益而使用的金錢者，應自使用之日起支付利息。如有損害並應賠償（民法第542條）。

---

[41] 參閱四宮和夫，信託法（新版），有斐閣，1994年，頁339。
[42] 參閱史尚寬編，信託法論，臺灣商務印書館，1972年，頁18-19。

　　三、信託監察人為行使受益人的權利而支出必要的費用，得請求受益人償還之，並支付自支出時起的利息（民法第546條第1項）。

　　四、信託監察人為受益人行使權利而負擔必要債務者，得請求受益人代其清償，未至清償期者，得請受益人提出相當擔保（民法第546條第2項）。

　　五、信託監察人為行使受益人的權利，因非可歸責於自己的事由，致受損害者，得向受益人請求賠償（民法第546條第3項）。

第八章　信託的監督

第一節　監督機制的法理基礎

　　信託成立後，受託人即應依信託本旨，為受益人的利益或特定目的，管理或處分信託財產。由於受託人對信託財產具有相當廣大的管理處分權，受託人除委託人保留運用決定權或少數例外的情形下，無需接受委託人或受益人的任何指示，因此為避免受託人發生違背職務或濫權，而損及受益人的利益或違背信託目的，實有必要採取必要的監督機制（check and control），以確保受託人履行其義務[1]。就信託的利害關係人而言，受託人如未善盡其義務，或有濫用或逾越其權限的情事，直接受影響者乃受益人之利益，故理論上由受益人執行監督受託人的任務，因與其本身的權益息息相關，應最為有效。問題在於，如為集團信託或商事信託，特別是屬於大型的現代信託基金，不僅將有成千上萬的受益人，且由於信託基金的管理及事務具有專業性及複雜性，通常受益人於發現權益受損時，皆難以獲得充分有效的賠償，從而如何使受益人有效行使其監督的權限，乃至於指派適當人員代其行使權利，則為重要課題[2]。相對地，如為民事信託，委託人通常於設定信託時，可藉由保留權限的方式達成信託目的，因此在確保信託目的的必要限度下，委託人仍得行使相當程度的監督權限。

　　理論上，除得由委託人或受益人介入監督外，受託人一旦違反信託，當然委託人或受益人得依訴訟制度，追究受託人的責任，以尋求最終的保障。另外，就信託的成立及生效有所疑義、發生委託人於設定信託時所不

---

[1] 為衡平受託人的權力，信託法乃設有對受託人執行權力之監控衡平設計。此設計因私益信託與公益信託有所不同，又可分為形式監控與實質監控。參閱方嘉麟，信託法之理論與實務，月旦出版社，1994年，頁174。

[2] 關於商事信託或集團信託的受益人如何行使其權利，參閱王志誠，跨越民事信託與商事信託之法理——以特殊目的的信託法制為中心，政大法學評論，第68期，2001年12月，頁86。

能預見的情事或信託發生基礎性變更等問題而言,一旦無法由信託關係人本於私法自治原則,妥適有效地解決時,如能藉由司法機關的介入,應有助於信託運作的合理性及效率性。由於法院介入信託的監督,將花費龐大之時間、勞力及費用,故應兼顧私法自治原則及法律成本的因素,而由法院適度依利害關係人的聲請或本於職權介入監督。至於公益信託,因涉及租稅優惠政策及公共利益,故我國信託法原則上是採取行政監督的手段,而與私益信託的監督機制有所不同。

申言之,一旦受託人濫用其權限,不僅對受益人本身或一般社會造成不利,同時對與信託財產立於交易關係的第三人,亦有影響。信託法雖對於委託人、受益人及其他信託關係人設有各種保護規定,但尚難謂十分周全,因此宜由國家機關予以監督[3]。至於究竟應由何機關負責監督,始為允當,則應視信託的性質而定。如屬民事信託或非營業信託,就其非營業性的私益信託事務,因涉及層面較小,宜由負有保護私權任務的民事法院來監督。又如屬營業信託,性質上為以信託業為受託人的私益信託,因其牽涉層面廣大,如未予以經常性的監督,一旦受託人未妥善處理信託事務,每對社會造成重大影響,故宜由金融主管機關負責監督。至於如屬目的上具有公益性質的公益信託,因其目的與行政的關係,頗為密切,且事涉社會公益,則宜由目的事業主管機關監督其信託事務。我國信託法第60條第1項規定:「信託除營業信託及公益信託外,由法院監督。」仍係依信託的性質,而區分其監督機關,即本斯旨。亦即,民事信託由法院監督,而營業信託及公益信託則分別由金融主管機關與目的事業主管機關監督。又信託法第60條第1項所定信託事務的監督,由受託人住所地之法院為之(非訟事件法第76條第1項)。

---

3 參閱四宮和夫,信託法(新版),有斐閣,1994年,頁357;松本崇、西內彬,信託法・信託業法・兼營法〈特別法コンメンタール〉,第一法規,1977年,頁71。

第二節　民事信託的監督

　　相對於受益人是站在監督信託的第一線，司法機關則是信託監督機制的最後防線。一般而言，如受託人違反信託時，受益人或委託人即可循司法救濟的管道，對於受託人違背義務或濫用權限的行為，追究其民事責任及刑事責任[4]。問題在於，如信託發生是否成立或生效的爭議、信託設定當時所不能預料的情事、依現有信託條款信託無法繼續有效管理、信託財產價值與受託人報酬的比例不相當、委託人意思或信託條款有認定上的疑義、信託關係的主體或客體是否變更或終止的疑義等情事，而無法由信託關係人自行解決時，基於信託運作的合理性及效率性，似有必要借重司法機關的積極介入，以期定紛止爭。觀諸美國信託法制的最新發展，即為促進信託運作的合理性及效率性，美國統一州法委員全國會議（National Conference of Commissioners on Uniform States Laws, NCCUSL）於2000年所草擬的「統一信託法典」第四章中，則明定公益信託、動物信託、受益人的指定、信託財產的運用、非公益信託及不可撤銷信託的變更及消滅、因情事變更而變更信託財產的管理條款或終止信託關係，乃至於委託人意思或信託條款有表示上或動機上的錯誤、事實上或法律上的錯誤及為達成委託人的租稅目的等事項，得由法院在一定條件下介入監督[5]。

　　在我國信託法下，民事信託或非營業信託是由法院監督，至於法院如何發動其監督權及其權限為何，均屬於重要事項，應明確規定，我國信託法第60條第2項規定：「法院得因利害關係人或檢察官之聲請為信託事務之檢查，並選任檢查人及命為其他必要之處分。」即明定法院監督權的發動方式及監督的方法。又信託法第60條第2項所定聲請檢查信託事務、選任檢查人及命為其他必要的處分事件，均由受託人住所地的法院管轄（非

---

[4] *See* Robert Pearce & John Stevens, The Law of Trusts and Equitable Obligations 631-632 (Butterworths, 2nd edition, 1998).

[5] 參閱王志誠，信託監督機制之基本構造——以信託財產評審委員會與信託監察人為中心，臺大法學論叢，第32卷第5期，2003年9月，頁241-242。

訟事件法第75條第1項）。

　　依信託法第60條第2項規定，法院不得依職權發動其監督權，而必須待代表公益的檢察官或利害關係人的聲請，始得進行監督。因此，如地政機關辦理土地的信託登記後，並無通知法院的必要[6]。所謂利害關係人，應指因特定事實的有無，將發生權利義務的得喪變更者而言。質言之，其必須具有法律上的利益，如僅具有事實上或感情上的利益，尚難稱為利害關係人。通常除包括委託人、受託人、信託監察人外，其他如受益人、委託人的債權人，乃至於與受託人為交易的第三人，均可認為係利害關係人[7]。

　　又依信託法第60條第2項規定，法院為監督的方法，可分為三種。其一，為直接就受託人處理信託事務的情況加以檢查。此時，法院除可至現場檢查外，解釋上尚應認為於必要時，可命受託人提出信託財產目錄、帳簿及收支計算表等書類。其二，乃選任檢查人，以檢查受託人所處理的信託事務。其三，則係命為其他必要的處分。其中所稱「命為其他必要之處

---

[6] 參閱法務部民國89年12月7日（89）法律決字第042763號函：「二、按信託法第60條規定：『信託除營業信託及公益信託外，由法院監督（第1項）。法院得因利害關係人或檢察官之聲請為信託事務之檢查，並選任檢查人及命為其他必要之處分（第2項）。』其立法理由謂：『受託人對信託財產權擁有強大之權限，如一旦濫用，不僅受益人蒙受不利，即與信託財產為交易之第三人亦有影響。本法對於委託人、受益人及其他信託關係人除設有各種保護規定外，尚宜由國家機關予以監督，以資周全。本條第1項係就一般私益信託中之非營業信託，規定由法院監督。至於營業信託及公益信託，各有其目的事業主管機關，自宜由各該主管機關監督。又法院監督之發動及如何監督均屬重要事項，爰於第2項為明確之規定。』且信託法第60條第2項明定法院監督權的發動方式及監督的方法，依該規定，法院不得依職權發動其監督權，而須待代表公益的檢察官或利害關係人之聲請，始得進行監督（賴源河、王志誠合著『現代信託法論』，85年2月初版，頁148參照）。本件參酌上開說明，地政機關辦理信託登記後，似無將辦畢信託登記之土地信託契約書等相關文件通知法院之必要。」

[7] 參閱松本崇、西內彬，信託法‧信託業法‧兼營法〈特別法コンメンタール〉，第一法規，1977年，頁72。

分」，乃一概括性規定，舉凡有關信託事務的事項，法院基於監督上的必要均得以裁定為之。具體而言，法院對於信託事務之監督認為必要時，得命提出財產目錄、收支計算表及有關信託事務之帳簿、文件，並得就信託事務之處理，訊問受託人或其他關係人（非訟事件法第76條第2項）。又受託人或其他關係人對於法院的上開裁定，不得聲明不服（非訟事件法第76條第3項）。

此外，我國信託法中所定法院的權限，如與法院監督信託事務有關者，亦應包括在內，茲列舉法院的權限如下[8]：

一、信託財產的管理方法因情事變更致不符合受益人的利益時，變更該管理方法（信託法第16條）。

二、受託人違反信託本旨處分信託財產時，撤銷其處分（信託法第18條）。

三、同一信託的受託人有數人時，受託人意思不一致，無法得受益人全體的同意或受益人意思不一致時，由受託人聲請法院裁定之（信託法第28條第2項）。

四、許可受託人將信託財產轉為自有財產，或於該信託財產上設定或取得權利（信託法第35條第1項第3款）。

五、受託人有不得已的事由時，許可其辭任（信託法第36條第1項但書）。

六、受託人違背其職務或有其他重大事由時，依委託人或受益人的聲請將其解任（信託法第36條第2項）。

七、受託人辭任、解任或任務因法定事由終了時，信託行為未另有訂定，且委託人不能或不為指定時，得選任新受託人，並為必要的處分（信託法第36條第3項、第45條第2項）。

---

8 參閱田中實、山田昭，信託法，學陽書房，1989年，頁97；松本崇、西內彬，信託法・信託業法・兼營法〈特別法コンメンタール〉，第一法規，1977年，頁220-221。

八、受託人的報酬依當時的情形或因情事變更顯失公平者,增減其數額(信託法第38條第2項)。

九、受益人不特定、尚未存在或其他為保護受益人的利益認有必要時,選任信託監察人並訂定其報酬(信託法第52條第1項、第56條)。

十、信託監察人怠於執行其職務或有其他重大事由時,將其解任(信託法第58條)。

十一、信託監察人辭任或解任時,信託行為未另有訂定,且指定或選任者不能或不為選任者,得選任新信託監察人(信託法第59條第1項)。

至於如受託人不遵守法院為監督所為的命令或妨礙法院或檢查人的檢查時,為使法院的監督得以收效,我國信託法第61條規定:「受託人不遵守法院之命令或妨礙其檢查者,處新臺幣一萬元以上十萬元以下罰鍰。」即就受託人違反法院基於監督信託事務所為命令或妨礙其檢查的行為,科處行政罰,以落實法院的監督權限。此外,受託人不遵守法院的命令或妨礙其檢查時,解釋上可認為構成我國信託法第36條第2項「受託人違背其職務或有其他重大事由」的要件,法院並得因委託人或受益人的聲請將其解任,應值注意。

第三節　營業信託的監督

依我國信託法第60條第1項規定,營業信託非由法院監督。由於我國現已制定信託業法,因此對於營業信託,除信託投資公司必須依據銀行法第六章有關信託投資公司的規定及信託投資公司管理規則加以規範監督,而證券投資信託公司則是依證券交易法、證券投資信託及顧問法等法令,予以規範監督外,如為信託業或兼營信託業務的銀行、證券投資信託事業、證券投資信託顧問事業,則尚應受信託業法的規範監督。依現行法令,原則上營業信託應由立於目的事業主管機關的金融監督管理委員會監督管理(信託業法第4條)。觀諸上開法令,並無如我國信託法第76條就信託法中所定各項法院的權限,明定由目的事業主管機關行之或依職權行

之，因此我國信託法中各條所定法院的權限，尚非可由營業信託的主管機關行使。

　　基本上，主管機關對於信託業所採取的行政監督，可區分為事前監督與事後監督。首先，在事前監督方面，主要針對信託業的設立、信託業組織章程或營業的重大變更、銀行兼營信託業務、信託業分支機構的增設、銀行的分支機構兼營信託業務、銀行暫時停止或終止其兼營信託業務及信託業的合併或變更等事項，採取許可制的監督（信託業法第10條、第11條、第13條、第15條）。再者，對於信託業申請募集發行共同信託基金及設置集合管理運用帳戶，則採取核准制（信託業法第29條、共同信託基金管理辦法第4條、信託資金集合管理運用管理辦法第3條）。此外，就信託業得經營的業務種類而言，則採取核定制（信託業法第18條）。

　　其次，就事後監督而言，主要賦予主管機關得行使檢查權（信託業法第42條第1項）及緊急處分權（信託業法第44條）。此外，信託業因業務或財務顯著惡化，不能支付其債務或有損及委託人或受益人利益之虞時，主管機關得命其將信託契約及其信託財產移轉於經主管機關指定之其他信託業（信託業法第43條第1項）。

　　再者，信託業應建立內部控制及稽核制度，並設置稽核單位（信託業法第42條第2項）。主管機關並訂定發布「金融控股公司及銀行業內部控制及稽核制度實施辦法」，以資遵循。若有違反，處新臺幣60萬元以上300萬元以下罰鍰（信託業法第57條）。

壹、主管機關的檢查權

　　依信託業法第42條第1項規定：「主管機關對信託業之檢查，或令其提報相關資料及報告，準用銀行法第四十五條規定。」故主管機關對於信託業能行使業務及財務的檢查權。至於如為兼營信託業務的銀行，因銀行法第45條本設有主管機關得行使檢查權的規定，自無再適用信託業法第42條第1項規定的必要，而應直接適用銀行法第45條的規定。

貳、主管機關的緊急處分權

依信託業法第44條規定：「信託業違反本法或依本法所發布之命令者，除依本法處罰外，主管機關得予以糾正、命其限期改善，並得依其情節為下列之處分：一、命令信託業解除或停止負責人之職務。二、停止一部或全部之業務。三、廢止營業許可。四、其他必要之處置。」可見主管機關得對違法的信託業行使緊急處分權，藉以及時採取有效的監督措施，以免信託業的經營狀況繼續惡化。至於兼營信託業務的銀行，因銀行法第61條之1已設有緊急處分權的規定，解釋上應直接適用銀行法的相關規定，始稱允當。且如兼營信託業務的銀行有未建立內部制度或未確實執行的情事，雖信託業法第42條第2項及第57條設有處罰規定，但因銀行法第45條之1第1項及第129條第7款亦設有明確規定，且其罰則較重，實務上可能依重法優於輕法原則，解釋上應優先適用銀行法的相關規定。

應注意者，主管機關亦可能依信託業法第57條處罰兼營信託業務之銀行。例如京城商業銀行因金融商品上架前之審查項目有欠完整，核有違反信託業法第18條之1第2項授權訂定之「信託業營運範圍受益權轉讓限制風險揭露及行銷訂約管理辦法」第23條之1規定，遭主管機關依信託業法第57條規定，核處新臺幣120萬元罰鍰[9]。又例如台中商業銀行銷售境外結構型商品及國外有價證券案，一則因銷售僅限專業投資人申購之境外結構型商品予非專業客戶，核有違反信託業法第18條之1第2項授權訂定之「境外結構型商品管理規則」第22條第1項第3款第1目規定，依信託業法第57條規定，核處新臺幣60萬元罰鍰。二則有建議七十歲以上客戶購買國外有價證券之情形，核有違反信託業法第18條之1第2項授權訂定之「信託業營運範圍受益權轉讓限制風險揭露及行銷訂約管理辦法」第21條第1項第3款規定，依信託業法第57條規定，核處新臺幣60萬元罰鍰[10]。

9　參閱金融監督管理委員會民國107年5月9日金管銀票字第10702717101號裁處書。
10　參閱金融監督管理委員會民國106年10月13日金管銀票字第10640003921號裁處書。

參、主管機關對問題信託業的處分權

　　依信託業法第43條第1項規定：「信託業因業務或財務顯著惡化，不能支付其債務或有損及委託人或受益人利益之虞時，主管機關得命其將信託契約及其信託財產移轉於經主管機關指定之其他信託業。」換言之，主管機關對於問題信託業的處理，得命其將信託契約及其信託財產移轉於其他信託業。又依信託業法第43條第2項及第3項規定：「信託業因解散、停業、歇業、撤銷或廢止許可等事由，致不能繼續從事信託業務者，應洽由其他信託業承受其信託業務，並經主管機關核准。信託業未依前項規定辦理者，由主管機關指定其他信託業承受。」亦即，信託業若因解散、停業、歇業、撤銷或廢止許可等事由，致不能繼續從事信託業務者，應主動洽由其他信託業承受其信託業務，並經主管機關核准，若未依規定洽由其他信託業承受其信託業務者，則由主管機關指定其他信託業承受。應注意者，信託業務的移轉或承受事項，如係共同信託基金或募集受益證券業務，應由承受的信託業公告之；反之，如係其他信託業務，信託業應徵詢受益人的意見，受益人不同意或不為意思表示者，其信託契約視為終止（信託業法第43條第4項）。

肆、資訊公開

　　就信託業的資訊公開而言，本應適用公司法及證券交易法有關資訊公開的相關規定，且如為兼營信託業務的銀行，並應適用銀行法第49條規定，自不待言。信託業法基於其金融監理及保護投資人的立法目的，尚就其營業報告書及財務報告的編製、申報及公告，設有特別規定（信託業法第39條）。此外，基於即時公開原則，尚規定信託業有下列情事之一者，應於事實發生的翌日起二個營業日內，向主管機關申報，並應於本公司所在地的日報或依主管機關指定的方式公告：一、存款不足之退票、拒絕往來或其他喪失債信情事者；二、因訴訟、非訟、行政處分或行政爭訟事件，對公司財務或業務有重大影響者；三、有公司法第185條第1項規定各

款情事之一者；四、董事長（理事主席）、總經理（局長）或三分之一以上董（理）事發生變動者；五、簽訂重要契約或改變業務計畫之重要內容；六、信託財產對信託事務處理之費用，有支付不能之情事者；七、其他足以影響信託業營運或股東或受益人權益之重大情事者（信託業法第41條）。

又信託業對於政黨或其他政治團體交付信託之財產及其信託利益的取得與分配，並應依信託業辦理政黨政治團體財產信託公告辦法的規定，定期辦理公告（信託業法第22條第3項）。

第四節　公益信託的監督

我國信託法第72條第1項規定：「公益信託由目的事業主管機關監督。」性質上為對公益信託的監督機關所設的原則性規定，而與信託法第60條第1項規定相互呼應。至於監督機關的權限，其詳細內容參閱本書第十章第五節，茲不復贅。

第九章　信託關係的消滅

第一節　信託關係消滅的事由

信託乃是由委託人的法律行為而設定，其一旦有效成立，則轉化成為以信託財產為中心的財產管理機構，而獨立於委託人、受益人及受託人的個人意思之外。因此，即使受託人的任務，因受託人死亡、受破產或監護或輔助宣告而終了，乃至於受託人為法人時，其經解散、破產宣告或撤銷設立登記而致其任務終了（信託法第45條），信託關係原則上仍不因此而消滅。我國信託法第8條規定：「信託關係不因委託人或受託人死亡、破產或喪失行為能力而消滅。但信託行為另有訂定者，不在此限。委託人或受託人為法人時，因解散或撤銷設立登記而消滅者，適用前項之規定。」即本於斯旨。關鍵在於，信託的設定，畢竟仍屬私法行為，基於私法自治的理念，如信託行為的當事人另有訂定信託關係消滅的事由，自應尊重當事人的意思為妥；且如信託行為所訂定的信託目的已完成或不能完成，以及信託利益全部由委託人享有時，則信託關係或已失其繼續存在的根據，或已無繼續存在的必要，從而亦應認為信託關係消滅或允許委託人終止信託。

壹、信託行為所定的事由發生

按信託的設定，性質上為私法行為，基於私法自治的原則，關於信託關係之消滅，如信託行為當事人訂有消滅的事由，自應尊重當事人的意思。我國信託法第62條前段規定：「信託關係，因信託行為所定事由發生，……而消滅。」即本斯旨。至於所謂「信託行為所定事由發生」，例如信託行為的當事人在為信託行為時定有存續期限或解除條件等，於期限

屆滿或條件成就時，信託關係即因該等事由發生而消滅[1]。應注意者，亦有認為期限雖已屆滿，而信託目的顯然尚未達成時，應解為信託尚未終了[2]。

　　問題在於，在立法政策上，是否有必要就信託的存續期間，加以適當的限制，誠值深論。首先，如高所得者在進行財產規劃（estate planning）時，為規避高級距的稅率，乃將其財產設定短期性信託，以其已成年的子女為受益人（因配偶及未成年子女的所得仍應合併申報），則此等短期性信託（short-term trust）即可能成為節稅的手段。本文以為，鑒於信託已為適法的財產管理制度，且我國遺產及贈與稅法第5條之1及第10條之2已就他益信託設有課徵贈與稅的規定，故在租稅政策上，似無特別就短期性信託加以限制的必要。

　　其次，就長期性信託而言，如從貨物流通或資金融通的觀點出發，信託的期間如過長，似有違促進國民經濟發展的利益，而致生是否違反民法第72條或信託法第5條第2款所定公序良俗的疑義。相對地，如從契約自由或遺囑自由等基本法律原則來觀察，則應適度尊重委託人設定信託的目的及意圖，法律不宜過度干涉。觀諸英美信託法理的發展，有關信託存續期間的限制，則存有著名的永久權禁止原則（rule against perpetuities）及永久蓄積禁止原則（rule against accumulations）。前者一般是指權利設定者在其生存期間及其死後二十一年以內，如權利歸屬未能確定（vest），則其財產處分無效；後者則是指委託人如設定在其生存期間及其死後二十一年以上的期間，僅能將信託財產所生的利益蓄積於信託財產，則超過上開期間的限制無效。應說明者，乃英美信託法所發展出來的上開原則，在司法實務的運作上，固然仍有諸多爭議，但除英國於1964年所制定的「永久權及蓄積禁止法」（Perpetuities and Accumulations Act of 1964）明文採行外，亦為美國許多州的制定法及「信託法第二次整編」（Restatement

---

[1]　參閱四宮和夫，信託法（新版），有斐閣，1994年，頁347。

[2]　參閱松本崇、西內彬，信託法‧信託業法‧兼營法〈特別法コンメンタール〉，第一法規，1977年，頁263。

(Second) of Trusts (1959)）第62條、第112條、第416條至第418條等規定所承繼，殊值注意。至於在實際運用上，如屬商業信託或公益信託，一般則認為不受永久權禁止原則的適用。

　　應注意者，以日本於平成18年（2006年）12月15日修正公布「信託法」時，則對於受益人連續型信託，設有一定存續期間的限制。固然日本學理上對於後任遺贈是否有效，存有重大爭議，但日本新「信託法」對於與後任遺贈具有類似效果的受益人連續型信託，則有條件地承認其效力[3]。依日本「信託法」第91條規定：「設於受益人死亡，該受益人所有之受益權消滅，而由其他人重新取得受益權規定（包含因受益人死亡，由次順位之其他人取得受益權規定）之信託，自信託設定時起，經過三十年後，現已存在之受益人已依該規定取得受益權時，於該受益人死亡或該受益權消滅之前，有其效力。」即就設有受益人死亡時，而由其他人或次順位受益人重新取得受益權的信託，僅限定其於一定期間內有效，以免信託財產長期受到委託人所設信託目的的拘束，而妨礙財貨的交易及流通。

　　反觀我國現行的信託法制，並未明文引進所謂永久權禁止原則及永久蓄積禁止原則的法制概念，理論上或可綜合衡量信託目的、信託財產的價值或種類及受益人的人數等因素，以判斷信託的存續期間是否過長，而有無違反公序良俗。應強調者，乃英美信託法上所建立的永久權禁止原則及永久蓄積禁止原則，形式上雖與信託存續期間的長短息息相關，惟實質上，誠與租稅政策密不可分。蓋在我國現行的信託稅制下，委託人如以契約或遺囑方式設定他益信託，依遺產及贈與稅法第3條之2、第5條之1、第10條之1及第10條之2等規定，即應課徵贈與稅或遺產稅，且如信託財產發生收入時，不論是否將其收入分配給受益人，依所得稅法第3條之4第1項的規定，皆應分別計算受益人的各類所得額，由受益人併入當年度所得額課徵所得稅。此外，如受益人不特定或尚未存在時，依所得稅法第3條之4第3項的規定，亦應以受託人為納稅義務人，於所得稅法第71條所規定期

3　參閱新井誠編，キーワードで讀む信託法，有斐閣，2007年，頁22。

限內，按規定的扣繳率申報納稅。由此觀之，即使不採納所謂永久權禁止原則及永久蓄積禁止原則，亦不致於發生利用設定長期性信託的方式，以規避相關稅負的弊端。職是之故，不論就立法論或解釋論而言，是否有必要引進所謂永久權禁止原則及永久蓄積禁止原則的法制理念，誠有再議的餘地。

問題在於，若信託行為所定信託關係消滅的事由本身違反強制或禁止規定者，其效力如何？解釋上似應認為信託行為所定信託關係消滅的事由違反強制或禁止規定時，因非信託行為的目的違反強制或禁止規定，故尚難依信託法第5條第1款規定認定信託行為無效，而應依民法第111條但書的規定，認為僅該信託行為所定信託關係消滅的事由無效，而信託行為本身仍有效。另外，信託行為所定信託關係消滅的事由如違反公共秩序或善良風俗時，亦應為相同的解釋。

貳、信託目的已完成或不能完成

我國信託法第62條後段規定：「信託關係，……，或因信託目的已完成或不能完成而消滅。」意指如委託人意欲實現的信託目的業已達成或不能完成時，信託關係因而消滅。所謂信託目的已完成，例如以出賣某不動產將其代價交付給某學校為目的的信託，於受託人已將出賣該不動產的款項交付於為受益人的學校，則信託目的即已達成，信託關係自應消滅。至於所謂信託目的不能完成者，例如以出賣某房屋所得款項捐助給某醫院為目的的信託，如該房屋因火災而燒毀，則應認為信託目的不能完成，信託關係當然隨之消滅[4]。其他例如個人信託的受益人死亡、妻子為防止配偶揮霍而為保住其財產所設立的信託，於其配偶死亡時，亦應解為信託目的不能完成而消滅。又例如委託人將土地移轉登記給受託人，係為將該土地辦理分割，以為擔保向銀行借款，若其後無法向銀行貸得款項，亦屬信託

4　參閱史尚寬編，信託法論，臺灣商務印書館，1972年，頁64。

目的不能完成[5]。

　　簡言之，若信託財產因不可抗力而完全滅失、受益權消滅、信託行為
有無效的原因發生時[6]、全體受益人拋棄受益權、具有一身專屬性的受益
人（如養育信託、特別障礙者扶養信託）死亡或信託長期處於無受託人的
狀態等，均得解為信託目的業已確定不能完成而消滅的情形。

　　有疑義者，若單一受託人成為唯一受益人的情況，是否應解為信託目
的不能完成？本文以為，單一受益人與單一受託人同歸於一人，並非適用
債權與債務混同的法理，而應是限於無法選任新受託人時，始能以違反我
國信託法第34條的規定為理由，而解為信託目的不能完成，以消滅其信託
關係[7]。但在集團信託的情形，因受託人即使取得受益權，其亦僅與其他
受益人為共同受益人，尚可經由其他受益人督促以防弊端，故解釋上應認

5　參閱臺灣雲林地方法院93年度訴字第416號民事判決：「按稱信託者，謂委託人將
　財產權移轉或為其他處分，使受託人依信託本旨，為受益人之利益或特定之目的，
　管理或處分信託財產之關係；信託關係，因信託行為所定事由發生，或因信託目的
　已完成或不能完成而消滅；信託關係消滅時，信託財產之歸屬，除信託行為另有訂
　定外，依下列順序定之：(一)享有全部信託利益之受益人。(二)委託人或其繼承
　人，信託法第1條、第62條、第65條分別定有明文。查，原告之被繼承人將土地移
　轉登記與被告之被繼承人，係為將該土地辦理分割，以為擔保向銀行借款，將原告
　被拍賣之房子買回等情。而原告之被繼承人於89年1月19日土地辦理過戶後，確於
　同年11月6日將土地分割成系爭土地三筆，並辦理分割登記，足認原告之被繼承人
　係為達成特定之目的，始將土地移轉與被告之被繼承人管理或處分，原告之被繼承
　人與被告之被繼承人間應有信託關係存在。又系爭土地周圍因有他人所有之土地，
　故雖經分割仍無法向銀行貸得款項等情，則原告之被繼承欲以分割後之土地供作擔
　保，向銀行借款買回原告所有建物之目的即無法達成。系爭信託目的既不能完成，
　原告之被繼承人與被告之被繼承人間之信託關係因而消滅，依信託法第65條規定，
　系爭土地即應歸屬委託人即原告之被繼承人所有。」
6　參閱四宮和夫，信託法（新版），有斐閣，1994年，頁347。
7　應注意者，有學者認為單一受益人與單一受託人同歸於一人時，應解為信託目的不
　能達成。參閱新井誠，信託法（第3版），有斐閣，2008年3月，頁372。又依英美
　的信託法理，則認為單獨受託人自單獨受益人取得或受讓受益權時，信託關係因混
　同而消滅。*See* George T. Bogert, Trusts 538 (West Group, 6th edition, 1987).

為信託關係不消滅，以保障其他受益人的權益。

參、信託的終止

　　按信託既為私法行為的一種，本應尊重當事人的意思，故在私益信託的情形，如信託行為定有委託人保留終止權、賦予受益人享有終止權或者得以受託人與委託人或受益人的合意終止信託的規定時，自得因終止權的行使而消滅信託關係。除此之外，我國信託法第63條及第64條，並分就信託利益全部由委託人享有及信託利益非由委託人全部享有兩種情形，規定信託終止的要件，使信託關係亦得因而消滅。

一、信託利益全部由委託人享有者

　　我國信託法第63條第1項規定：「信託利益全部由委託人享有者，委託人或其繼承人得隨時終止信託。」蓋信託利益既然全歸委託人享有，則縱使委託人或其繼承人終止信託關係，因係自益信託，並無害於他人的利益，故宜承認委託人或其繼承人有終止權。惟如該項終止係在不利於受託人的時期終止，為保障受託人的權益，終止人應對受託人負損害賠償責任，以維公允。例如設有一定期限的信託，如該信託定有一定的報酬時，受託人對於因中途終止信託而生的減少報酬或其他損害，自得向終止人請求賠償。此外，如該終止信託係基於不得已的事由時，為衡平受託人與終止人的利益，則例外認為終止人不必負損害賠償責任。我國信託法第63條第2項規定：「前項委託人或其繼承人於不利於受託人之時期終止信託者，應負損害賠償責任。但有不得已之事由者，不在此限。」即本於斯旨而設。至於是否有不得已的事由，固應依具體個案而定，惟解釋上似可類推適用民法第549條的規定，以可否歸責於委託人的事由致不得不終止信託為判斷的標準。且如受託人與終止人就是否屬不得已的事由而有爭議時，則由法院認定之。

　　問題在於，我國信託法第63條第1項雖明定自益信託的委託人或其繼

承人，得隨時任意終止信託，但是否即禁止信託當事人得約定在一定期間內委託人或其繼承人不得終止信託。基本上，從文義解釋的觀點，依信託法第63條第1項的反面解釋，似可得出自益信託的信託條款，不得限制委託人或其繼承人行使終止權的結論；相對地，如認為信託法第63條第1項的規定，在性質上屬於任意法規，即得由信託當事人訂定在一定期間內，禁止委託人或其繼承人任意終止信託。本文以為，就民事信託而言，尚不涉及多數受益人的保護問題，故基於私法自治原則，在解釋論上，實不妨認為信託法第63條第1項為任意法規，而得由信託當事人以特約限制或排除其適用，以增加信託商品設計的彈性化[8]。因此，在解釋論上，宜認為信託法第63條第1項為任意規定，但為避免疑義，在立法論上，應將信託法第63條第1項修正為：「信託利益全部由委託人享有者，除信託行為另有訂定外，委託人或其繼承人得隨時終止信託。」以明揭其為任意規定的特性[9]。

　　依法務部的解釋，自益信託之委託人（即受益人）死亡時，倘其信託

---

[8]　應注意者，主管機關亦認為信託法第63條第1項非為強制規定。參閱法務部民國93年8月26日法律決字第0930033879號函：「按『信託利益全部由委託人享有者，委託人或其繼承人得隨時終止信託。』信託法第63條第1項定有明文，其立法意旨在於信託利益既然全歸委託人享有，則縱使委託人或其繼承人終止信託關係，因係自益信託，並無害於他人之利益，故宜承認委託人或其繼承人有終止權（參照賴源河、王志誠著，現代信託法論，三版二刷，頁155）。上開委託人或其繼承人之信託終止權，委託人不得預先拋棄，但由於非為強制規定，故當事人得以契約限制之，亦即信託契約對於委託人之片面終止權設有限制者，其限制如為貫徹信託本旨或為達信託目的所必要，而又未違背公共秩序或善良風俗者，委託人、委託人之繼承人或受託人，均應受其拘束（參照台灣金融研訓所發行，信託法制，頁74）。又本件委託人間如存有合夥關係者，因合夥契約對於合夥人間權利義務關係之約定，僅屬其內部關係，因合夥財產之信託而另成立信託關係，則屬合夥對該信託關係受託人之外部關係，有關其信託財產之返還等權利義務，仍應適用該信託關係契約（參照最高法院86年度台上字第3454號判決）。至於本件貴部應否受理信託當事人之一依土地法第59條第1項規定所提出之異議？自應視該當事人是否符合該條所定『土地權利關係人』之範圍及其他要件而定，宜由貴部本於職權依法審認之。」

[9]　參閱王志誠，信託之基礎性變更，政大法學評論，第81期，2004年10月，頁198-199。

關係依信託目的，不因委託人死亡而消滅，於其繼承人未終止信託關係前，依信託法第8條第1項、第65條規定，信託利益應由受益人（即委託人）之繼承人享有[10]。因此，若自益信託之委託人於信託關係存續中死亡，除信託行為另有訂定外，信託利益由其繼承人概括繼承，全體繼承人得協議分割受益權，所涉信託內容變更登記，應依土地登記規則第133條規定辦理；嗣後信託關係之終止，即可由依分割協議取得全部信託利益之繼承人為之，並按土地登記規則第128條規定辦理[11]。

　　應注意者，債務人怠於行使其權利時，債權人因保全債權，依民法第242條規定，得以自己之名義，行使其權利。至於債權人得否代位終止信託契約，實務上似認為如符合民法第242條規定的要件，亦即：（一）債權人有保全債權之必要；（二）債務人怠於行使其權利；（三）債務人已負遲延責任者，債權人應得代位終止信託契約。惟債權人行使代位權，係以自己名義行使債務人的權利，故信託契約如已定有對委託人權利行使的限制者，委託人的債權人如得代位時，亦受該限制。從而，信託契約如明定其內容變更或終止應經受託人及監察人同意者，委託人的債權人如未依信託契約的特別約定，即單方片面終止契約者，自不生終止契約的效力[12]。觀諸公司員工的債權人得否代位退出員工持股會及終止信託契約的爭議，司法實務上則有不同見解。有認為委託人（員工）若不符合員工持股會章程所規定得申請退出事由時，債權人不得代位行使權利，且委託人未申請退出員工持股會，形式上亦難認怠於行使其權利[13]。反之，有認為若委

10　參閱法務部民國103年6月26日法律字第10303507640號函、法務部民國108年10月29日法律字第10803515680號函。

11　參閱內政部民國108年11月6日台內地字第1080144325號函。

12　參閱法務部民國100年2月9日法律字第0990700822號函。

13　參閱臺灣臺北地方法院簡易庭107年度北簡字第10831號民事判決：「富邦人壽保險公司員工持股會章程第7條第2項規定：『本會會員有不得已之事由而欲提前退出本會時，應先向本會提出申請，惟以1次為限，退會後再入會應間隔1年以上』，被告曾於98年6月8日申請退出富邦人壽保險公司員工持股會，此有富邦人壽保險公司員工持股會委託人退出信託申請書在卷可參，原告並未爭執，依前開章程規定，被告

託人（員工）加入員工持股會的目的已無法達成，縱員工持股章程規定委託人須經員工持股會代表人同意後始得退出，代表人同意權的行使，自應自我克制，債權人於未取得該同意仍得代位行使終止信託契約的權利[14]。

二、信託利益非由委託人全部享有者

　　我國信託法第64條第1項規定：「信託利益非由委託人全部享有者，除信託行為另有訂定外，委託人及受益人得隨時共同終止信託。」該條項所稱信託利益非由委託人全部享有，解釋上包括信託財產的本金及孳息全部由委託人以外的人享有，以及部分由委託人享有而部分由委託人以外的人享有等兩種情形。在此兩種情形下如欲終止信託時，因涉及委託人以外者的利益，故須委託人與受益人共同為之，而不得由委託人單獨行之，亦不得由享有全部信託利益的受益人單獨行之。應注意者，若信託行為就信

即無申請退出富邦人壽保險公司員工持股會之權利，而本件原告代位行使退出富邦人壽保險公司員工持股會之權利，原為被告之權利，必於被告有怠於行使其權利情事時，始得為之，本件被告對於富邦人壽保險公司員工持股會，依前開章程規定，既已無申請退出員工持股會權利存在時，原告即無代位行使權利之餘地。再者，被告未申請退出富邦人壽保險公司員工持股會，揆諸前述說明，形式上應難謂係怠於行使其權利，若認原告得主張行使代位權，致產生特定債權優先之結果，亦與債權平等之原則相違。」

[14] 參閱臺灣臺中地方法院103年度訴字第1880號民事判決：「是以就張○雲而言，台灣櫻花員工持股會協助會員累積財富，保障會員退休或離職後之生活安定等目的，應認已無法達成，從而可認為張○雲有系爭章程第7條第1項規定不得已之事由而可退出台灣櫻花員工持股會。前開規定雖有『應向本會代表人提出退會申請並經同意後始得退出』之條件，惟系爭章程並未對代表人之同意與否設有參酌標準，代表人同意權之行使，自應自我克制，不得恣意為之；個別受益人退出系爭信託契約時，依系爭信託契約第15條第2項約定並不影響其他未退出之委託人，既張○雲有不得已之事由且其退出並不影響其他未退出之委託人，故台灣櫻花員工持股會之代表人就該項同意權之行使，即難認有不予同意之情形。」其他類似之司法實務見解，參閱臺灣臺北地方法院104年度訴字第278號民事判決、臺灣臺中地方法院104年度訴字第1545號民事判決。

託的終止另有訂定時，自應依其規定。例如信託行為訂定受益人得單獨終止信託，則受益人自不必與委託人共同為之；又如信託行為定有受益人與受託人得共同終止信託，則受益人與受託人亦得共同終止信託[15]。舉例而言，若地主及建商與受託銀行簽訂合建型不動產信託契約，並於信託契約中約定，若地上物興建完成及取得使用執照時，受託銀行應依建商的書面指示，依信託契約及合建條款的規定內容，將不動產分別辦理過戶登記給地主及建商，並終止信託關係。若建商所為的書面指示符合信託契約及合建條款所記載的內容，建商即有權單獨終止信託。

應注意者，不動產信託未經信託登記者，僅生不得以信託關係對抗第三人之問題，於信託關係人之間，仍屬有效。因此，委託人如於信託行為中定有受益人及受託人得共同終止信託者，自應從其訂定；當事人如未就該項約定辦理登記者，僅係不得以之對抗第三人而已，尚難逕認該項約定為無效[16]。

問題在於，如委託人或受益人有一方不願共同終止信託時，其中一方可否訴請法院命另一方共同為之？本文以為，從文義解釋的觀點，宜採否定見解，蓋信託法第64條第1項既明文須由委託人及受益人共同終止信託，在受益人欲終止而委託人不願終止時，受益人可拋棄其受益權，致使信託目的不能完成[17]，從而依我國信託法第62條的規定，使信託關係消滅，以達終止信託的目的；相反地，如委託人欲終止而受益人不願終止時，則宜使信託關係存續下去，以保障受益人的權益。至於在立法論上，若信託關係因信託行為當時所不能預見的事由，致不符合受益人的利益，且委託人未能與受益人共同終止信託時，似應賦予享有全部信託利益的受

---

[15] 參閱史尚寬編，信託法論，臺灣商務印書館，1972年，頁66。

[16] 參閱法務部民國106年3月27日法律字第10603503920號函。

[17] 如受益人全部拋棄其受益權時，應解為信託目的不能達成的事由，並使信託關係因而消滅。參閱三菱信託銀行信託研究會編著，信託の法務と實務，金融財政事情研究會，1990年，頁118；松本崇、西內彬，信託法・信託業法・兼營法〈特別法コンメンタール〉，第一法規，1977年，頁265。

益人得聲請法院裁定終止信託的權利。但為確保委託人成立信託的目的，若終止信託顯然違反信託的目的者，則不應允許。

又如委託人及受益人共同終止信託係在不利於受託人的時期為之，而造成受託人的損害，因係由委託人與受益人共同為之，故我國信託法第64條第2項規定：「委託人及受益人於不利受託人之時期終止信託者，應負連帶賠償責任。但有不得已之事由者，不在此限。」若雙方對所謂不得已的事由有所爭執時，則應由法院認定之。此外，如委託人及受益人係為規避受益人的債權人查封扣押信託利益，而終止信託時，該受益人的債權人應依民法侵權行為的規定主張侵害債權的損害賠償（民法第184條第1項後段），尚不得援引信託法第64條第2項的規定，請求委託人與受益人連帶賠償。

再者，如委託人死亡，致無法與受益人共同終止信託時，是否得由受益人單獨行使信託法第64條所規定的終止權，實有疑義。本文以為，因委託人之所以設定信託，本有其所欲達成的信託目的，故在信託目的尚未達成以前，自不宜由受益人以委託人已死亡為理由，單獨行使終止信託關係的權利，其理甚明。

有疑義者，若他益信託契約中約定受託人不得擅自處分屬於信託財產之不動產，應俟受益人年滿三十歲時再將該不動產移轉給受益人。詎料委託人死亡後，受託人竟違反信託本旨處分該不動產給第三人，雖然依信託法第23條及第18條第1項規定，受益人得請求以金錢賠償信託財產所受損害或回復原狀，並得請求減免報酬或行使撤銷權，但因該不動產並未辦理信託登記，實際上受益人已不可能請求回復原狀或聲請法院撤銷其處分，且受託人客觀上亦無法於受益人年滿三十歲移轉該不動產給受益人，解釋上似可認為信託關係因信託目的不能完成而消滅，而不受信託法第64條第1項規定的限制。

第二節　信託關係消滅的效果

信託終止後，信託關係即向將來歸於消滅，而不具有溯及既往的效力。又因信託關係消滅後，信託利益亦隨之消滅，此時受託人即應將信託財產移轉於歸屬權利人。

壹、信託財產的歸屬

一、歸屬權利人的順位

按信託財產於信託關係存續中，名義上雖屬於受託人所有，然而並非其自有的財產，而為受益權的標的，因此信託關係消滅時，信託財產究應歸屬於何人，本應視信託行為是否有所訂定。至於若信託行為的當事人未有約定時，究應如何處理，宜設有明文規定，以杜爭議。我國信託法第65條規定：「信託關係消滅時，信託財產之歸屬，除信託行為另有訂定外，依左列順序定之：一、享有全部信託利益之受益人。二、委託人或其繼承人。」即本於斯旨。

所謂信託行為另有訂定，係指信託行為的當事人定有信託關係消滅時信託財產的歸屬權利人，此時受託人應將該信託財產移轉給歸屬權利人。例如為臺灣史的研究，設定每年支付研究費於某甲的信託，同時約定如信託終了，則臺灣史研究發展基金會為信託財產的歸屬權利人，其後若某甲因故死亡，信託目的陷於不能完成，信託關係因而消滅，則受託人應將剩餘的信託財產移轉給臺灣史研究發展基金會。

有疑義者，若自益信託的委託人於信託行為中訂定，當委託人死亡時信關係消滅，受託人應將剩餘信託財產移轉給其訂定的歸屬權利人，因委託人非以遺囑方式所為，自非遺贈，其法律性質應屬死因贈與。蓋遺贈為遺囑人依遺囑方式所為之贈與，因遺囑人一方之意思表示而成立，並於遺囑人死亡時發生效力，屬單獨行為；死因贈與則為贈與之一種，屬契約行

為，不須踐行一定方式，因雙方當事人意思合致而成立[18]。因此，若自益信託的委託人訂定信託關係因其死亡而消滅時的歸屬權利人，並經該歸屬權利人的同意，則該死因贈與即為成立。此外，依遺產及贈與稅法第3條之2第2項規定：「信託關係存續中受益人死亡時，應就其享有信託利益之權利未領受部分，依本法規定課徵遺產稅。」故在課稅上，尚應將剩餘信託財產納入受益人的遺產中課徵遺產稅。

就死因贈與係於贈與人生前所為，且於贈與人死亡時始發生效力而言，實與遺贈無異，同為死後處分，其贈與的標的物，於贈與人生前均尚未給付。故基於同一法理，其效力應類推適用民法第1201條規定，若受贈人於死因贈與契約生效（即贈與人死亡）前死亡，其贈與不生效力[19]。至於若信託行為所指定的歸屬權利人為自然人，而歸屬權利人於信託關係消滅後申辦信託財產歸屬登記前死亡，解釋上該剩餘信託財產應為歸屬權利人的遺產，應依民法第1148條規定辦理[20]。又因民法對死因贈與並未設有任何規定，亦未對死因贈與應否為特留分之扣減設有規定，若應得特留分之人因被繼承人所為之死因贈與，致其應得之數不足者，似應類推適用民法第1225條就遺贈所設特留分扣減規定，繼承人得按其不足之數由死因贈與財產扣減之[21]。

---

[18] 參閱最高法院110年度台上字第1916號民事判決、最高法院106年度台上字第2731號民事判決。

[19] 參閱最高法院88年度台上字第91號民事判決。

[20] 參閱法務部民國103年1月15日法律字第10203513850號函。

[21] 參閱最高法院87年度台上字第648號民事判決：「應得特留分之人，如因被繼承人所為之遺贈，致其應得之數不足者，得按其不足之數由遺贈財產扣減之，又遺囑所定之遺贈，除於遺囑附有停止條件者，自條件成就時，發生效力外，自遺囑人死亡時發生效力，民法第一千二百二十五條前段、第一千二百條及第一千一百九十九條分別定有明文。原審既認定前揭鬮分書之約定，為曾○祥、曾○員妹與曾○生、曾○朋間之死因贈與契約。而死因贈與，除係以契約之方式為之，與遺贈係以遺囑之方式為之者有所不同外，就係於贈與人生前所為，但於贈與人死亡時始發生效力言之，實與遺贈無異，同為死後處分，其贈與之標的物，於贈與人生前均尚未給付。查民法繼承編對死因贈與既未設有任何規定，自於上揭有關特留分扣減之規定中，

　　至於如信託行為並未另有訂定時，依該條所定的順序，應先由享有全部信託利益的受益人取得信託財產，其理由在於，信託財產以歸屬於享有全部信託利益的受益人，始最符合信託目的。例如委託人以有價證券為信託財產成立本金他益、孳息自益之共益信託，並約定委託人死亡時信託關係消滅，則信託財產的本金應歸屬於本金受益人，信託財產的孳息應歸屬於孳息受益人。

　　又如無享有全部信託利益的受益人時，則應將信託財產歸屬於信託財產的原所有人，亦即委託人，且如委託人已死亡時，因信託財產的歸屬權本係委託人固有的實質權利，而非來自信託財產或其他以保護受益人為目的權能，故應將信託財產歸屬於其繼承人，始符法理。綜上可知，觀諸我國信託法第65條規定，乃本於保護受益人的觀點，除信託行為另有訂定外，而以享有全部信託利益的受益人為信託財產歸屬權利人的第一順位。

　　問題在於，信託法第65條規定似將與民法上的歸扣權制度，某程度上有所齟齬。蓋依民法上的歸扣權制度，繼承人中有在繼承開始如前因結婚、分居或營業，已從被繼承人受有財產的贈與者，應將該贈與價額加入繼承開始時被繼承人所有的財產中，為應繼遺產。但被繼承人於贈與時有反對的意思表示者，不在此限（民法第1173條第1項）。又該贈與價額，應於遺產分割時，由該繼承人的應繼分中扣除（民法第1173條第2項）。例如某甲有子女三人A、B、C，而某甲特別鍾愛C，今C欲自行創業，某甲將自己的全部財產信託給乙受託銀行，並以C為該信託的受益人，約定信託關係於甲死亡時消滅，旋即某甲因故逝世，因信託並非民法第1173條

亦未對死因贈與應否為特留分之扣減設有規定。至民法不以同法第四百零六條以下所定之贈與為特留分扣減之對象，考其緣由，應為尊重此種生前已發生效力之贈與，其受贈人之既得權益，及避免法律關係之複雜化。（本院二十五年台上字第六六○號判例所指之『被繼承人生前所為贈與』，當係指此種贈與而言）。而死因贈與及遺贈，均不發生此類問題。準此，能否謂死因贈與，無上述就遺贈所設特留分扣減規定之類推適用，自滋疑義。」應注意者，最高法院並未明確認為死因贈與應類推適用民法第1225條規定。

規定的贈與，依我國信託法第65條的規定，信託財產應歸屬於C，其結果，A、B並無法依民法第1173條規定，行使其歸扣權，從而其繼承權亦全部被剝奪。因此，在立法論上，是否應設有例外的情況，以防止脫法行為的發生，實有討論的空間。

二、歸屬權利人的承受訴訟

　　信託關係消滅時，信託財產應歸屬於受益人、委託人或其他歸屬權利人，是受託人在以自己名義為信託財產任訴訟當事人之訴訟中，信託關係消滅，依民事訴訟法第171條規定，訴訟當然停止，並應由上開受益人、委託人或其他歸屬權利人承受訴訟[22]。

貳、信託財產的法定信託

　　信託終了後，信託關係即消滅，受託人不再是信託財產的名義上所有權人，因此受託人有義務將信託財產移轉於信託財產的歸屬權利人。由於信託財產的移轉手續可能非短期內所能完成，此時在外觀上受託人仍擁有信託財產的所有權，因此為使信託財產仍有其獨立性，以保障信託財產歸屬權利人的權益，並使受託人仍得有效處理信託的善後事務，我國信託法第66條規定：「信託關係消滅時，於受託人移轉信託財產於前條歸屬權利人前，信託關係視為存續，以歸屬權利人視為受益人。」亦即在信託關係消滅後，仍擬制信託關係存續，此為一般所稱的法定信託。問題在於，在此種法定信託的情形下，原受託人其職務與權限的範圍如何？如從原受託人僅具看守地位而言，似應認為受託人僅得消極地將信託財產移轉給歸屬權利人，而有對抗其他第三人的權利，但不得再積極地處分、收益信託財產。相反地，既然法定信託是以法律擬制原受託人仍具受託人的地位，實應認為受託人不僅有得對抗其他第三人、移轉信託財產給歸屬權利人的權

利，並應對信託財產積極地加以保存或收益。申言之，既然法定信託乃原信託關係的延長，因此理論上應認為與原信託無異，從而受託人的權限與職務，亦應等同於原信託所規定的範圍，始為允當。

此外，我國信託法第66條所稱的歸屬權利人，其對信託財產是否已具有物權的歸屬，抑或僅有債權的請求權，亦值討論。苟依日本學界對日本舊「信託法」第61條及第62條有關「歸屬」乙詞所為的解釋，當時通說係認為其僅表示歸屬權利人，而非意指物權的歸屬[23]，亦即除非有特別的意思表示而使物權發生變動[24]，否則歸屬權利人對信託財產並不具有物權的歸屬。觀諸我國民法第758條規定不動產物權非經登記不生效，且同法第759條僅承認因繼承、強制執行、徵收、法院之判決或其他非因法律行為等五種情形，始可免依登記而取得不動產物權，因此就信託財產為不動產的部分，並不生物權的歸屬效果。至於信託財產為動產時，因受託人在移轉交付前，其外觀上仍係所有權人，益以依信託法第66條的規定，信託關係延伸至信託財產交付時為止，因此在受託人未交付動產給歸屬權利人前，應尚未生物權的歸屬效果。申言之，在法定信託的情形，信託財產的所有權仍未歸於歸屬權利人，受託人並非僅享有信託財產的占有權。

又歸屬權利人所享有的歸屬權，在性質上既為法定信託的受益權，因此即使歸屬權利人與原信託關係的受益人不同時，該歸屬權的本質亦應與原信託關係的受益權為相同的解釋。蓋此等擬制的法定信託關係乃原信託的延長，自不應因受益人有所變更而影響該受益權的本質，只不過該法定信託的信託目的，僅偏限於原信託剩餘財產的給付，而受益權的內容亦隨之縮減而已[25]。又法定信託雖係擬制原信託關係的存續，但因於原信託關係消滅時，信託財產的歸屬權利人對受託人即享有信託財產的給付請求

---

[23] 參閱四宮和夫，信託法（新版），有斐閣，1994年，頁352。

[24] 應注意者，日本「民法」物權編就物權的變動，係採意思主義的立法模式（日本民法第180條、第177條），而與我國民法物權編就物權的變動係採移轉主義不同。

[25] 參閱松本崇、西內彬，信託法・信託業法・兼營法〈特別法コンメンタール〉，第一法規，1977年，頁282。

權。惟此等給付請求權是否有消滅時效的適用？如有，其期間多長？我國信託法中並無明文規定。本文以為，該給付請求權在性質上為請求權的一種，自應適用民法第125條所定十五年的時效規定。按原信託關係既已消滅，即有必要使信託財產早日確定其歸屬，然在移轉信託財產前，為保護歸屬權利人的利益，乃有信託法第66條的規定，因此若剩餘信託財產的權利人長久不行使其給付請求權，自無庸再保護此種權利的睡眠者。至於在立法論上，如為使信託財產的歸屬早日得以確定，在立法政策上並非不可增訂短期時效的規定。應注意者，依我國信託法第66條所擬制的法定信託，解釋上因下列事由的發生而消滅：

一、受託人移轉剩餘的信託財產給歸屬權利人

按法定信託的信託目的，乃是將剩餘信託財產移轉給歸屬權利人，因此如受託人已將剩餘信託財產移轉給歸屬權利人時，則其信託目的業已完成，依信託法第62條的規定，該法定信託關係自應消滅。

二、歸屬權利人拋棄其受益權

按信託法第66條的規定，既係為保障歸屬權利人而設，如歸屬權利人自願拋棄其受益權，基於私法自治的原理，自無禁止之理。因此如信託財產為動產時，歸屬權利人如為拋棄的意思表示，則該動產即成為無主物，受託人若以所有的意思先占，除法令另有規定外，即由受託人取得所有權（民法第802條）。反之，如信託財產為不動產時，縱歸屬權利人為拋棄其所有權的意思表示，然而依土地法第10條規定：「中華民國領域內之土地，屬於中華民國人民全體，其經人民依法取得所有權者，為私有土地。私有土地所有權消滅者，為國有土地。」因此受託人雖可能為該不動產的名義上所有權人，但既未依民法時效取得的規定，依法取得土地所有權，自應辦理塗銷土地所有權的登記。至於如為土地的定著物，既未受土地法第10條的限制，解釋上可類推適用民法第802條的規定，而由受託人先占

取得定著物的所有權[26]。另亦有認為，歸屬權利人如拋棄其權利時，應解為將受益權贈與受託人[27]，但如欲為此等意思表示的擬制，宜有法律明文規定，始為允當。

三、單一受託人成為唯一的歸屬權利人

當單一受託人成為唯一的歸屬權利人時，應認為原信託關係並無存續的必要，而無庸成立法定信託，原信託關係當然消滅。例如信託因信託目的已完成而消滅，而信託行為訂有信託消滅時，信託財產歸屬於受託人，則依信託法第65條的規定，受託人乃成為唯一的歸屬權利人，即無庸再依信託法第66條規定成立法定信託[28]。

四、信託財產因不可抗力而滅失

信託財產如因不可抗力而滅失，因既不可歸責於受託人，亦無其他賠償義務人，則該法定信託因已無存續的必要，自應隨之消滅。

五、受託人因時效取得信託財產

信託財產為動產時，若受託人以所有的意思，五年間和平公然占有該財產，依我國民法第768條的規定，即可依時效取得該信託財產。又如信託財產為不動產時，不論該不動產是否已登記，受託人若以所有之意思，十年間和平、公然、繼續占有他人未登記或登記之不動產，亦可能依時效取得所有權（民法第769條、第772條後段）。申言之，信託關係消滅後，

---

[26] 有學者認為建築物亦不得以先占取得所有權。參閱鄭玉波，民法物權，三民書局，1977年，頁98。

[27] 參閱松本崇、西內彬，信託法・信託業法・兼營法〈特別法コンメンタール〉，第一法規，1977年，頁288。

[28] 參閱松本崇、西內彬，信託法・信託業法・兼營法〈特別法コンメンタール〉，第一法規，1977年，頁289-290。

如受託人因時效取得信託財產時,信託法第66條所規定的法定信託自無存續的必要,理應消滅。

六、因歸屬權利人不行使歸屬權而消滅

信託財產歸屬權的法律性質為請求權的一種,其時效為十五年[29]。信託財產的返還請求權消滅時效,應自信託關係消滅時起算[30],非自信託關係成立當時起算[31]。倘於時效完成後,依民法第148條第1項的規定,受託人得主張時效抗辯,拒絕將信託財產移轉給歸屬權利人,從而應解為該法定信託關係業已消滅。

第三節　信託財產權利歸屬的效果

我國信託法第67條規定:「第四十九條及第五十一條之規定,於信託財產因信託關係消滅而移轉於受益人或其他歸屬權利人時,準用之。」其立法意旨,主要係為保護信託財產債權人及受託人的權益,而使債權人得準用第49條的規定,依原執行名義,以受益人或其他歸屬權利人為債務人,對信託財產開始或續行強制執行;同時受託人亦得準用第51條的規定,行使留置權,並得對受益人或其他歸屬權利人就信託財產為請求。

---

[29] 參閱臺灣高等法院90年度上易字第113號民事判決:「按請求權因十五年間不行使而消滅,民法第一百二十五條定有明文。信託關係終止後,始得請求返還信託財產,故信託財產返還請求消滅時效,應自信託關係終止時起算。」

[30] 參閱最高法院67年台上字第507號判例:「信託契約成立後,得終止時而不終止,並非其信託關係當然消滅。上訴人亦必待信託關係消滅後,始得請求返還信託財產。故信託財產之返還請求權消滅時效,應自信託關係消滅時起算。」另參閱最高法院70年度台上字第307號民事判決。

[31] 參閱最高法院80年度台上字第927號民事判決。

壹、強制執行

　　按我國信託法第12條第1項規定：「對信託財產不得強制執行。但基於信託前存在於該財產之權利、因處理信託事務所生之權利或其他法律另有規定者，不在此限。」蓋為保障信託關係發生前已生的權利及因信託財產所生或處理信託事務發生的稅捐、債權，乃例外許其就信託財產強制執行。職是之故，如有基於信託前的原因或基於信託事務的處理而生的權利，對於信託財產為強制執行者，其後縱因信託關係消滅，信託財產已歸屬於受益人或其他歸屬權利人，其已著手進行的強制執行即不應喪失效力，而應繼續進行。觀諸我國信託法第67條即準用同法第49條規定，使債權人仍得依原執行名義，以受益人或其他歸屬權利人為債務人，對信託財產開始或續行強制執行程序，以維公平。又依司法實務的見解，即使在委託人與受益人為同一人的自益信託，如債權人依信託法第12條第1項但書規定以受託人為債務人聲請拍賣信託財產，而於強制執行程序進行中，委託人依公司法第282條規定聲請重整獲准，應解為債權人所聲請的強制執行程序亦不中止[32]。換言之，委託人如依公司法第282條規定聲請重整獲

參閱臺灣高等法院暨所屬法院民國92年11月26日92年法律座談會民事執行類提案第5號：「法律問題：信託人（兼受益人）甲之抵押債權人乙依信託法第12條第1項後段規定，以受託人丙為債務人聲請拍賣抵押物強制執行。於強制執行程序進行中，信託人甲聲請重整獲准，則乙聲請之強制執行程序應否中止？討論意見：甲說：強制執行程序不中止。蓋債權人乙提出之執行名義係拍賣抵押物裁定，為對物之執行名義，以拍賣該抵押物滿足其抵押債權。故本案之執行債務人（即所有權人）為丙非甲。縱甲為信託財產之受益人，然在終止信託並變更登記為甲之財產前，強制執行程序並不因而中止，亦無公司法第296條、第294條及強制執行法第18條等規定之適用。乙說：強制執行程序應予中止。按公司法第296條第1項規定對公司之債權，在重整裁定前成立者，為重整債權。而重整債權非依重整程序，不得行使權利。本題乙對甲之債權成立於重整裁定前，為重整債權。且甲為信託人兼受益人，該信託利益既全部屬甲所有，依信託法第63條第1項規定，甲得隨時終止信託變更登記為其所有。甲既聲請重整獲准，依公司法第296條第1項規定，重整債權人乙非依重整程序不得行使權利。是故，原已進行之執行程序應予中止。初步研討結果：採甲

准，則在信託關係終止後，強制執行程序即應中止。

貳、受託人的留置權與優先權

　　依我國信託法第39條及第42條規定，受託人就信託財產或處理信託事務所支出的稅捐、費用或負擔的債務，以及所受的損害，享有優先於無擔保債權人受償的費用償還請求權及損害補償請求權。又受託人得自信託財產收取報酬或向受益人請求報酬者，依我國信託法第43條準用第41條的結果，在其權利未獲滿足前，僅得拒絕將信託財產交付受益人，而無所謂優先於無擔保債權人的受償權。如受託人未於信託關係消滅前及時行使此等權利，應使受託人得以繼續行使其權利，始為公允。因此，我國信託法第67條明定準用同法第51條規定，使受託人得就信託財產行使留置權，並得對新受託人就信託財產為請求，以保障受託人依同法第39條、第42條及第43條所得行使的權利。且因同時準用信託法第51條第2項的結果，如受益人或其他歸屬權利人提出與各個留置物價值相當的擔保者，受託人就該物的留置權即應消滅。

　　問題在於，我國民法第928條有關留置權的規定，僅於動產始有其適用，而信託財產涵蓋範圍包括動產與不動產，因此如依信託法第67條規定準用同法第51條的結果，在制度設計上，恐與現行我國民法上留置權的法律體例不符，應值注意。在立法論上，宜將我國信託法第51條有關留置權的用語，予以修正，而以「拒絕交付或移轉登記信託財產」的用語取代之，以符我國現行民法的體例。

說。審查意見：贊成甲說。研討結果：照審查意見通過。」臺灣高等法院暨所屬法院92年法律座談會彙編，2004年4月，頁191-192。

第四節　結算與承認

　　信託關係終了後，受託人不再是信託財產之名義所有權人，亦不得再行使其對信託財產之管理處分權，而應將信託財產移轉於信託財產之歸屬權利人。事實上，由於信託財產之移轉手續可能非短期內所能完成，受託人在合理期間仍應繼續處理信託事務，並辦理信託之結算事務[33]。依我國信託法第66條規定，信託關係消滅時，於受託人移轉信託財產於前條歸屬權利人前，信託關係視為存續，而成立所謂的法定信託。此時受託人在移轉信託財產或處理其他相關事務時，仍應依原信託所須負的注意義務為之。亦即信託法第22條所設受託人應以善良管理人的注意義務處理信託事務的規定，於法定信託的受託人亦有其適用。受託人即須以合理適當的方法將原信託的剩餘信託財產移轉給歸屬權利人，且如該信託財產為應登記或註冊的權利時，並應負辦理變更信託登記或註冊的義務。

　　除此之外，依我國信託法第68條第1項規定：「信託關係消滅時，受託人應就信託事務之處理作成結算書及報告書，並取得受益人、信託監察人或其他歸屬權利人之承認。」因此，在信託關係消滅時，受託人負有作成結算書及報告書的義務，同時必須取得受益人、信託監察人或其他歸屬權利人的事後承認。該條所稱的結算書，當指以文書詳細計算信託財產權義的詳細計算方式及最終結果數字；而所稱的報告書，則是指以文書將信託行為的始末（包括信託財產的移轉及法定信託部分）詳細加以報告，且必要時，並應輔以口頭說明。應注意者，司法實務上有認為辦理信託財產結算為獨立之權利，並未附隨於受益權，信託財產結算權非受益權之從權利[34]。惟信託關係消滅時，依信託法第68條第1項的文義，應解為受益人或歸屬權利人始有權請求受託人履行作成結算書及報告書的義務，所稱信託財產結算權在性質上似無法與受益權或剩餘信託財產歸屬權分離而單獨轉

---

[33] *See* Gerry W. Beyer, Wills, Trusts, and Estates 420 (Aspen Law & Business, 2nd edition, 2002).

[34] 參閱臺灣高等法院107年度上字第1290號民事判決。

讓。

　　問題在於，究竟只要取得受益人、信託監察人或歸屬權利人中一人承認即可？抑須取得三者全部的承認始可？誠有疑義。如從該條項係規定「或」字來觀察，依文義解釋似只須取得其中一人承認即可。惟若從受益人、信託監察人及歸屬權利人各別權益的保障來觀察，因原信託的受益人未必係歸屬權利人，故如受益人與歸屬權利人非同一人時，解釋上宜認為受託人應就結算書及報告書所涉受益人與歸屬權利人的部分，各自取得其承認。至於如受益人與歸屬權利人係同一人時，則當然只須受益人同意即可，其理甚明。此外，依我國信託法第52條規定，信託監察人主要係受益人不特定、尚未存在或其他為保護受益人的利益認有必要時始設置，其職務在於得以自己名義為受益人為有關信託的訴訟上或訴訟外行為，因此如原信託設置有信託監察人時，就其職務部分，因信託監察人最為熟悉，應解為必須取得其承認始可，以貫徹信託監察人的設置在於保護受益人的意旨。綜上所言，受託人究應向何人取得結算書及報告書的承認，本文以為大致可分為下列幾種情形：

　　一、如受益人與歸屬權利人為同一人，且信託並無信託監察人的設置時，只須向受益人取得承認即可。

　　二、如受益人與歸屬權利人為非同一人，且信託並無信託監察人的設置時，應就其所涉部分，各自取得其承認。

　　三、如信託設置有信託監察人，同時受益人存在且特定，而與歸屬權利人係同一人時，因承認權的行使為專屬於受益人的固有權限，故不應解為得由信託監察人本於管理權，代受益人行使承認權。亦即，應向受益人取得承認始可。

　　四、如信託設置有信託監察人，而受益人尚未存在或不特定，於信託關係消滅時，因受益人不可能成為歸屬權利人，此時受託人應同時向信託監察人及歸屬權利人，各自取得其承認。

　　五、如信託設置有信託監察人，同時受益人存在且特定，而與歸屬權利人非同一人時，基於創設信託監察人制度的意旨，在於監督受託人，以

保障受益人的權益,解釋上應分別向受益人、信託監察人及歸屬權利人,各自取得其承認。

又受益人、信託監察人或其他歸屬權利人為承認後,我國信託法第68條第2項並規定:「第五十條第二項規定,於前項情形,準用之。」亦即結算書及報告書如經承認,受託人就其記載事項,對受益人或歸屬權利人的責任視為解除,但受託人有不正當行為時,其責任則不因受益人、信託監察人或其他歸屬權利人等的承認而擬制解除,以符公平。至於未記載於結算書及報告書的事項,因未經承認,仍不得免責,即便另以口頭補充說明,而經受益人、信託監察人或其他歸屬權利人等的承認,亦不生擬制免除責任的效力。

第十章 公益信託

第一節 公益信託的意義與種類

壹、公益信託的意義

　　當前社會上所發生的艱難問題，絕非僅憑政府即能有效解決，誠應仰賴個人、企業及民間團體等力量的積極協助，始能竟其全功。觀諸公益信託在各國所從事的各種公益活動，遍及慈善、文化、教育、國際交流、環保、人權等領域，充滿各種人文關懷及人性光輝，而逐漸為各界所期待及重視。若觀諸我國公益信託設立的現況，即包括教育、慈善、醫療、法律、宗教、社會、體育、藝術、音樂、文化及環保等領域，呈現多元發展的趨勢。

　　公益信託在英美法上稱為Charitable Trust，國內學者有譯為慈善信託者[1]，亦有將Community Trust譯為公益信託者[2]。我國信託法則依日本及韓國「信託法」上的用語，對於英美法上所稱的Charitable Trust，使用公益信託乙詞。

　　至於公益信託的意義，有認為公益信託是為法律上慈善目的而設立的信託[3]，亦有認為公益信託係指為公益目的而使用的信託[4]，而英美法上亦有學者認為公益信託係指依衡平法院的認定，其信託目的的執行結果對於社會全體或可認為合理的大多數人間，具有實質社會利益的一種信託[5]。觀諸我國信託法第69條規定：「稱公益信託者，謂以慈善、文化、學術、技

---

[1] 參閱楊崇森，信託與投資，正中書局，1984年，頁161。
[2] 參閱周大中，信託金融，中興大學法商學院，1965年，頁191。
[3] 參閱楊崇森，信託法之研究，財團法人保險事業發展中心，1989年，頁49。
[4] 參閱田中實，公益信託の現代的展開，勁草書房，1985年，頁92。
[5] *See* George Gleason Bogert, Handbook of the Law of Trusts 199 (West Pub. Co., 5th edition, 1973).

藝、宗教、祭祀或其他以公共利益為目的之信託。」其對公益信託所為的立法解釋，大體上仍不出各國立法例及學者對公益信託所下的定義。

貳、公益信託的種類

公益信託如從不同的角度來看，可作不同的分類。例如日本學者田中實教授，即參考英美法上公益信託的實際運作，對於公益信託為如下分類[6]：

一、維持基本財產公益信託、動用基本財產公益信託

本項分類係以作為信託財產的基本財產（本金）是否得加以動用，作為區分的標準。維持基本財產公益信託係在信託條款中規定僅得以公益信託的基本財產所生的孳息或利益從事公益活動，其基本財產不得動用，故又稱本金不動用公益信託；動用基本財產公益信託係在信託條款中規定受託人得於信託期間中，動用基本財產以從事公益，故亦可稱本金動用公益信託。兩者區別的實益在於，維持基本財產公益信託適合於信託財產規模較大，可作為成立財團法人組織的代替方式；動用基本財產公益信託則適合於規模較小或不適宜成立財團法人的組織，且委託人無意使信託永久存續的情形。我國公益信託在信託財產運用的情況，似以動用基本財產公益信託為多數。例如由中國信託商業銀行擔任受託人的「公益信託誠品法務會計研究發展基金」，即屬於動用基本財產公益信託。

應注意者，依中華民國信託業商業同業公會所訂定之自律規範，並未區分維持基本財產公益信託或動用基本財產公益信託而規定其依信託本旨所為年度公益支出的最低金額或比例。亦即，公益信託之信託資產總額未達新臺幣3,000萬元者，其依信託本旨所為之年度公益支出金額，除信託成立當年度外，應不低於該年度之公益信託行政管理費（中華民國信託業商

6　參閱田中實，公益信託の現代的展開，勁草書房，1985年，頁94-95。

業同業公會會員辦理公益信託實務準則第10條第1款）。相對地，公益信託之信託資產總額達新臺幣3,000萬元（含）以上者，依信託本旨所為之年度公益支出，除信託成立當年度外，原則上應不低於前一年底信託資產總額之百分之一。問題在於，若公益信託之性質屬於英國、美國或日本之國民信託或社區信託等[7]，其目的在於自然環境、景觀、歷史古蹟或基礎設施之保護，其信託資產多為土地或古蹟等不動產，其公益支出若仍要求不低於前一年底信託資產總額之百分之一，恐窒礙難行，宜納入例外之列。再者，若目的事業主管機關所許可設立的公益信託，性質上屬於維持基本財產公益信託，因其僅得以公益信託的基本財產所生孳息或收益從事公益活動，其基本財產不得動用　，亦宜歸為例外之列[8]。

二、單獨出資公益信託、共同出資公益信託

本項分類係以捐資對象所為的分類。單獨出資公益信託係指信託財產由特定的個人或家族所捐資成立，或由企業及民間團體單獨捐資成立者，在美國稱為家庭基金會或私人基金會（family foundation; private foundation）；共同出資公益信託係由社會大眾所共同捐資成立的信託，例如英國的國家信託（national trust）、美國的社區信託（community trust; community foundation）或日本的亞細亞社區信託，均採用此種方式設立。兩者區別的實益，主要可能在於管理的寬嚴及租稅上的差別處理。目的事業主管機關對於單獨出資公益信託，一般應採取較高度的行政管理，以免假公益之名而行私益之實；且在租稅處理上，單獨出資公益信託得否享有租稅優惠的資格，可能必須設定較嚴格的門檻。

---

[7] 關於英國著名之「莎士比亞出生地土地信託」、「英國國民信託」、日本著名之「龍貓的故鄉基金會國民信託」或美國著名之「紐約社區信託」或「瑪琳農地信託」等，參閱中華民國信託業商業同業公會，公益信託2.0，自版，2020年，頁176、178-179。

[8] 參閱王志誠，實現百年公益信託之新思維，月旦會計研究實務，第42期，2021年6月，頁16。

三、一般目的公益信託、特定目的公益信託

　　本項分類係就美國基金會（foundation）的公益目的所為的分類。一般目的公益信託係指信託的公益目的並無特別的限制，而以一般公益目的（general purposes）為其目的；特定目的公益信託則係指將其公益目的侷限於一項或少數特定項目的信託。本項分類的區分實益，除在認定信託目的上具有意義外，在採取設立許可主義的國家，亦具有重大意義。因公益目的愈廣，所涉及的目的事業主管機關即愈多，其申請許可愈不容易，而且如其公益目的過於抽象，不夠具體，在公益性的判定上，亦可能較為困難[9]。

四、事業經營型公益信託、給付型公益信託

　　本項分類係以受託人給付內容為分類標準。事業經營型公益信託係指直接經營公益事業的公益信託（operating foundation）；給付型公益信託則係指以對受益人給付獎助金為內容的公益信託（granting foundation），故亦可稱為非事業經營型公益信託。兩者區分的實益在於，事業經營型公益信託的受託人須直接負責事業的經營，受託人必須具備特殊的知識能力；至於給付型公益信託的受託人職責，僅為將信託收益負責分配於合乎受益資格的受益人，較易於執行。

　　首先，觀察日本公益信託的發展現況，自昭和52年（1977年）第1件公益信託成立以來，於令和3年（2021年）3月底尚有460件公益信託存續，信託財產總餘額為580億日圓[10]，名義上皆為給付型公益信託，而無事務經營型公益信託。但亞細亞社區信託（アジア・コミュニティ・トラスト公益

[9] 有關一般目的公益信託及特定目的公益信託的介紹，參閱楊崇森，信託與投資，正中書局，1984年，頁181-182。
[10] 參閱社團法人信託協會，公益信託の受託狀況（令和3年3月末現在），2021年6月，available at https://www.shintaku-kyokai.or.jp/data/public_interest/ (last visited at 2021.7.5).

信託；The Asian Community Trust），名義上雖非事業經營型公益信託，而以給付為主，但實際上在亞洲各地從事農村開發及社會開發等慈善事業的運作[11]。至於美國約有2萬6,000個公益性質的基金會（foundations），其中三分之一以信託（trust）的型態運作，三分之二則以非營利組織（non-profit corporations）的方式經營[12]。

其次，就美國公益信託的發展而言，依美國2013年冬季的所得統計簡報資料，於2009年課稅年度全美共有6,044件公益信託，其中非事業經營型公益信託（給付型公益信託）有6,013件，事業經營型公益信託有31件。又捐贈型公益信託共有5,831件，其中捐贈非事業經營型公益信託有5,807件，捐贈事業經營型公益信託有24件。於2009年課稅年度，美國公益信託中資產超過1,000萬美元者共有128件，其中非事業經營型公益信託（給付型公益信託）則有126件[13]。另就美國的法制面而論，美國奧克拉荷馬州於1960年代便已立法認可成立公益信託以從事瓦斯、電力、自來水或機場等公用事業的經營。至於紐約州部分，原採取不予認可的立場，但最後亦改變政策予以承認[14]。另英國傳統上原就有公益信託，彼邦早期的教會即是以公益信託模式運作，而且在1958年更制定公布「休閒娛樂公益信託法」（Recreational Charities Act of 1958），准許設置休閒娛樂設施的公益信託，從事經營事業的行為[15]。就我國的公益信託制度而言，是否應許可事業經營型公益信託的設立，仍應以是否符合信託法第69條的規定，依有無違背公共利益的本質加以判斷。

我國截至2022年12月31日為止，尚存續有效的公益信託共有244件，信

[11] 參閱田中實編，公益信託の理論と實務，有斐閣，1991年，頁150。

[12] 參閱田中實，公益法人と公益信託，勁草書房，1986年，頁187。

[13] See Cynthia Belmonte, Domestic Private Foundations and Related Excise Taxes, Tax Year 2009, 32:3 STATISTICS OF INCOME. SOI BULLETIN 114, 148-149 (Winter 2013).

[14] See George T. Bogert, Trusts 235-236 (West Group, 6th edition, 1987).

[15] See David J. Hayton, Commentary and Cases on The Law of Trusts and Equitable Remedies 504 (Sweet & Maxwell, 11th edition, 2001).

託財產總金額（信託財產本金）為新臺幣734億9,826萬元，其資金來源的種類，包括現金存款、股票投資、基金投資、不動產、捐贈收入、租金收入、營利所得等。其中信託財產規模最大者為「公益信託林堉璘宏泰教育文化公益基金」，信託成立時的信託財產總金額為新臺幣294億1,785萬元，目的事業主管機關為教育部，由國泰世華商業銀行擔任受託人。截至2022年12月31日為止，「公益信託林堉璘宏泰教育文化公益基金」的信託財產總金額尚有新臺幣306億3,245萬元，以幫助有志學子或推廣教育為主要目的，並以文化、慈善、醫療及其他社會公益為次要目的，捐助或贊助符合本公益信託目的的團體、財團法人、機構、活動或個人。

　　由於民間成立公益信託的動機，除致力於各種公益目的外，亦不乏出於節稅的觀點，因此稅法上的規定及安排，對於促進公益信託的設定及發展，自然具有相當程度的影響。據此，美、日二國的稅法上，即就公益信託予以不同的分類，而在稅賦上為不同的處理，亦值注意[16]。

第二節　公益法人與公益信託

壹、公益法人的意義

　　我國民法上的法人，如以其設立的基礎為標準，可區分為社團法人與財團法人。其中社團，依民法第45條及第46條的規定，又分為營利社團與公益社團。且依國內學者的看法，在社團中尚有既非以公益又非以營利為目的的中間社團存在，例如各種學術文化團體、同鄉會、同學會、宗親會等[17]。中間社團是否必須得到主管機關的許可始取得法人資格？依國內學者

---

[16] 有關美國及日本稅法上就公益信託所為的分類，參閱方國輝，公益信託與現代福利社會之發展，中國文化大學三民主義研究所博士論文，1992年6月，頁162-168。

[17] 參閱史尚寬，民法總則釋義，自版，1973年，頁161；洪遜欣，中國民法總則（修訂版），自版，1989年，頁130。

的一般見解，則認為除有特別規定外，無庸取得主管機關的許可[18]。至於財團，我國民法並未明文規定必須以公益為目的，因此國內學者中，亦不乏有將財團分為公益財團及中間財團者[19]，故各縣同鄉會、俱樂部及其他各種團體，如其組織合於財團的規定，皆得聲請為財團法人的登記[20]。應注意者，國內學者也有雖未明白否認中間財團的存在，而事實上卻認為財團係與公益攸關，由捐助財產所組成，從事公益事業的法人者[21]。由此可知，我國民法上的法人，如以其目的事業為標準，又可區分為公益法人、營利法人及既非公益也非營利性質的中間法人。

依國內學界通說的見解，所謂公益法人，係指以公益即以社會上不特定多數人的利益（社會全體的利益）為目的的法人，主要以文化、學術、宗教、慈善等為目的。至於所謂以公益為目的，係指終局的目的而言，縱因經營事業而有收益，或投資於營利事業，但未將其收益分配於有關人

---

[18] 參閱史尚寬，民法總則釋義，自版，1973年，頁165；洪遜欣，中國民法總則（修訂版），自版，1989年，頁148。

[19] 參閱史尚寬，民法總則釋義，自版，1973年，頁192-193；洪遜欣，中國民法總則（修訂版），自版，1989年，頁150。一般認為，舉凡財團不論係公益財團或中間財團，於登記前，均應取得主管機關的許可。

[20] 參閱司法院民國20年4月23日院字第507號解釋：「民法總則第45條所稱之特別法，原不僅限於公司法，如以公司而論，則公司法未施行及公司登記規則未頒行以前，應仍依公司條例公司註冊暫行規則及公司註冊暫行規則補充辦法辦理，至私立學校如其組織合於民法總則社團或財團之規定，經向主管官署聲請登記，則成立為法人，至其是否願意聲請取得法人資格，悉聽其便，各縣同鄉會、俱樂部等及其他各種團體，如其組織合於社團或財團之規定，亦得聲請為社團或財團法人之登記。」

[21] 參閱施啟揚，民法總則，自版，1984年，頁167；鄭玉波，民法總則，三民書局，1984年，頁180；王澤鑑，民法總則，自版，1983年，頁118。本文以為，如依民法總則施行法第6條及第9條的規定來看，既然基於公益上的要求，而規定民法總則施行前具有財團及以公益為目的的社團的性質而有獨立財產者，視為法人，且其代表人應依民法總則第47條或第60條的規定作成書狀，自民法總則施行後六個月內聲請主管機關審核，以補正許可的要件。且若主管機關認其有違背法令或為公益上的必要，亦應命代表人變更章程所載的事項。因此，應認為民法所稱的財團，係以公益財團為限。故本文以下所稱的財團，率指公益財團而言。

員，則與公益目的並無牴觸[22]。因此，我國民法上的公益法人應包括公益社團及財團而言，且其目的必須具有公益性。

此外，民法對於公益法人的設立，因公益法人的業務與公共利益關係密切，須由主管機關衡量實際情形，給予許可（民法第46條、第59條）；且規定以公益為目的之法人解散時，其賸餘財產不得歸屬於自然人或以營利為目的之團體（民法第44條第1項但書），以促進公益法人的健全發展。又鑑於公益法人業務與公共利益、國家政策以及公序良俗，關係至為密切，因此民法及財團法人法中設有許多加強監督的規定。不過在法律適用上，財團法人之許可設立、組織、運作及監督管理，除民法以外之其他法律有特別規定者外，適用財團法人法；財團法人法未規定者，適用民法規定（財團法人法第1條第2項）。

貳、公益法人與公益信託的區別

公益法人與公益信託雖均為從事公益的目的而設立，但兩者在法律結構上仍有不同[23]。最為重要者，乃兩者的設立方式不同，公益法人係以法人的方式設立；公益信託係以信託的方式設定。以財團法人為例，其係以捐助財產為基礎，為達成一定公益目的而賦予人格的組織（財團法人法第2條第1項）；至於公益信託，則係以慈善、文化、學術、技藝、宗教、祭祀或其他以公共利益為目的的信託（信託法第69條），二者雖均屬公益性質，惟公益信託，並不具有獨立的法人格，其信託財產在法律上為受託人所有。

---

[22] 參閱施啟揚，民法總則，自版，1984年，頁118。

[23] 日本由於「民法」第34條規定：「有關祭祀、宗教、慈善、學術、技藝或其他公益之社團或財團，不以營利為目的者，經主務官廳之許可，得為法人。」因此，學說上有認為公益信託僅必須其目的具有公益性即可成立，但公益法人除必須具有公益性外，並應具有非營利性。參閱田中實，公益信託の現代的展開，勁草書房，1985年，頁56。但我國民法並無相類似於與日本「民法」第34條規定的文字，故並無特別強調的必要。

　　其次，財團法人之許可設立、組織、運作及監督管理，除民法以外之其他法律有特別規定者外，適用財團法人法；財團法人法未規定者，適用民法規定（財團法人法第1條第2項）。因此，就成立的法律依據而言，前者係依民法第46條、第59條及財團法人法為基礎；後者則依信託法第69條及第70條為基礎。又就存續期間來說，公益法人為確保其永續性，通常對於財團法人設有最低財產額的限制（財團法人法第9條第1項），而且捐助財產之動用設有嚴格規定（財團法人法第19條第4項、第45條第2項第2款）；相反地，公益信託的成立，則比較具有彈性，除所成立者為維持基本財產公益信託外，同時亦可動用信託財產本金，不如公益法人所受的限制那樣嚴格[24]。

　　應注意者，如為內政業務公益信託，依目前內政部的規定，內政業務公益信託許可及監督辦法第4條第2項所規定的「一定金額」，以從事宗教、祭祀為目的設立之公益信託定為新臺幣1億元，其他民政業務目的之公益信託定為新臺幣3,000萬元[25]。相對地，法務公益信託的設立，則無最低

---

[24] 依法務部的見解，公益信託與財團法人的差別，主要如下：(一)設置之便宜性：設立手續較為簡便，僅需目的事業主管機關許可，而以經主管機關許可之人為受託人即可成立，較諸財團法人尚須向法院辦理法人登記，更容易設立；(二)費用之便宜性：信託財產之規模以能實現其公益目的為已足，其經營得依信託財產之多寡而決定費用之分配，營運方式靈活，非如財團法人之設立，一般均須有較大之資產規模，營運及運作機制較不具彈性；(三)管理之便宜性：無須專任之職員為管理，人事及設備等費用得以減省，所需費用較財團法人更為節省；(四)監督之嚴整性：財團法人之管理除民法外尚無專法明文規定，惟公益信託不但有信託法之明文規定，且得由依信託業法成立之信託業為事務之處理，監督較為嚴謹，且有助於公益之達成；(五)財產運用之寬廣性：財團法人為確保其永續性，原則上不得處分其基本財產。公益信託無存續期間之限制，可依信託行為內容動用信託財產，因此信託財產可充分使用於公益目的，其運用範圍較為寬廣；(六)孳息支出之靈活性：財團法人每年孳息及其他經常性收入需支出百分之八十，公益信託之盈餘並無應強制支出達一定百分比以上之限制。參閱法務部民國91年1月30日法律字第0910700056號函。

[25] 參閱內政部民國110年5月28日台內民字第1100222250號令。

信託財產的限制。

又依早期日本學界的研究，公益信託尚具有財團法人所未具備的下列三項優點：一、設立方式簡便，無須受財團法人必須取得法人資格的限制；二、無須受財團法人須設專職人員（如董事、職員）及固定主事務所的困擾，有助於節省營運費用；三、不受捐贈規模與存續期間的限制，因此所捐贈的信託財產，可以儘量使用於公益的目的[26]。相反地，財團法人由於基本財產不可任意動用，所以其規模不得太小，否則收益太少，不僅財團法人難以運作，而且將使其組織流於形式。此外，由於財團法人在成立後不得任意解散，因此在存續上亦較公益信託缺乏彈性，較不適合於無須永久存續性質的公益活動[27]。

由於公益信託與公益法人或財團法人有上開差異，因此日本學者有認為公益信託乃公益法人、特別是財團法人的簡易型或變型[28]。

正由於公益信託與公益法人有所不同，兩者在公益活動上，誠可以發揮互補的功能。一般來說，公益法人比較適合於直接從事於經營事業類型的公益活動，例如從事圖書館、美術館、博物館等文化設施或從事體育館等運動設施的管理經營；反之，對於提供獎學金或研究開發獎助金等以金錢給付目的的公益事務，採用公益信託的方式似較採公益法人或財團法人的方式理想[29]。簡單而言，公益信託與公益法人二者的關係，猶如車之二輪，為現代公益活動不可或缺的制度。

---

[26] 參閱方國輝譯，公益信託之現狀及今後之課題──日本公益信託文粹選集，台北市信託商業同業公會，1989年，頁14。

[27] 參閱方國輝，公益信託與現代福利社會之發展，中國文化大學三民主義研究所博士論文，1992年6月，頁25。

[28] 參閱田中實，公益法人與公益信託，勁草書房，1986年，頁19。

[29] 參閱方國輝，公益信託與現代福利社會之發展，中國文化大學三民主義研究所博士論文，1992年6月，頁156。

第三節 公益信託的公益性

壹、目的之公益性

依信託法第69條的規定：「稱公益信託者，謂以慈善、文化、學術、技藝、宗教、祭祀或其他公共利益為目的之信託。」是設立公益信託須以公共利益為目的，又公益信託財產之管理、處分及運用應係為實現該公益信託設立目的而為之，非以投資為其目的[30]。又公益信託之目的既在促進社會公益，故公益信託所從事之投資活動（即受託人因取得信託財產之管理或處分權限而積極管理處分及運用信託財產），應與其信託設立目的相符且不得損及原所欲達成之公益目的[31]。所謂目的，係指終局之目的而言；如公益信託為營利行為，但仍將所得利用於公益事業，並未違反其信託契約者，尚可認為與其目的並無牴觸，惟仍應對公益信託進行適當之監督及管理，以維護其設立目的、公益性及財務健全，另公益信託如因投資行為而受有利益，須將所得利益捐作公益事業或維持自身運作之用，不得有盈餘分派行為，方與其設立之公益目的無違[32]。

我國信託法係仿美國、日本及韓國的立法例，就公益目的作例示規定，除列舉慈善、文化、學術、技藝、宗教、祭祀等項目外，更以「其他公共利益」概括之，以免掛萬漏一。換言之，所謂公益，應為一個開放性概念[33]。以下即先就所列舉的六個項目分別加以討論。

---

[30] 參閱法務部民國106年5月5日法律字第10603506280號函。

[31] 參閱法務部民國107年9月12日法律字第10703513670號函。

[32] 參閱法務部民國108年5月17日法律字第10803504930號函。

[33] *See* J. G. Riddall, The Law of Trusts 109 (Butterworths, 5th edition, 1996).

一、慈善

　　所謂慈善，一般係指救濟貧困而言。具體而言，舉凡對貧困者給予生活費、醫療費、學費，以及對孤苦老人或生活困難者加以安養、收養孤兒或棄嬰、救濟因天災人禍致生活陷於困難者，乃至於對因孤癖、失業、失戀、疾病等不幸事情而有自殺傾向者給予保護、救濟等，皆屬之。又依法務部的解釋，所稱慈善，一般指救助貧困及救濟傷殘而言；舉凡對困苦之人或遭遇變故之人，給予安養、保護、救助，或對身心障礙之人給予醫療、養護等，皆包括在內[34]。換言之，只要是有關社會福利的事項，都可以解釋為慈善[35]。至於決定貧困救濟的標準，並不應解為窮困，而應在於有無救助的需要。換言之，不以被救濟者的收入是否達每月最低生活費用數額為準[36]，而應解為是否能維持其基本生活水準的程度[37]。例如由臺灣銀行

---

[34] 參閱法務部民國91年11月19日法律字第0910043363號函：「二、按信託法第69條規定：『稱公益信託者，謂以慈善、文化、學術、技藝、宗教、祭祀或其他以公共利益為目的之信託。』所稱『慈善』，一般指救助貧困及救濟傷殘而言；舉凡對困苦之人或遭遇變故之人，給予安養、保護、救助，或對身心障礙之人給予醫療、養護等，均屬之。三、公益信託之設立須以公共利益為目的者，始足當之。所稱『公共利益』，係指社會全體之利益，亦即不特定多數人之利益。如以特定人或特定團體為受益人之信託，非為公益信託；又信託之目的僅是『間接』或其『結果』有助於公益者，亦非屬公益信託，惟以救貧（慈善）為目的者，英國判例上認其具有公益性；又受益人為國家、地方自治團體、財團法人或其他公益團體，雖屬特定之人，因具有公共性，有助於全體社會之福祉、文明與發展，故亦認具公益性（臺灣金融研訓院編印『信託法理』，91年5月修訂三版，頁97-98參照）。本件慈善公益信託申設案，是否符合首揭信託法第69條所定公益信託設立之要件，宜請公益目的事業主管機關參照上開說明，本於權責審認之。」

[35] 參閱田中實，公益信託の現代的展開，勁草書房，1985年，頁69；田中實、山田昭，信託法，學陽書房，1989年，頁114。

[36] 參閱田中實，公益法人與公益信託，勁草書房，1986年，頁75。但在英國，則認為決定是否給予貧困救濟（poverty）的基本要件，乃是不能維持最基本的生活水準，或基於天災人禍等特殊需求，而應給予救濟而言。前者性質上為絕對性概念，後者則為相對性概念。*See* J. G. Riddall, The Law of Trusts 111-113 (Butterworths, 5th edition, 1996).

擔任受託人的「公益信託主愛社會福利基金」，即以本仁愛精神，辦理公益慈善及社會教化活動，以增進社會福祉為目的，其目的事業主管機關為衛生福利部。

二、文化

所謂文化，一般係指社會由野蠻進化到文明的期間努力所得的成績，其表現於各方面的，包括科學、藝術、宗教、道德、法律、風俗、習慣等的綜合體稱之[38]。換句話說，只要是從事有關人類文明的事務，即與文化有關，而符合公益目的要求。例如由臺灣銀行擔任受託人的「文化公益信託葉俊麟台灣歌謠推展基金」，信託目的即為鼓勵台灣歌謠之創作、提升台灣歌謠之品、推展台灣歌謠之研究，並促進台灣歌謠之國際化，其目的事業主管機關為臺中市政府文化局。

三、學術

所謂學術，一般係指學問和藝術。學問重在追求真理，乃理性的，藝術則屬於感官的，其兩者或有差別，但是總括來說，皆是有關人類的文化方面。由此可知，學術的實質內涵與文化的內涵，在概念上不僅有所關連，也應該有重疊的部分。又既然學術泛指學問及藝術，因此，不僅從事學問及藝術的振興工作有其公益性，如果是協助興建學校或其他教育設施，提供研究費或獎學金給學者或學生，乃至於表揚優美的藝術創作，皆應認為具有公益性[39]。例如由臺灣銀行擔任受託人的「公益信託財經法制新趨勢研究基金」，信託目的即為研究發展財經法學、協助相關學校、學術單位或研究團體進行財經法學之研究，其目的事業主管機關為法務部。

---

[37] 參閱田中實編，公益信託の理論と實務，有斐閣，1991年，頁11。

[38] 參閱趙錫如主編，辭海，將門文物出版有限公司，1987年，頁441。

[39] 參閱田中實、山田昭，信託法，學陽書房，1989年，頁115。

四、技藝

所謂技藝,由於可以包括美術乃至於工業方面的技術,因此與上述所稱的學術,在意義上,可能有相當部分重複。據此,技藝宜作狹義的解釋,認為應指具有技術性的事物,特別是科學技術乃至於工業技術方面[40]。例如由上海商業儲蓄銀行擔任受託人的「傅培梅飲食文化教育基金公益信託」,信託目的即為傳承傅培梅女士以美食帶給臺灣人幸福之精神,獎勵從事中國飲食文化內涵、技術等研究開發及改良創新之優秀人才,其目的事業主管機關為臺北市政府教育局。

五、宗教

理論上,宗教係指在人的心中相信某種絕對的神靈,並藉此獲得精神上的心安,乃是非常廣泛的觀念。除了既有的佛教、道教、基督教、天主教、伊斯蘭教等,其他新的宗教也包括在內,但由於必須具有公益性,因此至少應該具備不違反公共秩序或善良風俗的條件。如其教義或儀式違反公共秩序或善良風俗,即使信教的自由為憲法上所保障,應認為其不具公益性[41],主管機關即不應許可該種公益信託。例如由中國信託商業銀行擔任受託人的「中信銀受託天主教劉英芳公益信託財產專戶」,信託目的即為協助天主教會傳教與培育本土化專業福傳員,其目的事業主管機關為內政部。

六、祭祀

祭祀與上述的宗教,或多或少應有所關連。向來,我國民眾皆有慎終追遠的觀念,因此祭祀祖先遂成為一項傳統。但是由於祭祀必須具有公益性始能設立公益信託,因此如係限定特定的個人或家族始能參加的祭祀,

---

[40] 參閱田中實、山田昭,信託法,學陽書房,1989年,頁115。
[41] 參閱田中實,公益信託の現代的展開,勁草書房,1985年,頁68-69。

即使其亦是廣義的祭祀，但是不能認為具有公益目的。換言之，此所稱的祭祀，須指公眾皆能參加的祭祀而言[42]。又雖然宗教與祭祀具有某程度的關連性，但是即使在外形上具備宗教的要素，但在實質上卻是與宗教分離的祭祀儀式，則不認為係宗教的活動[43]。例如日本的「地鎮祭」，日本最高裁判所即判決認為不屬宗教的活動。就祭祀的性質而言，雖亦為慎終追遠的活動，較難視為宗教目的，而可歸入文化範疇，但祭祀既為我國傳統尊崇古聖先賢的觀念，信託法特別予以列舉，以示重視，誠值肯定。

七、其他公益目的

　　由於公益的範圍常因時空的變化而異，屬於開放性及發展性的概念，因此如採例示主義，顯然無法因應環境的變遷，我國信託法除列舉六個項目，以便於認定其公益性外，更以「其他以公共利益為目的」一語概括之。因此，其他如教育振興、促進休閒活動、推展體育、自然保護、地區共同社會或公共設施的改善等，皆可包括在內[44]。例如由中國信託商業銀行擔任受託人的「公益信託誠品法務會計研究發展基金」，即以協助臺灣經濟社會文化權利發展、保障人權、維護公平正義為信託目的，其目的事業主管機關為法務部。另依法務部的解釋，其他內政業務亦可包括在內[45]。

---

[42] 參閱田中實，公益信託の現代的展開，勁草書房，1985年，頁67。

[43] 日本最高裁判所判決，昭和52.7.13，民集第31卷4號，頁533。

[44] 參閱田中實，公益信託の現代的展開，勁草書房，1985年，頁71-73。

[45] 參閱法務部民國89年11月6日（89）法律決字第040332號函：「二、查『稱公益信託者，謂以慈善、文化、學術、技藝、宗教、祭祀或其他以公共利益為目的之信託。』信託法第69條定有明文。其所稱『其他以公共利益為目的之信託』，依其立法說明略以：『公益信託之範圍甚廣，故除例示較重要之慈善、文化、學術、技藝、宗教、祭祀等項外，宜用「其他以公共利為為目的者」一語涵括，以免掛漏。』準此，來函所述關於該條所稱『其他以公共利益為目的之信託』，是否涵蓋其他內政業務乙節，似屬肯定。三、又來函所述信託法第85條規定：『公益信託之許可及監督辦法，由目的事業主管機關定之。』該辦法究宜由目的事業主管機關就所主管之業務統一訂定一法規，抑或得依性質不同分別訂定法規以資規範為宜乙

問題在於,所謂公共利益亦即公益性,究應如何判斷?基本上,公益性的有無,應就其本身的內涵加以探討,重在客觀的評價,捐贈者主觀的動機如何,在所不問,因此公益性必須具備以下的要件:

(一) 須有利益的存在

公益信託既以謀求公共利益為目的,因此其前提要件即必須有利益的存在。此外如利益的內容過於抽象,難以具體證明,即不應認為其有利益的存在。例如英國法院在1949年的 *Gilmour v. Coats* 乙案[46],即認為協助專事冥修祈禱的修女為目的所為的捐贈,不具有公益性,其理由除認為修女的祈禱是否確如修道院所稱有助於人類的和平與幸福,難以具體證明外,亦係因英國在1601年「公益用益條例」中,已將鼓勵女性結婚規定為法定公益項目,因此認為該項捐贈不具公益性。

(二) 利益須合法

所謂利益須合法,係指公益信託的設立不得以不法為目的。例如為犯罪目的而成立的信託、信託目的在於鼓勵犯罪或信託目的違反公共政策等,皆屬於以不法為目的[47],不能認為具有公益性。至於信託條款所指定的執行方法雖屬不法時,但有其他合法方法可以實現信託目的,在理論上,似仍應承認其合法性[48],惟如各目的事業主管機關所制定公布的公益信託許可及監督辦法,並未授權主管機關有權刪改不法的執行方法時,在實際運作上,恐窒礙難行。

節,信託法對此並無限制,實務上本部係就主管業務統一訂定『法務公益信託許可及監督辦法』,以資適用。上開問題宜請貴部自行衡酌。」

[46] *See* Gilmour v. Coats (1949) AC, 426.

[47] 參閱陳金泉,公益信託法律問題之研究,國立政治大學法律研究所碩士論文,1985年6月,頁25-26。

[48] 參閱方國輝,公益信託與現代福利社會之發展,中國文化大學三民主義研究所博士論文,1992年6月,頁353。

(三) 利益須具有公共性

　　所謂公共性係指利益的內容有助於社會的安全與文明者而言，亦即該利益的存在或提供，對於社會大眾具有方便性與實用性之謂。因此，公民營的交通、水電、郵政等公用事業所供應的水電、交通或郵政的服務，其利益固然具有公共性，即民間舉辦的文化、藝術活動，私立學校、醫院、育幼或教養組織及環境保護等事業，其所生的利益亦具有公益性[49]。至於受託人在公益信託下以信託財產另成立財團法人，並直接參與該財團法人的經營與管理，乃至於指派負責人或董監事，以實質控制所成立的財團法人，則性質上已超出信託財產管理的範疇，非但與信託法第69條的立法意旨未合，且身為受託人的信託業，亦有違反銀行法或信託業法所規定的業務範圍之虞。另如委託人有保留指示權或指定投票權的情形，而得透過委託人直接對該另外成立的財團法人或其他公益組織進行操控，則此種型態的公益信託實與控股公司無異，除顯已違背公共利益的本質外，極易造成弊端，甚至於類同於私益信託。故目的主管機關於審查時，實不應許可其設立。相對地，如公益信託的受託人僅係依信託行為的約定，以信託財產的一部分捐助其他財團法人或公益團體，在不影響公益信託設立目的的達成下，且委託人實際上未對該財團法人直接加以控制，則法理上應得許可以公益信託財產捐助其他財團法人或公益團體。

(四) 受益對象為不確定

　　有關公益信託與私益信託的區別之一，即為對受益人的規定不同。而公益信託的最大特性即其具有公共性，因此其受益人須不特定。又不特定人係指最終受益者而言，如係以特定的公益目的事業為受益人，因其最終

---

[49] 參閱方國輝，公益信託與現代福利社會之發展，中國文化大學三民主義研究所博士論文，1992年6月，頁355。

利益仍由不特定多數人所共享時，亦不失為不特定人[50]。此外，如受益人未達相當程度的多數（not a sufficient section of the community），而僅限定一定範圍的人時，並不具公共性，即不具有公益性[51]。例如英國法院在 *Compton, Re Powell v. Compton* 乙案[52]，即判決認為只以某三人的子女教育為目的而設立的信託，不具有公共性。又在 *Oppenheim v. Tobacco Securities Trust Co. Ltd.* 乙案[53]，英國法院也認為僅為母公司或其子公司及關係企業員工的子女教育而設立的信託，同樣不具有公共性。惟上述公共性原則，並非毫無例外。英國對於有關以救濟貧困為目的者，一向承認不受不特定多數人的限制。例如在 *Scarisbrick Re, Cockshott v. Public Trustee* 乙案[54]及 *Gosling, Re Gosling v. Smith* 乙案[55]，雖受益人特定，但仍承認其具有公共性。

我國信託法中，對於不特定人的範圍並無明文的限制，因此在解釋上，宜認為舉凡有不特定多數受益人存在的區域即可，即使是以縣、市、鄉、鎮、村等行政區域為地區性的限制，似無不可。至於在解釋上，宜否採取英國法院承認貧困救濟為公共性原則的例外？本文以為，立法上應無特別予以處理的必要，蓋目的主管機關於認定是否具有公益目的時，應得本於權責依個案裁量之，已決定該公益信託得否享有租稅優惠[56]。

---

50 參閱方國輝，公益信託與現代福利社會之發展，中國文化大學三民主義研究所博士論文，1992年6月，頁355。

51 參閱田中實，公益信託の現代的展開，勁草書房，1985年，頁79。

52 *See* Compton, Re Powell v. Compton (1945) Ch.123.

53 *See* Oppenhiem v. Tobacco Securities Trust Co. Ltd. (1951) A.C.297.

54 *See* Scarisbrick Re, Cockshott v. Public Trustee (1951) Ch.622.

55 *See* Gosling, Re Gosling v. Smith (1900) 48 WR, 300.

56 應注意者，主管機關即曾表示又信託之目的僅是「間接」或其「結果」有助於公益者，亦非屬公益信託，惟以救貧（慈善）為目的者，英國判例上認其具有公益性。參閱法務部民國91年11月19日法律字第0910043363號函：「公益信託之設立須以公共利益為目的者，始足當之。所稱『公共利益』，係指社會全體之利益，亦即不特定多數人之利益。如以特定人或特定團體為受益人之信託，非為公益信託；又信託之目的僅是『間接』或其『結果』有助於公益者，亦非屬公益信託，惟以救貧（慈

貳、許可主義

依信託法第70條的規定：「公益信託之設立及其受託人，應經目的事業主管機關之許可。前項許可之申請，由受託人為之。」按本條對於公益信託的設立，係採取許可主義。而且對於擬擔任受託人者，亦仿日本舊「信託法」的立法例，必須經目的事業主管機關的許可始得擔任。至於我國採用許可主義的理由，乃與民法規定公益法人的設立須經許可相同，即因公益信託攸關公益，且其受益人多為一般社會大眾，在法律上只有反射利益。為防公益信託濫設，以確保社會大眾權益，因此對公益信託的設立及其受託人的人選，規定須經目的事業主管機關的許可，使主管機關得衡量實際情形，給予許可。

有關申請許可的手續，我國信託法並未作明文規定，僅在第85條規定：「公益信託之許可及監督辦法，由目的事業主管機關定之。」目前法務部已於民國85年12月4日頒訂法務公益信託許可及監督辦法，可作為其他目的事業主管機關訂定公益信託許可及監督辦法的參考。

此外，既然許可與否係屬目的事業主管機關的裁量權，因此除非該當裁量權濫用的情形，否則此等所謂的公益裁量行為，原則上並無違法的問題，即使未得許可，亦不得爭議[57]。

由於公益信託的設立行為與許可行為二者並不同時發生[58]，因此信託法

善）為目的者，英國判例上認其具有公益性；又受益人為國家、地方自治團體、財團法人或其他公益團體，雖屬特定之人，因具有公共性，有助於全體社會之福祉、文明與發展，故亦認具公益性（臺灣金融研訓院編印『信託法理』，91年5月修訂三版，頁97-98參照）。本件慈善公益信託申設案，是否符合首揭信託法第69條所定公益信託設立之要件，宜請公益目的事益主管機關參照上開說明，本於權責審認之。」

[57] 參閱松本崇、西內彬，信託法・信託業法・兼營法〈特別法コンメンタール〉，第一法規，1977年，頁71。

[58] 有關公益信託的設立時點與許可時點，在想像上可能不相同，但在日本實務運作上，一般申請設立公益信託前，皆先經過所謂的內審查手續，在取得主管機關的內

如對於主管機關遲未處理申請案件未作規定，恐有影響公益信託的設立，主管機關應依行政程序法第51條的規定，訂定審核期間，以增進行政效率。

另外，以遺囑信託方式成立的公益信託，如取得設立的許可，在解釋上，公益信託的效力，應溯及自立遺囑人死亡時發生為妥[59]。應注意者，依遺產及贈與稅法第16條之1規定的文義，遺贈人、受遺贈人或繼承人提供財產，捐贈或加入於被繼承人死亡時已成立之公益信託並符合所列三款規定的要件者，該財產始不計入遺產總額，故若遺贈人欲以遺囑直接成立公益信託，並不符合免徵遺產稅的租稅獎勵要件。

至於申請設立公益信託案件無法取得許可時，仍然可能成立一般的私益信託[60]，而與公益法人未經許可即無法取得法人人格者有所不同。因此，除非當事人非以成立公益信託不可時，如有修改信託行為內容以取得許可的意思，或不修改而仍欲設立信託時，則未必要執意設立公益信託，仍然可以成立以從事公益事務為目的的私益信託[61]。但其所使用的名稱或文字，因該信託未經許可，故依信託法第83條的規定：「未經許可，不得使用公益信託之名稱或使用易於使人誤認為公益信託之文字。違反前項規定者，由目的事業主管機關處新臺幣一萬元以上十萬元以下罰鍰。」即不得使用公益信託的名稱或其他易使人誤認為公益信託的文字，以杜冒用或其他不法情事的發生。

部承諾後始正式提出申請書，因此許可時點與成立公益信託的時點，可能相同。參閱田中實，公益信託の現代的展開，勁草書房，1985年，頁89-90。

[59] 參閱田中實、山田昭，信託法，學陽書房，1989年，頁117。

[60] 參閱最高法院101年度台上字第1938號民事判決。

[61] 參閱田中實，公益信託の現代的展開，勁草書房，1985年，頁79。

第四節 公益信託的成立與法律關係

壹、公益信託的成立

公益信託乃信託制度的一環，因此信託法第84條規定：「公益信託除本章另有規定外，適用第二章至第七章之規定。」其中第一章因係總則的規定，當然有其適用，無庸另外明文揭示。依信託法第2條的規定：「信託，除法律另有規定外，應以契約或遺囑為之。」以及第71條規定：「法人為增進公共利益，得經決議對外宣言自為委託人及受託人，並邀公眾加入為委託人。前項信託於對公眾宣言前，應經目的事業主管機關許可。第一項信託關係所生之權利義務，依該法人之決議及宣言內容定之。」可知我國信託法所規定公益信託的設立方式有三種：其一，為依契約而設立的公益信託；其二，為依遺囑而設立的公益信託；其三，為依宣言信託而成立的公益信託。

如依契約方式成立公益信託者，其性質上為生前行為及雙方行為，因此必須適用法律行為及契約的規定，而且因必須向目的事業主管機關提出許可的申請，因此須具備書面契約的要式性。

至於以遺囑設立公益信託者，乃係立遺囑人死亡後，始由受託人向目的事業主管機關提出申請許可，因此為委託人的單獨行為及死後行為。由於信託法中未對遺囑作進一步的規定，自應適用民法繼承編第三章的規定辦理。又如以遺囑設立公益信託時，如遺囑內容侵害繼承人的特留分時，繼承人應得依民法第1225條的規定扣減之。

又以宣言信託方式成立公益信託者，除該信託對公眾宣言前，應先經目的事業主管機關的事前許可外，尚必須由法人以決議的方式對外宣言自為委託人及受託人。至於法人是否對外募集資金及邀公眾共同為委託人，則由法人自行決定。又公眾若依法人宣言加入為委託人時，該加入信託的

行為，性質上屬於捐贈契約，而非信託契約[62]，其所捐贈的財產自應歸屬於信託財產。有疑義者，乃宣言信託的性質如何？因宣言信託的受託人乃宣言信託的發起人，其依該宣言即負有擔任受託人的義務，亦即其權利義務僅因單方行為的宣言而發生，故其法律性質應為單獨行為。此外，信託法第71條所規定的宣言信託，限於法人始得為之，而與英美國家准許自然人以宣言信託方式捐贈財產，以從事公益活動者不同，其理由乃我國在引進宣言信託制度之初，宜求審慎，並避免流弊的發生。至於以宣言設立信託者，受託人於收受許可書後，應即將許可書連同法人決議及宣言內容登載於其主事務所所在地新聞紙（法務公益信託許可及監督辦法第6條第2項）。

有疑問者，乃法人得經決議對外宣言成立公益信託時，其決議究應如何為之？首先，如為公益社團，其總會的決議究須有多少比例以上的社員出席？出席社員多少比例以上同意？則不得而知[63]。解釋上宜類推適用民法第53條有關社團變更章程的規定，應有全體社員過半數出席，出席社員四分之三以上的同意，或有全體社員三分之二以上書面的同意，始為允當。

其次，關於財團法人捐助設立財團法人或設立公益信託時，尚非財團法人法第19條第3項所規定保值、投資的財產運用方法。如其動用捐助財產孳息及設立登記後的各項所得時，依財團法人法第18條規定，應符合設立目的及捐助章程所定的業務[64]。申言之，財團法人對於公益信託所為的捐贈，在法律性質上而言，仍屬對於公益信託的受託人所為之捐贈，倘符合該財團法人設立的宗旨，應無不可，惟仍應受財團法人法第21條等相關規

---

[62] 應注意者，依法務公益信託許可及監督辦法第6條第3項規定：「公眾依本法第七十一條第一項規定加入為委託人者，應以信託契約為之。此種情形，並準用第一項之規定。」法務部顯然將公眾加入信託的行為，定位為信託契約。

[63] 按民法有關社團總會的決議方式，其規定有二：第52條為一般決議的規定，第53條則為社團變更章程決議的規定，但未有明文規定有關捐贈財產的決議方式者。

[64] 參閱法務部民國109年7月8日法律字第10903507650號函。

定之規範與限制[65]。因此，若財團法人捐助設立公益信託，其性質上屬於基金的動用，應經董事會之特別決議（財團法人法第45條第1項第2款、第2項第2款、第62條第1項）；若其性質上屬於捐助章程所定業務項目的捐贈，則應經董事會之普通決議（財團法人法第45條第1項第1款、第62條第1項）。

再者，如為依公司法所成立的公司法人，我國信託法並未明文規定其決議的方式。雖然公司經營業務，得採行增進公共利益之行為，以善盡其社會責任（公司法第1條第2項），但因公司法中未明文規定公司捐贈財產以成立宣言信託時的決議方式，因此究竟以何種決議的方式為之，實有疑問？

就股份有限公司而言，因成立公益信託，涉及財產捐助的行為，且信託法第71條並未就決議方法特設規定，故解釋上，宜先依公司法第202條的規定，判定該財產捐助的行為究屬股東會或董事會的決議權限。若依章程規定，捐助成立公益信託為股東會的權限者，應適用公司法第174條的規定，由股東會以普通決議為之；反之，若捐助成立公益信託為董事會的權限，則應適用公司法第206條第1項規定，由董事會以普通決議為之。

另就有限公司、兩合公司及無限公司而言，究應由何者以何種決議的方式為之，亦有疑問？解釋上，因有限公司在內部關係上，具有人合與資合的性質（公司法第113條），而兩合公司亦兼具人合與資合的性質，無限公司則為典型的人合公司，因此對於財產捐助的行為，宜認為除章程另有規定得由董事或執行業務股東以多數決決議或其他決議方法外，因捐助成立公益信託對股東權益有所影響，解釋上可比照業務執行之決定方式，無限公司須取決於全體股東過半數之同意（公司法第46條）；兩合公司須取決於過半數無限責任股東之同意（公司法第115條準用第46條）；有限公司須取決於應經董事過半數之同意（公司法第108條第4項準用第46條），始符合其人合的本質。

---

[65]　參閱法務部民國108年8月14日法律字第10803512020號函。

綜上所言，由於信託法第71條未就法人的「決議」加以明文的規定，在適用上易生疑義，因此宜於該條增訂對「決議」的立法解釋，一則可杜爭議，一則可全盤性評估對少數股東或社員究應給予何等的保護，以免實際運作時滋生困擾及阻礙。

貳、公益信託的法律關係

公益信託的關係人除委託人、受託人及受益人外，依信託法第75條規定：「公益信託應置信託監察人。」因此公益信託的關係人共有委託人、受託人、受益人及信託監察人。

一、委託人

信託法對於公益信託的委託人，除宣言信託外，並無資格限制，除自然人或法人外，即能將財產權移轉或為其他處分之人，似非必限於權利能力主體。因此，依殯葬管理條例第33條規定，應解為殯葬設施基金管理委員會亦得與信託業者訂定公益信託契約[66]。

---

[66] 參閱法務部民國94年1月31日法律字第0930049678號函：「二、按信託法第1條規定：『稱信託者，謂委託人將財產移轉或其他處分，使受託人依信託本旨，為受益人之利益或為特定之目的，管理或處分信託財產之關係。』信託法對於委託人並未定義，是否僅限於自然人或法人，即能將財產權移轉或為其他處分之人，似非必限於權利能力主體。鑑於非法人之團體設有代表人或管理人者，必有一定事務所或營業所、並有一定的目的及獨立財產。且金融實務上承認其得設立銀行存款戶（金錢歸屬之所有權人）及為社會交易行為（法律行為）。依來函資料所述，殯葬管理條例第33條規定，殯葬設施基金管理委員會應依信託本旨設立公益信託，如因法制作業之不完備或有不足，或礙於民商法權利主體限自然人或法人之大陸法系概念，而否定其得委託人，使立法目的不能達成，將違反立法者原意。準此以言，本件殯葬設施基金管理委員會如符合非法人團體之要件，能由代表人或管理人將其費用存款移轉或為其他處分行為於受託人，設立金錢為標之公益信託，在不違背信託本旨，及當事人權利能獲得保障情形下，似得為金錢標的之公益信託之委託人。三、至於依殯葬管理條例第33條第1項規定：殯葬設施基金管理委員會，依信託本旨設立

　　按信託法第八章對於信託關係人的權利義務規定，大多偏重於受託人與信託監察人部分，至於有關委託人的權利義務關係，依信託法第84條的規定：「公益信託除本章另有規定外，適用第二章至第七章之規定。」可知形式上公益信託的委託人，其權利義務與私益信託的委託人似無差異，但實質上公益信託的委託人，其所享有的權利，並無法能夠完全等同於私益信託的委託人。例如依信託法第3條的規定，私益信託的委託人雖可保留信託關係的終止權或變更權，但如為公益信託，則應受公益目的本身的限制，自不得由委託人依私法自治原則任意保留信託關係的終止權或變更權。因此，解釋上公益信託的委託人僅得為監督公益信託事務的執行，而以公益信託利害關係人的地位或身分，行使下列權利：

　　（一）信託財產之管理方法因情事變更致不符合受益人的利益時，委託人得聲請目的事業主管機關變更之（信託法第16條、第73條）。

　　（二）受託人因管理不當致信託財產發生損害或違反信託本旨處分信託財產時，委託人得請求以金錢賠償信託財產所受損害或回復原狀，並得請求減免報酬（信託法第23條）。

　　（三）委託人得請求閱覽、抄錄或影印前條的文書（即帳簿、信託財產目錄、收支計算表等），並得請求受託人說明信託事務的處理情形（信託法第32條）。

　　（四）受託人違反第35條第1項規定，使用或處分信託財產者，委託人除準用第23條規定外，並得請求將其所得的利益歸於信託財產；於受託人有惡意者，應附加利息一併歸入（信託法第35條第3項）。

　　（五）受託人違背其職務或其他重大事由時，目的事業主管機關得因委託人的聲請將其解任（信託法第36條第2項、第76條）。

　　（六）於受託人辭任或被解任時，除信託行為另有規定外，委託人得指定新受託人（信託法第36條第3項）。但新受託人的指定，依信託法第70

條規定，仍應經目的事業主管機關的許可（信託法第36條第2項、第76條）。

　　（七）如委託人於設立公益信託時，有指定信託監察人時，則如信託監察人怠於執行其職務或有其他重大事由時，得解任之（信託法第58條），並指定新的信託監察人，但仍應經目的事業主管機關的許可（信託法第70條第1項、第75條）。

二、受託人

(一) 承作公益信託的評估事項

　　依信託法第70條規定，除受託人的人選應經目的事業主管機關許可，且規定公益信託許可的申請，應由受託人提出。為確保公益信託得以合法順利運作，信託業於同意承作公益信託前，應先審慎了解以下事項，以評估公益信託成立之可行性及妥適性：1.委託人成立公益信託之目的、對於公益信託主要辦理事項及對於信託財產之管理、處分與運用之規畫；2.信託財產之組成與規模；3.信託財產為現金以外之標的是否產生孳息及其變現性；信託財產如屬公司股份或股權者，該公司以往年度之配息情形；4.受託人對於信託財產是否具有管理與運用之決定權；5.委託人對於公益信託首二年應支出金額之規畫；6.委託人對於公益信託監察人之人選規畫；7.公益信託如有設立諮詢委員會，委託人對於諮詢委員會之組成、人選與職權等規畫（中華民國信託業商業同業公會會員辦理公益信託實務準則第3條）。

(二) 受託人的資格

　　又受託人不論係自然人、公益法人乃至於以營利為目的的信託業或法人，皆得擔任[67]，但如為宣言信託時，受託人則以為宣言的法人為限（信託法第71條第1項）。理論上，公益信託之受託人，亦得為二人以上。若由公

---

[67] 參閱松本崇、西内彬，信託法・信託業法・兼營法〈特別法コンメンタール〉，第一法規，1977年，頁300。

益團體與信託業者共同擔任公益信託之受託人時，委託人應將信託財產之所有權移轉給公益團體及信託業者，並以其為公同共有人。應注意者，由公益團體與信託業者共同受託之情形，如認為於實際處理信託事務時，較宜由信託業者負責信託財務管理事項，由公益團體負責環境保護、生態保育等執行事項者，自得於信託行為時，明定於信託契約中，以為共同受託人處理信託事務之依據[68]。

至於公法人乃至於行政機關等，是否亦得為公益信託的受託人，實有疑問？在英美的實例上雖不乏其例，但是在我國，由於各個行政機關在制度上，其權限或能力皆有法令上的限制，似不宜承認之[69]。應注意者，由於我國得享有租稅優惠的公益信託，必須具備下列三項要件：1.受託人為信託業法所稱之信託業；2.各該公益信託除為其設立目的舉辦事業而必須支付之費用外，不以任何方式對特定或可得特定之人給予特殊利益；3.信託行為明定信託關係解除、終止或消滅時，信託財產移轉於各級政府、有類似目的之公益法人或公益信託（所得稅法第4條之3、第6條之1、遺產及贈與稅法第16條之1、第20條之1），故在公益信託實務上，委託人於捐助成立公益信託時，通常會選擇以信託業為受託人。

(三) 受託人的職責及資訊公開

關於受託人的權利、義務及責任，除適用信託法有關私益信託的規定外，信託法尚設有諸多特別規定。

依信託法第72條第3項的規定：「受託人應每年至少一次定期將信託事務處理情形及財務狀況，送公益信託監察人審核後，報請主管機關核備並公告之。」且如主管機關認為其執行受託事務具有發生損害賠償或財務危機時，依信託法第72條第2項後段規定：「必要時並得命受託人提供相當之擔保或為其他處置。」以維護信託財產。

---

[68] 參閱法務部民國106年1月23日法律字第10503518000號函。

[69] 關於公法人及行政機關得否擔任公益信託的受託人的討論，參閱田中實，公益信託の現代的展開，勁草書房，1985年，頁104。

另外，信託法第74條則規定：「公益信託之受託人非有正當理由，並經目的事業主管機關許可，不得辭任。」以維持公益信託的運作。

又公益信託關係因信託行為所定事由發生，或因信託目的已完成或不能完成而消滅時，信託法第80條並規定：「公益信託關係依第六十二條規定消滅者，受託人應於一個月內，將消滅事由及年月日，向目的事業主管機關申報。」俾使目的事業主管機關得為適當的處理，甚至於依信託法第73條規定，變更信託條款。此外，依信託法第81條規定：「公益信託關係消滅時，受託人應於依第六十八條第一項規定取得信託監察人承認後十五日內，向目的事業主管機關申報。」亦即如公益信託關係因信託法第62條或第78條所規定的事由而消滅時，受託人除須依信託法第68條規定，就信託事務的處理作成結算書及報告書，以取得信託監察人的承認外，尚負有向目的事業主管機關申報的義務。

再者，公益信託的受託人尚應於每一年度開始前二個月內，檢具該年度信託事務計畫書及收支預算書，報法務部備查（法務公益信託許可及監督辦法第8條）。公益信託的受託人尚應於每一年度終了後三個月內，檢具該年度信託事務處理報告書、該年度收支計算表及資產負債表、該年度終了時信託財產目錄等文件，送信託監察人審核後，報法務部備查（法務公益信託許可及監督辦法第9條第1項）。

應注意者，雖然受託人應於其執行信託事務的場所公告信託事務處理報告書、收支計算表及資產負債表及信託終了時信託財產目錄等各款文件，但其資訊揭露程度顯有不足，不利公眾監督。因此，為因應現代網路普遍使用的趨勢及落實資訊公開，各公益信託的目的事業主管機關應要求受託人增加「資訊網路」的公告方式。例如法務公益信託許可及監督辦法第9條第2項及內政業務公益信託許可及監督辦法第11條第2項均增列有「資訊網路」的公告方式，並就公告之期間為明確且一致的規範。詳言之，受託人應將該年度信託事務處理報告書、該年度收支計算表及資產負債表及該年度終了時信託財產目錄等文件，於目的事業主管機關備查通知送達的翌日起三十日內，於其執行信託事務的場所及資訊網路公告至少連續三

年。

又依信託法第82條規定：「公益信託之受託人有左列情事之一者，由目的事業主管機關處新臺幣二萬元以上二十萬元以下罰鍰：一、帳簿、財產目錄或收支計算表有不實之記載。二、拒絕、妨礙或規避目的事業主管機關之檢查。三、向目的事業主管機關為不實之申報或隱瞞事實。四、怠於公告或為不實之公告。五、違反目的事業主管機關監督之命令。」即對受託人所為情節重大的違背義務行為，課以行政罰，其理由旨在促使公益信託的受託人忠實履行職務。是以，揆諸前揭說明及立法意旨，受託人如有上開所列各款情事之一，構成要件已該當，主管機關即應依法處罰受託人，並無裁量權，該規定屬羈束規定之性質[70]。

至於上述情節重大的違背義務行為如涉及民、刑事責任者，則受託人自應另外負責之。

(四) 受託人的權限範圍

法務部近年來對於公益信託受託人之權限範圍，作成下列重要解釋，對於公益信託受託人之權限設計，具有重大影響，殊值注意：

1. 按公益信託者，謂以慈善、文化、學術、技藝、宗教、祭祀或其他以公共利益為目的之信託（信託法第69條），具有促進一般公眾利益之性質。公益信託之受託人，既基於信賴關係管理公益信託之財產，自須依信託行為所定意旨，積極實現公益目的，並以善良管理人之注意義務，親自處理公益信託事務（信託法第84條、第22條、第25條）。故公益信託之契約條款，如約定受託人就信託財產之管理處分或信託事務之處理，並無裁量決定（或運用決定）權限，而僅須依他人指示辦理，即與公益信託法制未合。是以，信託契約中如規定諮詢委員會提供之建議，除有違反法令規定或契約約定，受託人不得任意變更；非有諮詢委員會提出建議，受託人尚不得變更信託財產管理方式及動支其他信託財產之相關條款，則受託人

---

[70] 參閱法務部民國104年1月20日法律字第10403500760號函。

就信託財產之管理運用及信託事務之處理，已無裁量決定權限，於法尚有未合[71]。

2. 按信託以受託人是否負有處理信託事務之積極義務，可分為「積極信託」及「消極信託」。又「積極信託」依受託人是否具有處理信託事務之裁量權，尚可分為「裁量信託」及「事務（指示）信託」。所謂「裁量信託」，指信託行為將信託條款之執行，委由受託人自由裁量之信託。而「事務（指示）信託」者，係指受託人未被賦予裁量權，僅須依信託條款之訂定，或依他人之指示管理或處分信託財產；惟於公益信託之情形，受託人須受公益目的限制，尚不得由委託人依私法自治原則，於信託行為內保留全部之運用決定權。至若委託人或指示權人對信託事務之處理，僅為概括指示，受託人於該概括指示之範圍內，對於信託事務仍具有裁量權（運用決定權），似無不可[72]。

3. 信託契約訂定受託人處理信託事務須徵詢諮詢委員會之意見者，如為貫徹信託本旨及為達成信託目的所必要，受託人即應受其拘束。惟由於受託人乃信託財產對外唯一有管理處分權之人，故此項限制僅具內部約定之性質，並不影響受託人對外所為法律行為之效力，而受託人亦不能以有上開限制而免除其對外之法律責任[73]。

---

[71] 參閱法務部民國108年2月13日法律字第10803502450號函、法務部民國109年3月5日法律字第10903501280號函。

[72] 參閱法務部民國107年12月3日法律字第10703516860號函。

[73] 參閱法務部民國108年6月18日法律字第10803509300號函：「四、至於現行已設立之舊契約如何處理乙節，按信託法第84條規定：『公益信託除本章另有規定外，適用第2章至第7章之規定。』第22條規定：「受託人應依信託本旨，以善良管理人之注意，處理信託事務。』從而，受託人管理、處分信託財產及處理信託事務，應依信託本旨為之。信託契約訂定受託人處理信託事務須徵詢諮詢委員會之意見者，如為貫徹信託本旨及為達成信託目的所必要，受託人即應受其拘束。惟由於受託人乃信託財產對外唯一有管理處分權之人，故此項限制僅具內部約定之性質，並不影響受託人對外所為法律行為之效力，而受託人亦不能以有上開限制而免除其對外之法律責任（本部93年10月20日法律字第0930700508號函參照），可供各公益信託契約受託人處理信託事務時之參考。」其他類似的解釋意旨，參閱法務部民國104年7月

　　由此觀之，法務部認為公益信託受託人應有裁量決定（或運用決定）權限，若受託人僅得依諮詢委員會的指示辦理，即與公益信託法制未合。但若為下列二種情形，並不違反公益信託法制：

　　1. 信託契約訂定受託人處理信託事務須徵詢諮詢委員會之意見者，如為貫徹信託本旨及為達成信託目的所必要，受託人即應受其拘束。應注意者，受託人於徵求諮詢委員會提供諮詢意見前，仍應依信託本旨，審慎作成資產運用計畫或投資分析意見，而不得流於形式，否則恐遭質疑委託人或捐助人仍可利用諮詢委員會實質控制公益信託的事務執行。

　　2. 若委託人或指示權人對信託事務的處理，僅為概括指示，受託人於該概括指示的範圍內，對於信託事務仍具有裁量權（運用決定權），似無不可。本文以為，所稱「概括指示」，解釋上應係特定指示的相對概念。若諮詢委員會指示受託人投資特定標的、捐贈特定受益人或分配特定金額，而受託人僅能依諮詢委員會的指示管理或處分信託財產或進行投資，即屬於特定指示的型態。至於「概括指示」則可從信託利益的捐贈或分配與信託財產的管理運用或投資等二個面向進行分析，例如：(1)諮詢委員會指示受託人應將信託財產或信託收益的一定金額或比例進行救濟或捐贈，而受託人有權在指示授權的範圍內，依公益信託契約、遺囑或宣言所定的信託目的，自行選定受益人、決定捐贈金額或分配信託利益；(2)諮詢委員會僅指示在一定金額或投資標的的範圍內，可由受託人依公益信託契約、遺囑或宣言所規定的信託目的，自行進行資產配置組合的專業規畫或作成投資決策，並執行信託財產的管理運用或投資。

(四) 受託人運用信託財產從事投資行為的原則

　　依法務部的解釋，雖認為信託法第69條規定：「稱公益信託者，謂以慈善、文化、學術、技藝、宗教、祭祀或其他以公共利益為目的之信

---

2 日法律字第10403508080號函、法務部民國93年10月20日法律字第0930700508號函、法務部民國103年5月12日法律字第10303506000號函。

託。」是設立公益信託須以公共利益為目的，又公益信託財產之管理、處分及運用應係為實現該公益信託設立目的而為之，非以投資為其目的[74]。但並非謂公益信託條款中不得規定受託人管理、處分及運用信託財產時，不得購買金融商品或為其他投資行為，只要不牴觸該公益信託設立目的之範圍，仍得為之。

關於公益信託受託人將信託財產從事之投資活動或營利行為，應注意法務部過去以解釋所建立的下列三項基本原則：

1. 依信託法第 69 條規定：「稱公益信託者，謂以慈善、文化、學術、技藝、宗教、祭祀或其他公共利益為目的之信託。」是設立公益信託須以公共利益為目的，公益信託財產之管理、處分及運用應係為實現該公益信託設立目的而為之，非以投資為其目的[75]。

2. 公益信託之目的既在促進社會公益，故公益信託所從事之投資活動（即受託人因取得信託財產之管理或處分權限而積極管理處分及運用信託財產），應與其信託設立目的相符且不得損及原所欲達成之公益目的[76]。本文以為，所謂目的，係指終局的目的而言；如公益信託為營利行為，但仍將所得利用於公益事業，並未違反其信託契約者，尚可認為與其目的並無牴觸，惟仍應對公益信託進行適當之監督及管理，以維護其設立目的、公益性及財務健全。

3. 公益信託如因投資行為而受有利益，須將所得利益捐作公益事業或維持自身運作之用，不得有盈餘分派行為，方與其設立之公益目的無違[77]。

---

[74] 參閱法務部民國104年11月17日法律字第10403514750號函、法務部民國106年5月5法律字第10603506280號函。

[75] 參閱法務部民國106年5月5日法律字第10603506280號函、法務部民國108年5月17日法律字第10803504930號函。

[76] 參閱法務部民國102年1月23日法律字第10100650340號函、法務部民國108年5月17日法律字第10803504930號函。

[77] 參閱法務部民國102年1月3日法律字第10103111050號函、法務部民國108年5月17日法律字第10803504930號函。

又依法務部的解釋，公益信託之目的既在促進社會公益，故公益信託所從事之投資活動，如有損及原所欲達成之公益目的時，目的事業主管機關應依信託法第77條第1項前段規定，為必要之限制或禁止[78]。

三、受益人

公益信託的受益人必須為不特定的多數人。至於其究為自然人或法人，則在所不問[79]。

四、信託監察人

信託法第75條規定：「公益信託應置信託監察人。」至於信託法並於第五章設有信託監察人的專章，以明白規定信託監察人的權利義務及其地位。公益信託的信託監察人，雖為公益信託的必要性機關，但如委託人未指定或定其選任的方法時，目的事業主管機關可否依其裁量權不許可公益信託的設立，實有疑問？如其係以遺囑的方式成立公益信託，而未於遺囑中指定或定其選任的方法時，解釋上，宜準用信託法第52條第1項的規定，由法院選任之。但如為以宣言信託的方式成立或是以契約的方式設立公益信託時，理論上，公益信託的信託監察人雖非目的事業主管機關審核是否許可的對象，但在實際運作上，目的事業主管機關可能要求受託人提出許可的申請時，一併提報信託監察人的名單及相關資件，其結果，即有可能影響目的事業主管機關是否許可公益信託的設立。

特別是近年來法務部對於信託監察人之功能及權限，陸續作成下列解釋，對於其與受託人及諮詢委員會之權限劃分，在信託實務上具有重要指導作用：

（一）信託行為中，如約定由信託監察人擔任指示受託人管理處分信託財產之指示權人，因信託監察人同時兼具兩種身分，職務上恐有利害衝

---

[78] 參閱法務部民國102年1月23日法律字第10100650340號函。
[79] 參閱田中實，公益信託の現代的展開，勁草書房，1985年，頁104。

突，將難以充分發揮信託監察人之設置目的[80]。

（二）信託監察人制度係為保護信託財產及監督受託人處理信託事務而設，信託法准其獨立行使之職權，自不得由委託人或其指定之人加以限制。從而，信託行為另行訂定諮詢委員會得限制信託監察人之權限者，於法顯有未合[81]。

又依中華民國信託業商業同業公會會員辦理公益信託實務準則第6條規定：「公益信託契約應約定公益信託監察人之資格及職權內容須符合以下規定：一、公益信託監察人應出具聲明書聲明其與該公益信託之委託人間，不具配偶或三親等內親屬關係。二、公益信託監察人應具備金融、會計、法律、與公益目的相關之知識或經驗或其他符合各目的事業主管機關同意之資格。三、除法令另有規定外，公益信託監察人之職權如下：（一）監督公益信託公益事項之執行及信託財產狀況。（二）稽核財務帳冊、文件及財產資料。（三）監督信託財產之管理運用是否符合公益信託本旨。」則對於公益信託監察人之獨立性及職權範圍設有規定，惟其性質上為信託業之自律規範。

五、輔助性機關

除了信託監察人外，如為了公益信託運作上的需要，信託行為仍不妨設置其他有效的輔助性機關。例如諮詢委員會、顧問、營運委員會、分配委員會等任意性機關，委託人得於信託條款中加以明定，以輔助受託人或

---

[80] 參閱法務部民國106年5月5日法律字第10603506280號函：「若受託人並無管理或處分權限而僅為信託財產形式上所有權人者，即屬於消極信託，尚非信託法上所稱信託；又信託行為中，如約定由信託監察人擔任指示受託人管理處分信託財產指示權人，因信託監察人同時兼具兩種身分，職務上恐有利害衝突，將難以充分發揮信託監察人之設置目的；另設立公益信託須以公共利益為目的，又公益信託財產管理、處分及運用應係為實現該公益信託設立目的而為之，非以投資為目的。」另參閱法務部民國108年5月7日法律字第10803506290號函。

[81] 參閱法務部民國93年10月20日法律字第0930700508號函。

信託監察人[82]。信託法對於公益信託並無諮詢委員會或營運委員會等輔助性機關設置的相關規定，實務上係由目的事業主管機關於公益信託監督及管理辦法中加以訂定。通常公益信託設置諮詢委員會或營運委員會的理由，主要認為公益本身就有很多不同的項目，且涉及各種不同專業領域，受託人並非萬能，因此透過諮詢委員會的設立以協助信託本旨的達成。

(一) 諮詢委員會的組成及資格

目前信託法並未強制公益信託應設置諮詢委員會。公益信託設有諮詢委員會者，會於公益信託契約、遺囑或宣言中訂定諮詢委員會的人數及職權，其人數多為三人以上，並多由委託人（捐助人）及其他專業人士組成。諮詢委員會成立時，會先由諮詢委員會之委員推選主任諮詢委員，負責召集諮詢委員會，並擔任諮詢委員會之主席及作成議事錄。

若公益信託設有諮詢委員會者，受託人於申請公益信託的設立及受託人許可，應向目的事業主管機關提出其職權、成員人數及成員履歷書、願任同意書等文件（法務公益信託許可及監督辦法第3條第1項第7款）。

又依中華民國信託業商業同業公會會員辦理公益信託實務準則第7條第1款至第3款規定：「公益信託設有諮詢委員會者，公益信託契約應約定公益信託諮詢委員之資格及職權內容須符合以下規定：一、公益信託諮詢委員與該公益信託之委託人間及該公益信託監察人間，具有配偶或三親等內親屬關係者，不得超過委員總人數之三分之一。二、公益信託諮詢委員應出具聲明書聲明其與該公益信託之委託人及該公益信託監察人間，是否具有前款之親屬關係。三、諮詢委員中具備會計、法律或其他與公益目的相關之知識或經驗者，不得少於委員總人數之三分之一。」以確保諮詢委員會的獨立性及專業性。上開規定雖為信託業的自律規範，但若公益信託設有信託諮詢委員會者，信託業就信託諮詢委員的資格，自應於公益信託契約加以約定。

---

[82] 參閱田中實，公益信託の現代的展開，勁草書房，1985年，頁105。

(二) 諮詢委員會的權限設計

　　若委託人為達成公益信託之目的，於信託行為指定應設置諮詢委員會、營運委員會或其他組織者，其信託行為宜明定其組成、功能、職權、決議方法、權利及義務等事項，以利公益信託之運作。

　　輔助性機關的權限應不得牴觸及不當限制受託人或信託監察人的權限，否則即違反其設置的目的[83]。詳言之，諮詢委員會設置之目的係在輔助受託人處理信託事務，僅具顧問的性質，尚不得代行受託人或信託監察人之權限[84]。公益信託諮詢委員會等輔助性機關的設置，僅為輔助受託人，提

---

[83] 參閱法務部民國93年10月20日法律字第0930700508號函：「查公益信託之委託人於信託契約之條款中明定諮詢委員會之職權得逾越或限制受託人或信託監察人之權限者（如信託監察人解任受託人須經諮詢委員會決議同意，或信託財產之管理與運用應依該委員會之決議辦理），有無牴觸信託法之規定？主管機關為審查時，是否應予許可？此為教育部於93年6月16日審查教育公益信託設立案時所遭遇之問題。由於我國信託法第八章『公益信託』對於諮詢委員會之設置，未見定有明文，且目前各目的事業主管機關依該法授權訂定之公益信託許可及監督辦法，對於此一諮詢性機制之組織、職權及其他相關事項，亦未有所著墨。為因應實務運作需求，實有進一步加以釐清之必要，以利公益信託之推展。本部爰於93年度9月15日邀集學者專家及相關目的事業主管機關研商後，綜合彙整討論結果略以：『(一)諮詢委員會設置之目的係在輔助受託人處理信託事務，僅具顧問之性質，尚不得代行受託人或信託監察人之權限。(二)信託監察人制度係為保護信託財產及監督受託人處理信託事務而設，信託法准其獨立行使之職權，自不得由委託人或其指定之人加以限制。從而，信託行為另行訂定諮詢委員會得限制信託監察人之權限者，於法顯有未合。(三)受託人管理、處分信託財產及處理信託事務，應依信託本旨為之（信託法第1條及第22條參照）。信託行為訂定受託人處理信託事務須徵詢諮詢委員會之意見者，如為貫徹信託本旨及為達成信託目的所必要，受託人即應受其拘束。惟由於受託人乃信託財產對外唯一有管理處分權之人，故此項限制僅具內部約定之性質，並不影響受託人對外所為法律行為之效力，而受託人亦不能以有上開限制而免除其對外之法律責任。(四)惟為建置周延完善之公益信託制度，此一諮詢性機制之角色與功能，宜隨實務發展與社會需求，酌作適當與必要之檢討。未來如確有需要，亦不排除納入各公益信託許可及監督辦法中加以規範。』」

[84] 參閱法務部民國108年5月7日法律字第10803506290號函、法務部民國93年10月20日法律字第0930700508號函。

供受託人執行與管理處分信託財產的建議與意見，並無執行信託事務的權限，倘信託契約賦予諮詢委員會就信託財產的管理處分，有同意與否或審核的決定權者，恐與公益信託制度的本旨有違[85]。信託契約中如規定，受託人應將年度信託事務處理狀況定期送交諮詢委員會，諮詢委員會亦得隨時請求閱覽、抄錄或影印帳簿、收支計算表或信託財產目錄等文件，並得請求受託人說明信託事務處理情形，受託人不得拒絕、妨礙或規避，似已逾越諮詢委員會之功能與權限[86]。

惟若信託行為訂定受託人處理信託事務須徵詢諮詢委員會的意見者，因受託人管理、處分信託財產及處理信託事務，應依信託本旨為之（信託法第1條、第22條），故如事先徵詢諮詢委員會的意見為貫徹信託本旨及為達成信託目的所必要，受託人即應受其拘束[87]。

依中華民國信託業商業同業公會會員辦理公益信託實務準則第7條第4款規定：「公益信託設有諮詢委員會者，公益信託契約應約定公益信託諮詢委員之資格及職權內容須符合以下規定：四、除法令另有規定外，諮詢委員會之職權如下：（一）就辦理公益事項提供建議。（二）就信託財產之管理運用方式提供建議。（三）就其他有關公益信託事務提供建議。」信託業就信託諮詢委員的職權，仍應於公益信託契約加以約定。

第五節　公益信託的監督

按公益信託係以公益為目的而設立，其受益人多為一般社會大眾，故尤有予以嚴密監督及保護的必要。按其目的事業使受該目的事業主管機關

---

[85] 參閱法務部民國108年2月13日法律字第10803502450號函、法務部民國104年7月2日法律字第10403508080號函。

[86] 參閱法務部民國109年3月5日法律字第10903501280號函。

[87] 參閱法務部民國108年6月18日法律字第10803509300號函、法務部民國104年7月2日法律字第10403508080號函、法務部民國93年10月20日法律字第0930700508號函、法務部民國103年5月12日法律字第10303506000號函。

的監督，乃由於公益上的必要，與民法的財團法人業務，應受主管機關的監督者，係基於同一理由[88]。信託法第72條第1項規定：「公益信託由目的事業主管機關監督。」即本於斯旨。

由於公益信託的受益人，本質上是不特定多數人，並無特定的受益人監督受託人是否善盡其職責，為確保公共利益，我國信託法第75條並規定：「公益信託應置信託監察人。」強制公益信託應設置信託監察人，以保護不特定多數受益人的利益或公共利益，實為公益信託的重要特質。但因公益信託由目的事業主管機關監督，故信託監察人理論上雖亦為公益信託的監督機關，但僅立於輔助監督機關的地位。就先進國家對公益信託所設置的監督機關而言，日本舊「信託法」及其後於平成18年（2006年）12月15日制定公布的「公益信託法」，乃係規定由主務官廳負責。美國原則上係由州檢察長負責，至於英國則係由獨立的公益委員會（Charity Commission）負責。上開三種立法例優劣互見[89]。鑑於我國現行民法有關公益法人的監督機關為目的事業主管機關，故信託法第72條第1項亦規定由目的事業主管機關監督，似較符我國的現行民事法制。

反觀美國及英國的公益信託，並無信託監察人的設置；我國信託法的規定，公益信託應設信託監察人，而立於輔助監督機關的地位，以協助目的事業主管機關監督信託事務，其立意雖屬良善，但因信託監察人與目的事業主管機關並不存在公法上的委託關係，理論上並無法代目的事業主管機關行使公權力。具體而言，信託監察人雖為目的事業主管機關的輔助監督機關，但因無法代目的事業主管機關行使公權力，事實上其所能發揮的監督功能，誠屬有限。職是之故，如從成本效益的角度而言，因公益信託已由目的事業主管機關監督，如再強制要求公益信託應設置信託監察

---

[88] 參閱史尚寬編，信託法論，臺灣商務印書館，1972年，頁71。

[89] 有關日本、美國及英國公益信託監督機關的詳細介紹，參閱方國輝，公益信託與現代福利社會之發展，中國文化大學三民主義研究所博士論文，1992年6月，頁481-513。

人，實屬疊床架屋，徒增成本支出[90]。

　　應注意者，法務部於民國108年8月15日針對公益信託預告「信託法部分條文修正草案」，並經民國110年4月22日行政院第3748次會議通過送請立法院審議，其修正內容對公益信託採行高度管理模式，若經立法院照行政院版本三讀通過，對於公益信託法律關係的安定性及實務執行勢必造成重大影響，併予敘明。

壹、目的事業主管機關的檢查權及處置權

　　信託法第72條第2項規定：「目的事業主管機關得隨時檢查信託事務及財產狀況；必要時並得命受託人提供相當之擔保或為其他處置。」此乃有關檢查權及處置權的規定。亦即，主管機關得隨時行使檢查權，不受期間的限制，而且其檢查的範圍可包括受託人所執行的信託事務及信託財產的狀況。其次，對於檢查後的結果，主管機關如認為有必要時，例如受託人有發生損害賠償、財務危機或其他違反義務行為而情節重大者時，主管機關為維護信託財產，得為必要的處置，例如命受託人提供相當的擔保或為其他處置等。而所謂其他處置的方式及範圍，應依個別具體的案件分別為之。一般而言，可包括原受託人解任後，新受託人產生前，由主管機關指派適當人員管理，或限制受託人出境或禁止於信託財產上設定負擔或取得權利等。且受託人如有拒絕、妨礙或規避檢查的情事時，信託法第82條第2款並設有處罰的規定。

貳、目的事業主管機關的變更信託條款權

　　依信託法第73條規定：「公益信託成立後發生信託行為當時不能預見之情事時，目的事業主管機關得參酌信託本旨，變更信託條款。」其立法

---

[90] 參閱王志誠，信託監督機制之基本構造——以信託財產評審委員會與信託監察人為中心，臺大法學論叢，第32卷第5期，2003年9月，頁255。

目的乃認為公益信託的目的，旨在促進社會公益，原則上應儘可能使公益信託存續，因此如發生信託行為當時不能預見的情事時，為使信託得以存續，乃賦予主管機關變更信託條款的權限。所謂信託條款的變更，例如財產管理方法的變更或受益人享有信託利益方式的變更等，皆屬之。

至於在一般的私益信託，如有為信託行為當時所不能預知的特別情事，致信託財產的管理方法已不符合受益人的利益時，依信託法第16條第1項規定，委託人、受益人或受託人得聲請法院變更之。但管理方法以外的信託條款，如信託目的或信託本旨，絕對不能變更。若公益信託發生信託行為當時不能預知的特別情事，主管機關在不違反信託本旨的情形下，不僅對於信託財產的管理方法，即對於全部信託條款，亦得為適當的變更，蓋此乃為貫徹委託人的信託本旨，而有其必要。例如以經營結核病療養所為目的的公益信託，如後來法令修改，對於結核病療養所的經營僅限於公立，私人不得經營，主管機關得對信託條款加以適當的變更，使其成為以經營一般慈善病院為目的的公益信託[91]。

參、目的事業主管機關的撤銷許可權及處置權

觀諸信託法第77條規定：「公益信託違反設立許可條件、監督命令或為其他有害公益之行為者，目的事業主管機關得撤銷其許可或為其他必要之處置。其無正當理由連續三年不為活動者，亦同。目的事業主管機關為前項處分前，應通知委託人、信託監察人及受託人於限期內表示意見。但不能通知者，不在此限。」由此可知，主管機關行使撤銷許可權時，以下列兩種情事之一為限：其一，為公益信託違反許可條件、監督命令或為其他有害公益的行為，而不能依其他方法達到監督目的者；其二，為公益信託無正當理由連續三年不為活動者，其目的係在於減少有名無實公益信託案件的增加。至於如受託人有違反許可條件、監督命令或為其他有害公益

---

[91]　參閱史尚寬編，信託法論，臺灣商務印書館，1972年，頁72-73。

的行為時，信託法並未設有類似民法第64條有關宣告財團董事違反捐助章程行為無效的規定，故如為加強對受託人行為規範，以維護公益信託，未來似有增訂類似規定的必要，以資適用上得以明確。所謂「為其他必要之處置」，如解任受託人即屬之。

肆、目的事業主管機關的其他權限

按非營業信託及私益信託依信託法的規定，係由法院監督，公益信託則由目的事業主管機關監督。因此，於一般信託所定法院的權限，在公益信託宜由目的事業主管機關行之。有鑑於此，信託法第76條前段規定：「第三十五條第一項第三款、第三十六條第二項、第三項、第四十五條第二項、第四十六條、第五十六條至第五十九條所定法院之權限，於公益信託目的事業主管機關行之。」以明確揭示，便於法規的適用。又有關信託法第36條第2項及第3項（解任、選任受託人）的規定、第45條第2項（選任受託人）的規定、第46條（選任受託人）的規定等有關法院的權限，依信託法第76條但書的規定，目的事業主管機關亦得依職權為之。

第六節　公益信託的消滅與繼續

壹、公益信託的消滅

按信託法第62條對於一般私益信託規定有信託關係消滅的原因，此等規定於公益信託自應有其適用（信託法第84條）。至於信託法第63條及第64條有關委託人及受益行使終止信託關係權限的規定，因公益信託的委託人不可能享有全部信託利益，且受益人又為不特定的多數人，自無由渠等終止信託的可能性，故無適用的餘地。又因公益信託係採許可主義，自亦可因目的事業主管機關撤銷設立許可而消滅。職是之故，信託法第78條規定：「公益信託，因目的事業主管機關撤銷設立之許可而消滅。」應屬正

確。由此可知，公益信託消滅的原因有以下三種：

一、信託行為所定事由發生

　　所謂信託行為所定事由發生，在私益信託的情形，通常係指信託存續期間的屆滿或解除條件成就而言。此等事由在公益信託原則上亦應有其適用。惟如其約定的消滅事由與公益目的相違背時，解釋上，宜否認為當然亦發生信託關係消滅的效果，誠有疑問？本文認為，如所約定的消滅事由違反公益時，主管機關應於許可設立時要求修改，否則既予許可設立本於私法自治的精神，尊重當事人的意思，因此應認為亦發生消滅的效果[92]。

二、信託目的已達成或不能達成

　　按信託目的已達成，信託關係自應於目的達成時歸於消滅，乃理所當然。惟所謂信託目的不能達成，究應如何認定，實有困難。例如以提供某大學學生獎學金為目的的公益信託，可否因物價波動或貨幣貶值，致原定獎學金給付金額過小，而以失其意義為由，視為目的不能達成，使信託關係消滅，即可能有爭議[93]。至於屬於得動用基本財產的公益信託，於該基本財產使用完畢時，該信託行為即無法繼續，而應認為信託目的已不能達成，信託關係歸於消滅[94]。

三、撤銷設立許可

　　因公益信託係採許可主義，自亦可因目的事業主管機關撤銷設立許可

---

[92] 但持相反見解者，則認為並非當然發生消滅之效果。參閱方國輝，公益信託與現代福利社會之發展，中國文化大學三民主義研究所博士論文，1992年6月，頁537。

[93] 參閱方國輝，公益信託與現代福利社會之發展，中國文化大學三民主義研究所博士論文，1992年6月，頁537。

[94] 參閱方國輝，公益信託與現代福利社會之發展，中國文化大學三民主義研究所博士論文，1992年6月，頁537。

而消滅。職是之故，信託法第78條規定：「公益信託，因目的事業主管機關撤銷設立之許可而消滅。」應屬正確。例如公益信託違反設立許可條件、監督命令或為其他有害公益之行為者，目的事業主管機關得撤銷其許可或為其他必要之處置。其無正當理由連續三年不為活動者，亦同（信託法第77條第1項）。

貳、公益信託的繼續

信託法第79條規定：「公益信託關係消滅，而無信託行為所訂信託財產歸屬權利人時，目的事業主管機關得為類似之目的，使信託關係存續，或使信託財產移轉於有類似目的之公益法人或公益信託。」其立法目的乃為使公益信託在運作上更富彈性，且更能發揮公益功能。此即英美信託法理上著名的「近似原則」（*Cy Pres* Doctrine）[95]。「近似原則」最早可回溯到西元3世紀的西羅馬帝國法學家Modestinus在其所提及之事跡。當時一位立遺囑人於其遺囑中將其遺產指定作為資助其城市每年舉辦一種運動比賽，但因當時該運動並不合法，故法學家Modestinus建議應傳喚其該遺囑繼承人及該城市首長以研商是否舉辦其他合法比賽以取代原遺囑執行，卻又能符合該立遺囑人之原意，是為最早有關於「近似原則」被使用在公益信託之記錄[96]。

所謂「近似原則」，係指公益信託設定後，倘因社會狀況或法律制度發生變動，致原設定的公益信託目的消滅或無法達成或造成公益信託的不合法時，為使該等公益信託的目的得以繼續存在所規定的制度。應注意

---

[95] 按英美信託法上所規定「近似原則」的適用範圍，較諸我國信託法第79條規定，其範圍較廣，並不以信託關係消滅的情形為限。但其適用的要件，並不見得較寬。關於「近似原則」的中文介紹，參閱方國輝，公益信託與現代福利社會之發展，中國文化大學三民主義研究所博士論文，1992年6月，頁540-544；陳金泉，公益信託法律問題之研究，國立政治大學法律研究所碩士論文，1985年6月，頁117以下。

[96] *See* Eric G. Pearson, Reforming the Reform of the Cy Pres Doctrine: A Proposal to Protect Testator Intent, 90 MARQ. L. REV. 127, 139 (2006).

者，解釋上「近似原則」，於公益信託的目的已達成，而尚有剩餘財產時，亦有其適用[97]。

依信託法第79條規定，判定是否為「類似目的」的權限，在於目的事業主管機關，但其行使的要件，則必須依原信託的信託本旨為之，不得違背原信託的信託本旨。至於所稱「類似目的」如何判斷，是否只要同屬於公益目的即屬類似，抑或必須與信託行為所定目的相近似的目的？本文以為，「類似目的」是指與信託行為所定目的相近似的具體目的，若原以慈善為目的而設立的公益信託，即不能移做宗教或教育之用。因此，如原公益信託所定的公益目的較為廣泛時，在為類似目的而處分信託財產上，理論上應較為容易；相反地，如原公益信託所定的信託本旨較為狹窄或僅限於特定公益目的時，如擴大或使用於其他目的，係屬違反信託本旨，在為類似之目的而處分信託財產上，則較為困難。

所稱「歸屬權利人」，是指信託關係消滅時剩餘財產的權利歸屬人，例如以興建教育設施為目的而設立的公益信託，其於信託行為中約定，於興建完成後而信託關係消滅時，其剩餘財產應歸屬於某學校，即屬之。

又如發生有未能處分的剩餘信託財產時，究應如何處理？我國信託法中並未明文規定。解釋上，雖不妨類推適用民法第44條第2項的規定，其剩餘信託財產歸屬於國庫，且如原信託具有地區性時，則歸屬於當地的地方自治團體。但由於我國得享有租稅優惠的公益信託，必須具備下列三項要件：一、受託人為信託業法所稱之信託業；二、各該公益信託除為其設立目的舉辦事業而必須支付之費用外，不以任何方式對特定或可得特定之人給予特殊利益；三、信託行為明定信託關係解除、終止或消滅時，信託財產移轉於各級政府、有類似目的之公益法人或公益信託（所得稅法第4條之3、第6條之1、遺產及贈與稅法第16條之1、第20條之1），故實務上在成立公益信託時，即會約定公益信託消滅時有關剩餘信託財產的歸屬對象。

---

[97] 參閱方國輝，公益信託與現代福利社會之發展，中國文化大學三民主義研究所博士論文，1992年6月，頁540。

附錄一　信託法

中華民國八十五年一月二十六日總統（85）華總字第8500017250號令制定公布全文86條
中華民國九十八年十二月三十日總統華總一義字第09800324491號令修正公布第21、45、
53、86條條文；並自九十八年十一月二十三日施行

第一章　總則

第1條　稱信託者，謂委託人將財產權移轉或為其他處分，使受託人依信託本
　　　　旨，為受益人之利益或為特定之目的，管理或處分信託財產之關係。

第2條　信託，除法律另有規定外，應以契約或遺囑為之。

第3條　委託人與受益人非同一人者，委託人除信託行為另有保留外，於信託成
　　　　立後不得變更受益人或終止其信託，亦不得處分受益人之權利。但經受
　　　　益人同意者，不在此限。

第4條　以應登記或註冊之財產權為信託者，非經信託登記，不得對抗第三人。
　　　　以有價證券為信託者，非依目的事業主管機關規定於證券上或其他表彰
　　　　權利之文件上載明為信託財產，不得對抗第三人。
　　　　以股票或公司債券為信託者，非經通知發行公司，不得對抗該公司。

第5條　信託行為，有下列各款情形之一者，無效：
　　　　一、其目的違反強制或禁止規定者。
　　　　二、其目的違反公共秩序或善良風俗者。
　　　　三、以進行訴願或訴訟為主要目的者。
　　　　四、以依法不得受讓特定財產權之人為該財產權之受益人者。

第6條　信託行為有害於委託人之債權人權利者，債權人得聲請法院撤銷之。
　　　　前項撤銷，不影響受益人已取得之利益。但受益人取得之利益未屆清償
　　　　期或取得利益時明知或可得而知有害及債權者，不在此限。
　　　　信託成立後六個月內，委託人或其遺產受破產之宣告者，推定其行為有
　　　　害及債權。

第7條　前條撤銷權，自債權人知有撤銷原因時起，一年間不行使而消滅。自行
　　　　為時起逾十年者，亦同。

第8條　信託關係不因委託人或受託人死亡、破產或喪失行為能力而消滅。但信

託行為另有訂定者，不在此限。

委託人或受託人為法人時，因解散或撤銷設立登記而消滅者，適用前項之規定。

第二章　信託財產

第 9 條　受託人因信託行為取得之財產權為信託財產。

受託人因信託財產之管理、處分、滅失、毀損或其他事由取得之財產權，仍屬信託財產。

第 10 條　受託人死亡時，信託財產不屬於其遺產。

第 11 條　受託人破產時，信託財產不屬於其破產財團。

第 12 條　對信託財產不得強制執行。但基於信託前存在於該財產之權利、因處理信託事務所生之權利或其他法律另有規定者，不在此限。

違反前項規定者，委託人、受益人或受託人得於強制執行程序終結前，向執行法院對債權人提起異議之訴。

強制執行法第十八條第二項、第三項之規定，於前項情形，準用之。

第 13 條　屬於信託財產之債權與不屬於該信託財產之債務不得互相抵銷。

第 14 條　信託財產為所有權以外之權利時，受託人雖取得該權利標的之財產權，其權利亦不因混同而消滅。

第 15 條　信託財產之管理方法，得經委託人、受託人及受益人之同意變更。

第 16 條　信託財產之管理方法因情事變更致不符合受益人之利益時，委託人、受益人或受託人得聲請法院變更之。

前項規定，於法院所定之管理方法，準用之。

第三章　受益人

第 17 條　受益人因信託之成立而享有信託利益。但信託行為另有訂定者，從其所定。

受益人得拋棄其享有信託利益之權利。

第 18 條　受託人違反信託本旨處分信託財產時，受益人得聲請法院撤銷其處分。受益人有數人者，得由其中一人為之。

前項撤銷權之行使，以有下列情形之一者為限，始得為之：

一、信託財產為已辦理信託登記之應登記或註冊之財產權者。

二、信託財產為已依目的事業主管機關規定於證券上或其他表彰權利之文件上載明其為信託財產之有價證券者。

三、信託財產為前二款以外之財產權而相對人及轉得人明知或因重大過失不知受託人之處分違反信託本旨者。

第 19 條　前條撤銷權，自受益人知有撤銷原因時起，一年間不行使而消滅。自處分時起逾十年者，亦同。

第 20 條　民法第二百九十四條至第二百九十九條之規定，於受益權之讓與，準用之。

第四章　受託人

第 21 條　未成年人、受監護或輔助宣告之人及破產人，不得為受託人。

第 22 條　受託人應依信託本旨，以善良管理人之注意，處理信託事務。

第 23 條　受託人因管理不當致信託財產發生損害或違反信託本旨處分信託財產時，委託人、受益人或其他受託人得請求以金錢賠償信託財產所受損害或回復原狀，並得請求減免報酬。

第 24 條　受託人應將信託財產與其自有財產及其他信託財產分別管理。信託財產為金錢者，得以分別記帳方式為之。

前項不同信託之信託財產間，信託行為訂定得不必分別管理者，從其所定。

受託人違反第一項規定獲得利益者，委託人或受益人得請求將其利益歸於信託財產。如因而致信託財產受損害者，受託人雖無過失，亦應負損害賠償責任；但受託人證明縱為分別管理，而仍不免發生損害者，不在此限。

前項請求權，自委託人或受益人知悉之日起，二年間不行使而消滅。自事實發生時起，逾五年者，亦同。

第 25 條　受託人應自己處理信託事務。但信託行為另有訂定或有不得已之事由者，得使第三人代為處理。

第 26 條　受託人依前條但書規定，使第三人代為處理信託事務者，僅就第三人之選任與監督其職務之執行負其責任。

前條但書情形，該第三人負與受託人處理信託事務同一之責任。

第 27 條　受託人違反第二十五條規定，使第三人代為處理信託事務者，就該第三

人之行為與就自己之行為負同一責任。

前項情形，該第三人應與受託人負連帶責任。

第28條　同一信託之受託人有數人時，信託財產為其公同共有。

前項情形，信託事務之處理除經常事務、保存行為或信託行為另有訂定外，由全體受託人共同為之。受託人意思不一致時，應得受益人全體之同意。受益人意思不一致時，得聲請法院裁定之。

受託人有數人者，對其中一人所為之意思表示，對全體發生效力。

第29條　受託人有數人者，對受益人因信託行為負擔之債務負連帶清償責任。其因處理信託事務負擔債務者，亦同。

第30條　受託人因信託行為對受益人所負擔之債務，僅於信託財產限度內負履行責任。

第31條　受託人就各信託，應分別造具帳簿，載明各信託事務處理之狀況。

受託人除應於接受信託時作成信託財產目錄外，每年至少定期一次作成信託財產目錄，並編製收支計算表，送交委託人及受益人。

第32條　委託人或受益人得請求閱覽、抄錄或影印前條之文書，並得請求受託人說明信託事務之處理情形。

利害關係人於必要時，得請求閱覽、抄錄或影印前條之文書。

第33條　受託人關於信託財產之占有，承繼委託人占有之瑕疵。

前項規定於以金錢、其他代替物或有價證券為給付標的之有價證券之占有，準用之。

第34條　受託人不得以任何名義，享有信託利益。但與他人為共同受益人時，不在此限。

第35條　受託人除有下列各款情形之一外，不得將信託財產轉為自有財產，或於該信託財產上設定或取得權利：

一、經受益人書面同意，並依市價取得者。

二、由集中市場競價取得者。

三、有不得已事由經法院許可者。

前項規定，於受託人因繼承、合併或其他事由，概括承受信託財產上之權利時，不適用之。於此情形，並準用第十四條之規定。

受託人違反第一項之規定，使用或處分信託財產者，委託人、受益人或其他受託人，除準用第二十三條規定外，並得請求將其所得之利益歸於信託財產；於受託人有惡意者，應附加利息一併歸入。

前項請求權，自委託人或受益人知悉之日起，二年間不行使而消滅。自事實發生時起逾五年者，亦同。

第 36 條　受託人除信託行為另有訂定外，非經委託人及受益人之同意，不得辭任。但有不得已之事由時，得聲請法院許可其辭任。

受託人違背其職務或有其他重大事由時，法院得因委託人或受益人之聲請將其解任。

前二項情形，除信託行為另有訂定外，委託人得指定新受託人，如不能或不為指定者，法院得因利害關係人或檢察官之聲請選任新受託人，並為必要之處分。

已辭任之受託人於新受託人能接受信託事務前，仍有受託人之權利及義務。

第 37 條　信託行為訂定對於受益權得發行有價證券者，受託人得依有關法律之規定，發行有價證券。

第 38 條　受託人係信託業或信託行為訂有給付報酬者，得請求報酬。

約定之報酬，依當時之情形或因情事變更顯失公平者，法院得因委託人、受託人、受益人或同一信託之其他受託人之請求增減其數額。

第 39 條　受託人就信託財產或處理信託事務所支出之稅捐、費用或負擔之債務，得以信託財產充之。

前項費用，受託人有優先於無擔保債權人受償之權。

第一項權利之行使不符信託目的時，不得為之。

第 40 條　信託財產不足清償前條第一項之費用或債務，或受託人有前條第三項之情形時，受託人得向受益人請求補償或清償債務或提供相當之擔保。但信託行為另有訂定者，不在此限。

信託行為訂有受託人得先對受益人請求補償或清償所負之債務或要求提供擔保者，從其所定。

前二項規定，於受益人拋棄其權利時，不適用之。

第一項之請求權，因二年間不行使而消滅。

第41條　受託人有第三十九條第一項或前條之權利者，於其權利未獲滿足前，得拒絕將信託財產交付受益人。

第42條　受託人就信託財產或處理信託事務所受損害之補償，準用前三條之規定。

前項情形，受託人有過失時，準用民法第二百一十七條規定。

第43條　第三十九條第一項、第三項，第四十條及第四十一條之規定，於受託人得自信託財產收取報酬時，準用之。

第四十一條規定，於受託人得向受益人請求報酬時，準用之。

第44條　前五條所定受託人之權利，受託人非履行第二十三條或第二十四條第三項所定損害賠償、回復原狀或返還利益之義務，不得行使。

第45條　受託人之任務，因受託人死亡、受破產、監護或輔助宣告而終了。其為法人者，經解散、破產宣告或撤銷設立登記時，亦同。

第三十六條第三項之規定，於前項情形，準用之。

新受託人於接任處理信託事務前，原受託人之繼承人或其法定代理人、遺產管理人、破產管理人、監護人、輔助人或清算人應保管信託財產，並為信託事務之移交採取必要之措施。法人合併時，其合併後存續或另立之法人，亦同。

第46條　遺囑指定之受託人拒絕或不能接受信託時，利害關係人或檢察官得聲請法院選任受託人。但遺囑另有訂定者，不在此限。

第47條　受託人變更時，信託財產視為於原受託人任務終了時，移轉於新受託人。

共同受託人中之一人任務終了時，信託財產歸屬於其他受託人。

第48條　受託人變更時，由新受託人承受原受託人因信託行為對受益人所負擔之債務。

前項情形，原受託人因處理信託事務負擔之債務，債權人亦得於新受託人繼受之信託財產限度內，請求新受託人履行。

新受託人對原受託人得行使第二十三條及第二十四條第三項所定之權利。

第一項之規定，於前條第二項之情形，準用之。

第49條　對於信託財產之強制執行，於受託人變更時，債權人仍得依原執行名義，以新受託人為債務人，開始或續行強制執行。

第 50 條　受託人變更時，原受託人應就信託事務之處理作成結算書及報告書，連同信託財產會同受益人或信託監察人移交於新受託人。

前項文書經受益人或信託監察人承認時，原受託人就其記載事項，對受益人所負之責任視為解除。但原受託人有不正當行為者，不在此限。

第 51 條　受託人變更時，原受託人為行使第三十九條、第四十二條或第四十三條所定之權利，得留置信託財產，並得對新受託人就信託財產為請求。

前項情形，新受託人提出與各個留置物價值相當之擔保者，原受託人就該物之留置權消滅。

第五章　信託監察人

第 52 條　受益人不特定、尚未存在或其他為保護受益人之利益認有必要時，法院得因利害關係人或檢察官之聲請，選任一人或數人為信託監察人。但信託行為定有信託監察人或其選任方法者，從其所定。

信託監察人得以自己名義，為受益人為有關信託之訴訟上或訴訟外之行為。

受益人得請求信託監察人為前項之行為。

第 53 條　未成年人、受監護或輔助宣告之人及破產人，不得為信託監察人。

第 54 條　信託監察人執行職務，應以善良管理人之注意為之。

第 55 條　信託監察人有數人時，其職務之執行除法院另有指定或信託行為另有訂定外，以過半數決之。但就信託財產之保存行為得單獨為之。

第 56 條　法院因信託監察人之請求，得斟酌其職務之繁簡及信託財產之狀況，就信託財產酌給相當報酬。但信託行為另有訂定者，從其所定。

第 57 條　信託監察人有正當事由時，得經指定或選任之人同意或法院之許可辭任。

第 58 條　信託監察人怠於執行其職務或有其他重大事由時，指定或選任之人得解任之；法院亦得因利害關係人或檢察官之聲請將其解任。

第 59 條　信託監察人辭任或解任時，除信託行為另有訂定外，指定或選任之人得選任新信託監察人；不能或不為選任者，法院亦得因利害關係人或檢察官之聲請選任之。

信託監察人拒絕或不能接任時，準用前項規定。

第六章 信託之監督

第 60 條 信託除營業信託及公益信託外，由法院監督。

法院得因利害關係人或檢察官之聲請為信託事務之檢查，並選任檢查人及命為其他必要之處分。

第 61 條 受託人不遵守法院之命令或妨礙其檢查者，處新臺幣一萬元以上十萬元以下罰鍰。

第七章 信託關係之消滅

第 62 條 信託關係，因信託行為所定事由發生，或因信託目的已完成或不能完成而消滅。

第 63 條 信託利益全部由委託人享有者，委託人或其繼承人得隨時終止信託。

前項委託人或其繼承人於不利於受託人之時期終止信託者，應負損害賠償責任。但有不得已之事由者，不在此限。

第 64 條 信託利益非由委託人全部享有者，除信託行為另有訂定外，委託人及受益人得隨時共同終止信託。

委託人及受益人於不利受託人之時期終止信託者，應負連帶損害賠償責任。但有不得已之事由者，不在此限。

第 65 條 信託關係消滅時，信託財產之歸屬，除信託行為另有訂定外，依下列順序定之：

一、享有全部信託利益之受益人。

二、委託人或其繼承人。

第 66 條 信託關係消滅時，於受託人移轉信託財產於前條歸屬權利人前，信託關係視為存續，以歸屬權利人視為受益人。

第 67 條 第四十九條及第五十一條之規定，於信託財產因信託關係消滅而移轉於受益人或其他歸屬權利人時，準用之。

第 68 條 信託關係消滅時，受託人應就信託事務之處理作成結算書及報告書，並取得受益人、信託監察人或其他歸屬權利人之承認。

第五十條第二項規定，於前項情形，準用之。

第八章 公益信託

第 69 條 稱公益信託者，謂以慈善、文化、學術、技藝、宗教、祭祀或其他以公共利益為目的之信託。

第 70 條　公益信託之設立及其受託人，應經目的事業主管機關之許可。

前項許可之申請，由受託人為之。

第 71 條　法人為增進公共利益，得經決議對外宣言自為委託人及受託人，並邀公眾加入為委託人。

前項信託對公眾宣言前，應經目的事業主管機關許可。

第一項信託關係所生之權利義務，依該法人之決議及宣言內容定之。

第 72 條　公益信託由目的事業主管機關監督。

目的事業主管機關得隨時檢查信託事務及財產狀況；必要時並得命受託人提供相當之擔保或為其他處置。

受託人應每年至少一次定期將信託事務處理情形及財務狀況，送公益信託監察人審核後，報請主管機關核備並公告之。

第 73 條　公益信託成立後發生信託行為當時不能預見之情事時，目的事業主管機關得參酌信託本旨，變更信託條款。

第 74 條　公益信託之受託人非有正當理由，並經目的事業主管機關許可，不得辭任。

第 75 條　公益信託應置信託監察人。

第 76 條　第三十五條第一項第三款、第三十六條第二項、第三項、第四十五條第二項、第四十六條、第五十六條至第五十九條所定法院之權限，於公益信託由目的事業主管機關行之。但第三十六條第二項、第三項、第四十五條第二項及第四十六條所定之權限，目的事業主管機關亦得依職權為之。

第 77 條　公益信託違反設立許可條件、監督命令或為其他有害公益之行為者，目的事業主管機關得撤銷其許可或為其他必要之處置。其無正當理由連續三年不為活動者，亦同。

目的事業主管機關為前項處分前，應通知委託人、信託監察人及受託人於限期內表示意見。但不能通知者，不在此限。

第 78 條　公益信託，因目的事業主管機關撤銷設立之許可而消滅。

第 79 條　公益信託關係消滅，而無信託行為所訂信託財產歸屬權利人時，目的事業主管機關得為類似之目的，使信託關係存續，或使信託財產移轉於有類似目的之公益法人或公益信託。

第 80 條　公益信託關係依第六十二條規定消滅者，受託人應於一個月內，將消滅之事由及年月日，向目的事業主管機關申報。

第 81 條　公益信託關係消滅時，受託人應於依第六十八條第一項規定取得信託監察人承認後十五日內，向目的事業主管機關申報。

第 82 條　公益信託之受託人有下列情事之一者，由目的事業主管機關處新臺幣二萬元以上二十萬元以下罰鍰：

一、帳簿、財產目錄或收支計算表有不實之記載。

二、拒絕、妨礙或規避目的事業主管機關之檢查。

三、向目的事業主管機關為不實之申報或隱瞞事實。

四、怠於公告或為不實之公告。

五、違反目的事業主管機關監督之命令。

第 83 條　未經許可，不得使用公益信託之名稱或使用易於使人誤認為公益信託之文字。

違反前項規定者，由目的事業主管機關處新臺幣一萬元以上十萬元以下罰鍰。

第 84 條　公益信託除本章另有規定外，適用第二章至第七章之規定。

第 85 條　公益信託之許可及監督辦法，由目的事業主管機關定之。

第九章　附則

第 86 條　本法自公布日施行。

本法中華民國九十八年十二月十五日修正之條文，自九十八年十一月二十三日施行。

附錄二　法務公益信託許可及監督辦法

中華民國八十五年十二月四日法務部（85）法令字第 30785 號令訂定發布全文 28 條
中華民國一百零六年十一月十五日法務部法令字第 10603515230 號令修正發布第 8、9 條條文

第 1 條　本辦法依信託法（以下簡稱本法）第八十五條規定訂定之。

第 2 條　本辦法所稱公益信託，係指以從事法制研究、法律服務、矯正事務、更生保護、保障人權或其他與法務相關事項為目的，其設立及受託人經法務部（以下簡稱本部）許可之公益信託。

第 3 條　受託人申請公益信託之設立及受託人許可，應向本部提出下列文件一式三份：

　　　　一、設立及受託人許可申請書。

　　　　二、信託契約或遺囑。

　　　　三、信託財產證明文件。

　　　　四、委託人身分證明文件。

　　　　五、受託人履歷書及身分證明文件。

　　　　六、信託監察人履歷書、願任同意書及身分證明文件。

　　　　七、設有諮詢委員會者，其職權、成員人數及成員履歷書、願任同意書。

　　　　八、受託當年度及次年度信託事務計畫書及收支預算書。

　　　　九、其他經本部指定之文件。

　　　　法人依本法第七十一條第一項規定以宣言設立信託者，前項第二款應提出之文件為法人決議、宣言內容及第六條第三項之信託契約。

　　　　第一項第五款至第七款之履歷書應載明姓名、住所及學、經歷；其為法人者，載明其名稱、董事、主事務所及章程。

第 4 條　前條第一項第二款之信託契約或遺囑，應記載下列事項：

　　　　一、公益信託之名稱。

　　　　二、信託目的。

　　　　三、信託財產之種類、名稱、數量及價額。

　　　　四、信託財產管理或處分方法。

　　　　五、信託關係消滅時信託財產之歸屬。

　　　　六、其他訂定事項。

第 5 條　　本部對第三條第一項申請，應就下列事項審查之：

　　　　一、信託之設立是否確以公共利益為目的。

　　　　二、信託授益行為之內容是否確能實現信託目的。

　　　　三、信託財產是否確為委託人有權處分之財產權。

　　　　四、受託人是否確有管理或處分信託財產之能力。

　　　　五、信託監察人是否確有監督信託事務執行之能力。

　　　　六、信託事務計畫書及收支預算書是否確屬妥適。

　　　　本部經依前項規定審查，認應予以許可者，發給設立及受託人許可書；認以不予許可為宜者，應敘明理由駁回之。

　　　　公益信託之設立目的與其他公益目的之事業主管機關業務相關者，本部為許可前，得徵詢各有關機關意見。

第 6 條　　受託人收受許可書後，應即辦理信託財產之移轉或處分，並於接受財產權移轉或處分後一個月內，檢附相關證明文件向本部申報。

　　　　以宣言設立信託者，受託人於收受許可書後，應即將許可書連同法人決議及宣言內容登載於其主事務所所在地新聞紙，並應於登載後一個月內，檢附相關證明文件向本部申報。

　　　　公眾依本法第七十一條第一項規定加入為委託人者，應以信託契約為之。

　　　　此種情形，並準用第一項之規定。

第 7 條　　前條第一項之信託財產，為應登記或註冊之財產權者，受託人應於申請財產權變更登記之同時，辦理信託登記；為有價證券者，應於受讓證券權利之同時，依目的事業主管機關規定，於證券上或其他表彰權利之文件上載明其為信託財產之意旨；為股票或公司債券者，並應通知發行公司。

　　　　以宣言設立之信託，其信託財產為受託人自有之應登記或註冊之財產權或有價證券者，該受託人應於依前條第二項規定對公眾為宣言後，依前項規定辦理信託登記或公示。

第 8 條　受託人應於每一年度開始前二個月內，檢具該年度信託事務計畫書及收
　　　　支預算書，報本部備查。

第 9 條　受託人應於每一年度終了後三個月內，檢具下列文件，送信託監察人審
　　　　核後，報本部備查：

　　　　一、該年度信託事務處理報告書。

　　　　二、該年度收支計算表及資產負債表。

　　　　三、該年度終了時信託財產目錄。

　　　　前項各款文件，受託人應於本部備查通知送達之翌日起三十日內，於其
　　　　執行信託事務之場所及資訊網路公告至少連續三年。

第 10 條　有下列各款情事之一者，受託人應於事實發生後一個月內，以書面向本
　　　　部申報：

　　　　一、受託人之姓名、住所或職業變更，或法人受託人之名稱、代表人、
　　　　　　主事務所或業務項目變更者。

　　　　二、信託監察人、諮詢委員會委員變更，或信託監察人、諮詢委員會委
　　　　　　員之姓名、住所或職業變更者。

第 11 條　受託人因有不得已事由，依本法第七十六條及第三十五條第一項第三款
　　　　規定，申請許可將信託財產轉為自有財產或於該信託財產上設定或取得
　　　　權利者，應向本部提出下列文件一式二份：

　　　　一、申請書。

　　　　二、載明將信託財產轉為自有財產或於該信託財產上設定或取得權利理
　　　　　　由之文件。

　　　　三、欲取得之財產或欲設定或取得之權利之種類、總額及價格證明文件。

第 12 條　公益信託有發生本法第七十三條所定情事者，受託人得檢具下列文件一
　　　　式二份，向本部申請變更信託條款：

　　　　一、申請書。

　　　　二、載明必須變更信託條款理由之文件。

　　　　三、信託條款變更案及新舊對照表。

　　　　四、變更後之信託事務計畫書及收支預算書。

第 13 條　受託人依本法第七十四條規定申請辭任者，應向本部提出下列文件一式
　　　　二份：

　　　　　一、申請書。

　　　　　二、辭任理由書。

　　　　　三、記載信託事務及信託財產狀況之文件。

　　　　　四、有關新受託人選任之意見。

第14條　委託人、信託監察人或受益人依本法第七十六條及第三十六條第二項規
　　　　定，申請解任受託人者，應向本部提出下列文件一式二份：

　　　　　一、申請書。

　　　　　二、申請解任理由書。

　　　　　三、有關新受託人選任之意見。

第15條　受託人有下列各款情事之一者，本部得依本法第七十六條及第三十六條
　　　　第二項規定，因申請或依職權將其解任：

　　　　　一、有本法第八十二條所列各款情事者。

　　　　　二、管理不當致信託財產發生損害者。

　　　　　三、違反信託本旨處分信託財產者。

　　　　　四、違反受託人義務者。

　　　　　五、有其他重大事由者。

第16條　受託人職務解除或任務終了，或遺囑指定之受託人拒絕或不能接受信託
　　　　者，本部得依本法第七十六條、第三十六條第三項、第四十五條第二項
　　　　及第四十六條規定，因申請或依職權選任新受託人。

第17條　利害關係人或檢察官依本法第七十六條、第三十六條第三項、第四十五
　　　　條第二項及第四十六條規定，申請選任新受託人者，應向本部提出下列
　　　　文件一式二份：

　　　　　一、申請書。

　　　　　二、原受託人職務解除、任務終了或拒絕或不能接受信託之證明文件。

　　　　　三、有關新受託人選任之意見。

　　　　　四、新受託人履歷書及願任同意書。

第18條　信託監察人依本法第七十六條及第五十六條規定請求就信託財產給予
　　　　報酬者，應向本部提出下列文件一式二份：

　　　　　一、報酬請求書。

　　　　　二、有關職務繁簡證明文件。

三、有信託財產狀況文件。

本部對於前項請求，應通知受託人於十五日內表示意見。

本部同意第一項請求者，應通知受託人履行。

第 19 條　信託監察人依本法第七十六條及第五十七條規定申請辭任者，應向本部
　　　　　提出下列文件一式二份：

一、申請書。

二、辭任理由書。

三、事務處理報告書。

四、有關新信託監察人選任之意見。

第 20 條　利害關係人或檢察官依本法第七十六條及第五十八條規定，申請解任信
　　　　　託監察人者，應向本部提出下列文件一式二份：

一、申請書。

二、申請解任理由書。

三、有關新信託監察人選任之意見。

第 21 條　利害關係人或檢察官依本法第七十六條及第五十九條規定，申請選任新
　　　　　信託監察人者，應向本部提出下列文件一式二份：

一、申請書。

二、原信託監察人職務解除、任務終了或拒絕或不能接任之證明文件。

三、有關新信託監察人選任之意見。

四、新信託監察人之履歷書及願任同意書。

第 22 條　信託關係存續中受託人變更者，新受託人除本部依第十六條規定選任者
　　　　　外，應檢具下列文件一式二份，向本部申請受託人許可：

一、履歷書。

二、身分證明文件。

三、其他相關文件。

第 23 條　第五條至第七條之規定，於受託人變更之情形，準用之。

本部駁回前條申請者，應依第十六條規定選任新受託人。

第 24 條　本部得依本法第七十二條第一項及第二項規定，命受託人就信託事務及
　　　　　信託財產狀況提出報告，並得隨時派員檢查。

本部對前項提出之報告或檢查結果，認有保全信託財產或導正信託事務之必要者，得命受託人提供相當之擔保或為其他適當之處置。

第 25 條　公益信託有下列各款情事之一者，本部應通知委託人、信託監察人及受託人於十五日內表示意見。逾期不表示或雖表示而無正當理由者，本部得依本法第七十七條第一項規定撤銷其許可或為其他必要處置：

一、違反設立許可條件或監督命令。

二、為有害公益之行為。

三、連續三年不為活動。

第 26 條　公益信託因信託行為所定事由發生，或因信託目的已完成或不能完成而消滅者，受託人應依本法第八十條規定，於消滅後一個月內，將消滅之事由及年月日，向本部申報。

第 27 條　公益信託關係消滅時，受託人應作成下列文件，並於取得信託監察人承認後十五日內，向本部申報：

一、信託事務處理報告書。

二、結算書。

三、有關信託財產之歸屬及其相關意見。

第 28 條　本辦法自發布日施行。

附錄三 內政業務公益信託許可及監督辦法

中華民國八十九年十二月三十日內政部（89）台內法字第 8974249 號令訂定發布全文 31；並自發布日起施行

中華民國九十二年八月二十二日內政部台內法字第 092007698 號令修正發布第 2、4、30 條條文

中華民國一百零二年七月十九日行政院院臺規字第 1020141353 號公告第 3 條配合衛生福利部成立，所列關於社會、性侵害防治、家庭暴力防治等權責事項，自一百零二年七月二十三日起停止辦理

中華民國一百零六年九月二十九日內政部台內法字第 1062101207 號令修正發布第 3、11 條條文

第 1 條　本辦法依信託法（以下簡稱本法）第八十五條規定訂定之。

第 2 條　本辦法所稱主管機關為內政部。

第 3 條　本辦法所稱公益信託，指以從事民政、戶政、役政、地政、人民團體、合作事業、營建、警政、消防、入出國及移民或其他有關內政業務為目的，其設立及受託人經主管機關許可之公益信託。

第 4 條　公益信託之許可及監督，由主管機關為之。但信託財產未達一定金額，且其主要受益範圍在單一之直轄市或縣（市）者，主管機關得委由該直轄市或縣（市）政府為許可及監督，並辦理本法及本辦法所定主管機關應辦理事項。

前項一定金額，由主管機關定之。

公益信託之主要受益範圍不明或有疑義，不能確定其許可及監督之機關者，得申請主管機關指定之。

第 5 條　受託人申請公益信託之設立及受託人許可，應檢具下列文件一式四份：

一、設立及受託人許可申請書。

二、信託契約或遺囑。

三、信託財產證明文件。

四、委託人身分證明文件。

五、受託人履歷書及身分證明文件。

六、信託監察人履歷書、願任同意書及身分證明文件。

七、設有諮詢委員會者,其職權、成員人數、成員履歷書、願任同意書及身分證明文件。

八、受託當年度及次年度信託事務計畫書及收支預算書。

九、其他經主管機關指定之文件。

法人依本法第七十一條第一項規定以宣言設立信託者,前項第二款應提出之文件為法人決議、宣言內容及第八條第三項之信託契約。

第一項第五款至第七款之履歷書應載明姓名、住所及學、經歷;其為法人者,載明其名稱、董事、主事務所及章程。

第6條　前條第一項第二款之信託契約或遺囑,應記載下列事項:

一、公益信託之名稱。

二、信託目的。

三、信託財產之種類、名稱、數量及價額。

四、信託財產管理或處分方法。

五、信託關係消滅時信託財產之歸屬。

六、其他經主管機關規定應記載事項。

第7條　主管機關對第五條第一項申請,應就下列事項審查之:

一、信託之設立是否確以公共利益為目的。

二、信託授益行為之內容是否確能實現信託目的。

三、信託財產是否確為委託人有權處分之財產權。

四、受託人是否確有管理或處分信託財產之能力。

五、信託監察人是否確有監督信託事務執行之能力。

六、信託事務計畫書及收支預算書是否確屬妥適。

公益信託之設立目的與其他公益目的之事業主管機關業務相關者,主管機關於審查時,得徵詢各有關機關意見。

主管機關經依前二項規定審查,認應予許可者,發給設立及受託人許可書(以下簡稱許可書);認不予許可為宜者,應敘明理由駁回之。

第8條　受託人收受許可書後,應即辦理信託財產之移轉或處分,並於接受財產權移轉或處分後一個月內,檢附相關證明文件向主管機關申報。

以宣言設立信託者，受託人於收受許可書後，應即將許可書連同法人決議及宣言內容登載於其主事務所所在地新聞紙，並應於登載後一個月內，檢附相關證明文件向主管機關申報。

公眾依本法第七十一條第一項規定加入為委託人者，應以信託契約為之，並準用第一項之規定。

第 9 條　前條第一項之信託財產，為應登記或註冊之財產權者，受託人應於申請財產權變更登記之同時，辦理信託登記；為有價證券者，應於受讓證券權利之同時，依目的事業主管機關規定，於證券上或其他表彰權利之文件上載明其為信託財產之意旨；為股票或公司債券者，並應通知發行公司。

以宣言設立之信託，其信託財產為受託人自有之應登記或註冊之財產權或有價證券者，該受託人應於依前條第二項規定對公眾為宣言後，依前項規定辦理信託登記或公示。

第 10 條　受託人應於年度開始前三個月內，檢具下年度信託事務計畫書及收支預算書，報主管機關核備。

第 11 條　受託人應於年度終了後三個月內，檢具下列文件，送信託監察人審核後，報主管機關核備：

一、該年度信託事務處理報告書。

二、該年度收支計算表及資產負債表。

三、該年度終了時信託財產目錄。

前項各款文件，受託人應於主管機關核備通知送達之翌日起三十日內，於其執行信託事務之場所及資訊網路公告至少連續三年。

第 12 條　有下列各款情事之一者，受託人應於事實發生後一個月內，以書面向主管機關申報：

一、受託人之姓名、住所或職業變更，或法人受託人之名稱、代表人、主事務所或業務項目變更者。

二、信託監察人、諮詢委員會委員變更，或信託監察人、諮詢委員會委員之姓名、住所或職業變更者。

第 13 條　受託人因有不得已事由，依本法第七十六條及第三十五條第一項第三款規定，申請許可將信託財產轉為自有財產或於該信託財產上設定或取得

權利者，應檢具下列文件一式二份向主管機關提出：

一、申請書。

二、載明將信託財產轉為自有財產或於該信託財產上設定或取得權利理由之文件。

三、欲取得之財產或欲設定或取得之權利之種類、總額及價格證明文件。

第 14 條　公益信託有發生本法第七十三條所定情事者，受託人得檢具下列文件一式二份，向主管機關申請變更信託條款：

一、申請書。

二、載明必須變更信託條款理由之文件。

三、信託條款變更案及新舊對照表。

四、變更後之信託事務計畫書及收支預算書。

第 15 條　受託人依本法第七十四條規定申請辭任者，應檢具下列文件一式二份向主管機關提出：

一、申請書。

二、辭任理由書。

三、記載信託事務及信託財產狀況之文件。

四、有關新受託人選任之意見。

第 16 條　受託人有下列各款情事之一者，主管機關得依本法第七十六條及第三十六條第二項規定，因委託人、受益人或信託監察人之申請或依職權將其解任：

一、有本法第八十二條所列各款情事者。

二、管理不當致信託財產發生損害者。

三、違反信託本旨處分信託財產者。

四、違反受託人義務者。

五、有其他重大事由者。

第 17 條　委託人、受益人或信託監察人依前條規定申請解任受託人者，應檢具下列文件一式二份向主管機關提出：

一、申請書。

二、申請解任理由書。

三、有關新受託人選任之意見。

第 18 條　受託人職務解除或任務終了，或遺囑指定之受託人拒絕或不能接受信託者，主管機關得依本法第七十六條、第三十六條第三項、第四十五條第二項及第四十六條規定，因申請或依職權選任新受託人。

第 19 條　利害關係人或檢察官依本法第七十六條、第三十六條第三項、第四十五條第二項及第四十六條規定，申請選任新受託人者，應檢具下列文件一式二份向主管機關提出：

一、申請書。

二、原受託人職務解除、任務終了或拒絕或不能接受信託之證明文件。

三、有關新受託人選任之意見。

四、新受託人履歷書及願任同意書。

第 20 條　信託監察人依本法第七十六條及第五十六條規定請求就信託財產給予報酬者，應檢具下列文件一式二份向主管機關提出：

一、報酬請求書。

二、有關職務繁簡證明文件。

三、有關信託財產狀況文件。

主管機關對於前項請求，應通知受託人於十五日內表示意見。

主管機關同意第一項請求者，應通知受託人履行。

第 21 條　信託監察人依本法第七十六條及第五十七條規定申請辭任者，應檢具下列文件一式二份向主管機關提出：

一、申請書。

二、辭任理由書。

三、事務處理報告書。

四、有關新信託監察人選任之意見。

第 22 條　利害關係人或檢察官依本法第七十六條及第五十八條規定，申請解任信託監察人者，應檢具下列文件一式二份向主管機關提出：

一、申請書。

二、申請解任理由書。

三、有關新信託監察人選任之意見。

第 23 條　利害關係人或檢察官依本法第七十六條及第五十九條規定，申請選任新信託監察人者，應檢具下列文件一式二份向主管機關提出：

　　　一、申請書。

　　　二、原信託監察人職務解除、任務終了、拒絕或不能接任之證明文件。

　　　三、有關新信託監察人選任之意見。

　　　四、新信託監察人之履歷書及願任同意書。

第 24 條　信託關係存續中受託人變更者，新受託人除主管機關依第十八條規定選
　　　　　任者外，應檢具下列文件一式二份，向主管機關申請受託人許可：

　　　一、履歷書。

　　　二、身分證明文件。

　　　三、其他相關文件。

第 25 條　第七條至第九條之規定，於受託人變更之情形，準用之。

　　　　　主管機關駁回前條申請者，應依第十八條規定選任新受託人。

第 26 條　主管機關得依本法第七十二條第一項及第二項規定，命受託人就信託事
　　　　　務及信託財產狀況提出報告，並得隨時派員檢查。

　　　　　主管機關對前項提出之報告或檢查結果，認有保全信託財產或導正信託
　　　　　事務之必要者，得命受託人提供相當之擔保或為其他適當之處置。

第 27 條　公益信託有下列各款情事之一者，主管機關應通知委託人、信託監察人
　　　　　及受託人於十五日內表示意見。逾期不表示或雖表示而無正當理由者，
　　　　　主管機關得依本法第七十七條第一項規定廢止其許可或為其他必要處
　　　　　置：

　　　一、違反設立許可條件或監督命令。

　　　二、為有害公益之行為。

　　　三、無正當理由連續三年不為活動。

第 28 條　公益信託因信託行為所定事由發生，或因信託目的已完成或不能完成而
　　　　　消滅者，受託人應依本法第八十條規定，於消滅後一個月內，將消滅之
　　　　　事由及年月日，向主管機關申報。

第 29 條　公益信託關係消滅時，受託人應作成下列文件，並於取得信託監察人承
　　　　　認後十五日內，向主管機關申報：

　　　一、信託事務處理報告書。

　　　二、結算書。

　　　三、有關信託財產之歸屬及其相關意見。

第30條　本辦法所需書、表格式,由主管機關定之。

第31條　本辦法自發布日施行。

附錄四　信託業法

中華民國八十九年七月十九日總統（89）華總一義字第 8900178730 號令制定公布全文 63 條；並自公布日起施行

中華民國八十九年十二月二十日總統（89）華總一義字第 8900304150 號令修正公布第 60 條條文

中華民國九十三年二月四日總統華總一義字第 09300016561 號令修正公布第 48 條條文；並增訂第 48-1～48-3、58-1、58-2 條條文

中華民國九十四年五月十八日總統華總一義字第 09400072491 號令修正公布第 12、54、58 條條文；並增訂第 48-4、48-5、61-1 條條文

中華民國九十五年五月三十日總統華總一義字第 09500075841 號令修正公布第 48-3、63 條條文；並自九十五年七月一日施行

中華民國九十七年一月十六日總統華總一義字第 09700003971 號令修正公布第 1、3、4、7～10、15、17、18、20、22、25～27、34、43、44、53、56 條條文；並增訂第 18-1、20-1、32-1、32-2、58-3 條條文

中華民國一百零一年六月二十五日行政院院臺規字第 1010134960 號公告第 4 條所列屬「行政院金融監督管理委員會」之權責事項，自一百零一年七月一日起改由「金融監督管理委員會」管轄

中華民國一百零四年二月四日總統華總一義字第 10400012461 號令修正公布第 4 條條文

中華民國一百零七年一月三十一日總統華總一義字第10700011031號令修正公布第48～48-3、58-1條條文；並增訂第3-1條條文

第一章　總則

第 1 條　　為健全信託業之經營與發展，保障委託人及受益人之權益，特制定本法。

第 2 條　　本法稱信託業，謂依本法經主管機關許可，以經營信託為業之機構。

第 3 條　　銀行經主管機關之許可兼營信託業務，適用本法之規定。

　　　　　證券投資信託事業及證券投資顧問事業依證券投資信託及顧問法之規定兼營信託業務之特定項目，其符合一定條件者，或證券商兼營信託業務

務之特定項目，應申主管機關許可；經許可者，適用本法除第十條至第十五條、第三十八條至第四十條及第四十三條以外之規定。

前項信託業務特定項目之範圍、申請主管機關許可應具備之資格條件、不予許可與廢止許可之情事、財務、業務管理及其他應遵行事項之辦法，由主管機關定之。

第 3-1 條　為促進普惠金融及金融科技發展，不限於信託業，得依金融科技發展與創新實驗條例申請辦理信託業務創新實驗。

前項之創新實驗，於主管機關核准辦理之期間及範圍內，得不適用本法之規定。

主管機關應參酌第一項創新實驗之辦理情形，檢討本法及相關金融法規之妥適性。

第 4 條　本法稱主管機關為金融監督管理委員會。

第 5 條　本法稱信託業負責人，謂依公司法或其他法律或其組織章程所定應負責之人。

第 6 條　信託業負責人應具備之資格條件，由主管機關定之。

第 7 條　本法稱信託業之利害關係人，指有下列情形之一者：

一、持有信託業已發行股份總數或資本總額百分之五以上者。

二、擔任信託業負責人。

三、對信託財產具有運用決定權者。

四、第一款或第二款之人獨資、合夥經營之事業，或擔任負責人之企業，或為代表人之團體。

五、第一款或第二款之人單獨或合計持有超過公司已發行股份總數或資本總額百分之十之企業。

六、有半數以上董事與信託業相同之公司。

七、信託業持股比率超過百分之五之企業。

第 8 條　本法稱共同信託基金，指信託業就一定之投資標的，以發行受益證券或記帳方式向不特定多數人募集，並為該不特定多數人之利益而運用之信託資金。

設立共同信託基金以投資證券交易法第六條之有價證券為目的，其符合一定條件者，應依證券投資信託及顧問法有關規定辦理。

第 9 條　信託業之名稱，應標明信託之字樣。但經主管機關之許可兼營信託業務者，不在此限。

非信託業不得使用信託業或易使人誤認為信託業之名稱。但其他法律另有規定者，不在此限。

政黨或其他政治團體不得投資或經營信託業。

第二章　設立及變更

第 10 條　信託業之組織，以股份有限公司為限。但經主管機關之許可兼營信託業務者，不在此限。

信託業之設立，準用銀行法第五十三條至第五十六條規定。

信託業設立之最低實收資本額、發起人資格條件、章程應記載事項、同一人或同一關係人持股限額、申請設立許可應具備之文件、程序、不予許可之情形及其他應遵行事項，由主管機關以標準定之。

第 11 條　信託業為下列行為，應經主管機關許可：

一、章程或與之相當之組織規程之變更。

二、公司法第一百八十五條第一項所定之行為。

三、其他經主管機關規定之事項。

第 12 條　信託業非經完成設立程序，並發給營業執照，不得開始營業。

第 13 條　信託業增設分支機構時，應檢具分支機構營業計畫，向主管機關申請許可及營業執照。遷移或裁撤時，亦應申請主管機關核准。

銀行之分支機構兼營信託業務時，應檢具分支機構兼營信託業務計畫，申請主管機關許可，並於分支機構之營業執照上載明之。

第一項及第二項之管理辦法，由主管機關定之。

第 14 條　信託業或其分支機構之增設，準用銀行法第二十六條之規定。

第 15 條　銀行暫時停止或終止其兼營之信託業務者，應申請主管機關許可。

信託業之合併、變更、停業、解散、廢止許可、清理及清算，準用銀行法第五十八條、第五十九條、第六十一條及第六十三條至第六十九條規定。

第三章　業務

第 16 條　信託業經營之業務項目如下：

　　　　一、金錢之信託。

　　　　二、金錢債權及其擔保物權之信託。

　　　　三、有價證券之信託。

　　　　四、動產之信託。

　　　　五、不動產之信託。

　　　　六、租賃權之信託。

　　　　七、地上權之信託。

　　　　八、專利權之信託。

　　　　九、著作權之信託。

　　　　十、其他財產權之信託。

第 17 條　信託業經營之附屬業務項目如下：

　　　　一、代理有價證券發行、轉讓、登記及股息、利息、紅利之發放事項。

　　　　二、提供有價證券發行、募集之顧問服務。

　　　　三、擔任有價證券發行簽證人。

　　　　四、擔任遺囑執行人及遺產管理人。

　　　　五、擔任破產管理人及公司重整監督人。

　　　　六、擔任信託監察人。

　　　　七、辦理保管業務。

　　　　八、辦理出租保管箱業務。

　　　　九、辦理與信託業務有關下列事項之代理事務：

　　　　　　（一）財產之取得、管理、處分及租賃。

　　　　　　（二）財產之清理及清算。

　　　　　　（三）債權之收取。

　　　　　　（四）債務之履行。債務之履行。債務之履行。債務之履行。債務之履行。

　　　　十、與信託業務有關不動產買賣及租賃之居間。

　　　　十一、提供投資、財務管理及不動產開發顧問服務。

十二、經主管機關核准辦理之其他有關業務。

第 18 條　各信託業得經營之業務種類，應報請主管機關核定；其有變更者，亦同。其業務涉及外匯之經營者，應經中央銀行同意。其業務之經營涉及信託業得全權決定運用標的，且將信託財產運用於證券交易法第六條規定之有價證券或期貨交易法第 3 條規定之期貨時，其符合一定條件者，並應向主管機關申請兼營證券投資顧問業務。

信託業不得經營未經主管機關核定之業務。

第 18-1 條　信託業辦理信託業務之營運範圍、受益權轉讓限制及風險揭露應載明於信託契約，並告知委託人。

前項之營運範圍、受益權轉讓限制、風險揭露與行銷、訂約之管理及其他應遵行事項之辦法，由主管機關定之。

第 19 條　信託契約之訂定，應以書面為之，並應記載下列各款事項：

一、委託人、受託人及受益人之姓名、名稱及住所。

二、信託目的。

三、信託財產之種類、名稱、數量及價額。

四、信託存續期間。

五、信託財產管理及運用方法。

六、信託收益計算、分配之時期及方法。

七、信託關係消滅時，信託財產之歸屬及交付方式。

八、受託人之責任。

九、受託人之報酬標準、種類、計算方法、支付時期及方法。

十、各項費用之負擔及其支付方法。

十一、信託契約之變更、解除及終止之事由。

十二、簽訂契約之日期。

十三、其他法律或主管機關規定之事項。

信託業應依照信託契約之約定及主管機關之規定，分別向委託人、受益人作定期會計報告，如約定設有信託監察人者，亦應向信託監察人報告。

第 20 條　信託業之信託財產為應登記之財產者，應依有關規定為信託登記。

　　　　　信託業之信託財產為有價證券，信託業將其自有財產與信託財產分別管理，並以信託財產名義表彰，其以信託財產為交易行為時，得對抗第三人，不適用信託法第四條第二項規定。

　　　　　信託業之信託財產為股票或公司債券，信託業以信託財產名義表彰，並為信託過戶登記者，視為通知發行公司。

第 20-1 條　信託業之信託財產為股票者，其表決權之行使，得與其他信託財產及信託業自有財產分別計算，不適用公司法第一百八十一條但書規定。

　　　　　信託業行使前項表決權，應依信託契約之約定。

第 21 條　信託業應設立信託財產評審委員會，將信託財產每三個月評審一次，報告董事會。

第 22 條　信託業處理信託事務，應以善良管理人之注意為之，並負忠實義務。

　　　　　前項信託業應負之義務及相關行為規範，由信託業商業同業公會擬訂，報請主管機關核定。

　　　　　政黨或其他政治團體交付信託之財產及其信託利益之取得與分配，信託業者應定期公告；其公告事項及公告方式等事項之辦法，由主管機關定之。

第 23 條　信託業經營信託業務，不得對委託人或受益人有虛偽、詐欺或其他足致他人誤信之行為。

第 24 條　信託業之經營與管理，應由具有專門學識或經驗之人員為之。

　　　　　對信託財產具有運用決定權者，不得兼任其他業務之經營。

　　　　　信託業之董事、監察人應有一定比例以上具備經營與管理信託業之專門學識或經驗。

　　　　　第一項及第二項之專門學識或經驗，及第三項之比例，由主管機關定之。

第 25 條　信託業不得以信託財產為下列行為：

　　一、購買本身或其利害關係人發行或承銷之有價證券或票券。

　　二、購買本身或其利害關係人之財產。

　　三、讓售與本身或其利害關係人。

　　四、其他經主管機關規定之利害關係交易行為。

信託契約約定信託業對信託財產不具運用決定權者,不受前項規定之限制;信託業應就信託財產與信託業本身或利害關係人交易之情形,充分告知委託人,如受益人已確定者,並應告知受益人。

政府發行之債券,不受第一項規定之限制。

第 26 條　信託業不得以信託財產辦理銀行法第五條之二所定授信業務項目。

信託業不得以信託財產借入款項。但以開發為目的之土地信託,依信託契約之約定、經全體受益人同意或受益人會議決議者,不在此限。

前項受益人會議之決議,應經受益權總數三分之二以上之受益人出席,並經出席表決權數二分之一以上同意行之。

第 27 條　信託業除依信託契約之約定,或事先告知受益人並取得其書面同意外,不得為下列行為:

一、以信託財產購買其銀行業務部門經紀之有價證券或票券。

二、以信託財產存放於其銀行業務部門或其利害關係人處作為存款或與其銀行業務部門為外匯相關之交易。

三、以信託財產與本身或其利害關係人為第二十五條第一項以外之其他交易。

信託契約約定信託業對信託財產不具運用決定權者,不受前項規定之限制;信託業應就信託財產與信託業本身或利害關係人交易之情形,充分告知委託人,如受益人已確定者,並應告知受益人。

第一項第二款所定外匯相關之交易,應符合外匯相關法令規定,並應就外匯相關風險充分告知委託人,如受益人已確定者,並應告知受益人。

信託業應就利害關係交易之防制措施,訂定書面政策及程序。

第 28 條　委託人得依契約之約定,委託信託業將其所信託之資金與其他委託人之信託資金集合管理及運用。

前項信託資金集合管理運用之管理辦法,由主管機關定之。

第 29 條　共同信託基金之募集,應先擬具發行計畫,載明該基金之投資標的及比率、募集方式、權利轉讓、資產管理、淨值計算、權益分派、信託業之禁止行為與責任及其他必要事項,報經主管機關核准。信託業非經主管機關核准,不得募集共同信託基金。

信託業應依主管機關核定之發行計畫,經營共同信託基金業務。

共同信託基金管理辦法，由主管機關洽商中央銀行定之。

第 30 條　共同信託基金受益證券應為記名式。

共同信託基金受益證券由受益人背書轉讓之。但非將受讓人之姓名或名稱通知信託業，不得對抗該信託業。

第 31 條　信託業不得承諾擔保本金或最低收益率。

第 32 條　信託業辦理委託人不指定營運範圍或方法之金錢信託，其營運範圍以下列為限：

一、現金及銀行存款。

二、投資公債、公司債、金融債券。

三、投資短期票券。

四、其他經主管機關核准之業務。

主管機關於必要時，得對前項金錢信託，規定營運範圍或方法及其限額。

第 32-1 條　信託業辦理信託資金集合管理及運用、募集共同信託基金，或訂定有多數委託人或受益人之信託契約，關於委託人及受益人權利之行使，得於信託契約訂定由受益人會議以決議行之。

受益人會議之召集程序、決議方法、表決權之計算、會議規範及其他應遵行事項，應於信託契約中訂定。

前項信託契約中之受益人會議應遵行事項範本，由信託業商業同業公會擬訂，報請主管機關核定。

第 32-2 條　信託業辦理信託資金集合管理及運用，或募集共同信託基金，持有受益權百分之三以上之受益人，得以書面附具理由，向信託業請求閱覽、抄錄或影印其依信託法第三十一條規定編具之文書。

前項請求，除有下列情事之一者外，信託業不得拒絕：

一、非為確保受益人之權利。

二、有礙信託事務之執行，或妨害受益人之共同利益。

三、請求人從事或經營之事業與信託業務具有競爭關係。

四、請求人係為將閱覽、抄錄或影印之資料告知第三人，或於請求前二年內有將其閱覽、抄錄或影印之資料告知第三人之紀錄。

第四章　監督

第 33 條　非信託業不得辦理不特定多數人委託經理第十六條之信託業務。但其他
　　　　法律另有規定者，不在此限。

第 34 條　信託業為擔保其因違反受託人義務而對委託人或受益人所負之損害賠
　　　　償、利益返還或其他責任，應提存賠償準備金。

　　　　前項賠償準備金之額度，由主管機關就信託業實收資本額或兼營信託業
　　　　務之機構實收資本額之範圍內，分別訂定並公告之。

　　　　第一項賠償準備金，應於取得營業執照後一個月內以現金或政府債券繳
　　　　存中央銀行。

　　　　委託人或受益人就第一項賠償準備金，有優先受償之權。

第 35 條　信託業違反法令或信託契約，或因其他可歸責於信託業之事由，致委託
　　　　人或受益人受有損害者，其應負責之董事及主管人員應與信託業連帶負
　　　　損害賠償之責。

　　　　前項連帶責任，自各應負責之董事及主管人員卸職之日起二年內，不行
　　　　使該項請求權而消滅。

第 36 條　信託業辦理集合管理運用之金錢信託，應保持適當之流動性。主管機關
　　　　於必要時，得於洽商中央銀行後，訂定流動性資產之範圍及其比率。信
　　　　託業未達該比率者，應於主管機關所定期限內調整之。

第 37 條　信託業之會計處理原則，由信託業同業公會報請主管機關核定之。

第 38 條　信託業公積之提存，準用銀行法第五十條規定。

第 39 條　信託業應每半年營業年度編製營業報告書及財務報告，向主管機關申
　　　　報，並將資產負債表於其所在地之日報或依主管機關指定之方式公告。

第 40 條　信託業自有財產之運用範圍，除兼營信託業務之銀行外，以下列各款為
　　　　限：

　　　　一、購買自用不動產、設備及充作營業支出。

　　　　二、投資公債、短期票券、公司債、金融債券、上市及上櫃股票、受益
　　　　　　憑證。

　　　　三、銀行存款。

　　　　四、其他經主管機關核准之事項。

前項第一款自用不動產之購買總額，不得超過該信託業淨值。

第一項第二款公司債、上市及上櫃股票、受益憑證之投資總額不得超過該信託業淨值百分之三十；其投資每一公司之公司債及股票總額、或每一基金受益憑證總額，不得超過該信託業淨值百分之五及該公司債與股票發行公司實收資本額百分之五，或該受益憑證發行總額百分之五。

第 41 條　信託業有下列情事之一者，應於事實發生之翌日起二個營業日內，向主管機關申報，並應於本公司所在地之日報或依主管機關指定之方式公告：

一、存款不足之退票、拒絕往來或其他喪失債信情事者。

二、因訴訟、非訟、行政處分或行政爭訟事件，對公司財務或業務有重大影響者。

三、有公司法第一百八十五條第一項規定各款情事之一者。

四、董事長（理事主席）、總經理（局長）或三分之一以上董（理）事發生變動者。

五、簽訂重要契約或改變業務計畫之重要內容。

六、信託財產對信託事務處理之費用，有支付不能之情事者。

七、其他足以影響信託業營運或股東或受益人權益之重大情事者。

第 42 條　主管機關對信託業之檢查，或令其提報相關資料及報告，準用銀行法第四十五條規定。

信託業應建立內部控制及稽核制度，並設置稽核單位。

信託業內部控制及稽核制度實施辦法，由主管機關定之。

第 43 條　信託業因業務或財務顯著惡化，不能支付其債務或有損及委託人或受益人利益之虞時，主管機關得命其將信託契約及其信託財產移轉於經主管機關指定之其他信託業。

信託業因解散、停業、歇業、撤銷或廢止許可等事由，致不能繼續從事信託業務者，應洽由其他信託業承受其信託業務，並經主管機關核准。

信託業未依前項規定辦理者，由主管機關指定其他信託業承受。

前三項之移轉或承受事項，如係共同信託基金或募集受益證券業務，應由承受之信託業公告之。如係其他信託業務，信託業應徵詢受益人之意見，受益人不同意或不為意思表示者，其信託契約視為終止。

第 44 條　信託業違反本法或依本法所發布之命令者，除依本法處罰外，主管機關
　　　　　得予以糾正、命其限期改善，並得依其情節為下列之處分：

　　　　　一、命令信託業解除或停止負責人之職務。

　　　　　二、停止一部或全部之業務。

　　　　　三、廢止營業許可。

　　　　　四、其他必要之處置。

第五章　公會

第 45 條　信託業非加入商業同業公會，不得營業。

第 46 條　信託業商業同業公會業務管理規則，由主管機關定之。

第 47 條　信託業商業同業公會之理事、監事有違反法令怠於實施該會章程、規
　　　　　則、濫用職權或違背誠實信用原則之行為者，主管機關得予糾正或命令
　　　　　信託業商業同業公會予以解任。

第六章　罰則

第 48 條　違反第三十三條規定者，處三年以上十年以下有期徒刑，得併科新臺幣
　　　　　一千萬元以上二億元以下罰金。其因犯罪獲取之財物或財產上利益達新
　　　　　臺幣一億元以上者，處七年以上有期徒刑，得併科新臺幣二千五百萬元
　　　　　以上五億元以下罰金。

　　　　　法人犯前項之罪者，處罰其行為負責人。

第 48-1 條 信託業負責人或職員，意圖為自己或第三人不法之利益，或損害信託業
　　　　　之利益，而為違背其職務之行為，致生損害於信託業之自有財產或其他
　　　　　利益者，處三年以上十年以下有期徒刑，得併科新臺幣一千萬元以上二
　　　　　億元以下罰金。其因犯罪獲取之財物或財產上利益達新臺幣一億元以上
　　　　　者，處七年以上有期徒刑，得併科新臺幣二千五百萬元以上五億元以下
　　　　　罰金。

　　　　　信託業負責人或職員，二人以上共同實施前項犯罪之行為者，得加重其
　　　　　刑至二分之一。

　　　　　第一項之未遂犯罰之。

第 48-2 條　意圖為自己或第三人不法之所有,以詐術使信託業將信託業或第三人之
財物交付,或以不正方法將虛偽資料或不正指令輸入信託業電腦或其相
關設備,製作財產權之得喪、變更紀錄而取得他人財產,其因犯罪獲取
之財物或財產上利益達新臺幣一億元以上者,處三年以上十年以下有期
徒刑,得併科新臺幣一千萬元以上二億元以下罰金。

以前項方法得財產上不法之利益或使第三人得之者,亦同。

前二項之未遂犯罰之。

第 48-3 條　犯第四十八條、第四十八條之一或第四十八條之二之罪,於犯罪後自
首,如自動繳交全部犯罪所得者,減輕或免除其刑;並因而查獲其他正
犯或共犯者,免除其刑。

犯第四十八條、第四十八條之一或第四十八條之二之罪,在偵查中自
白,如自動繳交全部犯罪所得者,減輕其刑;並因而查獲其他正犯或共
犯者,減輕其刑至二分之一。

犯第四十八條、第四十八條之一或第四十八條之二之罪,其因犯罪獲取
之財物或財產上利益超過罰金最高額時,得於犯罪獲取之財物或財產上
利益之範圍內加重罰金;如損及金融市場穩定者,加重其刑至二分之一。

第 48-4 條　第四十八條之一第一項之信託業負責人、職員或第四十八條之二第一項
之行為人所為之無償行為,有害及信託業之權利者,信託業得聲請法院
撤銷之。

前項之信託業負責人、職員或行為人所為之有償行為,於行為時明知有
損害於信託業之權利,且受益人於受益時亦知其情事者,信託業得聲請
法院撤銷之。

依前二項規定聲請法院撤銷時,得並聲請命受益人或轉得人回復原狀。
但轉得人於轉得時不知有撤銷原因者,不在此限。

第一項之信託業負責人、職員或行為人與其配偶、直系親屬、同居親屬、
家長或家屬間所為之處分其財產行為,均視為無償行為。

第一項之信託業負責人、職員或行為人與前項以外之人所為之處分其財
產行為,推定為無償行為。

第一項及第二項之撤銷權,自信託業知有撤銷原因時起,一年間不行
使,或自行為時起經過十年而消滅。

第48-5條 第四十八條之一第一項及第四十八條之二第一項之罪,為洗錢防制法第
三條第一項所定之重大犯罪,適用洗錢防制法之相關規定。

第 49 條 違反第二十三條或第二十九條第一項規定者,其行為負責人處一年以上
七年以下有期徒刑或科或併科新臺幣一千萬元以下罰金。

第 50 條 違反第二十五條第一項或第二十六條第一項規定者,其行為負責人處三
年以下有期徒刑、拘役或科或併科新臺幣一千萬元以下罰金。

第 51 條 信託業違反信託法第二十四條規定,未將信託財產與其自有財產或其他
信託財產分別管理或分別記帳者,其行為負責人處六月以上五年以下有
期徒刑,得併科新臺幣三百萬元以下罰金。

信託業違反信託法第三十五條規定,將信託財產轉為自有財產,或於信
託財產上設定或取得權利者,其行為負責人處一年以上七年以下有期徒
刑,得併科新臺幣一千萬元以下罰金。

第 52 條 違反第九條第二項規定者,其行為負責人處一年以下有期徒刑、拘役或
科或併科新臺幣三百萬元以下罰金。

政黨或其他政治團體違反第九條第三項規定者,其行為負責人處一年以
下有期徒刑、拘役或科或併科新臺幣三百萬元以下罰金。

第 53 條 違反主管機關依第四十三條第一項規定所為之處置,未將信託契約或信
託財產移轉於主管機關指定之其他信託業,處行為負責人新臺幣一百八
十萬元以上九百萬元以下罰鍰。

第 54 條 有下列情事之一者,處新臺幣一百八十萬元以上九百萬元以下罰鍰:

一、違反第十二條規定。

二、違反第十三條第一項或第二項規定。

三、違反第十五條第一項規定。

四、信託業董事或監察人違反第十五條第二項關於準用銀行法第六十四
條第一項規定。

五、違反第十八條規定。

六、違反第二十四條第二項或第三項規定。

七、違反第二十七條規定。

八、違反第三十一條規定。

九、違反第三十二條第一項限制。

　　　十、違反第三十四條第一項或第三項規定。

　　　十一、違反第三十六條規定，未保持一定比率流動性資產。

　　　十二、違反第四十條規定。

　　　十三、違反第五十九條規定。

　　　十四、違反第六十條規定。

第 55 條　違反第二十六條第二項規定者，處新臺幣一百二十萬元以上六百萬元以下罰鍰。

第 56 條　有下列情事之一者，處新臺幣六十萬元以上三百萬元以下罰鍰：

　　　一、違反第十一條規定。

　　　二、違反第十八條之一第一項規定。

　　　三、違反第二十條第一項規定。

　　　四、違反第二十九條第二項規定。

　　　五、違反第三十二條第二項規定。

　　　六、違反第三十二條之二第二項規定。

　　　七、違反第三十八條準用銀行法第五十條規定。

　　　八、違反第三十九條規定。

　　　九、違反第四十一條規定。

　　　十、信託業違反第四十二條第一項準用銀行法第四十五條規定。

第 57 條　違反本法或本法授權所定命令中有關強制或禁止規定，或應為一定行為而不為者，除本法另有處罰規定應從其規定者外，處新臺幣六十萬元以上三百萬元以下罰鍰。

第 58 條　本法所定罰鍰，由主管機關依職權裁決之。受罰人不服者，得依訴願及行政訴訟程序，請求救濟。在訴願及行政訴訟期間，得命提供適額保證，停止執行。

　　　罰鍰經限期繳納而屆期不繳納者，自逾期之日起，每日加收滯納金百分之一；屆三十日仍不繳納者，移送強制執行，並得由主管機關勒令該信託業或分支機構停業。

第 58-1 條　犯本法之罪，犯罪所得屬犯罪行為人或其以外之自然人、法人或非法人團體因刑法第三十八條之一第二項所列情形取得者，除應發還被害人或得請求損害賠償之人外，沒收之。

第 58-2 條 犯本法之罪，所科罰金達新臺幣五千萬元以上而無力完納者，易服勞役期間為 2 年以下，其折算標準以罰金總額與二年之日數比例折算；所科罰金達新臺幣一億元以上而無力完納者，易服勞役期間為三年以下，其折算標準以罰金總額與三年之日數比例折算。

第 58-3 條 託業經依本章規定處罰後，經限期改正，屆期未改正者，得按次依原處罰鍰處罰之。

第七章　附則

第 59 條 本法施行前經核准附設信託部之銀行，應自本法施行後六個月內依本法申請換發營業執照，其原經營之業務不符本法規定者，應於本法施行後三年內調整至符合規定。

第 60 條 本法施行前依銀行法設立之信託投資公司應於八十九年七月二十一日起五年內依銀行法及其相關規定申請改制為其他銀行，或依本法申請改制為信託業。主管機關得於必要時，限制於一定期間內停止辦理原依銀行法經營之部分業務。

第 61 條 本法施行前，政黨或其他政治團體投資或經營信託業者，應於本法施行後一年內將其股份或出資額轉讓或信託。

第 61-1 條 法院為審理違反本法之犯罪案件，得設立專業法庭或指定專人辦理。

第 62 條 本法施行細則，由主管機關定之。

第 63 條 本法自公布日施行。

附錄五　信託業法施行細則

中華民國九十一年七月九日財政部台財融（四）字第 0910026302 號令訂定發布全文 19 條；並自發布日施行

中華民國九十七年十月十五日行政院金融監督管理委員會金管銀（四）字 09700362630 號令修正發布第 2、10、14、17 條條文，刪除第 4、13 條條文

第 1 條　本細則依信託業法（以下簡稱本法）第六十二條規定訂定之。

第 2 條　本法第七條第三款及第二十四條第二項所稱對信託財產具有運用決定權者，於信託公司，指對信託財產之運用具有最後核定權限之主管及人員；於兼營信託業務之機構，指其信託業務專責部門內對信託財產之運用具有最後核定權限之主管及人員。

第 3 條　信託財產，應以信託業之信託財產名義表彰之。但信託財產運用於國外之投資標的時，得依信託業與國外受託保管機構所訂契約之約定辦理。

第 4 條　（刪除）

第 5 條　本法第十六條各款所定信託業經營之業務項目，以委託人交付、移轉或為其他處分之財產種類，定其分類。

第 6 條　本法第十八條各款所定信託業經營之業務項目，依信託財產之管理運用方法，分類如下：

一、單獨管理運用之信託：指受託人與個別委託人訂定信託契約，並單獨管理運用其信託財產。

二、集合管理運用之信託：指受託人依信託契約之約定，將不同信託行為之信託財產，依其投資運用範圍或性質相同之部分，集合管理運用。

第 7 條　本法第十六條各款所定信託業經營之業務項目，依受託人對信託財產運用決定權之有無，分類如下：

一、受託人對信託財產具有運用決定權之信託：依委託人是否指定營運範圍或方法，分為下列二類：

（一）委託人指定營運範圍或方法：指委託人對信託財產為概括指
定營運範圍或方法，並由受託人於該概括指定之營運範圍或
方法內，對信託財產具有運用決定權。

（二）委託人不指定營運範圍或方法：指委託人對信託財產不指定
營運範圍或方法，受託人於信託目的範圍內，對信託財產具
有運用決定權。

二、受託人對信託財產不具有運用決定權之信託：指委託人保留對信託
財產之運用決定權，並約定由委託人本人或其委任之第三人，對信
託財產之營運範圍或方法，就投資標的、運用方式、金額、條件、
期間等事項為具體特定之運用指示，並由受託人依該運用指示為信
託財產之管理或處分。

第 8 條　本法第十六條第一款規定金錢之信託，依前二條之分類方式，其種類如
下：

一、指定營運範圍或方法之單獨管理運用金錢信託：指受託人與委託人
個別訂定信託契約，由委託人概括指定信託資金之營運範圍或方
法，受託人於該營運範圍或方法內具有運用決定權，並為單獨管理
運用者。

二、指定營運範圍或方法之集合管理運用金錢信託：指委託人概括指定
信託資金之營運範圍或方法，並由受託人將信託資金與其他不同信
託行為之信託資金，就其營運範圍或方法相同之部分，設置集合管
理運用帳戶，受託人對該集合管理運用帳戶具有運用決定權者。

三、不指定營運範圍或方法之單獨管理運用金錢信託：指委託人不指定
信託資金之營運範圍或方法，由受託人於信託目的範圍內，對信託
資金具有運用決定權，並為單獨管理運用者。

四、不指定營運範圍或方法之集合管理運用金錢信託：指委託人不指定
信託資金之營運範圍或方法，並由受託人將該信託資金與其他不同
信託行為之信託資金，於本法第三十二條第一項規定之營運範圍
內，設置集合管理運用帳戶，受託人對該集合管理運用帳戶具有運
用決定權者。

五、特定單獨管理運用金錢信託：指委託人對信託資金保留運用決定權，並約定由委託人本人或其委任之第三人，對該信託資金之營運範圍或方法，就投資標的、運用方式、金額、條件、期間等事項為具體特定之運用指示，並由受託人依該運用指示為信託資金之管理或處分者。

六、特定集合管理運用金錢信託：指委託人對信託資金保留運用決定權，並約定由委託人本人或其委任之第三人，對該信託資金之營運範圍或方法，就投資標的、運用方式、金額、條件、期間等事項為具體特定之運用指示，受託人並將該信託資金與其他不同信託行為之信託資金，就其特定營運範圍或方法相同之部分，設置集合管理帳戶者。

第 9 條　信託業辦理本法第十六條各款所定信託業經營之業務項目，應依前三條所定之分類，檢附符合主管機關規定之營業計畫書及依本法第十九條第一項規定載明各款事項之信託契約範本，依本法第十八條第一項規定，報請主管機關核定。

主管機關為前項核定，必要時，得洽請中華民國信託業商業同業公會（以下簡稱同業公會）核提意見。

第 10 條　信託業經依本法第十八條第一項規定核准兼營證券投資顧問業務者，除信託法、本法或其相關法令另有規定外，適用證券投資信託事業證券投資顧問事業經營全權委託投資業務管理辦法信託業專章之規定。

第 11 條　依本法第十九條第一項第五款規定於信託契約載明信託財產管理及運用方法時，應明定信託財產之管理運用方法係單獨管理運用或集合管理運用，及受託人對信託財產有無運用決定權。

第 12 條　本法第二十一條所定信託財產評審委員會之組織及評審規範，由同業公會定之。

第 13 條　（刪除）

第 14 條　本法第二十二條第一項所定之忠實義務，包括信託業對於其客戶之往來、交易資料，除其他法律或主管機關另有規定外，應保守秘密之義務。

前項保密義務，應依本法第十九條第一項第十三款規定載明於信託契約中。

第 15 條　本法第二十八條第一項所稱集合管理及運用之信託資金,指第八條第二款及第四款之金錢信託。

第 16 條　本法第三十二條所稱委託人不指定營運範圍或方法之金錢信託,指第八條第三款及第四款之金錢信託。

第 17 條　本法第三十九條所定營業報告書與財務報告之申報及資產負債表之公告,應依下列規定期限辦理:

一、於每半年營業年度終了後二個月內為之。

二、於每年營業年度終了後四個月內為之。

前項財務報告之範圍如下:

一、資產負債表。

二、損益表。

三、股東權益變動表。

四、現金流量表。

五、其他經主管機關規定之報表。

前項第一款資產負債表,應附註信託帳之資產負債及信託財產目錄;第二款損益表,應附註信託帳損益表。

第 18 條　本法第四十條第二項及第三項所稱淨值,指上會計年度決算後淨值。

信託業於年度中之現金增資,得計入淨值計算,並以取得驗資證明書為計算基準日。

第 19 條　本細則自發布日施行。

索引

國家圖書館出版品預行編目資料

信託法 / 王志誠著.--十版,--臺北市：
五南圖書出版股份有限公司, 2023.03
　　面；　公分.

ISBN 978-626-343-902-3 (平裝)
1.CST: 信託法規
587.83　　　　　　　　112003080

1U15

信託法

作　　者 ― 王志誠(10)

發 行 人 ― 楊榮川

總 經 理 ― 楊士清

總 編 輯 ― 楊秀麗

副總編輯 ― 劉靜芬

責任編輯 ― 林佳瑩、呂伊真

封面設計 ― 姚孝慈

出 版 者 ― 五南圖書出版股份有限公司

地　　址：106 台北市大安區和平東路二段339號4樓

電　　話：(02)2705-5066　傳　　真：(02)2706-6100

網　　址：https://www.wunan.com.tw

電子郵件：wunan@wunan.com.tw

劃撥帳號：０１０６８９５３

戶　　名：五南圖書出版股份有限公司

法律顧問　林勝安律師

出版日期　2005 年　3 月初版一刷
　　　　　2023 年　3 月十版一刷

定　　價　新臺幣 620 元

經典永恆‧名著常在

五十週年的獻禮——經典名著文庫

五南，五十年了，半個世紀，人生旅程的一大半，走過來了。
思索著，邁向百年的未來歷程，能為知識界、文化學術界作些什麼？
在速食文化的生態下，有什麼值得讓人雋永品味的？

歷代經典‧當今名著，經過時間的洗禮，千錘百鍊，流傳至今，光芒耀人；
不僅使我們能領悟前人的智慧，同時也增深加廣我們思考的深度與視野。
我們決心投入巨資，有計畫的系統梳選，成立「經典名著文庫」，
希望收入古今中外思想性的、充滿睿智與獨見的經典、名著。
這是一項理想性的、永續性的巨大出版工程。
不在意讀者的眾寡，只考慮它的學術價值，力求完整展現先哲思想的軌跡；
為知識界開啟一片智慧之窗，營造一座百花綻放的世界文明公園，
任君邀遊、取菁吸蜜、嘉惠學子！